博雅

21世纪经济与管理应用型本科规划教材

市场营销系列

市场营销学

Marketing

谢 弦 林 萍 主编

北京大学出版社

PEKING UNIVERSITY PRESS

图书在版编目(CIP)数据

市场营销学/谢弦,林萍主编. —北京:北京大学出版社,2012.6
(21世纪经济与管理应用型本科规划教材·市场营销系列)
ISBN 978 - 7 - 301 - 20677 - 5

Ⅰ.①市…　Ⅱ.①谢…②林…　Ⅲ.①市场营销学 - 高等学校 - 教材　Ⅳ.①F713.50

中国版本图书馆 CIP 数据核字(2012)第 102287 号

书　　　　名:市场营销学

书　　　　名:市场营销学
著作责任者:谢　弦　林　萍　主编
策 划 编 辑:郝小楠
责 任 编 辑:马　霄
标 准 书 号:ISBN 978 - 7 - 301 - 20677 - 5/F·3190
出 版 发 行:北京大学出版社
地　　　　址:北京市海淀区成府路 205 号　100871
网　　　　址:http://www.pup.cn
电　　　　话:邮购部 62752015　发行部 62750672　编辑部 62752926　出版部 62754962
电 子 邮 箱:em@pup.cn
印　刷　者:三河市博文印刷有限公司
经　销　者:新华书店
　　　　　　787 毫米×1092 毫米　16 开本　19.5 印张　479 千字
　　　　　　2012 年 6 月第 1 版　2018 年 6 月第 4 次印刷
印　　　　数:11001—13500 册
定　　　　价:36.00 元

丛书出版前言

《国家中长期教育改革和发展规划纲要(2010—2020 年)》指出,目前我国高等教育还不能完全适应国家经济社会发展的要求,学生适应社会和就业创业能力不强,创新型、实用型、复合型人才紧缺。所以,在此背景下,北京大学出版社响应教育部号召,在整合和优化课程、推进课程精品化与网络化的基础上,积极构建与实践接轨、与研究生教育接轨、与国际接轨的本科教材体系,特策划出版《21 世纪经济与管理应用型本科规划教材》。

《21 世纪经济与管理应用型本科规划教材》注重系统性与综合性,注重加强学生分析能力、人文素养及应用性技能的培养。本系列包含三类课程教材:通识课程教材,如《大学生创业指导》等,着重于提高学生的全面素质;基础课程教材,如《经济学原理》《管理学基础》等,着宣于培养学生建立宽厚的学科知识基础;专业课程教材,如《组织行为学》《市场营销学》等,着重于培养学生扎实的学科专业知识以及动手能力和创新意识。

本系列教材在编写中注重增加相关内容以支持教师在课堂中使用先进的教学手段和多元化的教学方法,如用课堂讨论资料帮助教师进行启发式教学,增加案例及相关资料引发学生的学习兴趣等;并坚持用精品课程建设的标准来要求各门课程教材的编写,力求配套多元的教辅资料,如电子课件、习题答案和案例分析要点等。

为使本系列教材具有持续的生命力,我们每隔三年左右会对教材进行一次修订。我们欢迎所有使用本系列教材的师生给我们提出宝贵的意见和建议(我们的电子邮箱是 em@ pup. cn)。您的关注就是我们不断进取的动力。

在此,感谢所有参与编写和为我们出谋划策提供帮助的专家学者,以及广大使用本系列教材的师生,希望本系列教材能够为我国高等院校经管专业的教育贡献绵薄之力。

北京大学出版社

经济与管理图书事业部

2012 年 1 月

前　言

　　市场营销学是一门建立在经济科学、行为科学和现代管理理论基础上的综合性应用学科。它是研究企业市场营销活动的理论、原则、方法及其一般规律的学科,是研究企业如何适应市场、引导市场、创造市场的学问,是企业经营之道和生财之路,是解决企业生存和发展的"良方"。

　　本书在编写时,紧紧围绕培养高素质应用型营销人才的目标,在认真总结本课程教学实践的基础上,形成了由市场营销管理哲学及其贯彻、市场营销环境分析、消费者市场、产业市场、市场营销调研、市场营销战略、市场竞争战略、市场细分与定位、产品策略、品牌策略、产品定价策略、分销渠道策略、促销策略、市场营销管理与实施、营销理论发展等内容构成的市场营销学体系。

　　本书具有以下特点:

　　第一,应用性。应用型本科教育,重在培养学生的应用技能。因此,在教材内容的安排上注重市场营销策略的实施方法,着眼于引导学生掌握方法和技能,突出对学生实际应用能力的培养。

　　第二,新颖性。营销学教材在内容上只有做到不断更新、与时俱进,并及时有效地分析解答营销实践活动中产生的新问题,才能够赢得市场与企业的认可。在编写内容上,增加了与市场营销有关的新内容和新案例,增强了案例的实效性,使市场营销学的内容不断丰富和发展。

　　第三,简明性。考虑到应用型本科教材与研究型本科教材的区别,本书力图突出简明性,编入营销学中最基本的理论。同时,为了方便读者阅读与理解,本书在各章内容前设置了知识目标、技能目标、案例导入,并在各章节中插入了各类营销专栏(诸如"小案例"、"人物介绍"、"小链接"、"营销视野"等),在各章后则辅以"本章小结"、"学习思考"、"案例训练"、"营销技能训练"等,便于学生学习和掌握。

　　总之,本书把作者近几年的教学和实践成果融入教材之中,充分吸收了本学科理论研究和营销实践的新成果、新经验和新材料,大大提升了对实践的指导作用,也为读者提供了新的视野。本书既可作为应用型高等院校工商管理类专业本科生教材,也可作为非工商管理类专业学生选修课教材,还可供营销专业人士阅读参考。

　　本书由闽江学院管理学系谢弦教授和林萍副教授担任主编,第一章、第四章由谢弦编写,第九章由谢弦、陈颐共同编写,第十二章、第十三章由林萍编写,第十章、第十一章由吴晓达编写,第六章由陈颐编写,第七章、第十五章由方立渊编写,第二章、第三章由宁德师范学院游天嘉编写,第八章由厦门理工学院陈秋英编写,第十六章由陈秋英和林萍共同编写,第五章、第十四章和第七章中的第四节由厦门理工学院何鹏编写。

由于作者的理论修养和实践经验的局限,本书难免存在着许多不足,敬请广大读者不吝指正。

编者

2012 年 2 月

目 录　Contents

第一章

市场营销学概述

知识目标

- 理解与掌握市场营销的核心概念
- 了解市场营销学的产生与发展
- 理解市场营销职能在企业中的地位
- 认识市场营销学理论对中国经济改革与发展的意义

技能目标

- 能够运用市场营销学原理方法分析解决企业面临的相关问题

案例导入

三个业务员：寻找市场

美国一家制鞋公司要寻找国外市场。公司派了一个业务员去非洲的一个岛国，让他了解一下能否将公司的鞋销售给他们。这个业务员到非洲后待了一天，发回一封电报："这里的人不穿鞋，没有市场。我即刻返回。"公司又派出了另一名业务员，第二个业务员在非洲待了一个星期，发回一封电报："这里的人不穿鞋，鞋的市场很大，我准备把本公司生产的鞋卖给他们。"公司总裁得到两种不同的结果后，为了了解更真实的情况，又派了第三个业务员。该业务员到非洲后待了三个星期，发回一封电报："这里的人不穿鞋，原因是他们脚上长有脚疾，他们也想穿鞋，不过不需要我们公司生产的鞋，因为我们的鞋太窄。

我们必须生产宽鞋,才能适合他们对鞋的需求。这里的部落首领不让我们做买卖,除非我们借助于政府的力量和公共活动搞大市场营销。我们打开这个市场需要投入大约 1.5 万美元。这样我们每年能卖大约 2 万双鞋,在这里卖鞋可以赚钱,投资收益率约为 15%。"

资料来源:三个业务员:寻找市场,百度文库,http://wenku. baidu. com/view/3de088116c175f0e7cd13768. html。

案例思考:
1. 三个业务员中,谁的看法最能体现营销的精神与实质? 为什么?
2. 此案例给你的启发是什么?

第一节　市场和市场营销

一、市场概念与要素

市场营销在一般意义上可理解为与市场有关的人类活动。因此,我们首先要了解市场及其相关概念。

1. 市场的概念

市场是一个具有多重含义的概念。下面是对市场的几种从不同角度的解释。

(1) 在日常生活中,人们习惯将市场视为商品交换的场所,即买主和卖主发生作用的地点或地区,这是一个地理的概念,是"作为场所的市场",如集市、商场、批发市场等。任何一个企业都要考虑企业的产品应该销往哪些地区,在何种场所销售。

(2) 市场是某一产品的所有现实和潜在买主的总和,即将顾客作为市场,这是从商品供给者(销售者)的角度来看市场的。当人们说"×地×产品的市场很大"时,显然不是指×地×产品交易场所的大小,而是指×地的消费者对×产品的需求量很大,现实的、潜在的买主很多。明确自己产品的市场有多大,由哪些消费者或用户构成,是企业营销战略和各项具体决策的基本出发点,对正确组织企业营销活动具有极其重要的意义。

(3) 市场是买主、卖主力量的结合,是商品供求双方的力量相互作用的总和。这一含义是从商品供求关系的角度提出来的。"买方市场"和"卖方市场"反映了供求力量的相对强度,反映了交易力量的不同状况。在买方市场中,商品供给量大于需求量,需求力量占据有利地位,商品价格趋于下降,直至很低,顾客支配着销售关系;在卖方市场中,商品的需求量大于供给量,卖方也就成了支配交易关系的主导方面,商品价格往往高于正常水平。判断市场供求力量的相对强度和变化趋势,对于企业进行营销决策也是十分重要的。

(4) 市场是指商品流通领域,反映的是商品流通的全局,是交换关系的总和。这是一个"社会整体市场"的概念。商品流通是以货币为媒介的商品交换过程,是商品交换过程连续进行的整体。这就告诉我们,任何一个商品生产经营者的买卖活动必然会与其他商品生产经营者的买卖活动发生联系,因而,任何一个企业都只能在整体市场上开展营销活动,企业的运转时时刻刻都与市场保持着输入输出的交换关系。正因为如此,市场才成为企业赖以生存、发展的空间和环境。

（5）从企业营销的角度来看，市场是商品经济中生产者与消费者之间为实现产品或服务价值，满足需求的交换关系、交换条件和交换过程。

首先，市场是社会分工和商品生产的产物，哪里有社会分工和商品生产，哪里就有市场。市场是商品经济基础上的交换关系。这种交换关系由一系列交易活动构成，并由商品交换规律所决定。

其次，由于市场的基本经济内容是商品供求和商品买卖，市场的形成就必须具备下列基本条件：存在消费者（用户）一方，他们有某种需要或欲望，并拥有可供交换的资源；存在生产者（供给者）一方，他们能提供满足消费者（用户）需求的产品或服务；有促成交换双方达成交易的各种条件，如法律保障，交易双方可接受的价格、时间、空间、信息和服务方式等。只有在这样的条件下，才能实现商品的让渡，形成有意义的现实的市场。而这样一些形成市场的现实条件，就成为市场营销活动最基本的制约因素。

最后，市场发展的本质是一个由消费者（买方）决定，而由生产者（卖方）推动的动态过程。一般来说，在组成市场的双方中，买方需求是决定性的。

2. 市场的构成要素

从营销的角度看，市场包含三个主要因素：有某种需要的人，为满足这种需要的购买能力，以及购买欲望。用公式表示：

$$市场 = 人口 + 购买力 + 购买欲望$$

（1）人口是构成市场的最基本条件。凡是有人居住的地方，就有各种各样的物质和精神方面的需求，才有可能有市场。

（2）购买力是消费者支付货币、购买商品或劳务的能力。有支付能力的需求才是有意义的市场。所以，购买力是构成营销市场的又一个重要因素。

（3）购买欲望是指消费主体购买商品的动机、愿望或要求，是消费者把潜在的购买力变成现实购买力的重要条件，因而也是构成市场的基本因素。

市场的这三个因素是相互制约、缺一不可的，只有三者结合起来才能构成现实的市场，才能决定市场的规模和容量。

二、市场营销的含义

1. 市场营销的定义

"市场营销"这个词已经成为人们生活中常用的词汇。

关于市场营销，国内外学者有不同的定义，企业界对营销的理解更是各有千秋。其中，著名营销学家，美国西北大学教授菲利普·科特勒（Philip Kotler）的观点较具代表性。他认为，市场营销是个人和集体通过创造，提供出售，并同别人交换产品和价值，以获得其所需、所欲之物的一种社会过程和管理过程。

人物介绍

菲利普·科特勒

菲利普·科特勒(Philip Kotler)是当代世界营销学权威之一,也是美国西北大学凯洛格管理研究生院庄臣公司资助的杰出国际营销学教授。他曾获得芝加哥大学经济学硕士学位和麻省理工学院经济学博士学位,并在哈佛大学从事过数学方面的博士后工作,在芝加哥大学从事过行为科学方面的博士后工作。

科特勒博士出版了许多成功著作,主要有《营销学原理》《营销学导论》《营销管理》《非营利机构营销学》《新竞争》《营销专业服务》《医疗保健营销学》《教育机构的战略营销》《高视野》《社会营销学》《营销地点》《营销集合》《营销模型》《国家营销》《水平营销》等。此外,他还在一流刊物上发表了100多篇论文。作为营销领域的杰出领先者,他获得过许多重大奖项,并且是唯一得过三次阿尔法·卡帕·普西奖的学者,该奖专门奖励发表在《营销学杂志》上的最优秀年度论文的作者。

科特勒教授现任美国市场营销协会理事,并为多家著名公司做营销管理战略方面的顾问和咨询工作。

根据这一定义,可以将市场营销概念的要点归纳为以下几点。

(1)市场营销的最终目标是"使个人或群体满足欲望和需要"。

(2)"交换"是市场营销的核心。交换过程是一个主动、积极寻找机会,满足双方需要和欲望的社会过程和管理过程。

(3)交换过程能否顺利进行,取决于营销者创造的产品和价值满足顾客需求的程度以及对交换过程管理的水平。

此外这个定义还包括了市场营销的一系列核心概念,只有对这些核心概念透彻理解,才能全面把握"市场营销"。

2．市场营销的核心概念

(1)需要、欲望和需求

人类的需要和欲望是市场营销活动的出发点。需要是指没有得到某些基本满足的感受状态,是指人类与生俱来的基本需要。欲望是指想得到基本需要的具体满足物的愿望。需求是指对于有能力购买并且愿意购买某个具体产品的欲望。人类为了生存,需要食品、衣服、住所、安全、归属、受人尊重等,这些需要可用不同的方式来满足。人类的需要有限,但欲望却无限。当具有购买能力时,欲望便转化成需求。

将需要、欲望和需求加以区分,其重要意义就在于阐明这样一个事实:市场营销人员不能创造需要,只能通过努力并连同社会上的其他因素影响和激发人们的欲望,然后通过开发和销售特定产品来满足特定需要,并试图使自己的产品具有吸引力,适应消费者的购买力,同时提供多方位的优质服务来影响需求。

小链接

了解你的消费者

可口可乐公司知道美国人平均在一个杯子里放 3.2 个冰块，一年看到该公司 69 次广告，在气温 39℃ 时喜欢喝自动售货机里的定装可乐，有 100 万美国人每天早餐都要喝可口可乐。生产吸尘器的胡佛公司发现美国家庭每周平均花 35 分钟吸尘，每年吸出 8 磅灰尘，要用 6 个吸尘袋。生产纸面巾的金伯和公司发现美国人每人每年平均要擤 256 次鼻子。

这些大公司都知道顾客的需求是什么，知道他们需要的时间、地点及方式，能指出许多甚至消费者自己都不知道的事情。

知道所有有关顾客需求的信息是有效营销的基石。对营销人员来说，这不是拘于细节。这些非常琐碎的事实累积起来，就为公司制定营销战略提供了重要依据。

（2）产品与商品

产品是用来满足人类各种需要和欲望的。商品是指向市场提供的一切能令人留意、获取、使用或消费的物品，能满足人们的某种欲望和需求。商品与产品的区别就在于是否进行交换，商品是进行交换的产品。商品可以是有形的产品（计算机、汽车、彩电），也可以是无形的服务（美容、旅游、咨询），或是一种享受（音乐会、晚会）、一个主意、一个观念、一个创意等，或是它们其中的组合。总之，能满足人们的某种需要、可通过交换获得的一切皆是商品。

（3）效用、价值和满足

效用是消费者对产品满足其需要的整体能力的评价，效用实际上是一个人的自我心理感受，它来自于人的主观评价。价值则是一个比较复杂的概念。消费者通常根据不同产品满足其需要的能力来决定这些产品的价值，并根据这种对产品价值的主观评价和支付的费用来做出购买决定。如某人为解决每天上班的交通需要，可能会对满足这种需要的产品选择组合（如自行车、摩托车、汽车、出租车等）和他的需要组合（如速度、安全、方便、舒适、节约等）进行综合评价，以决定哪一种产品能提供最大的总满足。假如他主要对速度和舒适感兴趣，也许会考虑购买汽车。但是，汽车购买与使用的费用要比自行车高许多。若购买汽车，他必须放弃用其有限收入可购置的许多其他产品（服务）。因此，他将全面衡量产品的费用和效用，选择购买能使每一元花费带来最大效用的产品。

（4）交换、交易和关系

人们对需要和欲望的满足可以通过四种方式来实现：自产自销、强制取得、乞讨和交换。其中，只有交换方式才存在市场营销。因此，交换是市场营销的核心概念，营销的全部内容都包含在交换概念之中。所谓交换是指通过提供某种物品作为回报，从别处取得所需之物的行为。交换应该是一个过程而不是一个事件。

交易是交换的基本组成单位，是交换双方之间的价值交换。在交换过程中，如果双方达成一项协议，我们就称之为发生了交易。交易通常有两种方式：一是货币交易，如甲支付 800 元给商店而得到一台微波炉；二是非货币交易，包括以物易物、以服务易服务的交易等。企业要以公平的价格、优质的产品、良好的服务进行交易，并借此与顾客、供应商和经销商等建立起长期的、互利互信的关系,通过这些关系,使企业与他们构成一个市场营销网络,形成企业的一种独特的无形资产。

（5）市场营销与市场营销者

在交换双方中,如果一方比另一方更主动、更积极地寻求交换,我们就将前者称为市场营销者,将后者称为潜在顾客。换句话说,所谓市场营销者,是指希望从别人那里取得资源并愿意以某种有价值的东西作为交换的人。市场营销者可以是卖方,也可以是买方。当买卖双方都表现积极时,我们就把双方都称为市场营销者,并将这种情况称为相互市场营销。

三、市场营销的地位

市场营销在企业中的地位与其他职能部门不同,它是连接市场需求与企业反应的桥梁和纽带。市场营销通过对市场的分析与研究,发现对企业经营发展有影响的各种变数,引导企业以市场为导向来开展经营活动,从而有效地满足顾客需要,提升企业的竞争优势。管理大师彼得·德鲁克（Peter F. Drucker）指出,"市场营销是企业的基础,不能把它看成是单独的职能。从营销的最终成果,亦即从顾客的观点看,市场营销就是整个企业……企业经营的成功不是取决于生产者,而是取决于顾客。"顾客是企业得以生存的基础,企业的目的是创造顾客,任何组织若没有营销或营销只是其业务的一部分,则不能称为企业。"营销是企业与众不同的独一无二的职能。"可见市场营销在企业中的重要地位和作用。

小案例

2009 年,张瑞敏和海尔集团看似沉默,其实正在经历从制造业向营销和服务业转型的变革。2009 年海尔全球收入增长了 10%,中国农村的销售增长和海外稳定的市场共同促成了海尔看似不错的业绩。事实上,家电制造业的低利润率和红海市场竞争正逼迫张瑞敏着手为海尔设计一个更健壮的模式。向营销和服务业的转变意味着要让一些厂商继续接手海尔的生产制造,而海尔必须走得离用户更近一些。在国际市场上,海尔品牌并不具备像索尼、三星和耐克等品牌那样强大的影响力,提前走生产外包的路子值得商榷。此外,在了解用户方面,解读并破译消费者需求对于能够让洗衣机洗土豆的张瑞敏来说不算难事,但对于占 6 万海尔人一半以上的制造业员工来说,实为一种挑战。

资料来源:中国最具影响力的 24 位商界领袖,中金在线网,2010 年 4 月 6 日,http://news. cnfol. com/100406/101,1598,7484023,00. shtml。

案例思考:
分析市场营销对于转型中的海尔所具有的战略意义。

但是在现实工作中,许多企业尽管对市场营销及其方法颇为重视,但并未真正把它作为企业核心职能全面贯彻,究其原因主要有四个方面:一是现代市场营销是一门较为新颖的学科,人们常常会将其次要功能（如推销、广告等）误认为就是市场营销;二是由于企业各职能部门的认识差异,营销工作常常受到其他部门的抵制和攻击;三是企业组织及其成员接受营销观念有一个过程,甚至会有反复;四是企业在顺利成长时期最容易忘记营销原则和理论,偏离轨道。

因此,全面构建和贯彻面向市场(顾客)的企业职能,确立市场营销在企业的中心地位是关系到企业能否生存和健康成长的关键。

营销视野

营销无处不在

企业需要营销以满足消费者的需要

学校需要营销以满足广大师生的需要

医生需要营销以满足其患者的健康需要

政治家需要营销以满足他的人民的需要

我们自己也需要营销以满足与人有效交往的需要

第二节　市场营销学的产生和发展

市场营销学于20世纪初创建于美国,后来流传到欧洲、日本和其他国家并在实践中不断完善和发展。从美国市场营销学的发展情况来看,大致经历了以下阶段。

一、市场营销学的形成(19世纪末至20世纪初)

19世纪末20世纪初,世界主要资本主义国家先后完成了工业革命,垄断组织加快了资本的积聚和集中,使生产规模迅速扩大。这一时期,以泰罗为代表的以提高劳动生产率为主要目标的"科学管理"理论和方法应运而生,受到普遍重视。一些大型企业实施科学管理,大大提高了生产效率,使生产能力增长速度超过了市场需求增长速度。随着商品经济迅速发展,产品销售遇到的困难日益加大,生产社会化与市场供求之间的矛盾也进一步尖锐化,生产过剩导致的商品销售危机,迫使企业为了给产品找出路而重视销售研究。一些经济学家根据企业销售实践活动的需要,开始从理论上研究商品销售问题。

1902—1905年,美国密歇根、加利福尼亚、伊利诺伊和俄亥俄等大学相继开设了市场营销课程。市场营销学作为一门学科,第一次出现在美国大学的讲台上。此后十年,美国的高等财经院校普遍重视研究市场营销学。1912年美国哈佛大学教授赫杰特齐(J. K. Hagertg)在深入调查研究的基础上,撰写了世界上第一本以"marketing"(市场营销学)命名的教科书。这本书只侧重研究广告和商业网点的设置,并没有像今天这样既研究生产经营,又研究市场销售。但是,它的问世却是市场营销学从经济学(economics)中分离出来作为一门独立学科出现的里程碑。此后,这方面的著作不断问世。1918年弗莱德·克拉克(Fred E. Clark)编写了《市场营销原理》讲义,被多所大学用做教材并于1922年出版;L. S. 邓肯也于1920年出版了《市场营销问题与方法》。

然而,这一时期的市场营销学其内容只局限于流通领域,还没有形成独立完整的体系,研究的内容仅侧重于推销方法,所以,这时的市场营销学还未能引起社会各界的广泛重视,它的研究活动仅限于高等院校。

二、市场营销学的成长期(20 世纪 20 年代至 40 年代)

从 20 世纪 20 年代到第二次世界大战结束,是市场营销学应用并得到发展的阶段。1929—1933 年的经济大危机,震撼了整个资本主义世界。生产严重过剩,产品销售困难,已直接威胁到许多企业的生存,迫使企业普遍关心产品的销售活动,市场营销学获得企业家的青睐。在这一时期,美国的高等院校和工商企业建立的各种市场研究机构,有力地推动了市场营销学的研究与普及。1926 年"全美广告协会"改为"全美市场营销学和广告学教员协会"。1937 年,美国全国市场营销学和广告学教师协会及美国市场营销学会合并组成"美国市场营销协会"(American Marketing Association,AMA)。该组织吸收了企业界、理论界的实际工作者和理论工作者,共同研究企业的市场营销问题,并在全美成立了若干个分会。市场营销学开始从学校走向社会,从大学讲台进入流通领域的实际应用,更多的企业家和经济学家加入到市场营销学的研究队伍中,在理论与实践相结合方面进行探讨,在更广、更深的基础上研究产品的推销术和广告术,形成了许多新的原理,市场营销学的理论体系也逐步建立起来。但这个时期市场营销学的研究还只局限于如何大规模地推销已生产出来的产品,侧重研究商品销售的组织机构和推销策略,并未研究生产如何符合市场需求的问题。

三、市场营销学的"革命"(20 世纪 50 年代至 60 年代)

20 世纪 50 年代至 60 年代,是市场营销学的变革和最终确立阶段。第二次世界大战后,美国急剧膨胀的军事工业转为民用工业,使民用品生产在短短几年内出现严重的相对过剩。随着第三次科技革命的发展,劳动生产率大大提高,产量急剧增加,花色品种不断翻新,企业之间的竞争也因此更加激烈。企业面对的是一个需求状况更为复杂、竞争更加激烈的买方市场,建立在卖方市场以研究推销术为主的旧的市场营销学理论和方法就很难适应企业的需求了。于是,一些市场营销学专家和企业家纷纷从不同角度提出了以消费者为中心的新的市场营销学理论,认为应该把市场作为生产过程的起点来组织企业的经营活动。这一基本观念的变革,被西方称为"市场营销革命",这样就把市场营销学的研究推向了一个新阶段。到了 20 世纪 60 年代,反映这些变革的市场营销学理论的一系列优秀著作相继问世,其中最值得推崇的是美国市场营销学家杰罗姆·麦卡锡(Jerome Mccarthy)的《基础市场学》和菲利普·科特勒的《营销管理:分析、计划和控制》,这些著作全面提出了现代市场营销理论,形成了现代市场营销学的概念、方法与理论体系。

这一时期市场营销学的主要特点是:市场营销学开始突破流通领域的局限,进入生产领域和消费领域。市场营销的范围始于产品被生产之前,终于产品实现销售之后。在产品生产之前,需要分析市场,按照消费者的需求确定生产什么,生产多少,如何生产;产品生产出来后,要研究营销策略,实现销售;产品销售后,要提供服务,使顾客满意,提高重复购买率;同时,搜集并反馈需求信息,为再生产提供依据。

市场营销观念的确立,研究对象的明确和拓展,使市场营销学的地位最终得到确认,并获得了很大的发展,市场营销学迅速从美国传到西欧、日本和其他资本主义国家,成为一门新兴的现代学科。

四、市场营销学的成熟期(20世纪70年代至今)

市场营销学作为一门成熟的学科,是从20世纪70年代开始的。20世纪70年代以来,在第三次科技革命的推动下,许多国家与地区掀起了经济改革的浪潮,工农业生产迅速发展,社会产品丰富多彩,市场竞争空前激烈。由于社会生产力的迅速发展和企业营销的实际需要,市场营销学作为一门专门研究企业的生产经营和市场销售的学科,越来越受到许多学者和企业经理人员的重视。市场营销学在原有理论的基础上,又吸收了社会学、心理学、管理学、行为学、统计学等学科的若干理论,再加上信息科学、电子计算机科学的广泛应用,使市场营销学的内容不断充实,体系渐趋成熟。这期间市场营销学的新概念也层出不穷,例如20世纪80年代科特勒提出了大市场营销概念,将营销组合由"4P"扩展到"6P"、"11P",从战术营销转向战略营销。20世纪90年代以来,竞争者分析、服务市场营销、政治市场营销、网络营销、市场营销决策支持系统、市场营销专家系统等一系列的新理论、新问题不断被提出。现代市场营销学已经不只是企业营销实践的一般性经验概括和总结,它与相关学科的有关知识紧密结合,相互渗透,形成了一门比较成熟的、实用性很强的专门学科。

目前,在西方发达国家,市场营销学所分析的市场营销理论、思路与方法,早已成为经济管理人才、工商业界人士必备的专门知识。西方国家的企业家普遍认为,不懂市场营销学,就不配当一位企业家。因此,在今天,市场营销学不仅是培养经济管理人才的一门必修课,而且是经济理论工作者学习和工商业界人士研究的主要内容。

五、市场营销学在中国的传播和发展

市场营销学在20世纪30年代传入我国,并在一些大学的商学院开设过类似的课程。但是由于长期的战乱及商品经济不发达,对市场营销学的研究与运用未能受到重视。新中国成立以后,由于政治和经济体制的种种原因,我国市场营销学的引进和研究工作整整中断了30年。1978年以后重新开始引进、推广和运用,市场营销学在我国的引进和发展可分为三个阶段。

1. 市场营销学再次被引进及启蒙阶段(1978—1983年)

中国共产党十一届三中全会(1978年)以后,我国开始了改革开放的历程。

市场营销学在商品经济发达的国家被视为经济管理类的重要课程,并在指导企业的经营活动、为企业提高经营水平方面起到了重要作用。我国实施改革开放政策以后,市场营销学很快被国内学者所认识,北京、上海和广州等地的学者率先从国外引进市场营销学,并为这一学科的宣传、研究、应用和人才培养做了大量工作。通过论著、教材翻译评介,到国外访问、考察和学习,邀请外国专家学者来华讲学等方式,系统引进了当代市场营销理论和方法。高等院校相继开设了市场营销课程,组织编写了第一批市场营销学教材。

1980年,外经贸部与设在日内瓦的国际贸易中心(ITC)合作,在北京举办了市场营销培训班。同年8月18日,中美两国合办的以国有企业厂长为主要培训对象的大连培训中心第一期研究班开学,聘请美国著名的营销专家讲课,这对营销理论和方法的实际运用起了推动

作用。在此期间,除高校图书馆从国外购买和通过交流获得外文原版教科书外,还影印、翻译了多种多样的市场营销学教材。一些大学也组织编写出版了市场营销学教材,开设市场营销学课程的高校逐渐增多。

2. 市场营销在中国的迅速传播时期(1984—1994 年)

为适应国内深化改革、经济快速成长和市场竞争加剧的环境,国内开始建立市场营销方面的研究机构,将致力于研究市场营销学的专家、学者组织在一起,共同研究、推广市场营销学这门具有应用价值的学科。

1984 年 1 月,为加强学术交流和教学研究,推进市场营销学的普及与发展,全国高等财经院校、综合性大学市场学教学研究会在湖南长沙成立(1987 年改名为中国高等院校市场学研究会)。该研究会的成立对市场营销学的传播、深化和创新运用作出了积极贡献。此后几年,许多省、市(区)也逐步成立了市场营销学会,举办了多种形式的培训班,通过电视讲座和广播讲座推广、传播营销知识。广东营销学会还定期出版了《营销管理》会刊。

1985 年以后,我国经济体制改革在各个领域全面开展,各项改革措施相继出台。在商品流通领域取消了统购包销的政策,将商品经营、采购的自主权交给了企业。这就迫使一些生产企业不仅仅要注重商品的生产,还必须注重商品的适销对路和商品的销售,企业对掌握和应用市场营销知识的愿望越来越迫切。一些省市的市场营销团体开始组织市场营销理论研究者深入企业,为企业解决市场营销中的困难与问题;一些企业也积极参与市场营销学会的活动,主动向市场营销理论研究者请教,主动邀请市场营销方面的专家、学者到企业去出谋划策,解决企业营销中的问题。

1986 年以后,经当时的国家教育委员会批准,我国一些院校开始试点招收市场营销专业(或专门化)本科生。1992 年,当时的国家教育委员会公布的本科招生目录中首次增添了"市场营销专业",市场营销专业开始在全国招生,除综合性大学、财经院校以外,很多理工院校、医学院校、农林学校及各类专业院校也都纷纷开设了市场营销专业。

1991 年 3 月,第二个市场营销方面的全国性组织"中国市场学会"在北京成立。该学会成员包括高等院校、科研机构的学者,国家经济管理部门官员和企业经理人员。此后,中国高等院校市场学研究会、中国市场学会作为中国营销的主要学术团体,开展了一系列活动,以促进学术界和企业界、理论与实践的结合,为企业提供营销管理咨询服务和培训服务以及建立对外交流渠道做了大量卓有成效的工作。

3. 市场营销理论研究与应用的深入拓展时期(1995 年以后)

邓小平南方讲话后,改革全方位展开,广大国有企业加快改革步伐,民营企业茁壮成长,外资企业大举进入和逐鹿中国市场,使中国内地在迅速成为"世界工厂"的同时,买方市场特征逐步明显,市场竞争进一步加剧。在这种形势下,强化营销和营销创新成为企业的重要课题。

1995 年在北京召开的"第五届市场营销与社会发展国际会议",标志着市场营销在中国的传播、研究与应用进入了一个新的阶段。通过与世界各国营销学界的广泛交流,我国已拥有了一大批在早期从事市场营销学研究的老一辈学者的指导和培育下成长起来的高水平的市场营销专家和学者,并开始关注市场营销学发展的国际动向,开始与世界同步研究市场营销学发展中的一些新的前沿性的问题,并承担了一些国家课题的研究,出版了一大批市场营销方面的学术专著。

进入 21 世纪,营销的科学化与本土化日益受到我国营销界的重视。清华大学经济管理学院和北京大学光华管理学院联手创办的《营销科学学报》(JMS)的问世,标志着我国营销研究范式步入了一个与国际接轨的科学化的轨道。同时,以中山大学"中国营销研究中心"的研究者为代表的一批学者针对中国营销问题的研究,使营销研究步入了本土化研究的阶段。

目前中国已形成庞大的营销教育与人才培养网络。全国有数千所高、中职专科学校和普通高校设立了市场营销专业,培养从专科、本科到研究生层次的营销专门人才。中国累计出版市场营销相关教材上千种,各类学校的营销专业任课教师逾万人。

第三节　市场营销学的研究内容及研究意义

一、市场营销学的研究内容

在市场营销学发展的初期,其研究的内容范围仅局限于商品销售,以商品脱离生产领域为出发点,以商品进入消费者领域为终点。20 世纪 50 年代之后,市场营销学的研究不仅突破了原来的内容范围,而且研究的出发点也有了很大的变化。市场营销学研究的内容除商品流通领域外,还上延至生产领域的产前活动,下伸至流通过程结束后的售后工作,如图 1-1 所示。也就是说市场营销学不仅研究生产与销售,更重要的是要研究生产之前的市场需求状况,挖掘有利可图的目标市场,进行可行性分析,以及售后如何提高消费者的满意度,提升企业的竞争力等。

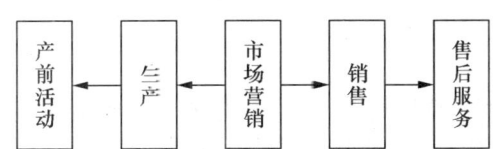

产前活动 ← 生产 ← 市场营销 → 销售 → 售后服务

图 1-1　市场营销学研究范围

依据这样的基本思路,市场营销学的内容涉及四大方面,它们分别是:

(1)营销原理。营销原理由市场分析、营销观念、市场营销信息与市场营销环境、消费者需要与购买行为、市场细分与目标市场选择等理论组成。

(2)营销战略与战术。营销战略是企业长期性的营销目标;营销战术是为实现企业营销战略目标而建立的,由产品策略、定价策略、分销渠道策略和促销策略等组成。

(3)特殊市场营销。特殊市场营销由服务营销、网络营销、诚信营销等组成。

(4)营销管理。营销管理由营销计划、组织和控制等组成。

二、研究市场营销学的意义

1. 迎接新世纪的营销挑战

我们正在面对新经济时代的严峻挑战。现代科技的飞速发展,从根本上改变着人们的生活方式和社会生产方式,带来比以往更为复杂和快速变化的社会经济环境以及更为剧烈的全球竞争。无论是在国家(地区)综合国力的发展层面,还是在微观企业经营与发展层面,新世纪的挑战都是崭新的、全面的。

经济全球化、高技术(特别是信息科技产业)的崛起、金融危机和全球企业并购之风的盛行,预示着未来的营销从观念、规划到方式都将发生深刻变化。一些学者将这些变化方向归纳为"学习"型营销。这种新的营销观念认为,营销活动的规则正在伴随购买者不断的"学习"过程而演变,只有善于学习、创新和运用新知识的企业才能成为未来市场竞争的最大的赢家。

可见,学习、研究市场营销学是知识经济时代的要求,是迎接新世纪挑战、适应环境变化的必需。

2. 促进经济成长

宏观经济的稳定、健康和持续发展,已经成为各国(地区)关心的话题。经济成长取决于多方要素。其中,市场营销占据重要地位。

第二次世界大战后许多国家的经济成长经验表明,市场营销观念的转变和贯彻是经济成长的一个重要原因。彼得·德鲁克在分析西方国家的营销问题时指出,将营销作为企业的中心功能,"这种观念上的改变是欧洲在 1950 年以后快速复原的主要原因之一……(20世纪)50 年代以后,日本经济上的成功,主要归功于其接受营销为企业首要功能的观念"。而美国,自 1900 年以来,其经济革命主要是营销革命。这种营销革命对经济的影响不亚于20 世纪任何技术上的革命。

人物介绍

管理大师彼得·德鲁克

彼得·德鲁克(1909—2005),1909 年生于奥匈帝国的维也纳,祖籍为荷兰。他先后在奥地利和德国接受教育,1929 年后在伦敦任新闻记者和国际银行的经济学家。1931 年获法兰克福大学法学博士学位。1937 年移民美国,曾在一些银行和跨国公司任管理顾问。1946年他将心得成果写成《公司的概念》一书并出版,对企业组织与结构有独到分析。1950 年起任纽约大学商学院管理学教授。

德鲁克在 1954 年出版的《管理实践》首次将管理学开创成为一门学科,奠定了他的管理大师地位。1966 年出版的《卓有成效的管理者》成为"管理者必读的经典之作",1973 年出版的巨著《管理实践》则是一本奉献给企业经营者的系统化管理手册和教科书。他一生出版著作 30 多本,传播并畅销至全球 130 多个国家。2002 年 6 月,德鲁克获得由布什总统颁发的美国公民最高荣誉奖"总统自由勋章"。

回顾我国改革开放三十多年来的经济成长过程,我们也不难看到市场营销对经济发展的重要作用:在促进经济总量增长方面,在扩大内需和进军国际市场、开拓更大的市场空间方面,在促进第三产业的成长和发展方面,在强调经营与环境的系统协调可持续发展方面,在通过营销战略与策略的创新、促进新科技成果转化为生产力、充分发挥科技作为第一生产力在经济成长中的作用方面,市场营销已经和正在作出自己的贡献。可以预言,随着我国社会主义市场经济体制的构建和完善,这种作用还将进一步加强。

3. 促进企业成长

企业是现代经济的细胞。企业的效益和成长是国民经济发展的基础。市场营销学对经济成长的贡献,主要表现在其解决企业成长与发展中的基本问题上。

价值交换(实现)是企业生存和发展的基础。市场营销学以满足需要为宗旨,引导企业树立正确的营销观念,面向市场组织生产过程和流通过程,不断从根本上解决企业成长中的关键问题。

市场营销学为企业成长提供了战略管理原则,将企业成长视为与变化的环境保持长期适应关系的过程。企业为此必须不断了解变化的环境,预测其趋势,不断创新产品及营销策略,避免营销短视风险,不断在更高层次上满足需要,从而实现自身成长。

市场营销学为企业成长提供了一整套竞争策略,指引企业创造竞争优势。在战略与策略层面,市场营销学十分重视研究企业以满足需求为中心,形成自己的经营特色,以保证处于不败之地。

市场营销学为企业成长提供了系统的策略方案。企业可以通过市场营销战略和营销组合策略决策及系统实施来达到其成长目标。

市场营销学也为企业成长提供了组织管理和营销计划的执行与控制方法。

总之,市场营销对强化企业最基本的功能,实现企业的高效与持续成长,迎接新经济条件下的各种挑战,促进经济快速健康发展和社会和谐都具有重大理论和现实意义。

本章小结

1. 市场是商品经济中生产者与消费者之间的价值交换关系、条件和过程。市场营销则是通过创造和交换产品及价值来满足个人或群体的需求和欲望的一种社会过程和管理过程。其核心概念是交换,基本目标是满足需求和欲望,达成顾客满意,并建立自己的竞争优势。市场营销是企业的核心职能。

2. 作为一门管理学科,市场营销学于20世纪初起源于美国,并在各国的实践中不断充实、提高和创新,形成了系统的理论、策略和方法论体系,为全球、各国及地区经济发展作出了重要贡献。就我国而言,市场营销理论是从20世纪70年代末开始传播和发展的。我们应在借鉴、吸收发达国家先进、科学的市场营销理论和方法的同时,根据我国的国情与经营,建立具有中国特色的市场营销理论。

3. 现代市场营销学包含的主要内容有:营销原理、营销战略与战术、特殊市场营销和营销管理。学习、研究市场营销学,对于迎接新经济条件下的各种挑战、促进经济快速健康发展和社会和谐、实现企业的高效与持续成长,都具有重大理论和现实意义。

学习思考

1. 现实市场的形成需要具备哪些条件?

2. 什么是市场营销? 为什么说市场营销是企业的核心职能?

3. 试述市场营销学的形成与发展过程。

4. 试分析市场营销学对我国经济发展及企业成长的重要意义。结合实际谈谈你的认识。

| 案例训练 | 老牌子遇到新问题 |

提起国酒茅台,中国人都有一种特殊的感情。1915 年,茅台酒代表中国民族工商业进军巴拿马万国博览会并获得殊荣,从此跻身世界三大蒸馏名酒行列,奠定了中国白酒在世界上的地位,亦将其自身确立为中国白酒之至尊。新中国成立后,茅台酒又被确定为"国酒",一直处于中国白酒领头羊地位的茅台酒,更因其在日内瓦会议以及中美、中日建交等外交活动中发挥了独特作用而蜚声海内外。改革开放后,茅台酒业获得长足发展,1985 年至 1994 年又在国际上荣获多项荣誉。茅台酒厂在全国同类企业中率先跨入国家特大型企业行列。

(一)中国贵州茅台酒厂集团

中国贵州茅台酒厂集团即中国贵州茅台酒厂(集团)有限责任公司,是贵州省政府确定的 22 户省现代企业制度试点企业之一。1996 年 7 月,贵州省政府批复同意贵州茅台酒厂改制为国有独资公司,更名为中国贵州茅台酒厂(集团)有限责任公司,同时,以该公司为核心企业组建企业集团,并命名为中国贵州茅台酒厂集团。全国白酒行业唯一的国家一级企业,全国优秀企业(金马奖),全国驰名商标第一名,是全国知名度最高的企业之一。贵州茅台酒与苏格兰威士忌、科涅克白兰地并列为世界三大名酒。自 1915 年巴拿马万国博览会获得国际金奖以来,连续 14 次荣获国际金奖,并获得"亚洲之星"、"国际之星"包装奖、出口广告一等奖,蝉联历次国家名酒评比之冠,是中国的国酒。

茅台集团下属的企业分布在北京、上海、海南、深圳等地,分别从事酒店业、包装材料制造、内外贸易等跨行业经营管理;先后开发了 43%(V/V)、38%(V/V)、33%(V/V)茅台酒,汉帝茅台酒,茅台女王酒,茅台不老酒,贵州醇,贵州特醇,茅台醇等系列产品,形成了多品开发、多种经营、多元发展的新格局,各项经济技术指标均呈两位数增长。1994 年,茅台酒厂质量管理一次性通过 GB/T 19002—ISO 9002 质量体系认证,在白酒行业中率先与国际质量标准接轨;1995 年,在美国纪念巴拿马万国博览会金奖 80 周年名酒品评会上,茅台酒再次夺得特别金奖第一名。

(二)质量求生存,管理出效益

改革开放以后,与其他许多传统品牌一样,茅台酒遇到了老牌子如何跟上飞速发展的新形势的问题,首先是如何对待产品质量。在产品质量问题上,茅台酒确定并坚持了"质量第一,以质促效"的方针。在这个方针指导下,茅台人从三个方面诠释"质量"。

1. 质量就是企业的长远效益

领导班子对此保持高度共识。茅台酒是世界名酒,中国国酒,自从 1915 年夺得巴拿马万国博览会金奖后,在海内外市场上一直是"奇货可居","皇帝女儿不愁嫁",特别是在市场经济中,在茅台的金字招牌下,只要企业愿意增加产量,就意味着随时可增加效益。但是,集团党委书记兼董事长季克良和总经理袁仁国说:"面对来自市场的各种诱惑,国酒人始终头脑清醒。茅台酒之所以近百年金牌不倒,创造出如此的市场信誉度,根本原因即在于其拥有卓尔不群的品质。酒是陈的香,如果目光短浅,丢掉这个根本去杀鸡取卵,最终无疑会葬送企业的长远效益。"

2. 质量先于产量、效益和发展速度

强烈的质量意识已浸入每个国酒人的血脉。近二十余年间,茅台集团的生产能力由原来不足千吨攀升到 5 000 余吨,但是,产品必须经过 5 年以上的酿造窖藏周期才能出厂的规定,以及相应的质量否决制却不折不扣地得以执行。每道工序、每一环节的质量都要与国酒、"中国第一酒"的身份地位相符合。当产量、效益、发展速度与质量发生矛盾时,都要服从于质量。茅台酒厂借助于现代化的科学仪器,从辅助材料、原材料、半成品到成品,对几十个项目都要做科学严密的分析检验,使每一个项目都符合产品质量要求的指标。与此同时,不丢掉在长期实践中形成和传授下来的品评茅台酒的绝招,使用"眼观色,鼻嗅香,口尝味"的传统方法,凭人的感觉器官检验产品质量。现代科学检测手段与专家品评绝招相结合,恰似给茅台酒质量检测上了双保险。

3. 质量的稳定和提高需要创新

茅台人很重视先进质量管理方法和手段的引进、创新。早在 20 世纪 80 年代中期,茅台酒厂就引进了日本全面质量管理办法,一改长期以来主要靠师傅把质量关的管理方法为全体员工都参与,经过全员培训,规范操作程序和操作工艺,使质量有了全面提高。继 80 年代中期推广了全面质量管理方法,90 年代又通过了 ISO 9000 国际标准产品和质量保证体系认证,结合企业特点建立起一套行之有效的质量检评制度。迄今,集团一直坚持每年按季度进行内部质量审核,每年主动接受权威质量保证机构的审核。生产工艺基本上变成机械化、现代化的操作;同时,发挥技术中心的作用,大量更新科研管理设备,加大科技成果转化力度,为产品质量的稳定、提高提供了坚实的基础。

(三) 及时转观念

从 1997 年开始,白酒市场格局发生了新的变化,形成了多种香型、多种酒龄、不同酒度、不同酒种并存,各种品牌同堂竞争、激烈争斗的格局,我国酒业的生产也进入了前所未有的产品结构大调整时期,啤酒、葡萄酒等发展迅猛,风头甚劲。一批同行企业异军突起,后来居上,产量和效益跃居同类企业前列;同时,消费者的消费习惯也发生了改变,传统的白酒生产面临着严峻的挑战。由于这种市场经济条件下严峻竞争的现实,以及白酒产量总体过大等因素的影响,全国白酒市场呈现了总体下滑的趋势,到 1998 年形势更加严峻,1—7 月,茅台酒全年销售任务只完成 33%。酒还是那个酒,但前所未有的困难却蓦然而至,问题到底出在哪里? 关键时刻,茅台酒厂集团领导班子进行了大调整。一次次决策会议上,领导班子成员展开了热烈的讨论,最后得出的结论让人并不轻松:排除宏观因素不说,就企业内部的微观原因而言,还是在于上上下下的思想解放不够,观念还没有真正转变到市场经济的要求上面来,整个运作方式、思维模式事实上依然处于计划经济的状态。如果这种自以为"皇帝女儿不愁嫁"的状态没有及时而根本的改变和突破,企业的未来将会非常危险。就这样,以季克良为核心的领导班子将大部分时间都花在了市场调研上,马不停蹄地跑遍了全国许多有代表性的地方,一方面为自己"洗脑",吸收新鲜气息,一方面寻求市场决策的突破口。稍后不久,一系列大气魄的面向市场的举措便在茅台酒厂集团内相继出台了。第一项举措是大力充实销售队伍,在全厂范围内公开招聘了一批销售员,经过一个月的培训,迅速撒向全国各地。紧接着,集团破天荒地在全国 10 个大城市开展了多种形式的促销活动,季克良等领导带头出现在商场、专柜,亲自宣传自己的产品,一下拉近了与消费者的距离,效果极佳。半年的奋斗下来,年终盘点,茅台酒厂(集团)公司本部不但弥补了上半年的亏空,而且全年实现利税 4.41 亿元,销售收入 8.16 亿元,比上年又有大幅度的上升。

（四）该出手时就出手

自 1984 年在武汉发现第一批假茅台酒起,茅台酒成了我国最早一批被侵害的名酒。随着市场经济体制的逐步建立,茅台酒所遭受的商标、企业名称等知识产权的侵犯也呈现出不同的演变趋势:20 世纪 80 年代,市场刚刚启动,各种直接盗用茅台酒包装、打茅台酒牌子的"茅台酒"横行于市,造成了人们爱茅台而不敢买茅台的恶劣局面,"假茅台"成了茅台酒厂集团的心腹大患。进入 20 世纪 90 年代以后,茅台酒厂集团依靠各级政府的支持,加大打击假冒的力度,并理顺销售渠道,采用一系列防伪技术,使得假冒"茅台"猖獗的气焰得以有效遏制。但是,不法分子又"暗度陈仓",改而在"侵权"上做文章,打起了茅台商标的"擦边球"等。集团副总经理戴传典曾将不法商贩的种种侵权现象做如下归纳:其一,侵犯"茅台"注册商标专用权;其二,伪造带有"茅台"二字的企业名称,或者把未经工商登记的名称使用在产品包装上,用以误导消费者;其三,仿冒茅台酒包装外观图形;其四,在宣传上有意进行误导,如某些企业生产的产品,将茅台酒厂集团全貌作为广告照片印在酒盒上;其五,玩书法游戏,如产品名称取名与"茅台"十分相近等,包装上再刻意写成接近"茅台"的字样。面对假冒侵权产品对茅台酒厂集团权益的侵害和市场的蚕食,季克良忧心忡忡:"假冒侵权产品不根除,老祖宗千年留下的国宝,就可能要毁在我们这代人手中。""如果任其发展下去,就会断送我国的民族工业。"总经理袁仁国如是说。为了最大限度击退假冒侵权,保护名牌、保护企业和消费者的合法权益,茅台酒厂积极主动地打假,抓大案要案,同时大力协助各地工商、公安部门打假。在打假的同时,防假方面走出了几大步:第一步用激光防伪,第二步使用条码,第三步进口日本瓶子,第四步进口意大利瓶盖,第五步不惜高代价采用美国 3M 的防伪技术。茅台酒厂集团每年为此的花费都在千万元以上。

资料来源:汤定娜,万后芬,《中国企业营销案例》,高等教育出版社,2001 年 6 月。

案例思考题

1. 你是否从茅台酒的发展历程中看到了营销?是否感受到了学习和运用营销知识以及营销创新的迫切性?试分析之。

2. 如何看待茅台酒厂转变观念?对此你有什么建议?

营销技能训练

以 5—8 人为一组,了解一个有代表性的公司(比如"海尔")的成长历程,分析该公司对于市场营销的认知、接受与重视过程,以及市场营销对公司成长的战略意义。

第二章

市场营销管理哲学及其贯彻

知识目标

- 充分认识以正确的市场营销管理哲学指导市场营销实践的重要性
- 了解市场营销管理哲学不同形态的演变过程和特点
- 了解企业如何在正确的营销哲学指导下,令顾客满意
- 理解顾客让渡价值、顾客满意、顾客忠诚的内涵

技能目标

- 能够判断企业在某个特定时期的市场营销哲学理念
- 掌握如何在合适的情境下,运用适当的营销管理哲学,对企业进行实践指导,以实现顾客满意以及顾客忠诚等组织目标

案例导入

在森林王国里面,著名 IT 企业微硬公司决定举办一次特殊的烹饪竞赛,参赛单位可以是公司附近的任何一家餐厅,只要参赛者能在一周内吸引最多微硬的员工前去就餐,就能取得微硬员工餐厅的经营权。消息一传开,附近大小餐厅纷纷摩拳擦掌,其中森林最高食府树顶饭店的老板大猫先生更是欣喜若狂,他揣度着以饭店的产品和服务,只要来一周不计成本的降价大酬宾,一定能将餐厅的经营权收入囊中。于是,他马上着手采购各种高级食材,更改价目,为竞赛积极备战……一个星期过去了,冠军由一个叫必胜客栈的小快餐店获得。大猫先生十分纳闷,为什么自己的超值法国血鸭会比不上普通的肉酱意粉

呢？原来,树顶饭店位于全森林最高的面包树树顶,由于最近饭店电梯故障,顾客必须爬过十多层的楼梯才能进入饭店;而且由于饭店经营法国菜,菜单全是法文,顾客点菜时往往无所适从;更要命的是,法国菜烹调耗时,顾客下单后要等待很久才能用餐。所有这些让从事繁忙 IT 工作的微硬员工难以接受。而新开的必胜客栈,则凭着方便、快捷以及贴心的送餐服务赢得微硬员工的青睐。

资料来源:方妙英,《苹果橘子营销学》,化学工业出版社,2009 年 1 月。

案例思考:
必胜客栈获胜的秘诀是什么?

第一节　市场营销管理哲学

思想决定个体的行为和活动。企业的市场营销活动也是如此,它是在特定的市场营销管理哲学指导下进行的。营销观念的正确与否,决定了企业的兴衰成败。

市场营销管理哲学,也称经营哲学、营销观念,它是指企业在营销活动过程中所依据的基本指导思想和行为准则。自 20 世纪以来,随着市场供求关系和竞争格局的变化,西方发达国家的企业营销观念大体经历了几个阶段性的重大转变:生产观念、产品观念、推销观念、市场营销观念、社会营销观念等,如图 2-1 所示。这几种观念并无先进落后之分,其正确与否的标准是基于是否符合企业发展的经营环境和商业态势。

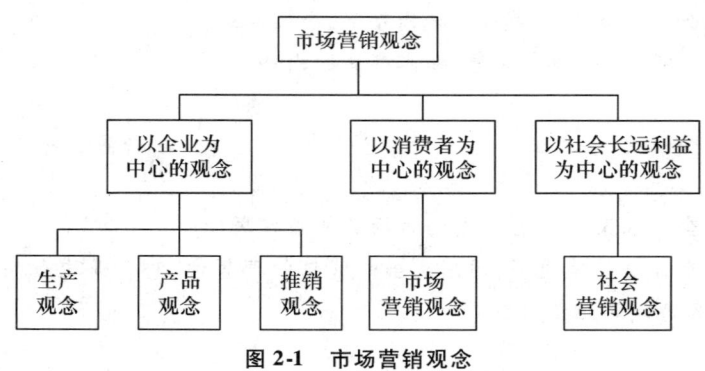

图 2-1　市场营销观念

一、生产观念

这是一种最为古老、传统的营销观念。

1. 概念

生产观念就是指企业的一切经营活动以生产为中心,企业生产什么,就卖什么,以产定销。它假设消费者总是喜欢随处可以买得到的价格低廉的产品,因此,企业就要致力于提高生产效率、扩大分销范围、增加销量、降低成本。

2. 产生背景和适用条件

生产观念产生于卖方市场条件下,商品经济不发达,物资匮乏的时期。19 世纪末至 20

世纪工业化初期,当时产品供不应求,需求旺盛,因此产品不愁没有销路,只要生产者能够大规模生产产品,降低成本,就能够以较低的价格获得丰厚的利润。因此企业就把精力集中于扩大生产、降低成本上,不必过多地关注消费者的需求差异和变化,此时企业一般采取生产观念。此外,当某种行业具有良好的市场前景,产品生产成本过高时,必须通过提高生产率、降低产品成本来降低价格、扩大市场,此时也会导致企业采取生产观念。因此,生产观念在两种条件下适用:一是物资短缺,产品供不应求;二是产品成本过高而导致市场价格居高不下。

小案例

福特汽车的成功之道

当被问到"是谁发明了汽车"这个问题时,许多人都会回答:亨利·福特。这个普遍的误解正是对亨利·福特的赞美,因为是他使千千万万人拥有汽车的梦想成为可能。他的指导原则是:"我要制造一辆适合大众的汽车,价格低廉,谁都买得起。"正是亨利·福特的这种远见和激情促成了福特汽车公司的诞生。20世纪初,美国福特汽车公司制造的汽车供不应求,亨利·福特曾宣称:"不管顾客需要什么颜色的汽车,我只有一种黑色的。"福特公司1914年开始生产的黑色T型小轿车就是在"生产导向"经营哲学的指导下创造出奇迹的,T型车生产效率趋于完善,成本降低,使更多人买得起。到1921年,福特T型车在美国汽车市场上的占有率达到56%。

案例思考:

福特汽车胜在何处?

在20世纪20年代,资本主义国家的企业普遍奉行生产观念,在我国计划经济时期,大多数企业也是如此,一些企业也因此获得了成功,但其最大不足在于它把顾客的需求当成被动接受,完全没有考虑顾客选择的概念。因此在一个竞争的市场上,如果企业奉行这样的观念,必将没有立足之地。

二、产品观念

1. 概念

产品观念认为顾客喜欢高质量、性能好、有特色的产品,并愿意花较多的钱购买高质量的上乘的产品。为此,企业应致力于持续不断地改进产品,提高产品质量,做到物美价廉,则顾客必然会自动找上门。因此无需大力开展营销活动,正所谓"酒香不怕巷子深"。产品观念同生产观念一样,也是一种"以产定销"的观念,认为只要产品好,不愁没销路,提倡"以质取胜",如图2-2所示。

2. 产生背景和适用条件

产品观念也是产生于卖方市场条件下,产品供应不太紧缺的情况下。生产观念指导下

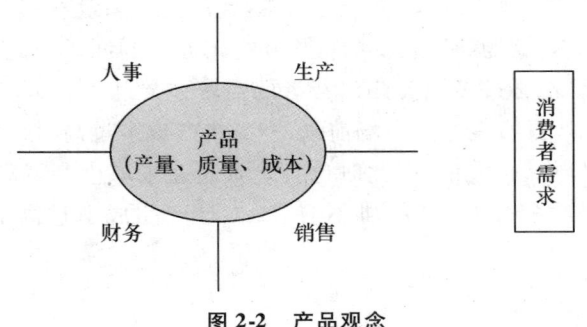

图 2-2　产品观念

的企业往往容易滋生产品观念。特别是当企业发明一项新产品时,也容易产生产品观念。生产观念强调"以量取胜",产品观念则强调"以质取胜"。产品观念尽管从强调生产活动本身转向了产品,考虑到了消费者对产品质量、性能、特色和价格等方面的喜好,但其指导思想本质上还是"厂商自我中心论",即"我生产什么,就销售什么"。企业在发展的初期,往往会以此观念来指导生产经营。总之,产品观念适用于商品经济不发达、产品供需大体平衡、竞争不激烈的情况。但如果追求高质量,必将导致高成本,而高价格则需消费者来承担,难以适应市场的需要。

美国哈佛大学的西奥多·李维特(Theodore Levitt)教授指出,产品观念导致"市场营销近视症",也就是由于企业过于迷恋自己的产品而忽视消费者的需求。随着经济的发展和竞争的加剧,这种观点显然难以适应新环境的发展需要。

小链接

李维持教授提出,预防和治疗"市场营销近视症"的"处方"是"企业逆向经营过程",即将传统的经营过程倒转过来,第一,了解消费者市场需求;第二,分析消费者需求,找出企业能够满足的部分;第三,确定满足需求的具体产品形式;第四,购进必需的原材料;第五,确定生产工艺;第六,生产产品;第七,将产品推向市场,满足消费者需求。

三、推销观念

1. 概念

推销观念也称销售观念、销售导向,仍是一种"以产定销"的观念,认为"企业卖什么,消费者就会买什么"。推销观念认为,消费者通常会表现出一种购买惰性或抗衡心理。因此,企业必须积极推销和大力促销,以刺激消费者大量地购买本企业的产品。

2. 产生背景和适用条件

与前两种观念一样,它也是以生产者为中心的营销理念,产生于卖方市场向买方市场过渡的背景条件下。从 20 世纪 20 年代到第二次世界大战结束,这一期间,随着生产社会化程度的提高和规模的扩大,社会产品数量的迅速增多、西方国家产品生产过剩与支付能力的需求相对不足的基本矛盾日益突出,许多产品供过于求,市场由卖方市场向买方市场过渡,经济危机爆发,大量企业产品积压,市场萧条、供过于求,造成顾客选择性加强,因此产生了推销观念。推销观念注重运用推销术和广告术,刺激或诱导顾客购买,大肆向消费者兜售自己的产品,着眼点是既有的产品。

推销观念在现代市场经济的条件下被大量地用于推销那些非渴求物品,即购买者一般不会想到要去选购的产品或服务。创新产品刚刚上市,也通常采用推销观念,可以尽早打入市场,为顾客所知所用。另外,许多企业在产品过剩的时候,也常常奉行推销观念,以期尽可能地收回成本,改善产品滞销的状况。

推销观念有其适用之处,但若运用不当,很容易导致消费者的反感。因为大多数消费者不会对狂轰滥炸的广告和咄咄逼人的推销员产生兴趣,反而是落荒而逃。因此,推销观念使用不当会降低产品的品位。

四、市场营销观念

这是一种以顾客需要和欲望为导向的经营哲学,产生于买方市场条件下。

1. 概念

市场营销观念认为,企业应以顾客需求为中心,在满足顾客需求的基础上实现企业利润。市场营销观念的出现被称为市场营销的第一次革命,引发了企业的组织、管理方法和程序上的一系列变革。主要体现在两个方面。

首先,企业从"以产定销"转变为"以销定产"或"以需定产",即生产顾客需要的产品,从而实现企业经营利润。

其次,企业进行整体营销活动,即企业中各部门活动协调一致,为生产适销对路的产品,制定适当的价格;选择适当的分销渠道和促销模式,在满足顾客需求和利益的基础上,获取利润。

市场营销观念与前述三种观念不同,它认为,实现企业的诸多目标的关键在于正确制定目标市场的需要和欲望,并且比竞争对手更有效、更有利地传达目标市场所期望满足的东西。所以,企业的一切活动都应围绕客户的需求展开,只有在满足客户需求的基础上才能实现企业利润,如图2-3所示。

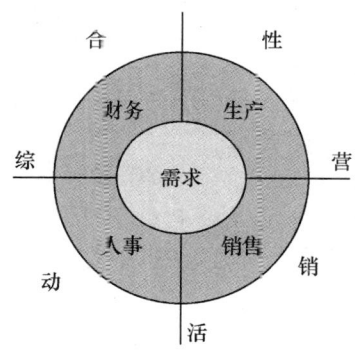

图 2-3　市场营销观念

2. 产生背景和适用条件

第二次世界大战以后,主要资本主义国家的经济经过了几年低迷时期,到了20世纪50年代又有了高速发展。生产的迅速提高和产品的大量上市导致了西方国家的市场供过于求,卖主之间竞争激烈,尤其是西方发达国家普遍推行"高福利、高工资、高消费"的三高政策使得消费需求的规模结构和消费行为也发生根本性的变化。整个资本主义国家市场一下子由卖方市场转变为买方市场。企业为了适应生产形势的变化,纷纷改变了原有的经营观念。由于认识到实现企业目标的关键在于适应市场和顾客的需要,企业纷纷主动研究并满足消费者的需求。在这种情况下,一种新的企业经营指导思想即市场营销观念便应运而生了。"顾客至上"、"顾客就是上帝"、"顾客是企业真正的主人"、"顾客永远是对的"等口号,成为了企业的座右铭。

小案例

营销观念之争

第二次世界大战以前,福特汽车公司依靠老福特的黑色 T 型车取得辉煌的成就,但老福特过分相信自己的经营哲学,不管市场环境的变化和需求的变动。而通用汽车公司的创始人斯隆觉察到战争给全世界人民所带来的灾难,特别是从战场回来的青年人,厌倦了战争的恐怖与血腥,期望充分享乐,珍惜生命。因而,对汽车的需求不再只满足于单调的黑色 T 型车,希望得到款式多样、色彩鲜艳、驾驶灵活、体现个性、流线型的汽车,通用公司抓住需求变革的时机,推出了适应市场需求的汽车,很快占领了市场,把老福特从汽车大王的位置上拉了下来,取而代之成了新的汽车大王。这其实是营销观念之争。

案例思考:
福特汽车败在何处?

市场营销观念适用于消费者清楚地知道自己想要什么的情况。有时候消费者对自己的潜在需求并不清楚,而销售者更了解技术发展的动向和消费者的心理趋向,因此有必要采取顾客驱动营销,或创造需求与创新营销。如索尼公司的领导人盛田昭夫说过:"我们计划用新产品去引导公众,而不是问他们需要什么,公众不知道是可能的,而我们知道。"

小链接

市场营销观念堪称营销史上的一次飞跃,强调以顾客需求为中心,然而也有批评家认为,一味迎合消费者需求去创造产品、指导企业经营,反而压抑了产品创新。一味强调消费者为中心的市场营销观念,并孤立地加以倡导,既不符合实际情况,也有可能导致忽视科技进步、压抑创新思维、放松生产管理等后果。因此,市场营销并不能是仅仅被动地适应所有的现实需求,而是要主动去创造、引导对消费者个体以及人类社会整体长远发展都有利的需求,从而实现顾客的真正满意、人类福利的长足提高。

3. **市场营销观念和推销观念的比较**

哈佛大学教授西奥多·李维特对推销观念和市场营销观念进行了深刻的比较:推销观

念注重卖方需要,市场营销观念则注重买方需要。推销观念以卖方需要为出发点,考虑如何把产品变成利润;而营销观念则考虑如何通过产品以及与创造、传送产品和最终消费产品有关的事情,来满足顾客的需要。

推销观念其实是一种从内而外的顺序,从工厂出发,以产品为中心,并要求通过大量推销和促销活动来获得盈利性销售。市场营销观念则是从外而内的顺序,从确定市场出发,了解顾客需求,以顾客需求为中心,协调所有影响顾客的活动,并通过创造性地满足顾客需要来获利。

归纳而言,二者的区别主要表现在以下几个方面:

(1)营销重点不同:推销观念以产品作为营销的重点;市场营销观念以顾客需求作为营销的重点。

(2)营销目的不同:推销观念"通过产品销售来获取利润";市场营销观念以"通过顾客满意而获得长期利益"为目的,既注重近期利润,又注重长期利益。

(3)营销手段不同:推销观念以单一的推销和促销为手段,不注重各种营销因素的综合运用;市场营销观念则以整体营销为手段。

(4)营销程序不同:以推销观念为指导的企业营销活动,是"产品由生产者达到消费者的企业活动",即以生产者为起点、以消费者为终点的"生产者→消费者"的单向营销活动过程;现代市场营销观念指导下的企业营销活动,是从调查研究消费者需求入手,确定目标市场,研制目标顾客所需要的产品,提供目标顾客满意的价格、渠道、促销和服务,并反馈消费者的需求信息的全过程,即"消费者→生产者→消费者"的不断循环上升的活动过程。

(5)营销机构不同:以推销观念为指导的企业,由第一副总经理抓生产管理,由居于从属地位的销售副总经理直接领导若干个销售机构和销售人员;现代市场营销观念指导下的企业,将整体营销工作作为企业的主要工作,由第一副总经理全面负责市场调研和市场销售工作,下设市场调研部、产品销售部、广告推广部、顾客服务部等。

五、社会营销观念

社会营销观念是对市场营销观念的一种补充、完善和扩展,被誉为市场营销的第二次革命。

1. 概念

社会营销观念是指组织的任务是确定目标市场的需要、欲望和利益,并以保护或提高消费者和社会福利的方式,比竞争对手更有效、更有利地提供目标市场所期待的满足,并因此获得利润。它强调了三者利益的均衡:顾客利益、企业利益、社会利益。

其实,社会营销观念是向企业的营销者提出了一个社会责任的问题。企业不是孤立存在的,其生产经营活动不仅对客户产生影响,而且必然对社会产生一定影响,因此企业必须对社会担负起相应的责任。在社会营销观念的指导下,企业在生产经营过程中,要注重节约资源、保护环境、关心职工的身心健康;在销售过程中,要增进社会福利并促进持续发展。总之,企业的一切活动必须将顾客利益、企业利润、社会长远利益三者有机统一起来,并使之协调一致,以使得社会、生产、消费的发展处于最佳状态,和谐共存,如图2-4所示。

2. 产生背景和适用条件

社会营销观念是市场营销观念的进一步发展,它从20世纪70年代起流行于西方各国。

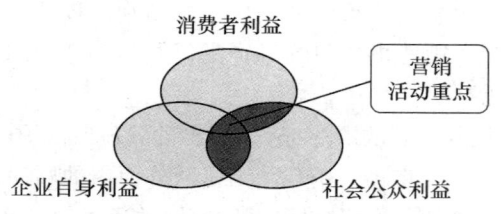

图 2-4　社会营销观念

为了抵制 20 世纪 60 年代期间工商企业在市场营销中为牟取暴利以次充好、虚假宣传、欺骗顾客、损害消费者利益的各种行为,西方许多国家成立了消费者协会,以维护消费者合法权益。大部分学者对市场营销观念产生怀疑,并提出一些问题,认为营销观念回避了消费者需求欲望的短期满足以及长远社会福利之间的矛盾,企业奉行的市场营销观念有时候单纯强调市场需求的短期欲望,往往导致社会环境的污染、破坏、资源短缺、物资浪费,损害了社会和消费者的长远利益。比如一次性筷子的使用虽然方便了顾客的用餐需求,却导致了森林资源和生态系统的破坏;汉堡、炸薯条、炸鸡虽然满足了消费者的食欲,却对人的健康产生不利影响。在资源短缺、环境恶化、全球一体化、人们社会意识逐渐增强的年代,企业必须对单纯的市场营销观念做出思考修正,在考虑顾客需求满足、企业利润获得的同时,也应考虑社会公众利益的长远发展,应把三者统一起来。由此出现许多新的营销理念,如"绿色营销"、"人道主义营销"、"明智的消费观念"、"生态准则观念"等,科特勒对此做出总结,将其统称为"社会营销观念"。

小案例

泰国康民医院的创新

想到医院,人们能够想到的是白色的世界和严肃的建筑。但泰国有一家医院,有金碧辉煌的灯光,五彩缤纷的喷泉,富丽堂皇的大厅,美丽的迎接女郎,空气中弥漫着星巴克咖啡的香味,银色的沙滩和湛蓝的海水向远处绵延。

位于曼谷市中心的康民医院,拥有顶级医疗器械,是亚洲首家通过国际认证的医院,也是世界上最现代化的医院,并且拥有相当高的技术水准,真正做到了"以第三世界的价格享受世界一流的医疗服务"。

这家五星级国际医院虽然外表豪华,但价格低廉。美国的医疗费用很高,而且常常需要提前预约、排队,一些特定的科目需要花费巨资;而在美国需要花 800 美金才能治好的病,这里只需 100 美元。为什么能做到优质廉价?因为它只接受海外就医者,让他们来泰国在享受医疗服务的同时,顺便旅游,从而在诸如旅游服务费用等方面得到补偿,它所提供的旅游服务,每年能吸引 190 个国家的 45 万多名外籍患者前往治疗,外籍患者数量高居全球第一。

康民医院成功的秘诀是将两种看似毫无关联的商品成功地结合到一起,提供全方位的专业服务。去康民医院的通常有两类人:一类是休闲游客,他们只是做一些小手术甚至只是进行全面的健康检查,根本不需要住院;另一类则是专门做大手术的,不过他们也想在手术之前逛逛当地的景点。让患者兼顾健康与娱乐,令康民医院的生意越做越大。

康民医院从市场层面着手,以患者的"需求"为焦点,运用了"潜望镜"工具,在"就诊"需求之外增加了一种看似与医院毫不相干的功能,并引导了欧美患者的旅行需求,为患者就医的过程增加一层快乐、休闲的色彩。

案例思考:

与其他普通医院相比,康民医院有何不同之处?

第二节　顾客满意与顾客忠诚

案例导入

海底捞火锅店的发展之道

海底捞,一个来自四川简阳的火锅店,迅即火遍了京城。它是如何从火锅大战中异军突起的? 又是如何从竞争惨烈的京城餐饮混战中立稳脚跟的? 笔者认为,服务管理乃是其独特的杀手锏之一,海底捞对于服务的重视已经渗透到了运作的各个环节之中……

1. 让等待充满快乐

通常而言,就餐排队是大家极其厌烦的,一是快节奏的社会生活已经让我们或多或少失去了应有的耐心,成为了"急性子",不愿意将宝贵的时间浪费在吃饭的等待上;二是传统的等待只是干坐在餐馆的椅子上等着,稍微好点的能够奉上一杯水或者一块西瓜。而海底捞却反其道而行之,通过一系列创新性举措,让这个原本怨声载道的苦闷等待成为一种洋溢着快乐的等待。当你在海底捞等待区等待的时候,热心的服务人员会立即为你送上西瓜、橙子、苹果、花生、炸虾片等各式小吃,还有豆浆、柠檬水、薄荷水等饮料(都是无限量免费提供)。此外,你还可以在此打牌下棋和免费上网。更令人惊喜的是,女士可以享受免费修指甲,男士可以享受免费擦皮鞋等。就这样,原本枯燥无味的等待时间就在这些吃喝玩乐中悄然而逝了,也正因为此,排队等位也成了海底捞的特色和招牌之一。

2. 每个环节洋溢着服务的光芒

从停车泊位、等位、点菜、中途上洗手间到结账走人等全流程的各个环节,海底捞处处体现了对服务的重视和对服务人员培训的投入。

(1) 节约当道的点菜服务:如果客人点的量已经超过了可食用量,服务员会及时提醒客人,可想而知这样善意的提醒会在我们的内心形成一道暖流;此外,服务员还会主动提醒食客,各式食材都可以点半份,这样同样的价钱我们就可以享受两倍的菜色了。

(2) 及时到位的席间服务:服务员在席间会主动为客人更换热毛巾,次数绝对在两次以上;会给长头发的女士提供橡皮筋箍头发、提供小发夹夹前刘海;给带手机的朋友提供小塑料袋子装手机以防进水,戴眼镜的朋友如果需要的话还可以免费送擦镜布;当然给每位进餐者提供围裙更是一道靓丽的风景线,无论男女老少都穿着同样颜色的围裙端坐一桌,这样的阵势是多么的宏伟。此举也充分反映了海底捞的细心和为客户考虑的周到,穿围裙一是可以避免让美味不小心溅到顾客的衣服上,二是可以部分拦截火锅的味道,免得衣服上散发着火锅的气味。

(3)暂时充当孩子保姆:带孩子上餐馆经常是父母的两难,有时候淘气的孩子会破坏就餐的氛围,会让原本美味的食物陡然间索然无味。为此,海底捞一是创建了儿童天地,让孩子们可以在这里尽情玩耍,暂时让父母全身心投入到品尝美味之中;二是服务员可以免费带孩子玩一会儿,还可以帮助给小孩子喂饭,让父母安心吃饭。

(4)星级般的 WC 服务:海底捞的卫生间不仅环境不错,卫生干净,而且还配备了一名专职人员为顾客洗手后递上纸巾,以便顾客能够擦干湿漉漉的手。

(5)不时给些小恩惠:一般的餐馆吃完饭后会送上一个果盘,但在海底捞,如果你给服务员提出再给一个果盘的要求,他们都会面带笑容地说没问题,随后立即从冰柜里拿出果盘奉送给你。此外,服务员有时候还会给你一小袋或者两小袋豆子。虽然这些小恩惠都不值几个钱,但服务人员的舍得却会在我们的心里留下满意、欣喜和感动,会在我们的心里种下"下次还来"和"告诉朋友"的种子。

资料来源:企博网,http://www.bokee.net/company/weblog_viewEntry/7400911.html。

案例思考:

海底捞成功的秘诀是什么?

一、顾客满意

在 20 世纪 80 年代,美国当时市场环境竞争激烈,美国电话电报公司(AT&T)为了获得竞争优势,不断了解顾客对企业所提供服务的满意状况,并以此作为服务质量改进的依据,取得了一定的效果。与此同时,日本本田汽车公司也开始应用顾客满意作为自己了解情况的一种手段,并进一步完善了这种经营战略。在 20 世纪 80 年代中期,美国政府建立了"马尔科姆·鲍德里奇全国质量奖",以鼓励企业应用"顾客满意"的市场营销理念。这一奖项的设立大大推动了"顾客满意"市场营销理念的发展。

"顾客满意"(customer satisfaction)是指一个人将一种产品的可感知的效果或结果与他的期望值相比较后,所形成的愉悦或失望的感受状态,即企业提供的产品和服务能够给顾客的期望和欲望带来的满足。亨利·阿塞尔也认为,当商品的实际消费效果达到消费者的预期时,就导致了满意,否则,会导致顾客不满意。一般来说,满意水平是可感知效果(perceived performance)和期望值(expectations)之间的差别函数。如果可感知效果低于期望,顾客就会不满意;如果可感知效果与期望相匹配,顾客就会满意;如果感知效果高于期望,顾客就会高度满意或者欣喜。

如今,许多公司追求全面顾客满意(total customer satisfaction,TCS)。如施乐公司,它保证在顾客购买产品三年内,如有任何不满意,公司将为其更换相同或类似产品,一切费用由公司承担;西那(Cigna)公司称:"在您满意之前,我们将永远不会达到100%的满意。"本田公司的广告称:"我们的顾客之所以这样满意,理由之一是我们不满意。"

小链接

实现顾客满意的准则

1. 整个企业以顾客为关注中心;　　　　　2. 倾听顾客意见;

3. 界定和培育有特色的竞争力;　　　　　4. 把市场营销视为市场的智慧所在;

5. 仔细瞄准物色消费者;　　　　　　　　6. 管理为的是效益而不是销售额;

7. 以消费者的价值为行动指南;　　　　　8. 让消费者来界定质量;

9. 估计和把握消费者的期待;　　　　　　10. 建立顾客关系,培育忠诚;

11. 任何业务都具有服务性;　　　　　　　12. 承诺不断地完善和创新;

13. 按企业的战略和结构来培育企业文化;　14. 与合作伙伴和同盟者共同成长;

15. 杜绝市场营销中的官僚主义。

资料来源:〔美〕乔尔·埃文斯,巴里·伯曼,《市场营销教程》(上),华夏出版社,2001年1月。

　　研究表明,通过提高顾客满意,不仅能够保留老客户,还可以吸引新客户。一个非常满意的顾客的购买意愿是一个满意的顾客的6倍;2/3的客户流失是因为对其关怀不够;顾客忠诚度提高5%,利润的上升幅度将达到25%—85%;93%的CEO认为顾客管理是企业成功和更富有竞争力的最重要的要素。据统计分析,获取一个新顾客的成本是保持一个老顾客成本的5—10倍。高度的顾客满意可以培养消费者对其品牌的情感依赖,建立起高度的客户满意度,是建立顾客忠诚度的基础和前提,因此,必须十分重视顾客的满意水平和反馈意见。

小案例

吉拉德的"250定律"

　　号称"全世界最伟大的推销员"的乔·吉拉德49岁时便退休了。那时他连续12年保持全世界推销汽车的最高纪录,平均每天销售6辆,被载入吉尼斯世界纪录大全,成为"全世界最伟大的推销员"。

　　吉拉德的"250定律"来自他的销售实践。曾经有一位殡仪业主向吉拉德购买了一辆汽车。成交后,吉拉德问他每次来参加葬礼的平均人数是多少,业主回答说:"差不多是250人。"又有一天,吉拉德和太太去参加一位朋友家人的婚礼,婚礼是在一个礼堂举行的。当碰到礼堂的主人时,吉拉德又向他打听每次婚礼有多少客人,那人告诉他:"新娘方面大概有250人,新郎方面大概也有250人。"这一连串的250人,使吉拉德悟出了这样一个道理:每一个人都有许许多多的熟人、朋友,甚至远远超过了250人这一数字。事实上,250只不过是一个平均数。因此,吉拉德认为,对于销售人员来说,如果你得罪了一位顾客,也就得罪了另外250位顾客;如果你赶走一位买主,就会失去另外250位买主;只要你让一位消费者难堪,就会有250位消费者在背后使你为难;只要你不喜欢一个人,就会有250人讨厌你。由此,吉拉德得出结论:在任何情况下,都不要得罪哪怕是一个顾客。

案例思考:

吉拉德给你哪些启示?

二、顾客让渡价值

顾客满意是一种主观感受,那些能够比竞争对手提供更多效用与价值的产品的公司,可以令顾客更加满意,获得更多竞争优势。顾客在购买产品时,不仅考虑产品本身的价值性能,还会考虑到企业提供的服务、品牌形象、货币价格、便利性以及选购产品所投入的时间、精力、体力,甚至将来的使用成本。

衡量顾客满意度的一个重要指标就是顾客让渡价值。"顾客让渡价值"理论是1996年市场营销专家菲利浦·科特勒首次提出的。所谓顾客让渡价值(customer delivered value,CDV)是指顾客购买产品时所得到的总价值与总成本的差额,即:CDV = TCV − TCC,如图2-5所示。

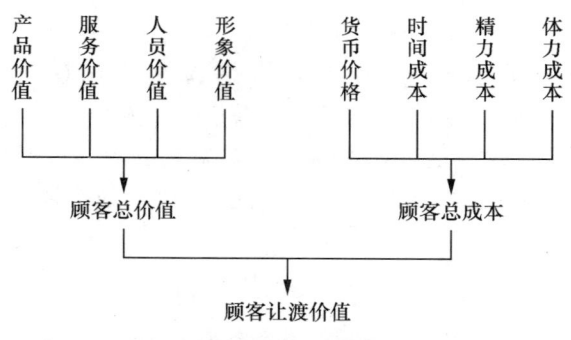

图 2-5　顾客让渡价值

其中顾客总价值是指顾客购买产品或服务所获得的一组收益;顾客总成本是指顾客为购买而耗费的时间、精力、体力以及货币成本。

1. 顾客总价值

顾客总价值(total customer value,TCV)由产品价值、服务价值、人员价值、形象价值四个部分构成。用公式表示即

$$TCV = PV + SV + PerV + IV$$

(1)产品价值(product value,PV)是由产品的质量、功能、规格、式样等因素所产生的价值。它是满足顾客需求的基础,其高低是顾客选择产品或服务所考虑的重要因素。产品价值包括核心产品(主要利益)、形式产品(包装、品牌、花色、式样等)和附加产品(保证、安装、送货、维修等)等几个层次的内容,与此相对应,顾客总价值也包括几个层次:内在价值(核心产品的价值)、外在价值(形式产品的价值)、附加价值(附加产品的价值)。想要顾客满意,

必须运用现代营销理念进行产品创新,不仅关注第一层次的价值,更要重视第二、三层次的价值。

（2）服务价值（service value,SV）是指企业向顾客提供满意服务所产生的价值,是建立顾客满意的重要因素,即企业伴随产品实体销售,在售前、售中和售后向顾客提供的各种附加产品,如产品信息、送货上门、安装、维修、技术培训、产品保证、信贷服务等。对于技术日臻成熟和完善的标准化产品来讲,服务价值在顾客总价值中占有越来越重要的地位。

（3）人员价值（personnel value,PerV）是指企业员工的经营思想、知识水平、业务能力、工作效率与质量、经营作风以及应变能力等所产生的价值。企业员工直接决定着企业为顾客提供的产品与服务的质量,决定着顾客购买总价值的大小。

（4）形象价值（image value,IV）指企业及其产品在社会公众中形成的总体形象所产生的价值。包括企业的产品、技术、质量、包装、商标、工作场所等有形形象所产生的价值,公司及其员工的职业道德行为、经营行为、服务态度、作风等行为形象所产生的价值,以及企业的价值观念、管理哲学等理念形象所产生的价值等。IV 与 PV、SV、PerV 密切相关,在很大程度上是上述三个价值综合作用的反映和结果。

2. 顾客总成本

顾客总成本（total customer cost,TCC）由货币成本、时间成本、精力成本、体力成本所构成。用公式表示即

$$TCC = MC + TC + PC + EC$$

（1）货币成本（monetary cost,MC）包括价格支出和使用费用等。货币成本是构成顾客总成本的主要和基本因素,在一般情况下,是顾客首先考虑的因素。

（2）时间成本（time cost,TC）指顾客用来购买产品或服务时花费的时间长短。在产品质量相同的情况下,顾客购买某项产品或服务的时间越长,购买的总成本就越大,反之则相反。顾客在超市购物时间越长就越不满意,因此应增加营业窗口或者改变收银流程,提高服务效率,从而降低顾客的时间成本。

（3）精力成本（psychic cost,PC）指顾客在了解产品、决定购买及使用和维修时所耗费的精神的价值。顾客在售前、售中和售后阶段,获取相关信息越容易,精神成本越低,满意感就越强。

（4）体力成本（energy cost,EC）是指顾客在购买产品、使用或售后服务过程中所耗费的体力付出。可以尽量开发出方便运输、安装和使用的产品或免费提供这些服务,以此降低顾客的体力消耗,提高顾客满意度。

3. 顾客让渡价值的意义

顾客让渡价值概念的提出为企业经营方向提供了一种全面的分析思路。

（1）顾客让渡价值（CDV）受顾客总价值（TCV）与顾客总成本（TCC）两方面因素的影响,企业在制定各项市场营销决策时,应综合全面地考虑构成 TCV 与 TCC 的各项因素之间的相互关系。一个企业不仅要着力创造价值,还必须关注消费者在购买商品和服务中所倾注的全部成本。企业要让自己的商品能为顾客接受,必须全方位、全过程、全纵深地改善生产管理和经营,企业经营绩效的提高不是行为的结果,而是多种行为的函数,以往我们强调

营销只是侧重于产品、价格、分销、促销等一些具体的经营性的要素,而顾客让渡价值却认为顾客价值的实现不仅包含了物质的因素,还包含了非物质的因素;不仅需要有经营的改善,还必须在管理上适应市场的变化。

(2) 不同的顾客群体对产品价值的期望与对各项成本的重视程度是不同的。各项变动包括提高产品价值要到一个什么程度才适宜、降低各项成本是否都是必需的,这些都是企业应该深思的问题。

(3) 企业应根据不同顾客的需求特点,有针对性地设计和增加顾客总价值,降低顾客总成本。因此,必须针对顾客的需求,满足顾客的期望值,只有这样,企业增加的价值才是顾客所期盼的价值;所降低的成本才是对顾客而言有意义的付出。一味地提高顾客总价值或简单地降低顾客总成本,可能只是企业的一厢情愿,徒劳无功。

(4) 在市场营销实践中,不应片面追求顾客让渡价值最大化。企业在生产经营中创造良好的整体顾客价值只是企业取得竞争优势、成功经营的必要前提。

显然,充分认识顾客让渡价值的含义,对于指导工商企业如何在市场经营中全面设计与评价自己产品的价值,使顾客获得最大程度的满意,进而提高企业竞争力,都具有十分重要的意义。

三、顾客忠诚

1. 顾客忠诚的内涵

顾客让渡价值的最大化是实现顾客满意的前提,顾客满意的实现是加强顾客忠诚的基础。在营销实践中,顾客忠诚(customer loyalty,CL)被定义为顾客购买行为的连续性。它是指客户对企业产品或服务的依赖和认可、坚持长期购买和使用该企业产品或服务所表现出的在思想、情感和行动上的一种高度信任和忠诚,是客户对企业产品在长期竞争中所表现出的优势的综合评价。它主要通过顾客的情感忠诚、行为忠诚和意识忠诚表现出来。其中情感忠诚表现为顾客对企业的理念、行为和视觉形象的高度认同和满意;行为忠诚表现为顾客再次消费时对企业的产品和服务的重复购买行为;意识忠诚则表现为顾客做出的对企业的产品和服务的未来消费意向。

2. 顾客忠诚的战略意义

(1) 顾客忠诚是企业生存和发展的需要

任何企业在提供产品或服务时,其目的都在于得到顾客的认可,并让其乐于接受。这就要求企业必须先了解顾客需要什么样的产品和服务,对产品和服务有什么样的要求。否则,即使是再精美的产品,如果顾客不需要,它也不会得到顾客的认可,不能很好地流通。

同时,顾客满意的程度是不同的,同一个产品,有些人可能觉得非常满意,有些人可能会觉得还不错,因此,顾客满意的程度决定了企业赚钱的程度,决定了企业发展的思路,顾客满意达到一定的程度,长此以往就会形成顾客忠诚,获得稳定的顾客源,支撑企业稳定的发展。按常规算法,一家企业若保住5%的稳定顾客,那该企业的利润至少会增加25%。因此,企业的发展也应该是在于不断提高顾客满意的程度,来获得顾客忠诚,这样企业才能得到长足的发展。

（2）顾客满意将使企业获得更高的长期盈利能力

了解了顾客满意的重要性，企业就会采取各种措施达到顾客满意，在这一过程中，企业本身也可获得许多具有竞争力的、导致企业长期盈利的优势。

第一，成本优势。在企业保证顾客满意的过程中，企业对于顾客的了解会越来越深刻，因此，预测顾客的需求和愿望的准确程度将越来越高。这样，企业在市场研究方面所花的精力就会相对减少，而且也不用花更多的时间和精力去做市场，尤其在新产品的研制和生产方面，也会少走不少弯路，成功率将大大提高。这在很大程度上减少了企业的浪费，压缩了成本，获得了成本优势。

第二，价格优势。企业能够提供令顾客满意的产品或服务，满意的顾客往往愿意为此付出更多的额外支出。比如联邦快递，由于它的服务的速度、时效性使得它的价格即使比竞争者高也为顾客所接受。由此可以看出，满意的顾客可以获得价格优势，当然顾客的额外付出并不是无限度的，付出多少取决于满意度之外的一些因素，如全面的竞争环境、顾客的价格敏感度、购买类型和公司地位等。

第三，更高的顾客回头率。顾客满意将会促使顾客忠诚，满意的顾客比不满意的顾客有更高的品牌忠诚度，也更可能再次购买该产品或者购买企业的其他产品。与上述的价格优势结合起来，重复购买率高将导致更多的收入，最终使企业获得更多的利润。

第四，交易成本低。销售人员都知道一个事实，成交一次重复购买比说服新顾客购买容易得多。更高的顾客忠诚度意味着销售的花费更低，交易成本也更低，因为对于重复购买，销售人员只需向顾客推荐应该买哪种产品，多少钱，而不需要费时费力地向顾客推荐为什么要买本企业的产品。

第五，沟通成本低。每个顾客的周围至少有 250 个潜在的顾客存在，忠诚的顾客愿意将自己的感受告诉别人，诸如朋友、亲戚，甚至于其他的顾客，这种口碑效应比其他沟通方式更加有效，并且几乎不需要成本。

（3）顾客忠诚使企业在竞争中得到更好的保护

产品品种日益丰富，企业竞争也越来越激烈，顾客的忠诚度对于一个企业来说是至关重要的。满意的顾客才能形成顾客忠诚，满意度越高这种忠诚保持的时间越长，他们不大可能转向其他产品或为了更低的价格抛弃原来的供应商。即使在企业出现困难时，这些顾客也会在一定范围内对企业保持忠诚，这给企业提供了缓冲困难的时间，最大限度地降低了对企业产生的影响。顾客之所以忠诚于一个企业，不仅因为该企业能提供顾客所需要的产品，更重要的是企业能通过优质服务为顾客提供更多的附加价值。

小案例

IBM 公司进入小型电脑的市场较晚，在苹果公司开发 APPLE Ⅱ 之后的五年后才推出第一台自己的个人电脑，然而在这段时间里，IBM 原来的顾客（主要是大公司的采购者）都在耐心等待。最终，IBM 成为这一行业的领导者，当然这其中也有 IBM 的努力和苹果公司等其他计算机公司本身存在的问题等各方面原因，但不可否认，顾客忠诚也是其中重要的原因之一。

案例思考：

分析顾客忠诚对于 IBM 公司的意义。

本章小结

1. 西方发达国家的企业营销观念大体经历了几个阶段性的重大转变：生产观念、产品观念、推销观念、市场营销观念、社会营销观念等。这几种观念并无先进落后之分，其正确与否的标准是基于是否符合企业发展的经营环境和商业态势。

2. 生产观念就是企业的一切经营活动以生产为中心，企业生产什么，就卖什么，以产定销。它假设消费者总是喜欢随处可以买得到的价格低廉的产品，因此，企业就要致力于提高生产效率、扩大分销范围、增加销量、降低成本。

3. 产品观念认为顾客喜欢高质量、性能好、有特色的产品，并愿意花较多的钱购买高质量的上乘的产品。为此，企业应致力于持续不断地改进产品，提高产品质量，做到物美价廉，则顾客必然会自动找上门。过于迷恋自己的产品而忽视顾客的需求，会导致"市场营销近视症"。

4. 推销观念也称销售观念、销售导向，仍是一种"以产定销"的观念，认为"企业卖什么，消费者就会买什么"。推销观念认为，消费者通常会表现出一种购买惰性或抗衡心理，因此，企业必须积极推销和大力促销，以刺激消费者大量地购买本企业的产品。

5. 市场营销观念认为，企业应以顾客需求为中心，在满足顾客需求的基础上实现企业利润。

6. 社会营销观念是指组织的任务是确定目标市场的需要、欲望和利益，并以保护或提高消费者和社会福利的方式，比竞争对手更有效、更有利地提供目标市场所期待的满足，并因此获得利润。它强调了三者利益的均衡：顾客利益、企业利润、社会福利。

7. "顾客满意"是指一个人将一种产品的可感知的效果或结果与他的期望值相比较后，所形成的愉悦或失望的感受状态。顾客让渡价值是指顾客购买产品时所得到的总价值与总成本的差额。顾客忠诚被定义为顾客购买行为的连续性。

学习思考

1. 市场营销观念的一个重要口号是"顾客至上"，请问，消费者有哪些基本的权利？

2. 在现实生活中，新功能、新款式的产品层出不穷，这些商品既源于消费者的需求，又高于消费者的需求，它们改变着人们的生活方式。请举例说明，某种商品是如何进入市场，并被广大消费者所接受的。

3. 市场营销观念与推销观念有何区别？

4. 试述顾客忠诚的战略意义。

案例训练

在一所学校的附近有好几家豆浆店，大部分的店家生意起起落落、时好时坏，但有一家生意特别兴旺，每天客人川流不息。经过细心的观察，人们发现，原来这家店生意特别好是有其原因的。

一般豆浆店卖的甜豆浆只能加白糖，但这一家却提供三种不同的糖供顾客选择。

第一种是白糖，和其他几家并无不同。第二种是具有滋养喉咙保护声带功用的蔗糖，这是为在附近教学的老师所贴心准备的。第三种更绝了，由于学生群也是该店的主力客户，而学生们喜欢新奇，店家特别针对他们的特性准备了黑糖，加上去整碗黑黑的，别有一番滋味，学生们戏称其为"巧克力豆浆"，除此之外，这家店对客户的姓名都能熟记，并亲切招呼，同时还为老顾客准备了一些赠品相送。例如浮在豆浆上的豆皮层，店老板特地捞起来送给年纪较大的老客户，让他们带回去作为营养补品。榨豆浆剩下的豆渣则是送给老太太们，并教她们带回去用酸菜煎炒，做成一道可口又下饭的佳肴。所以他们这一家店每天生意兴隆，每个人都忙得不亦乐乎，与其他几家店的门可罗雀形成强烈的对比，真是几家欢乐几家愁。

案例思考题

这家豆浆店是怎样取胜的？

营销技能训练

以 3—5 人为一组，了解一家具有社会营销观念的公司，分析他们是如何贯彻这一指导思想的，形成报告。

第三章

市场营销环境分析

知识目标

- 掌握市场营销环境的含义和构成
- 了解宏观和微观市场营销环境分析的内容
- 理解波特五力分析法
- 理解 SWOT 分析方法

技能目标

- 掌握市场营销环境分析的方法并灵活应用
- 能够对企业市场营销环境进行分析并提出相应的对策

案例导入

下雨就要打伞

松下公司大阪总部一大早就聚集了大批记者。这是松下幸之助转任会长的日子,松下先生刚步入大门,来自各家媒体的镁光灯就开始闪个不停。"松下先生,您好!"一个年轻记者穿过几道人墙,终于找到一个提问的机会,"您能告诉我,松下公司得以高速发展的经营秘诀是什么吗?"对于这样一个问题,松下幸之助没有立即回答。他沉默了一下,然后微笑着反问道:"如果下雨了,你会怎么办?""唔——打伞吧!"迟疑了一会,记者犹犹豫豫地说出了自己的答案。"是啊,下雨就要打伞,这就是秘诀。"松下满意地笑了起来。这个回答显然让记者傻了眼,下雨就要打伞也能算经营秘诀? 回到报社以后,记者把自己的疑问告诉了资深的老主编。"呵呵,小伙子!"老主编拍了拍年轻记者的肩膀,"下雨就要打伞,刮风就要加衣,遮阳就要戴帽。企业要根据环境的变化来调整自己的应对策略,这不正跟人一样吗?"

资料来源:方妙英,《苹果橘子营销学》,化学工业出版社,2009 年 1 月。

案例思考:

企业的营销环境包括哪些内容?

第一节　市场营销环境概述

任何企业都是在一定环境中从事活动的,环境是客观存在的,不断变化发展的,可能给企业带来有利的机会,也会造成各种威胁。对市场营销环境进行研究分析,有利于企业及时识别和把握市场机会,并及时采取切实有效的措施,避免环境威胁。

一、市场营销环境的概念

市场营销环境是指作用于企业市场营销活动的一切外部因素和力量的总和,包括企业的宏观环境和微观环境。宏观环境是指那些通过企业微观环境间接影响企业营销活动的各种力量,如自然、人口、经济、政治法律、社会文化、科学技术等因素。微观环境是指那些与企业紧密相连,直接影响企业为市场服务能力的各种参与主体,比如企业本身、供应商、营销中介、顾客、竞争者和公众。营销环境具有不可控制性、动态性、相关性、差异性的特点。

二、市场营销管理与环境的关系

20 世纪 90 年代以来,组织的管理环境发生了急剧的变化。技术进步的加快,竞争的加剧和消费者需求的不断膨胀,使得组织要想保持自己的竞争优势,就必须提高自己对环境的适应能力。环境的巨变令许多企业感到恐慌,20 世纪 80 年代,许多大企业,如 Sears、IBM、GM 都在竞争中受到了前所未有的重创。

全球化对企业的影响使得外部环境成为企业发展不可避免的制约因素。环境的变化会对组织的发展产生有利或不利的影响。从企业的角度来说,即使是最强大的企业也必须听命于环境,否则有可能被环境毫不留情地消灭掉。市场营销环境是管理者行为的一个重要的限制因素,组织目标的实现需要依靠管理来实现,管理者必须加强对内外部环境的分析,使组织目标、内部条件与外部因素动态平衡。市场营销环境影响着管理系统的运行和管理策略的输出,管理者对于环境中各种力量及其发展变化的理解、把握水平与质量,以及他们对这些力量做出适当反应的能力,是影响企业绩效的关键因素。当管理系统对管理环境的识别、判断准确时,所采取的管理行动也是积极而有意义的。反之,管理系统将输出错误或消极的管理策略,导致组织整体运行的恶化。

总之,企业的市场营销管理与所处的环境存在着相互依存、相互影响的关系。具体表现为以下三种关系:第一,对应关系。企业的营销管理与环境之间存在着相互对应的关系,社会上的各种因素总是不可避免地在组织内部体现出来。第二,交换关系。任何企业都不是独立存在的,企业从购进原材料到产品的出售及售后服务,都在不断地与环境进行着物质、能量和信息的交换,企业的生存和发展必将会与环境发生千丝万缕的联系。第三,影响关系。企业的营销管理受外部环境的决定与制约,但同时企业的管理也会反作用于外部环境。二者存在着极为密切的影响和制约关系。

第二节　市场营销环境研究的内容

一、市场营销环境的构成

按照企业的环境因素所在的空间范围大小,可以将市场营销环境分为宏观环境和微观环境。宏观环境包括自然、人口、经济、政治法律、社会文化、科学技术等因素;微观环境包括企业内部环境、供应商、营销中介、顾客、公众和竞争者,如图 3-1 所示。微观环境对企业的影响比宏观环境更为直接,同时,企业经过努力,可以不同程度地对微观环境中的一些因素加以控制。

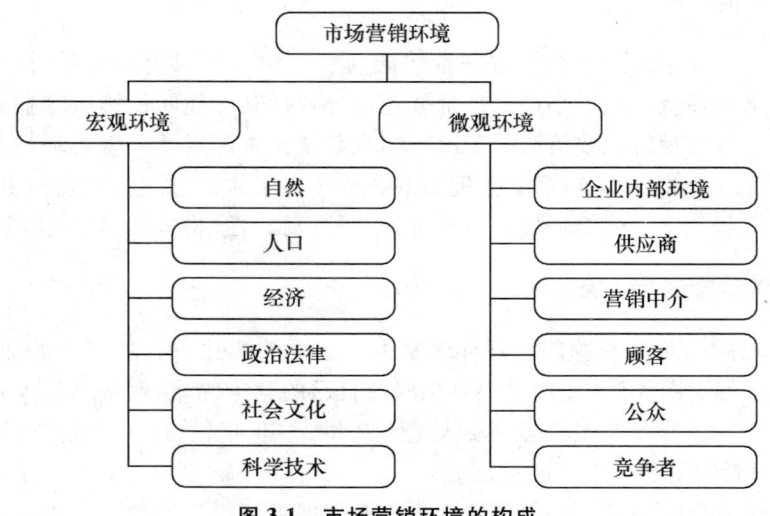

图 3-1　市场营销环境的构成

二、宏观市场环境

宏观营销环境是影响企业营销活动的社会性力量和因素,是不以组织的意志为转移的,是组织的管理者必须面对的重要影响因素。它处于外层,它对组织的影响是间接的,也是相对均等的。它包括自然环境、人口环境、经济环境、政治法律环境、社会文化环境和科学技术环境等。

小案例

United 航空公司的票价对 Alaska 航空公司票价的影响

1993 年 1 月的一个上午,Alaska 航空公司的总裁从一份贸易报纸上获悉,United 航空公司将洛杉矶到西雅图的往返票价从 399 美元降到 289 美元。作为同一航线上的竞争者,他应该怎样做呢?要想不失去市场份额,除了以同样的或更大的幅度降价外别无选择。

结论:环境的某些力量在管理者行为的形成过程中起着主要作用。

案例思考:

如果你是 Alaska 航空公司的总裁,你会怎么办?

1. 自然环境

自然环境,是指一个国家或地区的客观环境因素,包括自然资源、气候、地形、地质(山区和平原)、地理位置(沿海、内地,城市、乡村、离交道干线的远近)等。随着人类社会的不断发展,各国工业化发展迅猛,一方面创造了丰富的物质财富,另一方面也造成了资源短缺、环境污染等问题。对营销管理者而言,应注意分析自然环境方面的动向。

(1) 某些自然资源日益短缺

自然资源可分为三类:第一类是取之不尽、用之不竭的资源,如空气、水等。但尽管如此,这些资源更替的速度也是有限的,淡水的需求量越来越大。中国人均淡水资源量仅占世界人均量的 1/4,中西部地区面临严重的水资源危机。自然资源的短缺使得企业成本上升,也迫使企业研究更合理地利用资源的方法,开发新的资源和替代品。第二类是有限但可以更新的资源,如森林、粮食等。这类资源虽有限,但可以被再次生产出来。目前我国森林覆盖率较低,人均森林占有面积仅为世界人均占有量的 1/5;人均森林蓄积量仅为世界人均蓄积量的 1/8;人均耕地面积占世界人均水平的 40%。为防止过度砍伐森林,国家出台了一系列政策措施。第三类是有限且不能更新的资源,如石油和煤、铀、锡、锌等矿物。许多资源储蓄量有限,随着人类的大量开采,已经处于枯竭的边缘。

(2) 环境污染日趋严重

工业化和城市化的发展对环境造成了极大的破坏,如化学肥料、核废料、农业污染、食品污染以及废弃包装物的处理等,已经成为当今社会较为严重的问题,引起了社会各界的广泛关注。这对企业的发展既是机遇也是挑战,促使企业研究防污治污技术,为环保材料行业提供了发展机会。

(3) 政府对自然环境保护的干预日益加强

自然资源短缺和环境污染问题,使各国政府加强了对环境保护的干预,各国陆续颁布了一系列的政策法规,这必将制约企业的一些活动,与企业利润相矛盾。企业必须面对这一动向,对社会长期福利负责,在营销过程中自觉遵守法律,自觉为环保作出应有的贡献,以可持续发展为前提去盈利。

2. 人口环境

（1）人口数量

在收入水平和购买力大体相同的条件下，人口数量的多少直接决定了市场规模和市场发展的空间，人口数量与市场规模成正比。从全世界的角度来看，世界人口正呈现出爆炸性增长的趋势。自 20 世纪 60 年代以来，每年以 1.8% 的速度增长，世界人口增加了一倍，据《2010 年世界人口状况报告》显示，目前，世界人口总数为 69.09 亿，其中只有 12.37 亿人生活在较发达地区。我国人口已由再生产类型转入低生育、低死亡、低增长的发展阶段，进入了世界低生育水平国家行列，见表 3-1。第六次全国人口普查结果显示，全国总人口为 13.39 亿。与 2000 年第五次人口普查相比，10 年增加 7 390 万人，增长 5.84%，年平均增长 0.57%，比 1990 年到 2000 年年均 1.07% 的增长率下降了 0.5 个百分点。同时，妇女平均初婚年龄逐年提高，在一定程度上减轻了人口出生的压力。但由于我国人口基数大，每年仍有 1 000 多万新增人口。世界人口的增长速度对商业有很大的影响，人口增长意味着人类需求的增长。但只有在保证购买力的前提下，人口增长才意味着市场的扩大。

表 3-1　2010 年年末中国人口基本情况（国家统计局 2011 年 4 月发布）

指标	年末数（万人）	比重（%）
内地总人口	133 972	100
其中:城镇	66 558	49.68
乡村	67 415	50.32
其中:男性	68 685	51.27
女性	65 287	48.73
其中:0—14	22 246	16.60
15—59	93 962	70.14
60 岁及以上	17 765	13.26
其中 65 岁以上	11 883	8.87
	（2010 年）	（2010 年）

（2）人口结构

人口结构包括人口的年龄结构、教育结构、家庭结构、收入结构、职业结构、性别结构、阶层结构和民族结构等多种因素。其中，人口的年龄结构最主要、最直接地关系到各类商品的市场需求量以及企业目标市场的选择。各国人口的年龄结构各不相同。我国早些年份的人口年龄结构为金字塔形，意味着比较年轻的人口结构。20 世纪 90 年代以后，人口金字塔的底座已经缩小，顶尖变宽，人口金字塔形状趋向于倒金字塔形。但是在完成这个转化之前，中国现阶段人口金字塔图形接近于一个橄榄形——劳动年龄人口比重较大。具体来说，人口年龄结构的变化将表现出如下特征:接受基础教育年龄人口比重将会缩小;劳动年龄人口比重略有增大;人口老龄化进程迅速，老年人口比重不断上升。

人口可以划分成六个年龄段:学龄前儿童、学龄儿童、青少年、25 岁至 40 岁的年轻人、40 岁至 65 岁的中年人和 65 岁以上的老年人。在一个市场上，每个年龄段的人数不同，需要的商品也不相同，市场营销人员要确定年龄段中可能成为目标市场的人群。例如，有收入和购买能力的学生，单身人群，双职工没有孩子的家庭，双职工有孩子的家庭，低收入的城市职员,富裕的老年人等。这些人群都有对固定类型的产品与服务以及媒体与零售店的偏好,这就使得市场营销人员能够进一步改进自己的产品。

人口受教育程度不同,对市场也会产生一定的影响。例如,对于受教育程度低的人群,广告就得突出公司形象而不是产品;对于受教育程度高的人群,接触广告媒体更多的会是文字、互联网。

家庭是构成社会的最基本单位,也是构成市场的最基本的消费单位。从生活必需品、日常用品到耐用消费品,绝大多数商品都是以家庭为单位而购买和消费的。中国家庭近年来呈现出许多新的变化趋势。三口之家大幅度增加,家庭规模趋于小型化,这就给经营家庭用品的行业提供了新的市场机会。非家庭住户也在迅速增加,企业应注意和考虑这些住户的特殊需要和购买习惯。这种非家庭住户主要有三种:第一,单身成年人住户,包括未婚、分居、丧偶、离婚,这种住户需要较小的公寓房间、较小的食品包装和较便宜的家具、日用品、陈设品等;第二,两人同居者住户,这种住户是暂时同居,需要较便宜的租赁家具和陈设品;第三,集体住户,即若干大学生、职员等住在一起共同生活。

我国人口是由多民族构成的。企业要调查研究这种人口动向,因为不同民族的消费者有不同的风俗、生活习惯和需要。

（3）人口分布

人口分布可以从人口的城乡分布与地域分布两方面考察。从城乡人口分布看,2000年至2010年,城镇人口比重上升13.46个百分点。从总体上看,中国城镇特别是大中城市人口少、密度大、消费需求水平高;乡村人口多、密度小、消费需求水平低。但随着社会经济与文化的发展,城乡差距将日趋缩小,乡村市场蕴涵着巨大的发展潜力,许多在城市已饱和的商品市场,在乡村尚属空白,企业开拓乡村市场将大有可为。

从区域人口分布看,中国东部沿海地区经济发达,人口密度大,消费水平高;中西部地区经济相对落后,人口密度小,消费水平低。随着我国西部大开发战略的实施,必然推动西部地区的经济发展,刺激西部市场需求大幅度的提高,从而大大拓展了企业发展的空间。

随着中国改革开放的纵深推进,户籍制度与用工制度不断变革,以及因城乡经济、区域经济发展不平衡而产生的利益驱动机制的作用,城乡之间、地区之间人口在数量和质量上都呈现出强势流动,这必将引发许多新需求及新的市场机会。

（4）家庭组成

现代家庭是社会的细胞,也是商品的主要采购单位。一个国家或地区的家庭单位和家庭平均成员的多少,以及家庭组成状况等,直接影响着许多消费品的需求量。

婚姻家庭变化,指一个地区的婚姻状况和家庭结构变化。结婚是一种巨大的消费行为,一个婚礼往往产生比日常生活多数十倍,甚至数百倍的购买力。近年来,我国因为出生率的下降,结婚人数也随之减少,购买的对象也不断发生变化。20世纪70年代追求全套家具,80年代追求黄金首饰,90年代追求高档电器。目前已开始转向追求住宅和汽车。家庭结构也正在趋于小型化,过去的数代同堂已为三口之家或四口之家取代。截至2010年年底,中国平均每个家庭户的人口为3.1人,比2000年第五次全国人口普查的3.44人减少0.34人。在城市中,很多青年人在结婚前已独自居住。单亲家庭和独身家庭的比重也在上升,因此,家庭生活对日常生活用品和服务的需求也在趋于小型化。

（5）教育和职业

2000 年至 2010 年,近十年来,全国文盲率由 6.72% 下降为 4.08%,下降了 2.64 个百分点。由于受教育机会的增加,我国经济较发达的地区均已普及九年制义务教育,每年高等教育的招生人数正在不断增加,因此青年一代的文化需求和对消费品中知识含量的要求远远超过了老一代消费者。作为公司职员代名词的"白领",在城市也已形成一种消费群体,他们成为我国消费市场上开风气之先的特殊人群。市场上,各种商品和服务的职业特征越来越明显。

3. 经济环境

经济环境因素是影响组织,特别是作为经济组织的企业市场营销活动的重要环境因素。经济环境是指企业面临的社会经济条件及其运行状况、发展趋势、产业结构、交通运输、资源等情况。经济环境是影响组织的最重要、最直接的外部环境因素,经济环境包括软环境和硬环境两方面。

（1）经济软环境

经济软环境是指国家经济的总体状况,主要包括:整个国民经济的发展状况和发展速度（用国民生产总值及其增长速度来衡量）、市场规模（人均国民收入、消费者的消费倾向和消费结构等）、要素市场的完善程度（商品市场、资金市场、劳动力市场、技术市场、房地产市场和信息市场）、经济政策（如哪些产业是国家鼓励发展的,哪些产业是国家进行抑制的）、国家的货币和物价总水平的稳定状况。通货膨胀、物价上涨,就会导致消费者的购买力下降,市场需求减少,企业产品积压,生产停滞;而生产资料价格大幅上升,又会导致企业生产成本上升,对企业经济产生不利影响。人口数量众多可能为企业经营提供丰富的劳动力资源,降低劳动成本,提供庞大的市场需求,但又可能因其收入不高,基本生活需求难以满足,从而构成经济发展的障碍。经济繁荣为企业等经济组织的发展提供良好的发展机会,而宏观经济衰退则可能给所有经济组织带来生存和发展的困难。

（2）经济硬环境

经济硬环境是指企业从事生产经营活动所必需的各种城市服务设施和工业基础设施,主要包括能源、原材料的供应情况,交通运输情况,通信情况,城市供水供电供热系统,文教、卫生、住房、娱乐、饮食等设施,金融中心、信息中心以及工业基础条件等。经济硬环境与企业生产、职工生活密切相关。这些因素直接决定着企业目前和未来的市场大小。假定其他条件不变,一个地区的就业率越高,收入水平越高,那么该地区的购买力就越强,对某种产品及服务的需求就越大。

小链接

恩格尔系数是 1857 年德国统计学家恩思特·恩格尔提出的,指食物支出金额在总支出金额中的比例,它是衡量一个国家、地区、城市、家庭生活水平高低的重要参数。用公式表示:恩格尔系数(%) =（食品支出总额/家庭或个人消费支出总额）×100%

根据联合国粮农组织提出的标准,恩格尔系数在 60% 以上为贫困,50%—59% 为温饱,40%—49% 为小康,30%—39% 为富裕,低于 30% 为最富裕。恩格尔系数下降说明居民消费结构发生了显著变化,生活质量显著提高。

4．政治法律环境

政治法律环境包括一个国家的政治体制、政治的稳定性、国际关系、法制体制等。国家政治体制是指国家的基本制度以及国家为有效运行而设立的一系列制度，如国家的政治和行政管理体制、政府部门结构以及选举制度、经济管理体制等。政治的稳定性包括政局的稳定性（国家领导人是否经常更换等）和政策的稳定性（政府的政策是否朝令夕改）两个方面。国与国之间的政治关系会影响它们之间的经济关系。政府、企业、消费者的行为都需要用法律制度来规范。

目前，国际上各国政府采取的对企业经营管理活动有重要影响的政策和干预措施主要有：

（1）进口限制。这是指政府所采取的限制进口的各种措施，如许可证制度、外汇管制、关税、配额等。它包括两类：一类是限制进口数量的各项措施；另一类是限制外国产品在本国市场上销售的措施。政府进行进口限制的主要目的在于保护本国企业，确保本国企业在市场上的竞争优势。

（2）税收政策。政府在税收方面的政策措施会对企业经营活动产生影响。比如对某些产品征收特别税或高额税，会使这些产品的竞争力减弱，给经营这些产品的企业效益带来一定影响。

（3）价格管制。当一个国家发生了经济问题时，如经济危机、通货膨胀等，政府就会对某些重要物资，甚至所有产品采取价格管制措施。政府实行价格管制通常是为了保护公众利益，保障公众的基本生活，但这种价格管理直接干预了企业的定价决策，影响企业的营销活动。

（4）外汇管制。指政府对外汇买卖及一切外汇经营业务所实行的管制。它往往是对外汇的供需与使用采取限制性措施。外汇管制对企业营销活动特别是国际营销活动产生重要影响。例如，实行外汇管制，使企业生产所需的原料、设备和零部件不能自由地从国外进口，企业的利润和资金也不能或不能随意汇回母国。

（5）国有化政策。指政府由于政治、经济等原因对企业所有权采取的集中措施。例如为了保护本国工业免于被外国势力阻碍等原因，将外国企业收归国有。

企业必须熟知所处地域的政治法律环境，以使组织活动符合社会利益并受到有关方面的保护和支持。如果企业管理者对政治不关心，缺乏政治敏锐性，没有法制观念，就很难驾驭组织、捕捉机遇、谋求成功、促进发展。例如，我国直销管理条例的颁布和实施，对于某些企业，如雅芳，就是很好的机遇。而同样的法律对某些企业来说却是致命的威胁。

小链接

雅芳获得商务部颁发的中国第一张直销经营许可证

雅芳（中国）有限公司宣布，已正式获得中国商务部颁发的中国首张直销经营许可证，并将在全国范围内推广直销试点的经验，全面开展直销业务。据了解，获得首张直销经营许可证后，雅芳将从试点城市向全国范围推广直销试点的经验和模式。作为知名的国际化妆品品牌，雅芳 1990 年进入中国，雅芳（中国）有限公司目前有 74 家分公司，覆盖国内 23 个省、5

个自治区及 4 个直辖市。雅芳在中国的专卖店达 6 000 多家。

位于广州的雅芳生产基地,原始投资 4 000 万美元,于 1998 年正式投入使用。雅芳(中国)有限公司为中国女性提供数百种产品。1998 年转型后,雅芳按照中国政府的要求,通过专卖店与专柜等零售渠道进行产品销售,转型成为零售业的经营模式。

2005 年 4 月,国家商务部和国家工商总局正式批准雅芳(中国)有限公司在北京、天津直辖市内和广东省全省内进行直销试点。

5. 社会文化环境

社会文化是指在一种社会形态下已经形成的信息、价值、观念、宗教信仰、道德规范、审美观念以及世代相传的风俗习惯的总和。社会文化环境因素对企业的影响相对比较间接,但却是难以改变、影响深远的。如文化水平会影响人们的需求层次;风俗习惯和宗教信仰可能抵制或禁止企业某些活动的进行;人口规模与地理分布会影响产品的社会需求与消费等。文化由两部分组成:一是核心文化,是某一社会群体所共同拥有的核心信仰和价值观念。核心文化具有延续性,可以代代相传。二是不同价值观、生活方式、风俗习惯的亚文化。根据不同的标准可分为民族亚文化、宗教亚文化、地理亚文化和种族亚文化。企业营销人员应针对不同的社会文化环境及特征制定有效的营销策略。

语言是文化的重要因素。比如海尔在拓展海外市场时就碰到了这样的情况:海尔在英语中是"更高"的意思,美国人能接受;但海尔在阿拉伯语中是"光屁股的小孩"的意思,中东国家不能接受。因此发展海外市场时,就必须考虑到语言文化中这些因素。因此,管理者就必须高度重视社会文化环境的影响,使其能为实现组织目标服务。

小案例

美国和日本企业文化的比较

在个人和群体的关系上:日本人关心群体,工作群体是企业的基石,这种关系不仅出于角色和职务,而且出于道德与感情,乐于承担义务;而美国人则崇尚正直品质,常常轻视参加群体活动,认为这是应别人的要求而做的令人厌烦的工作。

在前辈和晚辈的问题上:日本的前辈与晚辈关系是一种感情关系和工作关系,一种相互结合的关系。美国企业中较少有这种前辈、晚辈之间的关系,只重视上下级关系和与工作有关的事项,而不重视人事和情感关系。

案例思考:
如何针对不同文化群体开展有效营销活动?

6. 科学技术环境

科学技术环境主要是指所在国家或地区的科学技术进步状况、相应的技术条件、科学技术政策和科学技术发展的动向与潜力等。科学技术环境反映了组织物质条件的科技水平。

经济增长率的提高主要决定于技术的进步。一项新技术的出现有时会成就一个企业,但同时也可能会摧毁一个企业。科学技术环境对组织管理的影响是显著的,技术水平、技术过程的变化必然引发管理思想、管理方式的更新。特别是计算机技术的发展,全面更新了生产过程和管理方式,同时对管理者也提出了更高的要求。管理者必须对科学技术环境的变化及时了解,并能科学地利用先进的科技手段促进企业的生产经营。科学技术环境不断变化,其趋势体现在几个方面:

(1)技术进步促进了新行业的产生

科学技术在 20 世纪得到了快速发展,今天常见的产品如网络、移动通信、合成洗涤剂在半个世纪前并不存在。新技术的研究导致了新行业的产生。据美国《设计新闻》报道,大量启用的自动化设备和新技术的采用,将催生出许多新的行业,包括新技术培训、新工具维修、电脑教育、信息处理、自动化控制、光导通信、遗传工程和海洋技术等。新的技术为企业带来了市场机会,创造了新的行业。同时,也对某些行业的企业造成了环境威胁。例如,电视机出现后,对收音机制造业是个威胁,对电影院的冲击则更为明显。

(2)研究与开发预算不断增长

在世界范围内,美国每年投入研究与开发的费用领先于其他国家,大约为 740 亿美元。研究领域主要集中在材料科学、生物技术和微机械学。而日本的研究与开发费用增长很快,到 2008 年已经达到了 300 亿美元,并且集中于探索物理、生物和计算机科学领域。

(3)政府有关技术革新的政策不断完善

由于产品变得越来越复杂,公众需要在使用产品的过程中保证他们的安全。因而,政府机构便加大了对可能不安全的产品进行调查的力度,并禁止生产和使用的权力。在美国,食品、汽车、服装、电器用品和建筑行业等领域也增加了关于安全和健康的规定。

三、微观市场环境

企业组织不仅存在于宏观环境中,而且作为具有特定目的而存在的机构,又是在微观环境中开展活动的。所谓微观环境指直接影响企业营销活动的不可控制的行动者。宏观环境对所有的企业会产生相似的影响,而微观环境只对特定的企业产生某种特殊的影响。所以微观环境通常也被称为特殊环境、产业环境、任务环境。微观环境由企业本身的内部环境、供应商、营销中介、顾客、竞争者、公众等要素构成。

1. 企业内部的各个部门

企业内部各管理层次之间分工的合理性、科学性和合作的协调性均影响着营销管理的决策和实施。营销计划要获得最高决策管理层的支持,应充分考虑财务部门、研究与开发部门、生产和采购部门、人力资源管理等部门的现实情况,通过协作研究制订和完善营销计划,最终通过各部门的配合实现计划目标。企业的各个部门构成了企业营销活动的内部营销环境。

2. 供应商

供应商是指向该组织提供其所需资源的人或单位,不仅包括设备、人力、原材料、资金,也包括信息、技术、服务和关系等。由于组织在运行过程中依赖于供应者的资源供应,一旦主要的资源供应者发生问题,就会导致整个组织运转的减缓或中止。因此,企业应正确认识并处理好与供应商的关系。在寻找和选择供应商的时候充分考虑供应商的信用状况;要使自己的供应商多样化,减少对一家或少数几家供应商的过分依赖。

3. 营销中介

营销中介是协助公司推广、销售和分配产品给最终买主的那些企业。包括中间商、实体分配公司、营销服务机构及金融机构等。

(1) 中间商

中间商是协助公司寻找顾客或直接与顾客进行交易的商业企业。中间商分两类:代理中间商和经销中间商。代理中间商专门介绍客户或与客户磋商交易合同并由此获得佣金,但并不拥有商品所有权,包括代理人、经纪人、制造商代表等。经销中间商购买产品,拥有商品所有权,再出售商品,包括批发商、零售商和其他再售商。

(2) 实体分配公司

实体分配公司包括仓储公司和运输公司,它们的作用是协助公司储存产品和把产品从原产地运往销售目的地。其职能有包装、运输、仓储、装卸与搬运、库存控制和订单处理。仓储公司是在货物运往下一个目的地前专门储存和保管商品的机构。运输公司负责把货物从一地运往另一地,包括从事铁路运输、汽车运输、航空运输、船舶运输以及其他搬运货物的公司。

(3) 营销服务机构

营销服务机构指协助企业选择市场并帮助他们向选定的市场进行产品促销的机构,包括市场调研公司、广告公司、各种广告媒介及市场营销咨询公司。对此类服务,企业可以自设机构也可以委托外部的专业机构。有些大公司,如杜邦公司和老人牌麦片公司,它们都有自己的广告代理人和市场调研部门。但是,大多数公司都与专业公司以合同方式委托办理这些事务。在企业决定委托外部专业公司提供这些服务时,除根据需要进行筛选外,还必须定期检查委托机构的业绩,以确保质量和服务水平。

(4) 金融机构

金融机构包括银行、信贷公司、保险公司以及其他对货物购销提供融资或保险的各种公司。在市场经济中,企业间的财务往来要通过银行结算,财产和货物要通过保险进行风险转移,而企业的营销活动会因贷款成本的上升或信贷来源的限制而受到严重的影响。

4. 顾客

顾客是企业的目标市场。如企业的客户、商店的购物者、学校中的学生和毕业用人单位、医院的病人、图书馆的读者等,都可称为相应组织的服务对象。顾客需求是企业经营活动的出发点和归宿。

5. 公众

公众是对企业完成其目标的能力有着实际或潜在压力和影响的群体。公众的存在可能有助于增强一个企业实现自己目标的能力,也可能妨碍这种能力。公众包括:

(1) 金融公众:主要包括银行、投资公司、证券经纪行、股东。金融界对企业的融资能力有重要的影响。

(2) 媒介公众:媒介公众指那些刊载、播送新闻、特写和社论的机构,特别是报纸、杂志、电台、电视台。

（3）政府公众：企业管理当局在制订营销计划时，必须认真研究与考虑政府政策与措施的发展变化。

（4）公民行动团体：即各种消费者权益保护组织、环境保护组织、少数民族组织等。

（5）地方公众：每个企业都同当地的公众团体，如邻里居民和社区组织保持联系。

（6）一般公众：企业需要关注一般公众对企业产品及经营活动的态度。虽然一般公众并不是有组织地对企业采取行动，但其对企业的印象却影响着消费者对该企业及其产品的看法。

（7）内部公众：企业内部的公众包括蓝领工人、白领工人、经理和董事会。大公司还发行业务通讯和采用其他信息沟通方法，向企业内部公众通报信息并激励他们的积极性。

6．竞争者

一个企业很少能单独做出努力为某一顾客市场服务。企业的营销系统总会受到一群竞争对手的包围和影响。竞争者是指与该组织争夺资源、服务对象的人或组织。

美国学者迈克尔·波特（Michael Porter）认为：任何产业，无论是国内或国际的，无论是生产产品或提供服务，一个产业的竞争状态取决于五种基本的竞争力量：卖方讨价还价的能力、买方讨价还价的能力、潜在竞争对手的威胁、替代品的威胁以及行业内现有企业间的竞争，如图 3-2 所示。

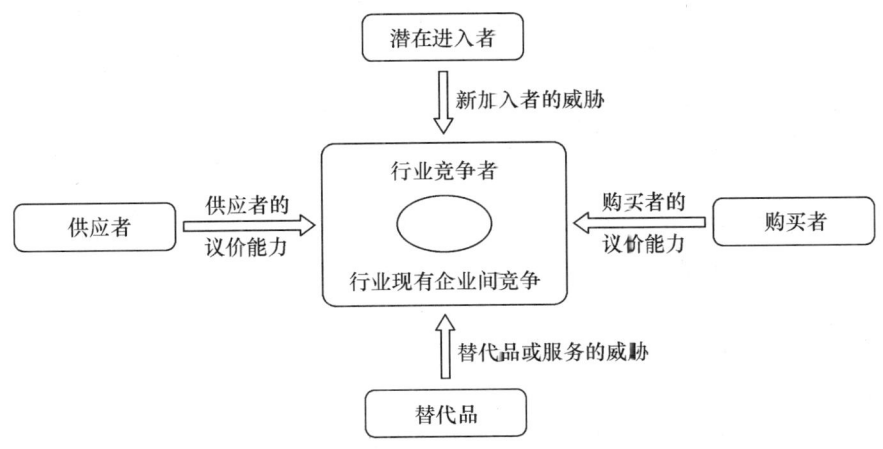

图 3-2　波特五力模型分析法

（1）卖方讨价还价的能力

卖方主要通过其提高投入要素价格与降低单位价值质量的能力，来影响行业中现有企业的盈利能力与产品竞争力。卖方力量的强弱主要取决于他们所提供给买方的是什么投入要素，当卖方所提供的投入要素其价值构成了买方产品总成本的较大比例、对买方产品生产过程非常重要，或者严重影响买方产品的质量时，卖方对于买方的潜在讨价还价力量就大大增强。一般来说，满足如下条件的卖方集团会具有比较强大的讨价还价力量：

① 卖方行业为一些具有比较稳固市场地位而不受市场激烈竞争困扰的企业所控制，其产品的买方很多，以至于每一单个买方都不可能成为卖者的重要客户。

② 卖方各企业的产品各具有一定特色，以至于买方难以转换或转换成本太高，或者很难找到可与卖者企业产品相竞争的替代品。

③ 卖方能够方便地实行前向联合或一体化,而买方难以进行后向联合或一体化。

（2）买方讨价还价的能力

买方主要通过其压价与要求提供较高的产品或服务质量的能力,来影响行业中现有企业的盈利能力。一般来说,满足如下条件的买方可能具有较强的讨价还价力量:

① 买方的总数较少,而每个买方的购买量较大,占了卖方销售量的很大比例。

② 卖方行业由大量相对来说规模较小的企业所组成。

③ 买方所购买的基本上是一种标准化产品,同时向多个卖主购买产品在经济上也完全可行。

④ 买方有能力实现后向一体化,而卖方不可能进行前向一体化。

（3）新进入者的威胁

新进入者在给行业带来新生产能力、新资源的同时,也希望在已被现有企业瓜分完毕的市场中赢得一席之地,这就有可能会与现有企业发生原材料与市场份额的竞争,最终导致行业中现有企业盈利水平降低,严重的话还有可能危及这些企业的生存。进入威胁的严重程度取决于两方面的因素:进入新领域的障碍大小;预期现有企业对于进入者的反应情况。

进入障碍主要包括规模经济、产品差异、资本需要、转换成本、销售渠道开拓、政府行为与政策、不受规模支配的成本劣势、自然资源、地理环境等方面,这其中有些障碍是很难借助复制或仿造的方式来突破的。预期现有企业对进入者的反应情况,主要是采取报复行动的可能性有多大,这取决于有关厂商的财力情况、报复记录、固定资产规模、行业增长速度等。总之,新企业进入一个行业的可能性大小,取决于进入者主观估计进入所能带来的潜在利益、所需花费的代价与所要承担的风险这三者的相对大小情况。

（4）替代品的威胁

两个处于不同行业中的企业,可能会由于所生产的产品是互为替代品,从而在它们之间产生相互竞争行为,这种源自于替代品的竞争会以各种形式影响行业中现有企业的竞争战略。

第一,现有企业产品售价以及获利潜力的提高,将由于存在着能被用户方便接受的替代品而受到限制。

第二,由于替代品生产者的侵入,使得现有企业必须提高产品质量,或者通过降低成本来降低售价,或者使其产品具有特色,否则其销量与利润增长的目标就有可能受挫。

第三,源自替代品生产者的竞争强度,受产品买方转换成本高低的影响。

总之,替代品价格越低、质量越好、用户转换成本越低,其所能产生的竞争压力越强;而这种来自替代品生产者的竞争压力的强度,可以具体通过考察替代品销售增长率、替代品厂家生产能力与盈利扩张情况来加以描述。

（5）行业内现有企业间的竞争

大部分行业中的企业,相互之间的利益都是紧密联系在一起的,作为企业整体战略一部分的各企业竞争战略,其目标就是使自己的企业获得相对于竞争对手的优势,所以,在实施中就必然会产生冲突与对抗现象,这些冲突与对抗就构成了现有企业之间的竞争。现有企业之间的竞争常常表现在价格、广告、产品介绍、售后服务等方面,其竞争强度与许多因素有关。

企业之间竞争加剧的因素：行业进入障碍较低，势均力敌的竞争对手较多，竞争参与者范围广泛；市场趋于成熟，产品需求增长缓慢；竞争者企图采压降价等手段促销；竞争者提供几乎相同的产品或服务，用户转换成本很低；一个战略行动如果取得成功，其收入相当可观；行业外部实力强大的公司在接收了行业中实力薄弱企业后，发起进攻性行动，使得刚被接收的企业成为市场的主要竞争者；退出障碍较高，即退出竞争要比继续参与竞争代价更高。

系统地考察这五种竞争力量，就可以正确地估计所在产业的竞争结构。

第三节　市场营销环境研究方法——SWOT 分析法

市场营销环境管理，通常采用 SWOT 方法分析后实施管理。对外部环境分析的关键是要找出企业发展的机会与所面临的威胁。这些机会大多是潜在的，能为企业带来运作空间和发展机遇，经营者必须在环境分析的基础上，以敏锐的眼光去发现并很好地把握。威胁也多是潜在的，企业应及早发现并千方百计地避免。即使处于同样的环境中，由于组织控制的资源不同，可能对某个组织来说是机会，而对另一个组织而言却是威胁。因此必须科学认识、分析环境因素，把握机遇，避开威胁。

小案例

1992 年，长期的萧条使得美国经济不景气，企业破产数量达到第二次世界大战后的最高峰，家具零售业便是受到严重损害的行业之一。但是，几家大型的、管理得很好的家具零售连锁店公司却把这种情况当成机会。它们以极其便宜的价格大量购买了竞争对手的存货，并有选择地收购竞争对手有利的经营场所。结果是，更大的零售商通过收购和兼并进一步扩展了自己的规模。

一、SWOT 分析法的概念

SWOT 分析法又称为态势分析法，是组织经营环境分析的基本架构。SWOT 分析最早见于设计学派的代表人物塞兹尼克与钱德勒的战略管理学说。通过输入并筛选纷繁复杂的信息，而后进行组合与决策，是战略管理的一般程序。由于 SWOT 具有清晰、简明、具体的特性，可以减少时间和精力的浪费而受到企业界的喜爱，成为竞争与经营战略决策中常用的工具。SWOT 的四个英文字母分别代表：优势（strength）、劣势（weakness）、机会（opportunity）、威胁（threat）。优势是指企业在营销过程中相对于对手有利的条件；劣势是指企业在营销过程中相对于对手不利的条件；机会是指对企业营销活动富有吸引力的领域，在这些领域，企业拥有竞争优势；威胁是指环境中不利于企业营销的因素，对企业形成挑战，对企业的市场地位构成威胁。

所谓 SWOT 分析，就是将与研究对象密切相关的各种主要内部优势、劣势、外部机会和威胁等,通过调查列举出来,并依照矩阵形式排列,然后用系统分析的思想,把各种因素相互匹配起来加以分析,从中得出一系列相应的结论,而结论通常带有一定的决策性。

二、SWOT 分析法的基本步骤

第一步,通过对内部环境的分析,明确公司的优势与劣势。

第二步,通过对外部环境的分析,发现当前或者将来可能出现的机会或威胁,如表 3-2 所示。

表 3-2　SWOT 分析表

优势	劣势
设计良好的战略?	不良战略?
强大的产品线?	过时、过窄的产品线?
宽的市场覆盖面?	不良营销计划?
良好的营销技巧?	丧失信誉?
品牌知名度?	研发创新下降?
研发能力与领导水平?	部门之间争斗?
信息处理能力?	公司控制力量薄弱?
……	……
机会	**威胁**
核心业务拓展?	公司核心业务受到攻击?
开发新的细分市场?	国内外市场竞争加剧?
扩大产品系列?	为进入设置堡垒?
将研发导入新领域?	被兼并的可能?
打破进入堡垒?	新产品或替代品的出现?
寻找快速增长的市场?	经济形势的下滑?
……	……

第三步,绘制 SWOT 矩阵,进行组合分析。公司所具有或面临的优势和劣势、机会和威胁都已确定后,管理人员就可以开始计划的工作过程,选择战略目标以期实现公司使命。有以下四种战略可以选择,如图 3-3 所示。

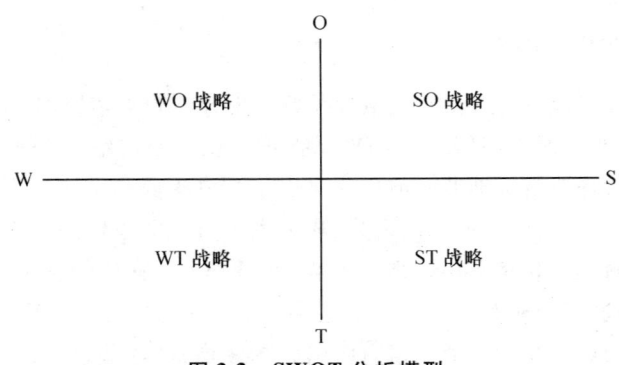

图 3-3　SWOT 分析模型

(1) SO 战略:利用企业内部长处去抓住外部的机会。例如,微波炉大王格兰仕积极运用成本优势,不仅成功掌控国内外微波炉市场份额,而且将其成本优势转移到了空调领域,提出了"结束空调暴利时代"的响亮口号。

（2）WO 战略:利用外部机会改进内部弱点。例如,彩电巨头创维在销售人员和市场份额遭受重创之际,利用国际上兴起的等离子大显示屏彩电技术,卷土重来。

（3）ST 战略:利用企业的长处避免或减轻外在威胁的打击。如一个企业的销售渠道（内在优势）很多,但是由于各种限制又不允许它经营其他商品（外在威胁）,那么就应该采取 ST 战略,走集中型、多样化的道路。

（4）WT 战略:克服内部弱点和避免外部威胁。例如,中国的节能灯具企业遭遇反倾销诉讼,一旦败诉,欧洲市场将丧失殆尽。如何克服威胁,在做好应诉准备的同时,利用工艺领先于欧洲企业的优点,及时到欧洲设厂这一方法是值得认真思考的。

以己之长,克敌之短,利用机会,战胜威胁,化危机为生机是 SWOT 的核心精要,从这个角度来看,SWOT 与其说是方法,不如说是艺术。

小案例

康佳的 SWOT 分析

1. 优势（S）

（1）品牌优势。持续的名牌战略,使得康佳品牌具有极高的知名度和美誉度,据有关机构评估,康佳品牌价值 78.87 亿元,居国内品牌第六位,并被国家工商局认定为"中国驰名商标"。品牌这一巨额的无形资产成为康佳对外扩张的有力武器。

（2）融资渠道。康佳 A、B 股同时上市,资信优良,是各大商业银行的黄金客户和银行合作对象。1997 年、1998 年和 1999 年中国银行分别向康佳提供 38 亿元、42 亿元和 50 亿元人民币的融资额度,1999 年,康佳新增发行 8 000 万 A 股,筹资 12 亿元人民币。加上母公司和各级政府鼎力扶持,公司实力雄厚,融资渠道广阔。

（3）营销网络。康佳在全国各地中心城市设立了 60 多家销售分公司,与全国 95% 以上的地市级大商场开展工商合作,终端销售商达到乡镇一级,建立了 300 多个特约维修站、3 000 多个外联维修点,形成了覆盖全国的市场销售网络和售后服务体系。

（4）成熟管理。康佳作为中国首家中外合资电子企业和第一批公众股份制公司,很早就按现代企业制度和市场竞争机制运作,形成了规范、高效的管理体系和运行机制。特别是在质量管理和生产组织方面,康佳是我国彩电行业首家通过 ISO 9001 质量管理体系、ISO 14001 环境管理体系国际国内双重认证的企业。

2. 劣势（W）

彩电属于劳动密集型行业,康佳地处深圳特区,相对于长虹等内地竞争对手而言,生产成本、管理成本、运输费用高。另一方面,如果仅立足深圳,康佳的市场辐射半径难以覆盖全国,特别是一些地方彩电品牌所在的区域市场,康佳难以打进。

3. 机会（O）

内地一些国有彩电生产企业,拥有优良的厂房、设备,素质较高的干部、工人,低廉的生产成本,一定区位的市场,但是由于机制、市场等方面的原因,在愈来愈激烈的竞争中无可避免地败下阵来,债务积压,工人下岗,设备闲置,人心思变,急于寻找出路。当地政府欢迎康佳这样的优势企业来收购、兼并,搞活困难企业,国家也鼓励东部沿海企业到中西部投资、交流,并出台了相关优惠政策。

4. 威胁(T)

竞争对手长虹等依靠其规模和成本优势,不断挑起价格战;高路华、彩星等"新面孔"以超低价挤进业已竞争激烈的彩电市场;东芝、索尼、三星、飞利浦等跨国公司一改单纯进口的方式,纷纷以合资的形式进入中国彩电市场,实现本土生产,本土销售;中国加入WTO。

通过上面的分析,康佳根据市场布局,利用品牌、融资、管理、营销等方面的优势,与内地彩电企业展开合作,利用其现有的厂房、设备,达到降低成本费用、扩大经营规模、缩短运输距离、抢占区域市场的战略目的。

案例思考:

借助SWOT矩阵,结合案例相关信息,进行组合分析。

本章小结

1. 市场营销环境是指作用于企业市场营销活动的一切外部因素和力量的总和,包括企业的宏观环境和微观环境。宏观环境是指那些通过企业微观环境间接影响企业营销活动的各种力量,如自然、人口、经济、政治法律、社会文化、科学技术等因素。微观环境是指那些与企业紧密相连,直接影响企业为市场服务能力的各种参与主体,比如企业内部环境、供应商、营销中介、顾客、公众和竞争者。营销环境具有不可控制性、动态性、相关性、差异性的特点。

2. 一个产业的竞争状态取决于五种基本的竞争力量:卖方讨价还价的能力、买方讨价还价的能力、潜在竞争对手的威胁、替代品的威胁以及行业内现有企业间的竞争。

3. 市场营销环境管理,通常采用SWOT方法分析后实施管理。

4. SWOT分析法又称为态势分析法,是组织经营环境分析的基本架构。通过输入并筛选纷繁复杂的信息,而后进行组合与决策,是战略管理的一般程序。由于SWOT具有清晰、简明、具体的特性,可以减少时间和精力的浪费而受到企业界的喜爱,成为竞争与经营战略决策中常用的工具。

学习思考

1. 什么是市场营销环境?包括哪些内容?

2. 什么是波特五力?

3. 何为SWOT分析法?简述其分析过程。

案例训练　　　　　肯德基及时处理苏丹红事件

2005年3月15日,上海市相关部门在对肯德基多家餐厅进行抽检时,发现新奥尔良鸡翅和新奥尔良鸡腿堡调料中含有"苏丹红一号"成分。16日上午,百胜集团上海总部通知全国各肯德基分部"从16日开始,立即在全国所有肯德基餐厅停止售卖新奥尔良鸡翅和新奥尔良鸡腿堡两种产品,同时销毁所有剩余调料"。

16日下午,百胜发表公开声明,宣布新奥尔良鸡翅和新奥尔良鸡腿堡调料中含有"苏丹红一号",并向公众致歉。百胜表示,将严格追查相关供应商在调料中违规使用"苏丹红一号"的责任。

肯德基中国公司的部分产品含有苏丹红事件在经历了近两周的检测和调查后,肯德基所属的中国百胜餐饮集团总裁苏敬轼于2005年3月28日正式公布调查结果:经过各级政府在不同城市对不同原料进行抽检,确认所有问题调料均来自江苏宏芳香料(昆山)有限公司供应给广东中山基快富公司的两批辣椒粉。中国百胜餐饮集团向全国消费者保证,肯德基所有产品都不含苏丹红。

肯德基公司此次由于苏丹红问题遭受了重大打击。苏敬轼称,针对苏丹红事件的教训,中国百胜餐饮集团决定采取三项措施防范部分食品生产供应商不能严把食品安全关带来的隐患:一是将在过去的基础上加强原有的检测能力,投资200万元建立一个现代化食品安全检测研究中心,对所有产品及使用原料进行安全抽检,并对中国食品供应安全问题进行研究。二是要求所有主要供应商增加人员,添购必要的检测设备,对所有进料进行食品安全抽检。三是强化选择上游供应商的要求标准,严防不能坚持食品安全的供应商混入供应链。

资料来源:陈小力,经济日报,2005年3月29日。

案例思考题

1. 面对"苏丹红一号"事件给肯德基带来的环境威胁,百胜集团都采取了哪些对策?

2. 通过这起事件,你认为企业的营销活动在与其营销环境的适应与协调过程中应注意哪些问题?

营销技能训练

1. 利用波特五力分析方法,分析自己所熟悉的某个产业。

2. SWOT分析法应用实训:

(1)布置任务:将学生分成若干任务小组,每组6—8人,每组分别搜寻一份SWOT分析表。

(2)进行分析:各小组总结归纳自己所搜寻到的SWOT分析表的特点,列明选择理由,形成SWOT分析表课堂实训报告。

(3)课堂陈述:各个小组上交SWOT分析表课堂实训报告,并制作课件,派代表进行课堂陈述。

(4)评价效果:各个小组陈述完毕,指导老师进行点评,全班同学投票评选出最优任务小组,给予表扬或奖励。

(5)陈述心得:各个小组组长代表本小组总结陈述此次实训过程和心得。

第四章

消费者市场和购买行为分析

知识目标

- 了解消费者市场的特点及购买行为模式
- 明确有哪些因素影响消费者的购买行为，它们是怎样影响的
- 了解购买决策的参与者，明确购买行为的类型
- 掌握消费者购买决策的过程，明确各个阶段应采取哪些营销对策

技能目标

- 能正确分析影响消费者购买行为的因素
- 能正确把握消费者购买决策的过程并采取相应的营销对策
- 能正确分析消费者市场的竞争状况
- 能制定有效的营销策略促进顾客购买并提高购后满意度

案例导入

　　罗德公共关系顾问有限公司与信天翁联业商务咨询有限公司再次联手于 2010 年 7 月发布了《2010 中国奢华品报告》。

　　本次调查报告表明，在后经济危机时代，中国奢华品消费没有受到太大影响。40% 的受访者表示会维持原来的消费水平，有 38% 的受访者将加大购买力度；传统国际大牌仍然优势明显，地位卓然。在 2010 年消费者考虑购买的奢华品品牌排位中，顶级时尚服饰产品占领了绝对优势，LOUIS VUITTON、CHANEL、GUCCI 分列前三甲；68% 的受访者表示，在选择奢华品品牌的时候，企业社会责任已经变成一个新的考虑因素，品牌所参与的慈善、公益活动会让他们对该品牌的好感度有所提升；65% 的人表示，奢华品所带来的尊崇享受与愉悦体验是驱使他们购买的一个重要因素。愉悦体验、身份及品位象征，是构成中

国奢华品消费的三大驱动力；调查发现，奢华品在商务送礼中的广泛应用，也是中国内地所独有的消费特点。37%的受访者认为，赠送高档钱包、围巾、领带、眼镜之类的产品，价格适当又尊贵体面；73.9%的受访者认为销售人员真诚的建议是奢华品购买行为中最重要的因素。69.3%的受访者希望可以在消费过程中加深对品牌的认知，获取更多的产品信息，59%的受访者则十分重视销售人员友好的态度；68%的受访者认为网络平台是了解品牌产品信息的最好信息渠道，在二线城市，这一数字则高达71%。

虽然金融风暴的影响仍在持续，但调查数据显示中国奢华品市场依然在蓬勃发展，中国消费者对于奢华品的认识也在不断成熟，奢华品购买行为也日趋理性。如何通过企业社会责任拉近与消费者的距离，以及在 Web 2.0 时代借助网络促进奢华品消费等，将是各大奢华品品牌面临的问题，也将直接影响奢华品品牌未来在中国的发展。

资料来源："2010 中国奢华品报告"，http://wenku.baidu.com/view/fb32f8563c1ec5da50e2703d.html，编者整理。

案例思考：

奢华品品牌企业应如何针对中国奢华品市场及消费者的需求变化趋势开展有效的营销活动？

市场通常分为生产者市场（组织者市场）和消费者市场两类。消费者市场是消费品生产经营企业市场营销活动的出发点和归宿点，也最终决定着工业品生产经营企业的市场需求水平。各类企业特别是消费品的生产经营企业要深入了解消费者市场的特点，科学分析各类消费者购买行为的产生和形成，探索、研究消费者购买行为的规律性，充分满足消费者的需求，提高市场营销效益，实现企业自身的营销目标和发展愿景。

第一节　消费者市场行为分析

一、消费者市场

1. 消费者市场的含义

消费者市场是个人或家庭为了生活消费而购买产品和服务的市场，是以满足个人或家庭生活需要而产生的，不以牟利为目的。生活消费是产品和服务流通的终点，因而消费者市场也被称为最终产品市场或消费品市场。

2. 消费者市场研究的意义

消费者需求是人类社会的原生需求，生产者市场需求、中间商市场需求及政府需求都由此派生而来，消费者市场从根本上决定其他所有市场。

3. 消费者市场的特点

（1）购买者多而分散

消费购买涉及每一个人和每个家庭，购买者多而分散。为此，消费者市场是一个人数众多、幅员广阔的市场。由于消费者所处的地理位置各不相同，闲暇时间不一致，购买地点和购买时间具有分散性。

（2）购买量少，多次购买

消费者购买是以个人和家庭为购买和消费单位的，由于受到消费人数、需要量、购买力、储藏地点、商品保质期等诸多因素的影响，消费者为了保证自身的消费需要，往往购买批量小、批次多，购买频繁。

（3）购买的差异性大

消费者购买因受年龄、性别、职业、收入、文化程度、民族、宗教等影响，其需求有很大的差异性，对商品的要求也各不相同，而且随着社会经济的发展，消费者消费习惯、消费观念、消费心理不断发生变化，从而导致消费者购买差异性大。

（4）大多属于非专家购买

绝大多数消费者购买缺乏相应的专业知识、价格知识和市场知识，尤其是对某些技术性较强、操作比较复杂的商品，更显得知识缺乏。在多数情况下消费者购买时往往受感情的影响较大。因此，消费者很容易受广告宣传、商品包装、装潢以及其他促销方式的影响，产生购买冲动。

（5）购买的流动性大

在市场经济比较发达的今天，人口在地区间的流动性较大，因而导致消费购买的流动性很大，消费者购买经常在不同产品、不同地区及不同企业之间流动。

认清消费者购买的特点有助于企业根据消费者购买特征来制定营销策略，规划企业经营活动，为市场提供消费者满意的商品或服务，更好地开展市场营销活动。

4. 数字化革命对消费者市场的影响

（1）消费者比以前拥有更大的权力

消费者能非常容易地接触到更多的商品信息。他们充分应用"智能代理"来寻求产品或服务的最佳价格，对各种营销提供物进行出价，绕过分销渠道和中间商以及根据他们家庭生活的便利全天候地在全球购物。

（2）市场营销者比以前提供更多的产品和服务

信息的数字化使卖方可以定制他们出售的产品和服务，并以一个可观的价格将它们卖出去。例如，亚马逊（amazon.com）向已购图书的消费者发送个性化的电子邮件来预告最新出版的图书信息。这些建议是基于目标消费者的兴趣而给出的，而这些目标消费者又是根据他们先前的购买情况而区分的。

（3）营销者和消费者之间的交换具有更强的交互性和瞬间性

数字化沟通开辟了双向交互式的交换，这样消费者可以通过点击网站上的链接或者离开这个网站等方式来对市场营销者传达的信息迅速做出反应。因此，市场营销者可以迅速衡量促销信息的有效性。市场营销者可以追踪消费者在线的行为，通过要求消费者在享受网站的特性之前先进行注册和提供一些个人信息来收集信息。因此，市场营销者可以有效而又廉价地构建与更新他们的消费者数据库。

二、消费者购买行为的基本模式

1. 消费者购买行为分析所涉及的内容

消费者市场涉及的内容千头万绪，市场营销学家通过研究将之归纳为以下七个主要问题：

（1）消费者市场由谁构成？（who）——购买者（occupants）。

（2）消费者市场购买什么？（what）——购买对象（objects）。

（3）消费者市场为何购买？（why）——购买目的（objectives）。

（4）消费者市场的购买活动有谁参与？（who）——购买组织（organizations）。

（5）消费者市场怎样购买？（how）——购买方式（operations）。

（6）消费者市场何时购买？（when）——购买时机（occasions）。

（7）消费者市场何地购买？（where）——购买地点（outlets）。

由于七个英文字母的开头都是 O，所以也称之为"7O"研究法，如图 4-1 所示。企业对市场、对消费者的研究，就是要知道这七个问题的答案。因此，这也就成为我们研究消费者市场和消费者行为的重要分析方法。

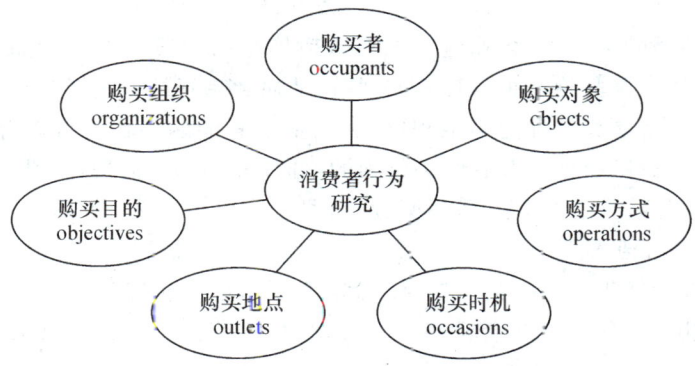

图 4-1 消费者购买行为的 7O 模型

2. 消费者购买行为的主要类型

阿萨尔（Assael）根据消费者的购买介入程度和产品品牌差异程度，把消费者的购买分成四种复杂程度不同的类型，如表 4-1 所示。

表 4-1 消费者购买行为类型

购买介入程度　品牌差异程度	高	低
大	复杂的购买行为	寻求多样化的购买行为
小	减少失调的购买行为	习惯性购买行为

（1）习惯性购买行为。是指对于价格低廉、经常购买、品牌差异小的产品，消费者不需要花时间选择，也不需要经过搜集信息、评价产品特点等复杂过程的最简单的购买行为类型。消费者只是被动地接收信息，出于熟悉而购买，也不一定进行购后评价。企业可以用价格优惠、电视广告、独特包装、销售促进等方式鼓励消费者试用、购买和续购其产品。

（2）寻求多样化的购买行为。是指对于品牌差异明显的产品，消费者不愿花长时间来选择和估价，而是不断变换所购产品的品牌的购买行为类型。这样做并不是因为对产品不满意，而是为了寻求多样化。针对这种购买行为类型，企业可采用销售促进和占据有利货架位置等办法，保障供应，鼓励消费者购买。

（3）减少失调的购买行为。是指消费者面对品牌差异小而购买风险大的产品，花费大量时间和精力去选购，购后又出现不满意、不平衡的心理，为寻求协调平衡而在使用过程中继续搜集产品信息的购买行为类型。有些产品品牌差异不大，消费者不经常购买，而购买时又有一定的风险，因此，消费者一般要比较、看货，只要价格公道、购买方便、机会合适，消费者就会决定购买。购买以后，消费者也许会心理不平衡或不够满意，在使用过程中，会了解更多情况，并寻求种种理由来减轻、化解这种失衡，以证明自己的购买决定是正确的。针对这种购买行为类型，企业应注意运用价格策略和人员推销策略，选择最佳销售地点，并向消费者提供有关产品评价的充分信息，使其在购买后坚信自己做了正确的决定。

（4）复杂的购买行为。是指消费者面对品牌差异大的产品，广泛收集相关信息，慎重选择，仔细比较后才购买，以求降低风险的购买行为类型。当消费者购买一件贵重的、不常买的、有风险的而且又非常有意义的产品时，因为产品品牌差异大，消费者对产品缺乏了解，所以需要有一个学习过程，以广泛了解产品性能、特点，从而对产品产生某种评价，最后决定购买。对于这种复杂型购买行为，企业应采取有效措施帮助消费者了解产品性能及其相对重要性，并介绍产品优点及其给购买者带来的利益，从而影响其最终选择。

此外，根据消费者购买目标的确定程度划分，消费者的购买行为可以分为全确定型、半确定型和不确定型三种；根据消费者购买行为的不同态度划分，消费者的购买行为又可以分为习惯型、理智型、经济型、冲动型、情感型、疑虑型六种。

3．消费者购买行为模式

消费者每天都会做出大量的消费决策，营销者可以通过研究消费者的实际购买来了解消费者买什么、在哪里买、买多少等问题。但是要了解消费者购买的原因就不是那么容易了，因为问题的答案往往深藏于消费者的头脑里。不过我们可以借助行为心理学的创始人约翰·沃森（John B. Watson）建立的"刺激—反应"模式理论进行研究探讨。

"刺激—反应"模式指出人类的复杂行为可以被分解为两部分：刺激与反应，即人的行为是受到刺激的反应。刺激来自两方面：身体内部的刺激和体外环境的刺激，而反应总是随着刺激而呈现的。"刺激—反应"模式是研究消费者购买行为的最具有代表性的理论，如图4-2所示。

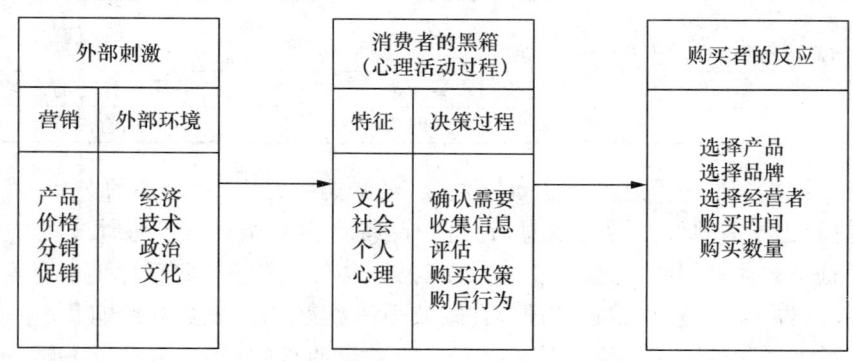

图 4-2 消费者购买行为模式

按照这一原理，从营销者角度出发，各个企业的许多市场营销活动都可以被视为对购买者行为的刺激，如产品、价格、销售地点和场所、各种促销方式等。所有这些，我们称之为"市场营销刺激",是企业有意安排的对购买者的外部刺激。除此之外,购买者还时时受到其他方面的外部刺激,如经济的、技术的、政治的和文化的刺激等。所有这些刺激,进入了购买者的"黑箱"后,经过了一系列的心理活动,产生了人们看得到的购买者反应:购买还是拒绝接受,或是表现出需要更多的信息。购买者一旦决定购买,其反应便通过其购买决策过程表现在购买者的购买选择上,包括产品的选择、品牌选择、购物商店选择、购买时间选择和购买数量选择等。在相同的外部条件刺激下,消费者会有不同的反应,这主要基于消费者不同的心理活动过程。因此,对影响消费者购买行为的各种因素,即消费者特征及消费者的购买决策过程进行分析是研究消费者购买行为至关重要的环节。

第二节 影响消费者市场购买行为的因素

消费者的购买决策深受不同社会、文化、个人和心理等因素的影响,如图 4-3 所示。

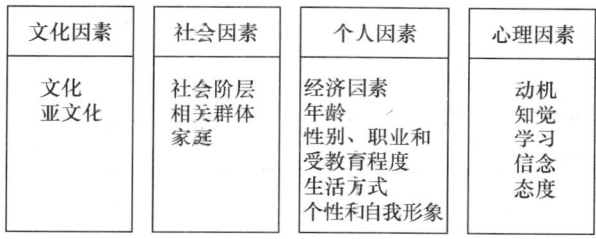

图 4-3 消费者购买行为的影响因素

一、影响消费者行为的文化因素

1. 文化

文化是指人类在社会发展过程中所创造的物质财富和精神财富的总和,是根植于一定的物质、社会、历史传统基础上的特定价值观念、信仰、思维方式、宗教、习俗的综合体。它组成了人们的社会标准行为规范,说明了人们必须做什么,应当做什么,可以做什么以及禁止做什么。

不同的文化造就了不同的个性,因此我们可以把不同地区、不同国家和不同民族的人们区分开来。文化又具有共性,各种不同的文化都会有一些共同的特征,这种共性反映了人类共同的生物本能,反映了人类社会对物质和社会环境的共同需要。大部分人尊重他们的文化,接受他们文化中共同的价值观,遵循他们文化的道德规范和风俗习惯。

文化作为一种观念,看不见、摸不着,但人们能感受到它的存在,如东西方文化的巨大差异。作为有形的一面,文化又反映在一国的建筑、城市风貌、文学艺术、衣着甚至饮食上。可见文化是影响人们欲望和行为的根本因素,也是造成消费者需求差异的重要因素,文化对消费者的购买行为具有深远和广泛的影响。

小链接

中美文化差异的表现

	美国	中国
人生哲学	个人是最重要的,个性优先于屈从,人生充满竞争,并以物质成就来奖赏努力。各种活动应有目的,人类是可以造就的。	集体最重要,为保持集体的和谐而做的屈从和妥协优于个性。人生富于合作,它以来自同伴的尊重来奖赏努力,人类永远是善与恶的结合。
与他人关系	对他人应开放、直率,交往应是坦率的。做人应直截了当,不拘礼节。	对他人的开放和直率是危险的,为保持和谐,避免难堪,间接而又含糊的语言常常是必需的。应循规蹈矩。
时间	时间不复归。活动应有计划,事前计划为好,时间是宝贵的,准时是最重要的。	时间具有弹性:它依据环境可扩张,又可收缩。准时并不重要,有时在采取行动前,长久的耽搁是必需的。
协议	协议应有明确的文字规定,商业性合同应详细地规定各方的相互责任,并具有法律效力。	协议应基于相互的理解,协议的书面表述并不非常重要,应有灵活性,应通过协商而不是法律来解决争议。

小案例

东西方不同的消费观念

一个广泛流传的故事:一个中国老太太和一个美国老太太在天堂相遇。美国老太太说:"我辛苦了 30 年,终于把住房贷款还清了。"中国老太太说:"我辛苦了 30 年,终于攒够了买房的钱。"这个故事常被用来说明美国人的消费观优于中国人:美国人超前消费,享受人生;中国人辛苦一辈子,却不懂享受或者来不及享受。其实,这种比较是不正确的,因为这种比较忽略了故事的前传和续集。

续集应该是这样的。美国老太太去了天堂之后,她的子女说:"刚给母亲办完了丧事,我们又得去贷款买房了。"因为母亲住了 30 年的房子早已陈旧了。而中国老太太去了天堂之后,她的子女会说:"母亲真好,给我们留下了一套新房。"他们住进母亲没来得及享用的新房,所以也没必要急着再买房。

前传应该是这样的。美国老太太年轻时,母亲去世了,留给她的房也是用贷款买的,也已经住了 30 年,太旧了,所以她那时就只好设法贷款买房。她会想:我先贷款住上新房再说,至于我的孩子,成年后让他们自己管自己吧,就像我的母亲待我一样。中国老太太年轻时,母亲也去世了,母亲同样是辛苦了一辈子,临死前买下了房子,留给了她。她在送走母亲后会说:母亲如此待我,我唯一能报答母亲的,就是将来也给我的孩子攒下一笔买房的钱。

完整的故事就是这样。中国老太太也有新房住,只是住的是母亲留下的房子。从祖孙三代的连续性来看,美国人的三代是"自己管好自己",中国人的三代是"前人栽树,后人乘凉"。于是,美国人在用餐前要祷告:"感谢主,赐我衣、赐我食。"中国人用餐前,会在祖先灵位前点一炷香烧几张纸,祈求祖先赐福。

资料来源:倪杰,《现代市场营销学》,清华大学出版社,2009年6月。

案例思考:
从两位老太太的行为分析东西方文化对消费观念的影响。

2. 亚文化

亚文化指某一局部的文化现象。每一个国家的文化中又包含若干不同的亚文化群,主要有以下几种:

(1)民族亚文化群。我国是一个多民族的国家,各民族经过长期发展形成了各自的语言、风俗、习惯和爱好,他们在饮食、服饰、居住、婚丧、节日、礼仪等物质和文化生活方面各有特点,这都会影响他们的消费欲望和购买行为。

(2)宗教亚文化群。宗教是人类社会发展到一定阶段的历史现象,有它发生、发展和消亡的过程。在现阶段,我国居民有宗教信仰的自由,客观上存在着信奉佛教、道教、伊斯兰教或天主教等宗教的群体。这些宗教的文化偏好和禁忌,会影响信仰不同宗教的人们的购买行为和消费方式。

(3)地理区域亚文化群。我国是一个幅员广阔的大国,南方和北方、城市和乡村、沿海和内地、山区和平原等不同地区,由于地理环境、风俗习惯和经济发展水平的差异,人们具有不同的生活方式、口味和爱好,这也会影响他们的购买行为。

此外,亚文化还可以分为年龄亚文化、性别亚文化、职业亚文化、社区亚文化、种族亚文化等。

二、影响消费者行为的社会因素

1. 社会阶层

社会阶层是社会中按个人或家庭相似的价值观念、生活方式、兴趣及行为等进行归类的一种相对稳定的等级制度。现代社会一般根据职业的社会威望、收入水平、财产、受教育程度、居住区域等因素,将人们归入不同的社会阶层。

同一社会阶层中的人,因经济状况、价值取向、生活背景和受教育程度相近,其生活习惯、消费水准、消费内容、兴趣和行为具有相似性,甚至对某些商品、品牌、商店、闲暇活动、传播媒体等都有共同的偏好,因此营销者应关注社会阶层对消费行为的影响。

小链接

社会学家把美国社会分成七个阶层:

- 上上层(约占1%)
- 上下层(2%左右)
- 中上层(约占11%)
- 中间层(32%)
- 中下层(劳动阶层)(38%)

- 中上层(9%)
- 下下层(7%)

2．相关群体

消费者的消费行为总会主动或被动地受到相关群体的影响。相关群体是指个人在形成"正确"的思想和行为时,用以作为参考的人们(群体)。

相关群体可分为直接群体和间接群体。直接群体是指置身其中或与其有着密切关系的群体,如家庭、朋友、邻居或同事;间接群体是指与消费主体没有直接关系但又受其影响的群体,如个体对影星、球星、歌星、社会名流、领袖人物的崇拜等。

相关群体对消费者购买行为的影响作用:相关群体能向消费者显示不同的生活方式;能影响消费者对某事或某物的态度;会对人们产生一种趋于一致的压力;会使消费者对自己的购买行为产生安全感。因此企业在开展营销活动时,要善于识别目标顾客的参照群体,设法影响相关群体中的意见领导者。因为意见领导者的建议和行为,往往会被追随者接受和模仿,企业在营销活动中应多展示相关群体中的"意见领导者",通过"意见领导者"的战略去联系和影响消费者,从而对消费者起到示范、宣传、推广作用。

3．家庭

家庭是由居住在一起的,彼此有血缘、婚姻或抚养关系的人群组成。家庭给成员以种种倾向性的影响,这种影响可能终其一生。家庭又是一个消费单位和购买决策单位。家庭的生活方式、文化程度、价值观念、购买习惯及家庭成员对消费者购买行为影响很大,这种影响既是直接的,也是一种潜意识。

(1)家庭成员的购买角色地位与购买行为

在购买决策过程中,家庭成员可能充当不同的角色,起着不同的作用。在不同家庭中,夫妻参与购买决策的程度不同;在同一家庭中,夫妻参与购买决策的程度又因产品的不同而有很大差异。传统上,食物、日用杂品、日常衣着的购买主要由妻子承担。不过,当今妇女普遍参加工作和丈夫在家庭中分担家务的状况,使丈夫也经常参与许多消费品的日常购买。在购买价格昂贵的耐用消费品或高档商品时,家庭决策模式也变得较为复杂。一般认为,在丈夫影响下决定购买的产品和服务主要包括电视、汽车等,在妻子影响下决定购买的主要有洗衣机、地毯、厨房用具等,双方影响均等的包括家具、住宅等。丈夫一般在决定是否购买和在何时、何处购买等方面有较大的影响,妻子则一般在决定所购商品的颜色等外观特征方面有较大的影响。企业营销者应了解哪些商品的购买是夫妻双方甚至子女都参与购买决策的,谁有较大的影响力,或谁在哪些方面更具影响力。

(2)家庭消费价值观念与购买行为

父母和长辈的消费习惯和消费观念会潜移默化地影响其子女,使其在不知不觉中形成了与父母长辈相似的消费行为方式。家庭主要成员追求奢华的生活方式,热衷购买高档名牌商品,这种观念也会直接影响其子女的消费观,形成讲名牌、讲排场的消费心理。如果父母惯于勤俭持家,其子女也往往以俭朴为荣。当然这种影响也不是绝对的,由于时代的发展,家庭成员间的代沟会逐渐淡化这种影响。

三、影响消费者行为的个人因素

个人因素是指消费者的经济状况、年龄、性别、职业、受教育程度、生活方式、个性、自我形象等对其购买行为的影响。

1. 经济因素

一个人的经济状况,取决于他的可支配收入水平、储蓄和资产、借贷能力以及他对开支与储蓄的态度。经济因素是决定消费者购买行为的首要因素,在很大程度上制约着消费者的购买行为,决定着消费者的购买能力、购买水平、购买种类、购买档次。收入较低的顾客往往比收入较高的顾客更关心价格的高低。如果企业经营与居民购买力密切相关的产品,就应特别注意居民个人收入、储蓄率的变化及消费者对未来经济形势、收入和商品价格变化的预期。

小案例

城乡大学生消费差异大

2005 年初结束的一项调查显示,郑州市高校城乡大学生消费差别悬殊相当大。这项调查是由郑州轻工业学院完成的,调查旨在了解城乡大学生群体之间的消费差异。调查抽取了郑州大学、河南农业大学等五所高校的 600 名在校大学生为样本,其中农村大学生和城市大学生各占一半,东南沿海、中部地区、西北地区的生源分别为 25%、50% 和 25%。

调查结果显示:在消费内容上,农村大学生主要是传统的生存型消费,如吃、穿、住、行,而城市大学生除了基本的物质消费外,还有精神文化甚至更高层次的"奢侈"消费。调查数据显示:学生每月最大花销为 2 000 元,最少的为 180 元;尽管大学生用于食品方面的支出相对比较平均,基本在 160—300 元之间,但城市学生在假期进行旅游的比例高达 89.49%,且旅游费用少则 300 元,多则 2 000 元。

城乡大学生的消费层次也很悬殊。调查资料显示:89.5% 的农村大学生以米、面为主食;而 64.32% 的城市大学生,除了米、面外,还搭配有肉、蛋、牛奶等,他们的饮食结构更为科学合理,营养也更丰富。来自城市的大学一二年级女生中,73.63% 的同学都有吃零食的习惯;城市大学生的穿着以名牌服装为主,有 76.3% 的学生都是到品牌专卖店或高档商场购买服装,而农村大学生中穿名牌服装的仅占 3.06%;农村大学生最普遍也是最理想的娱乐方式是上网、打牌、看电视等,而城市大学生除此之外还追求新颖、有品位、上档次的活动,如蹦迪、打网球、去练歌房等比较"奢侈"的消费;大学一二年级的城市大学生拥有手机的约为 53%,大学三四年级的城市大学生拥有手机的约为 89.4%,而 34.6% 的农村大学生则是以密码卡或者磁卡电话为主要通信工具。

资料来源:张兴军,"城乡大学生消费差异大",http://news.sohu.com/20050307/n224562966.shtml。

案例思考:

城乡大学生为什么会在消费方面存在诸多的不同?

2. 年龄

不同年龄消费者的欲望、兴趣和爱好不同,他们购买或消费商品的种类和式样也有区别。例如,儿童是糖果和玩具的主要消费者,青少年是文体用品和电子产品的主要消费者,成年人是家具、住房、汽车的主要购买者和使用者,老年人是保健用品的主要购买者和消费者。不同年龄消费者的购买方式也各有特点。青年人缺少经验,容易在各种信息的影响下冲动购买;中老年人经验比较丰富,常根据习惯和经验购买,一般不太重视广告等商业性信息。

3. 性别、职业和受教育程度

由于生理和心理上的差异,不同性别消费者的欲望、消费构成和购买习惯也有不同。多数男性顾客购买商品时比较果断和迅速,而女性顾客则往往仔细挑选。他们订阅的杂志和观看的电视节目亦有不同,如足球、拳击等体育节目常吸引大量男性观众,连续剧则女性观众较多。受教育程度较高的消费者对书籍、报刊等文化用品的需求量较大,购买商品的理性程度较高,审美能力较强,购买决策过程较全面,更善于利用非商业性来源的信息。职业不同的消费者由于生活、工作条件不同,消费构成和购买习惯也有区别。

4. 生活方式

所谓生活方式,就是指人们的生活格局、格调,即人们对待生活的基本态度与基本看法。它与个体的教育、文化、职业、生存环境、收入等有关。

具有不同生活方式的消费者群对产品和品牌有着不同的需求。营销人员应设法运用价值观分类法或活动、兴趣、意见分类法等,从不同角度区分这些具有不同生活方式的消费者群,如把大量时间和精力投入工作和学习的"进取型"生活方式和重视家庭生活、依惯例行事的"归属型"生活方式;又如节俭者、奢侈者、革新者、守旧者、自我主义者、社会意识者等。营销者需深入了解产品与各种生活方式消费者群体的关系,从而加强产品对特定消费者生活方式的影响。

小案例

联合利华进军服务业

工作方式的改变和双职工家庭的增加导致了有钱没有时间的消费者的出现,他们寻求方便,愿意花钱找别人帮他们打扫房间和洗熨衣物。生产清洁产品的联合利华没有错过这个市场营销机遇,它估计英国的家庭清洁市场价值有 13 亿英镑,并且正在增长。

联合利华做出的反应是推出"我的家"家庭清洁和洗衣服务。他们的目标顾客想有更多的空间和时间逃离生活的压力,但是家务成了绊脚石。"我的家"在伦敦西南部进行了试验,销售额很快达到了 13 亿英镑,顾客达到 1 000 个。对于联合利华来说,从生产清洁产品转向提供新鲜整洁拿来就穿的衣物是一个非常具有挑战性的任务。

通过监控生活方式的变化,该公司已经能够抓住可能给将来带来销售额和利润增长的市场营销机遇。

资料来源:联合利华进入清洗业,《日用化学品科学》,2000 年第 6 期,http://www.cnki.com.cn/Article/CJFDTotal-RYHX200006024.htm,编者整理。

案例思考：

分析生活方式的变化对消费行为的影响。试举例说明。

5．个性和自我形象

个性是一个人的比较固定的特性，如自信或自卑、冒险或谨慎、倔强或顺从、独立或依赖、合群或孤高、主动或被动、急躁或冷静、勇敢或怯懦等。个性使人对环境做出比较一致和持续的反应，可以直接或间接地影响其购买行为。例如，喜欢冒险的消费者容易受广告的影响，成为新产品的早期使用者；自信的或急躁的人购买决策过程较短；缺乏自信的人购买决策过程较长。

自我形象是与个性相关的一种观念，即人们怎样看待自己。但自我形象又是一个十分复杂的图像：一个是理想的自我形象，即希望怎样看自己；再一个是社会的自我形象，即认为别人如何看待自己。一般认为，人们总希望保持或增强自我形象，并把购买行为作为表现自我形象的重要方式，因此，消费者一般倾向于选择符合或能改善其自我形象的商品或服务。

四、影响消费者行为的心理因素

影响消费者购买行为的心理因素包括动机、知觉、学习以及信念和态度等心理过程。

1．动机

心理学认为：人类行为是由动机支配的，而动机是由需求引发的。动机是人们为了满足某种需要而引起的产生某种行为的欲望念头。

需要是人感到缺少些什么从而想获得它们的状态，它是购买行为的起点，也是市场营销的出发点。美国心理学家亚伯拉罕·马斯洛指出，人是有欲望的动物，需要什么取决于已经有了什么。人类的需要是层次化的，按照最迫切的到最不迫切的依次排列为：生理需要、安全需要、社会需要（归属与关爱）、尊重需要和自我实现需要，如图 4-4 所示。

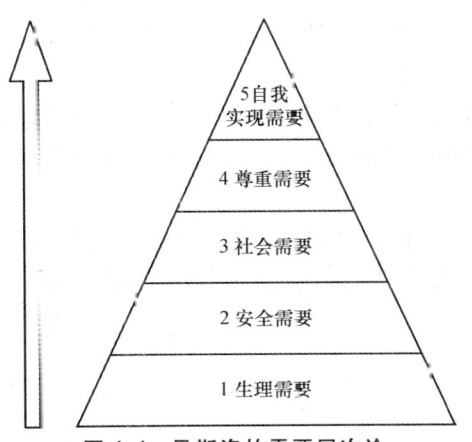

图 4-4　马斯洛的需要层次论

人类的需要由低级到高级发展，未满足的需要是消费者动机与行为的源泉和动力。一种尚未满足的需要，会产生内心的紧张或不适，当它达到迫切的程度，便成为一种驱使人行动的强烈的内在刺激，称为驱策力。因此，动机是一种推动人们为达到特定目的而采取行动的迫切需要，是行为的直接原因，购买行为也不例外。

动机理论可以帮助企业营销者了解各种产品和服务怎样才能适合潜在消费者的生活水准、目标和计划。

小案例

小王的消费行为

小王是一个名牌大学的毕业生,在一个知名公司里工作不到一年就当上了总经理助理,虽然她工资不太高(月薪 2 000 元左右),可她经常出入专卖店购买名牌服装,使用高档化妆品,从来不到农贸市场或者地摊上购买东西。

资料来源:[经典案例]Ⅲ"分析消费者市场与购买行为",http://marketing.jpkc.gdcc.edu.cn/show.as-px?page＝5&id＝31&cid＝18。

案例思考:
应用动机理论分析小王为什么有上述的行为表现。

2. 知觉

消费者有了购买动机后,就要采取行动。至于怎样采取行动,则受到认识过程的影响。消费者的认识过程是由感性认识和理性认识两个阶段组成。感觉和知觉属于感性认识。

感觉是知觉的基础,是消费者的感觉器官(视觉、听觉、嗅觉、触觉和味觉)对外界刺激物和情境的直观、形象的反应。如某种商品的形状、大小、颜色、声响、气味等刺激了消费者的视、听、触、嗅、味等感官,使消费者感觉到它的个别特性。

知觉是指消费者将各种感觉到的信息在头脑中加以选择、组织、解释,使其有机化、整体化的过程。知觉不但取决于刺激物的特征,还依赖于刺激物同周围环境的关系以及个人所处的状况,它不是感觉的简单加总。

由于每个人都以各自的方式注意、整理、解释感觉到的信息,不同消费者对同种刺激物或情境的知觉很可能是不同的,所以知觉又具有整体性和选择性。

(1)知觉的整体性

也称为知觉的组织性,指根据个体的知识经验将直接作用于感官的客观事物的多种属性整合为同一整体,以便全面地、整体地把握该事物。有时,刺激本身是零散的,而由此产生的知觉却是整体的。有时,人们对事物个别属性的知觉又依赖于事物的整体特性。

小链接

一 个 实 验

实验者先给被试者展示一张图片,上面画着一个身穿运动服、正在奔跑的男子。这张图片使人一看就可以判断该男子是球场上正在锻炼的一位运动员。

接着实验者给被试者展示第二张图片,在那个运动员的前方,有一位惊慌奔逃的姑娘。

当看到这张图片时,人们则认为这是一幅坏人追逐姑娘的画面。

最后实验者拿出第三张图片,在两个奔跑的行人后面,是一头刚从动物园里逃跑出来的狮子。

这时,被试者才明白了画面的真正意思,原来是运动员和年轻的姑娘都在为躲避狮子而拼命地奔跑。可见离开了整体情境,离开了各部分的相互关系,部分就失去了它确定的意义。

（2）知觉的选择性

指知觉对外来刺激有选择地反应或组织加工的过程,包括选择性注意、选择性理解和选择性记忆。

人们感觉到的刺激,只有少数引起注意、形成知觉,多数会被有选择地忽略。一般来说,人们倾向于注意那些与其当时或正在等待的需要有关的、反复出现的、与众不同的、出乎意料的刺激物,这就是选择性注意。

人们对注意到的事物,往往喜欢按自己的经历、偏好、当时的情绪、情境等因素做出解释。这种解释可能与企业的想法、意图一致,也可能相差很大,这就是选择性理解。

选择性记忆是指人们常常不能记住所获悉的所有信息,却总能记住与自己态度、信念一致的东西。例如,人们可能很容易记住自己所喜欢品牌的优点,而记不住其他竞争厂家产品的优点。企业的信息是否能留存于顾客记忆中,对其购买决策影响甚大。

上述感觉和知觉的过程告诉企业营销者,应当分析消费者的特点,必须精心设计促销活动,使本企业的营销信息能够被消费者选择成为其知觉对象,从而形成有利于本企业的知觉过程和知觉结果。

3. 学习

人类的有些行为是与生俱来的,但大多数行为是从后天经验中得来的,这种通过实践,由后天经验引起的行为变化的过程,就是学习。

学习过程是驱策力、刺激物、提示物、反应和强化诸因素相互影响和相互作用的过程,如图4-5所示。假设某消费者具有提高外语听说能力的驱策力,当这种驱策力被引向一种可以减弱它的刺激物,如外语培训时,就成为一种动机。在这种动机的支配下,他将做出报名参加培训班的反应。但是,他何时、何处和怎样作出反应,常常取决于周围的一些较小的或较次要的刺激,即提示物,如亲属的鼓励,参加过培训的同学和朋友的介绍,看到了有关的广告、文章和特惠价格等信息。他参加了一个培训班,如果感到满意那么他就会强化这一反应,以后若遇到同样的情况,他会做出相同的反应,甚至在相似的刺激物上推广他的反应:报名该机构开办的其他培训班。反之,如果他参加培训后感到失望,以后就不会做出相同的反应。因此,企业为了扩大对某种商品的需求,可以反复提供诱发购买该商品的提示物,尽量使消费者购买后感到满意从而强化积极的反应。

4. 信念和态度

消费者在购买和使用商品的过程中形成了信念和态度,这些信念和态度又反过来影响人们的购买行为。

信念,是人们对某种事物所持的确定性看法。企业应关心消费者对其商品的信念,因为信念会形成产品和品牌形象,会影响消费者的购买选择。如果因误解限制了购买,企业应开

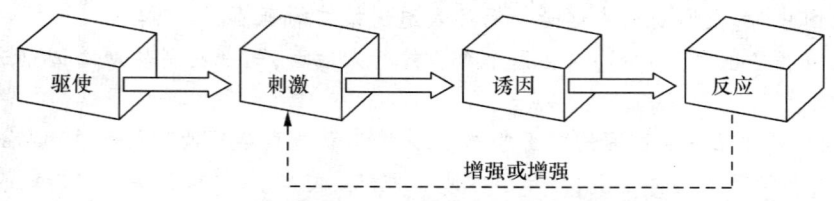

图 4-5 学习过程的"刺激—反应"模式

展宣传运动,设法纠正消费者的信念。

消费者在长期的学习和社会交往的过程中形成了态度。所谓态度,是人们长期保持的关于某种事物或观念的是非观、好恶观。消费者一旦形成对某种产品或品牌的态度,以后就倾向于根据态度做出重复的购买决策,不愿费心去进行比较、分析、判断。因此,态度往往很难改变。对某种商品的肯定态度可以使它长期畅销,而否定态度则可以使它一蹶不振。企业在一般情况下应使产品迎合人们现存的态度,而不是设法改变这种态度,因为改变产品设计和推销方法要比改变消费者的态度容易得多。

小案例

九 鑫 集 团

由于国家药品监督管理局新规定的出台,九鑫集团不得不重新定位自己的产品。经过周密细致的市场调研,九鑫集团走功能日化产品的道路,即由新肤螨灵霜向满婷系列日化产品转型。

据科学调查,螨虫的人群感染率因地域分布而有所不同,我们国家为 4.43%—86.6%,而成年人的感染率尤其高,达到 97.68%。九鑫集团将这一信息通过医学专家、医学权威以及各种方式广为传播,告知广大消费者除螨并非一定要用药品,完全可以通过香皂、洁面乳、护肤霜等日化品在日常生活中轻轻松松地实现,无须其他额外程序。

到 2003 年,国内除螨市场已基本形成。肌肤无螨化不仅仅成为健康的一项新内容,也是一种新的健康标准,除螨防螨产品也成为广大消费者的日常所需。九鑫集团通过其敏锐的市场洞察能力和高超的品牌运作能力于短短时间内便在广大消费者心中牢牢树立起了满婷系列日化产品的除螨专家形象,彻底扭转了局面,成为除螨市场的领导者。

资料来源:吴健安,《市场营销学》,高等教育出版社,2007 年 4 月。

案例思考:

九鑫集团在满婷系列日化产品决策中运用了哪些改变消费者态度的策略?

以上社会、文化、个人、心理等方面的因素,是影响消费者购买行为的主要因素。其中一些因素,如消费者的年龄、性别、职业、个性、经济状况、社会阶层、态度等,对企业来说是不可控制或难以施加影响的。但了解这些因素,可以使企业更好地识别可能对其产品或服务最感兴趣的购买者,为市场细分和选择目标市场提供必要的线索,也为制定营销组合策略提供依据。另一些因素,如消费者的购买动机、感觉、知觉、学习、信念、生活方式等,容易受到企业营销的影响,在了解这些因素的基础上,企业可以制定相应的营销策略,在一定程度上诱导消费者的购买需求。所以,现代企业应非常重视研究产品开发、价格确定、广告设计、商品陈列、营销网点设置和品牌、包装等营销刺激因素与消费者反应的关系,深入探讨影响消费者需求和购买行为的诸多因素。

第三节　消费者购买决策过程

消费者购买决策过程是消费者购买动机转化为购买活动的过程。不同消费者的购买决策过程既有特殊性,也有一般性,研究这个过程可以更有针对性地制定营销组合策略,从而满足需求、扩大销售。

一、参与决策的角色

消费者通常是以一个家庭为单位的,但参与购买决策活动的有时是一个家庭的全体成员,有时是一个家庭的某个成员或某几个成员。无论是哪一种情况,购买活动中都会存在不同的角色并发挥着相应的影响作用。这些购买者角色包括:

（1）发起者:首先想到或提议购买某种产品或服务的人。

（2）影响者:其看法或意见对最终决策具有直接或间接影响的人。

（3）决定者:能够对买不买、买什么、买多少、何时买、何处买等问题做出全部或部分最后决定的人。

（4）购买者:实际采购产品或服务的人。比如与卖方商谈交易条件,带上现金去商店选购等。

（5）使用者:直接消费或使用所购产品或服务的人。

由于购买者角色在购买活动中所起的作用不同,营销人员需要了解和确定每次购买活动中家庭成员扮演的角色,针对不同角色进行促销宣传活动,提高促销的适应性和效率。

二、消费者购买决策的一般过程

西方营销学者将消费者购买决策的一般过程分为五个阶段:需要确认;收集信息;评估可行方案;购买决策;购后行为,如图4-6所示。

图4-6　消费者购买决策过程

这个模式适用于分析复杂的购买行为,因为复杂的购买行为是最完整、最有代表性的购买类型,其他购买类型是越过其中某些阶段后形成的,是复杂购买行为的简化形式。

1. 需要确认

需要确认是购买行为的起点。当消费者意识到了未实现的需要,并且准备购买某种商品以满足这种需要时,购买决策过程就开始了。最常见的情况是:当现有产品不完全适用或消费者缺少应该常备的东西时会产生对产品的需求;当消费者听到或见到比当前产品优越的产品的时候,也可能认识到未实现的需要。这些需要可能是人体内在的生理活动引起的,如饥饿、寒冷等,也可能是受外界某种刺激也称"触发诱因"所引起的,如精美的产品包装设计、面包的香味、电视上做的广告等。

营销人员在这个阶段的任务是:

(1) 了解与本企业产品有关的现实的和潜在的需要。在价格和质量等因素既定的条件下,一种产品如果能够满足消费者多种需要或多层次需要就能吸引更多的购买。

(2) 了解消费者需要随时间推移以及外界刺激强弱而波动的规律性,在营销过程中应不失时机地采取措施,设计诱因,增强刺激,唤起和强化消费者的需要,最终促成人们采取购买行动。

2. 收集信息

消费者产生了某种需要并引发购买某种商品的动机后,如果对这种商品不熟悉,往往就要先收集或寻找有关信息。消费者信息来源可分为四类:一是个人来源,即从家庭、朋友、邻居、同事和其他熟人处得到的信息;二是商业性来源,即从广告、售货员介绍、商品展览、包装、经销商等途径得到的信息;三是公众来源,即从消费者权益组织、政府部门、新闻媒介、消费者和大众传播等处得到的信息;四是经验来源,即通过现场试用、实际使用等得来的信息。

营销人员在这一阶段的任务是:

(1) 营销者要善于了解消费者从何处以及如何收集信息。

(2) 了解不同信息来源对消费者的影响程度。一般而言,消费者有关产品的信息,大部分来自商业性来源,亦即营销者所能控制的来源,其次是公众来源和个人来源,经验来源的信息相对要少。然而,在消费者购买决策中,商业来源的信息更多地扮演传达和告知的角色。个人来源与经验来源却发挥权衡和鉴定作用。所以消费者对经验来源和个人来源的信息最为相信,然后是公众来源,最后才是商业来源。比如,消费者购买笔记本电脑时,他从广告或企业宣传资料中得知有哪些品牌,而消费者在评价不同品牌优劣时,就向朋友和熟人打听。营销人员应通过市场调查了解消费者的信息来源以及何种来源的信息最有决定作用。

(3) 设计信息传播策略。除利用商业来源传播信息外,还要设法利用和刺激公共来源、个人来源和经验来源,也可多种渠道同时使用,以加强信息的影响力或有效性。

3. 评估可行方案

消费者收集到各种信息资料后,就要对商品进行分析、对比、评价,最后做出选择。一般而言,消费者的评价行为涉及以下方面:

(1) 确定产品属性。产品属性指产品所具有的能够满足消费者需要的特性,消费者会根据自己的兴趣、偏好在产品的众多属性中选择自己认为比较重要的属性,如表 4-2 所示。

表 4-2　不同产品所具有的属性

计算机:	储存能力	图像显示能力	软件适用性	价格	
牙　膏:	味道	洁齿	防蛀	价格	
皮　鞋:	式样	舒适	耐穿	价格	
汽　车:	外观	安全	油耗	驾驶	舒适　价格
洗衣机:	容量	洗涤效果	耗电量	耗水	外观　价格
电视机:	色彩	图像	外观	功能	音质　价格

营销人员应了解顾客主要对哪些属性感兴趣,以确定产品应具备的属性,增加产品对顾客的吸引力。

(2)评价不同品牌产品属性的效用。每一品牌都有一些属性,消费者会有意或无意地运用一些评价方法对这些属性进行评价和选择,将这些评价连贯起来,构成对该品牌优劣程度的总体看法,即品牌信念。同时消费者还会根据自己的偏好和认识对该品牌每一属性的效用功能进行评价,看是否达到自己可接受的水准。比如,某人打算购买电视机,收集了A、B、C、D、E五种品牌的资料,并对可供选择的各品牌商品的属性给予从0到10的评分(0分表示最不满意,10分表示最满意),以及不同的权数。如表4-3所示。他要求价格不超过5 000元,表4-3中B、C、E三种超过此价格;他要求画面色彩超过9分(按主观标准打分),B、C、E三种品牌未达到9分,因此B、C、E三种品牌被淘汰,最后剩下A、D两个品牌进入该消费者选择的视野。

表4-3 消费者购买电视机时的属性判断

属性	色彩	图像	外观	功能	音质	价格	综合
权重	0.25	0.25	0.1	0.1	0.15	0.15	
A品牌	9	9	5	6	7	4 000	7.25
B品牌	8	8	6	5	4	5 000	6.45
C品牌	7	6	7	6	6	7 000	6.5
D品牌	10	8	7	7	6	3 000	7.3
E品牌	4	5	4	5	5	9 000	4.95

4. 购买决策

消费者经过判断和评估后,如果对某种产品形成一定的偏爱,便会做出购买决定。但购买决定并不等于购买。从购买意向到购买,还要考虑两个因素:他人态度和意外情况,如图4-7所示。

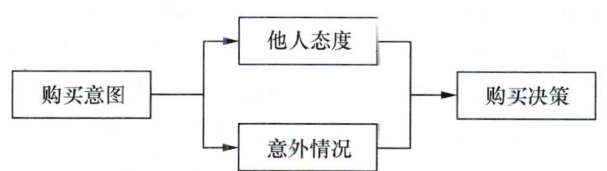

图4-7 购买意向到购买的两个影响因素

他人态度是指购买者之外的他人的影响。比如,某人决定购买A牌汽车,但是家人不同意,他的购买意向就会降低。他人态度的影响力取决于三个因素:其一,他人否定态度的强度。否定态度越强烈,影响力就越大。其二,他人与消费者的关系。关系越密切,影响力越大。其三,他人的权威性。他人对此类产品的专业水准越高,则影响力越大。

意外情况如消费者的收入或产品价格的变动,或营销人员态度的变化,或购买条件的改变等,都有可能影响购买的实现。因为消费者购买意向是以一些预期条件为基础形成的,如预期收入、预期价格、预期质量、预期服务等,如果这些预期条件受到一些意外因素的影响而发生变化,购买意向就可能改变。

5. 购后行为

与传统市场观念相比,现代市场营销观念最重要的特征之一是重视对消费者购后过程的研究以提高其满意度。消费者的购后过程分为购后使用和处置、购后评价、购后行为三个阶段。

(1)购后使用和处置

购后使用和处置是指消费者在购买产品后,产品的具体使用方法以及产品使用后的垃圾处理情况。购后使用和处置有时只是一个直接消耗行为,比如喝饮料、看演出等;有时则是一个长久的过程,如家电、家具、汽车等耐用消费品的使用。营销人员应当关注消费者如何使用和处置产品。如果消费者使用频率很高,说明该产品有较大的价值,会增强其对购买决策正确性的信心,有的消费者甚至为产品找到新用途,这些都对企业有利。如果对于一个本应高频率使用的产品,消费者实际使用率很低或闲置不用,甚至丢弃,说明消费者认为该产品无用或价值较低,或产生不满意,进而怀疑或懊悔自己的购买决定。如果消费者把产品转卖他人或用于交换其他物品,将会影响企业产品的销售量。

由于消费者的环境保护意识正在日益加强,企业还应该关心消费者是如何处理产品的废弃物的,特别是一些可能会造成环境污染的产品,如饮料容器和一次性尿布等。

(2)购后评价

购后评价是指消费者在购买和使用某种产品后,基于购买前的产品期望和购买后的使用情况的比较,形成某种满意度。购买者的满意度是其产品期望和该产品实际使用情况的函数。如果产品符合期望,顾客就会满意;如果超过期望,顾客就会非常满意;如果不符合期望,顾客就会不满意。企业如果希望实现顾客购后满意,在商品宣传上应实事求是、不夸大其词,以免造成顾客购前期望高于可觉察性能。

(3)购后行为

顾客对产品的评价会形成对该产品的信赖、忠诚或者是排斥态度,决定了相应的购后行为:信赖产品,重复购买同一产品,推荐产品给周围人群;抱怨,索赔,个人抵制或不再购买,劝阻他人购买,向有关部门投诉。

企业应当采取有效措施减少或消除消费者的购后失调感。比如,有的耐用消费品经营企业在产品售出以后,定期与顾客联系,感谢购买,指导使用,提供维修保养,通报本企业产品的质量、服务和获奖情况,征询改进意见等,还可建立良好的沟通渠道处理消费者意见并迅速赔偿消费者所遭受的不公平损失。事实证明,购后沟通可减少退货和退订现象。如果让消费者的不满发展到投诉或抵制产品的程度,企业将遭受更大的损失。

上述五个步骤代表了消费者从产生购买需要到最后完成购买的总过程,表明消费者的购买决策过程早在实际购买以前就已开始,并且购买之后很久还会有持续影响。这就要求营销人员注意购买决策过程的各个阶段而不是仅仅注重销售。

本章小结

1. 本章着重论述了消费者市场及其特点、消费者购买行为类型、影响消费者购买行为的文化、社会、个人和心理因素以及消费者的购买决策过程。

2. 消费者市场是个人或家庭为了生活消费而购买产品和服务的市场,具有与组织市场显著不同的特点。根据消费者购买参与程度和同类产品品牌差异大小,消费者的购买行为可分为复杂的购买行为、减少失调感的购买行为、寻求多样化的购买行为和习惯性购买行为四种类型。

3. 消费者购买行为受文化、社会、个人和心理因素的影响。文化因素包含价值观、宗教信仰、道德观等,还包括亚文化因素;社会因素包含社会阶层、相关群体、家庭;个人因素包括消费者的经济因素、年龄、性别、职业和受教育程度、生活方式、个性和自我形象等;心理因素包括动机、知觉、学习、信念、态度等。了解这些因素,一方面可以使企业更好地识别可能对其产品或服务最感兴趣的购买者,为制定营销组合策略提供依据。另一方面可以使企业制定相应的营销策略,在一定程度上诱寻消费者的购买需求。现代企业应深入探讨影响消费者需求和购买行为的诸多因素。

4. 消费者购买决策的一般过程可分为需要确认、收集信息、评估可行方案、购买决策和购后行为五个阶段。营销人员的任务是了解消费者在购买决策过程不同阶段的行为特点,制定有效的营销策略促进购买并提高购后满意度。

学习思考

1. 消费者市场有哪些特点?
2. 影响消费者行为的因素有哪些?
3. 知觉的性质怎样影响消费者行为和企业营销活动?
4. 消费者购买决策过程的主要阶段是什么?
5. 什么是相关群体?相关群体对消费者行为的影响有哪些?

案例训练　　　　大宝护肤品:工薪阶层的选择

大宝是北京三露厂生产的护肤品,在国内化妆品市场竞争激烈的情况下,大宝不仅没有被击垮,而且逐渐发展成为国产名牌。在日益增长的国内化妆品市场上,大宝选择了普通工薪阶层作为销售对象。既然是面向工薪阶层,销售的产品就一定要与他们的消费习惯相吻合。一般来说,工薪阶层的收入不高,很少选择价格较高的化妆品,而他们对产品的质量也很看重,并喜欢固定使用一种品牌的产品。因此,大宝在注重质量的同时,坚持按普通工薪阶层能接受的价格定价。其主要产品"大宝 SOD 蜜"市场零售价不超过 10 元,日霜和晚霜也不过是 20 元。价格同市场上的同类化妆品相比占据了很大的优势,本身的质量也不错,再加上人们对国内品牌的信任,大宝很快争得了顾客。许多顾客不但自己使用,也带动家庭其他成员使用大宝产品。大宝还了解到,使用大宝护肤品的消费者年龄在 35 岁以上者居多,这一类消费者群体性格成熟,接受一种产品后一般很少更换。这种群体向别人推荐时,又具有可信度,而化妆品的口碑好坏对销售起着重要作用。大宝正是靠着群众路线获得了市场。

在销售渠道上,大宝认为如果继续依赖商业部门的订货会和各省市的百货批发展,必然会造成渠道越来越窄。于是,三露厂采取主动出击,开辟新的销售网点的办法,在全国大中城市的有影响的百货商场设置专柜,直接销售自己的产品。到目前为止,大宝在全国共有102 个产品销售专柜,并培训了众多的信息员、导购员和电脑测试员在专柜前从事销售工作。专柜的建立不仅扩大了销售,也为大宝做了广告宣传。此外,许多省市的零售商直接到厂里提货,再批发到县乡一级。零售与批发同步进行,使大宝的销售覆盖面更加广泛,在许多偏僻的地区也能见到大宝的产品。

在广告宣传上,大宝强调广告媒体的选择一定要经济而且恰到好处。因而选择了中央电视台二套节目播出,理由是二套的广告价格较一套便宜许多,还可以套播。大宝赞助了大宝国际影院和大宝剧场两个栏目。这样加起来,每日在电视上能见到七八次大宝的广告,如此高密度、轰炸式的广告,为大宝带来了较高的知名度。

广告的成功还在于广告定位与目标市场吻合。大宝曾经选用体育明星、影视明星做广告,但效果不是很好。后来大宝一改化妆品广告的美女与明星形象,选用了戏剧演员、教师、工人、摄影师等实实在在的普通工薪阶层,在日常生活的场景中,向人们讲述了生活和工作中所遇到的烦恼以及用了大宝护肤品后的感受。广告的诉求点是工薪阶层所期望解决的问题,于是,"大宝挺好的"、"想要皮肤好,早晚用大宝"、"大宝明天见,大宝天天见"等广告词深深植入老百姓的心中。

资料来源:杨明刚,《市场营销 100 个案与点析》,华东理工大学出版社,2004 年 11 月。

案例思考题
1. 大宝化妆品成功的主要原因是什么?
2. 结合本案例谈谈企业应如何根据顾客消费心理从事市场营销活动。

营销技能训练

根据自己或家庭的一次重要购买经历描述消费者购买决策过程。

第五章

产业市场

知识目标

- 理解产业市场的含义
- 掌握产业市场的特征
- 理解影响产业市场购买行为的因素
- 了解产业市场购买对象
- 掌握产业市场购买类型
- 掌握产业市场用户购买的特点
- 掌握产业市场购买决策过程

技能目标

- 能熟练运用影响产业市场购买行为的因素来分析用户购买行为
- 能熟练运用产业市场全新购买决策过程的八阶段的方法

案例导入

　　1999 年，蒙牛正处于创业阶段，企业面临着新产品的抉择难题。当时，市场上高价的利乐砖牛奶摆满货架，而其百利包、聚酯包装的产品也比比皆是。此时，利乐公司中国市场的负责人去找牛根生，但并不是直接谈包装材料采购的问题，而是帮助蒙牛规划工厂、建设生产线和开发新产品等一揽子发展计划。最后，通过分析锁定在常温液态奶这个项目上，让蒙牛的发展模式完全不同于伊利，获得了全新的市场机会，也同样让自己获得了蒙牛这个稳定的大客户。正是在利乐公司的帮助下，蒙牛最后选择了市场空白点——中价位鲜奶,而当时刚刚上市的利乐枕包装正符合这个价位,利乐枕牛奶从此在中国市场上火了起来。蒙牛在中国市场上最先采用利乐枕,颠覆了市场上既有的产品规则,很快就取得了很大的市场份额,成为行业的领头羊。实际上,如果当初蒙牛采取利乐砖,结果可能就大相径庭了。2003年3月,世界著名的无菌纸包装生产商利乐的首席执行官蔡尔柏赴蒙牛乳业集团,亲手将"利乐枕无菌包装使用量全球第一"的奖牌授予蒙牛总裁牛根生。这标志着蒙牛利乐枕产销量居全球第一,蒙牛不仅是全球最大的利乐枕牛奶制造商,而且是所有使用这一包装的液态饮料厂家中的老大。

利乐提供给蒙牛的不仅仅是设备或者包材,也不仅仅是服务,而是一种生意的解决方案。更关键的是,因为利乐为蒙牛提供了一种独特的生产方式,使蒙牛利乐枕牛奶为消费者创造了一种独特的生活方式,即常温保存、无菌包装、口味纯正、新鲜卫生的牛奶新品项。从利乐的广告语就可看出使用利乐枕包材的产品优势:找到利乐,找到新鲜。这恰当地体现了利乐公司的核心营销思想:帮助客户成功,同时成功自己。

资料来源:凌洁冰,工业品大销售与谈判技巧培训,http://business.sohu.com/20080602/n257232235.shtml。

案例思考:

产业市场营销取胜的关键因素是什么?

第一节 产业市场及特征

一、产业市场定义

产业市场(industrial market)也称为生产者市场或企业市场,它是组织市场的一个组成部分,系指为满足工业企业生产其他产品的需求而提供服务和产品的市场。在产业市场中,企业所购买的产品或服务是为了进一步生产其他产品或服务,以供出售、租赁或提供给其他消费者个人或组织。组成产业市场的主要行业是农业、林业、渔业、采矿业、制造业、建筑业、运输业、通信业、公共事业、金融业、服务业。

对于产业市场的内涵,应从以下两个方面来进行把握。

一是产业市场的主体是用户,主要包括农林企业、矿业、加工企业、运输企业、商业企业、服务业、通信企业、金融与保险企业、公用事业单位等。它们购买的原材料、设备、燃料、交通工具和办公用品等商品,统称为生产资料(出售给中间商的消费品、供给的福利品除外)。

二是用户购买商品不是为了个人或家庭生活消费,而是为了再加工,以供出售、租赁或供给。每个参与商品购销活动的用户,一般都同时具有买者和卖者的双重身份。商品被用户购买后,该商品以原有的物质形态或经过加工后的另一种物质形态仍然停留在生产领域或流通领域,需要继续流通,直至销售给最终消费者,才脱离流通领域进入消费领域。

双语链接

了解你的消费者

An industrial market involves one business dealing goods or services to another business instead of a consumer base. Also known as the business-to-business market, this market encompasses three distinct variations, including businesses selling goods, businesses selling raw materials and businesses selling services.

二、产业市场的特征

在某些方面,产业市场与消费者市场具有相似性,二者都有人为满足某种需要而担当购买者角色、制定购买决策等共同点。然而,产业市场在市场结构与需求、购买单位性、决策类型与决策过程及其他各方面,又与消费者市场有着明显差异。与消费者市场相比,产业市场有以下特征:

1. 购买者较少,购买数量大

与消费者市场相比,产业市场上购买者的数量较少,购买的规模较大。在产业市场上,购买者绝大多数都是企业单位,购买者的数目必然比消费者市场少得多,购买的规模也必然大得多。而且,由于企业的主要设备若干年才买一次,原材料、零配件则根据供货合同定期供应,为了保证本企业生产的顺利进行,企业总是要保证合理的储备,因此,每一次总是批量采购,而且在产业市场上的绝大部分产品都是由少数几个买主购买。此外,由于资本和生产集中,许多行业的产业市场都自少数几家或一家大公司的大买主所垄断。例如,美国固特异轮胎公司在产业市场上的购买者主要是通用汽车公司、福特汽车公司、克莱斯勒汽车公司和美国汽车公司。

2. 购买者地理分布相对集中

由于自然资源的分布和生产力布局等因素的影响,某些行业往往密布在一定的地理范围内,从而使这些行业的生产资料购买者在地理位置上相对集中。例如,美国半数以上的产业购买者都集中在纽约、加利福尼亚、宾夕法尼亚、伊利诺伊、俄亥俄、新泽西和密歇根这七个州(石油、橡胶、钢铁工业企业在地区上更为集中)。正因为这样,企业把产业用品卖给产业购买者的费用就可以降低。在我国,工业客户主要集中在东北、华北、东南沿海一带。我国林业主要集中在东北三省,煤炭业主要集中在黄河以北,这必然使经营林业和生产煤炭所需要的生产资料的购买者也分别集中于东北三省和黄河以北。

3. 需求的派生性

产业市场是"非最终消费者"市场,该市场的需求是派生需求,即产业市场需求是从消费者对消费品的需求中派生出来的。生产者购买生产资料用品,是为了向消费市场提供产品,其最终目的是为了满足消费需求。因而,市场上某种消费品的需求发生波动,必然会引起相关生产资料需求的变动。因此,生产资料供应者,不仅要了解产业市场的需求状况等特点,也要了解分析消费者市场的需求特征,以更好地把握市场。例如,兽皮商将兽皮卖给制革商,制革商把皮革卖给制鞋商,制鞋商把皮鞋卖给批发商,批发商把皮鞋转卖给零售商,零售商将皮鞋销售给消费者。制革商之所以要购买兽皮,皮鞋制造商之所以要购买皮革,归根到底是因为消费者要去鞋店(零售商那里)购买皮鞋。如果消费者不需要皮鞋,就必然会引起连锁反应:零售商不会向批发商购买皮鞋,批发商不会向制鞋商购买皮鞋,而制鞋商不会向制革商购买皮革,制革商也就不会向兽皮商购买兽皮。

小案例

中国水泥需求将持续增长

来自国家建材局的消息说,由于从 2005 年开始的未来三年中国将扩大对基础设施建设的投资,市场对水泥的需求,尤其是对高质量水泥的需求将持续增长。据介绍,未来三年,中国基础设施建设投资将达 7 500 亿美元,固定资产投资年增长率将超过 10%。投资将主要集中在交通、住宅、城乡基础设施、农业水利和生态环保等方面。大量建设周期长的工程项目上马,将刺激水泥需求量的持续增长。此外,未来几年内中国将修建 4 000 多公里的高速公路,对高质量水泥产品的需求将大幅增长。目前中国水泥市场供过于求,总体生产能力增长过快。政府加大对基础设施建设的投资将为处于低谷的中国水泥企业带来新的机遇。

资料来源:漳州市建设局,http://www.zzcin.com/web/showcont.asp?ID=1188,编者整理。

案例思考:
水泥的需求持续增长是什么原因?

4. 需求的弱弹性

产业市场的需求是缺乏弹性的需求,在产业市场上,产业购买者对产业用品和劳务的需求受价格变动的影响不大。在产业市场上,购买者对产品或劳务的需求受价格影响较小,是"缺乏价格弹性"的需求,短期需求尤其如此。原因主要有:

一是企业为了保证正常的连续生产,必须不断地补充生产资料,一般不会因价格变动而改变生产方向和政策。

二是即使生产资料价格在短期内上涨,生产者也不可能立刻对生产工艺、技术、产品结构进行调整以适应价格变动,使产业市场需求缺乏弹性。

三是由于产业市场需求的派生性,因此,只要最终消费者需求量不变,则生产该产品所需要的生产资料价格即使上涨,也不会导致生产者对该生产资料需求量的迅速下降。同理,如果生产资料价格下降,而最终消费者对该生产资料生产的产品需求并未上升,生产者对该生产资料的需求量也不会很快增加。

小链接

汽车生产者不会因为汽车轮胎的涨价而少购进轮胎。造成这种现象的主要原因是产业市场的需求取决于其生产工艺过程与生产特点,企业在短期内不可能很快变更其生产方式和产品种类。此外,如果原材料的价值很小,这种原材料成本在制成品的整个成本中所占的比重很小,那么这种原材料的需求也缺乏弹性。例如,假设金属鞋眼的价格上涨了,这不会影响金属鞋眼的需求水平。但是,在这种情况下,制鞋商要看哪个金属鞋眼制造商的产品价廉物美,然后决定从哪里进货。

5. 需求的波动性

产业市场的需求是波动的需求,产业购买者对于产业用品和劳务的需求比消费者的需求更容易发生变化。在现代市场经济条件下,工厂设备等资本货物的行情波动会加速原料的行情波动。如上所说,产业市场的需求是"派生需求"。消费者需求的少量增加能导致产业购买者需求的大大增加。这种必然性,西方经济学者称之为加速理论。有时消费者需求只增减10%,就能使下期产业购买者需求出现200%的增减。因为产业市场的需求变化很大,所以生产产业用品的企业往往实行多角化经营,尽可能增加产品品种,扩大企业经营范围,以减少风险。

6. 需求的服务性

生产资料在生产消费中一般都有一定的技术要求。用户对一些专业性强的或新兴的生产资料,由于缺乏使用经验或必要的技术力量,很需要对这类生产资料的性能、操作、维修等方面的技术服务。可见,生产资料的销售服务是生产资料需求的重要组成部分,供货者应当为用户提供培训、维修、调试等一系列售前、售中、售后服务,使用户能充分发挥所购生产资料的功能和效用,取得良好的经济效益,并便于建立良好的产供双方长期合作关系。

7. 购买的专业性

由于产业用品特别是主要设备的技术性强,企业通常都雇有经过训练的、内行的专业人员负责采购工作。他们对所需设备的性能、原材料的质量、零件的规格,以及供应者提供的产品是否符合质量要求等都心中有数,较少受广告宣传的影响,对产品的质量要求比较严格。这也要求工业品的营销人员具备较强的专业背景,熟练掌握产品结构、性能、使用及安装调试等知识,做好销售服务。企业采购主要设备的工作较复杂,参与决策的人员也比消费者市场多,决策过程更为规范,通常由若干技术专家和最高管理层组成采购委员会领导采购工作。

8. 直接采购

由于生产资料购买数量多,市场相对较集中,其采购与使用又需要较好的专业知识等原因,生产资料分销一般采用直接渠道。产业购买者往往向生产者直接采购所需产业用品(特别是那些单价高、有高度技术性的机器设备),而不通过中间商采购。

9. 互惠性

购买者和供应者之间因相互需要,经常相互提供产品。这样,买卖双方可以建立稳定的购销关系,并相互给予优惠的交易条件,实行"互惠交易"。产业购买者往往这样选择供应商:"你买我的产品,我就买你的产品。"这种习惯的做法叫互惠。互惠有时表现为三角形或多角形。例如,假设有 A、B、C 三家公司,C 是 A 的顾客,A 就可能提出这种互惠条件:如果 B 购买 C 的产品,A 就购买 B 的产品。

10. 租赁

租赁是产业市场上另外一种重要的交易方式。购买者采用租赁方式取得一定时期内设备的使用权,不仅可以缓解资金短缺压力,在不追加大量投资的情况下实现设备技术更新,还可以避免设备折旧的风险。出租者可以通过租赁设备取得收益,提高设备利用效率,降低其无形损耗,使双方均受益。

第二节　影响产业市场购买行为的因素

同消费者购买行为一样,生产者的购买行为也同样会受到各种因素的影响。美国的韦伯斯特和温德将影响生产者购买行为的各种因素概括为四点:环境因素、组织因素、人际因素和个人因素。有的西方学者提出影响生产者购买行为的因素还应包括产品因素及生产者的库存策略。

1. 环境因素

在影响生产者购买行为的诸多因素中,经济环境是主要的。生产资料购买者受当前经济状况和预期经济状况的严重影响,当经济不景气,或前景不佳时,生产者就会缩减投资,减少采购,压缩原材料的库存和采购。此外,生产资料购买者也受科技、政治和竞争发展的影响。营销者要密切注视这些环境因素的作用,力争将问题变成机遇。

2. 组织因素

每个企业的采购部门都会有自己的目标、政策、工作程序和组织结构。产业市场营销者应了解并掌握购买者企业内部的采购部门在它的企业里处于什么地位——是一般的参谋部门,还是专业职能部门;它们的购买决策权是集中决定还是分散决定;在决定购买的过程中,哪些部门参与最后的决策;等等。只有对这些问题做到心中有数,才能使自己的营销有的放矢。

3. 人际因素

这是企业内部的人事关系的因素。生产资料购买的决定,是由公司各个部门和各个不同层次的人员组成的“采购中心”做出的。“采购中心”的成员由质量管理者、采购申请者、财务主管者、工程技术人员等组成。这些成员的地位不同、权力有异,说服力有区别,他们之间的关系亦有所不同,而且对生产资料的采购决定所起的作用也不同,因而在购买决定上呈现较纷繁复杂的人际关系。生产资料营销人员必须了解用户购买决策的主要人员、他们的决策方式和评价标准、决策中心成员间相互影响的程度等,以便采取有效的营销措施,获得用户的光临。

4. 个人因素

产业市场的购买行为虽为理性活动,但参加采购决策的仍然是一个一个具体的人,而每个人在做出决定和采取行动时,都不可避免地受其年龄、收入、所受教育、职位和个人特性以及对风险的态度的影响。因此,市场营销人员应了解产业市场采购人员的个人情况,以便采取“因人而异”的营销措施。

5. 产品因素及生产者的库存策略

产品因素包括产品的特性、价格、订货总量与供货总量等。产品本身的因素影响着生产者的库存策略,进而影响生产者的购买行为,决定生产者的赊买是经常购买、不定期购买还是定期购买。例如钢铁厂所需的矿石,由于能够连续供应,生产者往往采取少量库存的策略,必须经常不断地购买才能保证企业再生产的正常运行;而纺纱厂所需要的棉花,由于是季节性供应,生产者往往采取大批量库存的策略,以保证再生产的进行,因而采取季节性定期批量购买的方式;而主要设备使用周期长,则根据设备使用情况和技术进步情况采取不定期购买的方式。

双语链接

了解你的消费者

How to segment industrial markets: A good marketing program seeks to identify consumer needs and wants in order to satisfy them. But this satisfaction is not always possible because consumers differ greatly in many aspects. An attempt to identify these differences and to divide them into groups is known as market segmentation. It is the process by which a total, heterogeneous market for a product is divided into several sub-markets or segments, each of which tends to be homogeneous in all significant aspects.

第三节　产业市场用户购买行为与决策

一、产业市场购买对象

生产者购买的产品,一般可分为原材料、主要设备、附属设备、零配件、半成品和消耗品。

1. 原材料

指生产某种产品的基本原料,它是用于生产过程起点的产品。原材料分为两大类。一类是在自然形态下的森林产品、矿产品与海洋产品,如铁矿石、原油等。一类是农产品,如粮、棉、油、烟草等。这类产品供货方较多,且质量上没有什么差别。因此,在营销上要根据各类产品的特点采取适当的措施,如对矿产品、海洋产品等自然形态的产品宜采取直接销售的方式,分配路线应尽可能短,运输成本应尽可能低,而对农产品则应加强对产品的保管,减少分销环节,有些产品还可以由商业收购网点集中供应给生产企业。

2. 主要设备

指保证企业进行某项生产的基本设备,直接影响企业的产品质量和生产效率。主要设备包括重型机床、厂房建筑、大中型电子计算机等。这类产品一般体积较大、价格昂贵、技术复杂。生产者企业购买主要设备是一项重大决策,不仅要求产品的性能先进、有效,而且希望有良好的服务,产品供应者应注意产品性能的改进、宣传和售后服务工作,以使购买者对本企业的产品建立良好的信任感。

3. 附属设备

机械工具、办公设备等均属附属设备。相对主要设备而言,附属设备对生产的重要性略差一些,价格亦较低,供应厂家较多,产品标准化突出,采购人员可以自主做出购买决定,并能自由地从几家供应商购买,而且在购买时比较注重价格。对这类产品的经营,要充分发挥价格机制和广告促销的作用,多采用间接销售的形式销售产品。

4. 零配件

指已经完工、以构成用户产品的组成部分的产品,如集成电路块、仪表、仪器等。零配件虽不能独立发挥生产作用,却直接影响生产的正常进行。这类产品品种复杂,专用性强,及时按标准供货是零配件购买者最基本的要求。零配件供应者可以通过订合同直接销售的方式,采取合理的定价策略,满足购买者的需求,提高市场占有率。

5. 半成品

指经过初步加工、以供生产者生产新产品的产品。例如由铁矿砂加工成生铁,又由生铁加工成钢材等。半成品可塑性强,其质量、规格有明确要求,产品来源较多,供应者除确保供货及时外,还应加强销售服务,可以说,销售服务是半成品供应者最有利的竞争手段。

6. 消耗品

指保证和维持企业生产正常进行而消耗的诸如煤、润滑油、办公用品等产品。这类产品价格低、替代性强、寿命周期短、多属重复购买,购买者较注重购买是否方便。供应者要通过广泛的分销渠道,以价格的优惠、交货的及时实现营销目标。

二、产业市场购买类型

产业市场购买的类型可分为三种:直接重购、修正重购和全新购买。

1. 直接重购

直接重购是指用户根据常规的生产需要和过去的供销关系进行重复性采购。这是一种常规的、重复性的采购行为,决策过程较简单,决策项目较少,容易掌握其规律。购买者只需按以往的订货目录,向原来的供货商订货,履行手续即可,基本上不需要制定新的购买决策。直接重购的产品也往往是那些最频繁购买而且需要不断补充使用的产品,如煤、钢、铁矿石、原木、小麦、谷物、铅笔、办公设备及润滑油、磨料等。负责采购的人员在这些产品的库存量低于预定的水平时便简单地进行再订购,而且通常都年复一年地向同一供应商订购,除非是供应商方面出了什么问题或出现了新的潜在供应者。因此,对于原来的供应商而言,必须尽最大努力,积极提供优质产品和优质服务,稳定双方关系,使老客户放心、满意。并争取与客户达成运用自动订货系统的协议,以便使自己获得源源不断的订单。

2. 修正重购

修正重购是指企业出于各种原因,适当改变要采购的某些产品的规格、价格、数量等,或想重新选择、更换供应商。这种购买类型比较复杂,介于直接重购型与全新采购型之间,是企业为了满足优化产品结构、改进工艺流程、扩大生产、寻找新的供应商等方面的要求而采取的购买决策。对这种企业修正并重新购买的行为决策,供应者要紧密跟踪市场变化和企业的生产需求,深入客户调查研究,及时掌握客户生产变更情况;及时提供新产品,提高产品质量,以适应用户需要;降低产品成本,调整产品售价,发挥价格优势取代其他供应商,扩大企业市场占有率。

3．全新购买

全新购买是指企业第一次采购某种生产资料用品，并在市场上寻找新的供应商。这种购买类型最为复杂，影响采购的因素最多，参与决策的人数多，决策项目多，用户要围绕许多项目拟订若干采购方案，从中择优实施。这对于生产资料供应者是种市场机会，供应者应善于捕捉这种机会，运用适当的营销组合策略，向新用户提供有选择余地的产品目录、样本等信息；提供产品使用实例，增强信息感；提供技术服务，帮助用户解决疑难问题等，以期把市场机会转化为本企业的销售机会。

三、产业市场用户购买的特点

1．购买过程的特点

（1）供求谈判时间长。工业品的购买涉及厂房、建筑、能源、机器、设备、交通工具、各种规格型号的原材料、各种辅助设备、标准件等，投入的资金大。有的设备使用时间长，购买者不仅要考虑设备的物质寿命，而且要考虑技术寿命和经济寿命，导致谈判协商时间长。

（2）高精尖技术设备和定制设备的购买，一般是供需直接见面。因为需要根据购买者提出的技术要求进行设计和制造。

（3）原材料及次要的小设备、标准件，一般通过批发商、零售商购买。

（4）购买次数较少。如设备一次购入，使用多年；原材料、标准件按企业预先制定的经济订购批量和采购次数进行采购或一次合同分批分期交货；生产者客户比消费者客户要少。

（5）需要提供产品服务。有部分工业产品，如工业锅炉等的购买需要提供技术服务，为购买者提供安装、维修、操作培训等多方面服务，才能激发购买者的购买动机。

（6）在工业品的质量和供应时间上有一定的要求。工业品的质量直接影响着生产者产品的质量，工业品的质量要符合化学的、物理的性能要求。供应时间是保证生产者进行正常生产经营的条件，既不能推迟，也不能过早。

（7）生产者购买决策复杂。工业品的购买不是由采购人员一人所能决定的，它通常要根据计划提出的品种、规格、型号、材质、数量和期限购买物资，有关技术要求、货款的支付还要同主管领导、工程技术人员、财会人员和厂长商榷之后才能最后决定。除此之外还有购买的批量大、金额大等特点。生产者购买比消费者购买要复杂得多。

2．购买行为的特点

（1）购买的目的性。生产者购买是为了生产出市场需要的产品。要根据市场的需求量，确定生产量，进而决定所需购买的数量。采购的物资既不能多，也不能少，否则都会影响生产者的经济效益。

（2）购买的理智性。生产者所购买的工业品必须考虑质量、品种、规格、价格、供货期及售后服务。如果某几种工业品质量与功能相似，生产者会购价格低的产品；在质量上，则需购买符合技术特性要求的生产设备和原材料。生产者的购买是技术性很强的理智性业务活动，涉及由生产者的产品质量而引起的人身安全、假冒伪劣产品等法律问题，不可轻易购买。

（3）购买的组织性。购买的组织性是指企业内部的组织体系。生产者的购买要根据每个购买组织自己的目标、政策、程序、组织结构及组织系统的要求而进行。营销者应当了解生产者（购买者）企业组织体系结构，了解有多少人参加购买决策，哪些人参加购买决策，购买标准是什么,购买者企业有哪些政策会影响购买行为。

(4)购买的集团性。一项重大工业品的购买,往往由一个集团来决定,它通常由许多具有不同地位、权力、职能的人组成,如质量管理者、采购申请者、使用者、财务主管、工程技术人员及经理等。他们的购买心理与期望不同,往往会导致决策的矛盾及决策过程复杂化。

(5)个人动机性。因为参加购买决策的每一个人的年龄、收入、受教育程度、职业、个性及对风险的态度不同,导致每个人的购买动机不同。营销者要善于抓住和引导正确动机,使营销顺利成功。

(6)购买的环境性。生产者购买会受当时的经济、技术、政治环境及文化、竞争环境的影响,其中最主要的是经济、技术环境,也就是经济、技术前景因素的影响。当今时代,科技飞速发展,产品更新换代常常在3—5年之间,生产者怕购回的工业品是即将换代的产品,或是即将降价的处理品。营销者要恰如其分地介绍有关经济技术的前景,便于加速销售。

四、产业市场购买决策

1. 购买决策的参与者

产业用品供货企业不仅要了解谁在市场上购买和产业市场的特点,而且要了解谁参与产业购买者的购买决策过程,他们在购买决策过程中充当什么角色,起什么作用,也就是说要了解其顾客的采购组织。各企业采购组织有所不同。小企业只有几个采购人员,大公司有很大的采购部门,由一位副总裁主管。有些公司的采购经理有权决定采购什么规格的产品、由谁供应;有些采购经理只负责把订货单交给供应商。通常,采购经理只对小产业用品有决策权,至于主要设备的采购,采购经理只能按照决策者的意图办事。在任何一个企业中,除了专职的采购人员之外,还有一些其他人员也参与购买决策过程。所有参与购买决策过程的人员构成采购组织的决策单位,市场营销学称之为采购中心。

企业的"采购中心"一般由下列五种人员组成:

(1)使用者。即具体使用欲购买的某种产业用品的人员。公司要购买实验室用的电脑,其使用者是实验室的技术人员;要购买打字机,其使用者是办公室的秘书。使用者往往是最初提出购买某种产业用品意见的人,他们在计划购买产品的品种、规格中起着重要作用。

(2)影响者。这是从企业的内部和外部直接或间接影响购买决策的人。他们常协助企业确定产品规格。在众多的影响者中,企业外部的咨询机构和企业内部的技术人员影响最大。

(3)采购者。指企业中具体执行采购决定的人。他们是企业里有组织采购工作正式职权的人员,其主要任务是交易谈判和选择供应者。在较复杂的采购工作中,采购者还包括企业的高层管理人员。

(4)决定者。指企业里有权决定购买产品和供应者的人。在通常的采购中,采购者就是决定者。而在复杂的采购中,决定者通常是公司的主管。

(5)控制者。指控制企业外界信息流向的人,诸如采购代理商、技术人员、秘书等,他们可以阻止供应者的推销人员与使用者和决定者见面。

应该指出的是,并不是所有的企业采购任何产品都必须由上述五种人员参加决策。一个企业的采购中心的规模和参加的人员,会因欲购产品种类的不同和企业自身规模的大小及企业组织结构的不同而有所区别。如企业欲购一部传真机和买一部普通电话,前者由于技术性强,价格较高,参与决策的人较多,采购中心的规模较大,而后者因其技术性和价格都没有特殊之处,属普通购买,其决策者可能就是采购者,采购中心的人员较少,规模亦较小。在一些企业,采购的中心成员只有一人或几人,而另一些企业则由数人或数十人组成,有的企业还设有专管采购的副总裁。对生产资料供应者的营销人员来说,关键是了解一个企业的采购中心的组成人员,他们各自所具有的相对决定权,以及采购中心的决策方式,以便采取富有针对性的营销措施。供货企业的市场营销人员必须了解谁是主要的决策参与者,以便影响最有影响力的重要人物。对采购中心成员较多的企业,营销人员可以只针对几个主要成员做工作,如果本企业的实力较强,则可采取分层次、分轻重、层层推进、步步深入的营销方针。

2. 产业市场购买决策过程

产业市场的生产资料购买者和消费资料的购买者一样,也有决策过程,供货企业的最高管理层和市场营销人员还要了解其顾客购买过程的各个阶段的情况,并采取适当措施,以适应顾客在各个阶段的需要,才能成为现实的卖主。产业购买者购买过程的阶段多少,也取决于产业购买者购买情况的复杂程度。在直接重购这种最简单的购买情况下,产业购买者的购买过程的阶段最少;在修正重购情况下,购买过程的阶段多一些;而在全新购买这种最复杂的情况下,购买过程的阶段最多,要经过八个阶段,产业市场全新购买类型的购买决策过程如表 5-1 所示。

表 5-1　产业市场全新购买类型的购买决策过程

购买决策阶段	具体内容
认识需求	外部刺激,如广告等促销活动
	内部刺激,主要是企业自身需要
确定需求	确定产品的类型、特征、数量等
需求说明	产品价值分析
	详细拟定商品指标,如产品的规格、种类、数量、日期、型号、技术要求、交易条件等
寻找供应商	工商企业名录、广告、询问、出访等
征求供货信息	征求供应商的供货情况及建议
	分析建议、确定潜在的供应商
选择供应商	评估供应商,如供货能力、产品质量、价格、信誉等
	选择、确定供应商
选择订货程序	开订货单、列出项目,签订合同,使其保证供货
	选择订货方式,如定期采购交货,一揽子合同等
检查合同执行情况与绩效评价	征求使用者的评价、建议
	检验供货商合同履行情况并对各个供应商的绩效加以评价,以决定维持、修正或中止供货关系

（1）认识需求

在产业市场上,生产资料采购企业的购买过程起始于企业认识到某种需要的存在,并能通过购买某种产品或服务而得到满足。认识需求是由企业的内部刺激和外部刺激所引起的。

内部刺激主要来自以下几个方面:存货水平下降到基本存量以下,需要重新采购;对现在供应的产品在规格上有新的要求;开发新产品所必需的新原料、新设备等;原供应商的产品不符合新的要求,需寻求新的供应商;设备出现故障,需重新购置等。

外部刺激主要来自以下几个方面:营销环境因素出现较大的变化;供应企业营销组合策略的影响,如促销活动的影响等。

（2）确定需求

指确定所需产品的数量和规格。简单的采购,由采购人员直接决定,而复杂的采购,则须由企业内部的使用者和工程技术人员共同决定。包括:

① 对设备的确认需求。为生产某新产品,提高某种老产品的质量、产量或降低消耗,经工艺研究需购置某种设备,并已被厂务会批准购置若干台。

② 对原材料、标准件的确认需求。根据企业计划产量和定额资料可以确定某种原材料、标准件的需要量,再查阅该物资的库存量,进而确定需购买的数量。

（3）需求说明

指由专业技术人员对所需产品的规格、型号、功能等技术指标做出具体分析,并给出详细的说明,供采购人员参考。在对产品进行分析时,一般采用价值分析法。所谓价值分析法,实际上是一种降低成本的分析方法,这里的"价值"是指某一产品的"功能"与其"成本"之间的比例关系。企业通过对某一产品的价值分析,明确某产品可能产生的经济效益,从而为采购者选购产品作指南。

（4）寻找供应商

为了选购满意的产品,采购人员要通过工商企业名录等途径,物色服务周到、产品质量高、声誉好的供应商。生产者对所需原材料、标准件及外协件的供应者,必须做深入的调查、了解、分析和比较后才能确定。对原材料、标准件供应商,主要从产品的质量、价格、信誉及售后服务方面进行分析、比较。对大批量外协件供应商的了解内容除上述的几个方面外,还必须深入到提供外协件的各企业内部,调查了解该企业的生产技术检验水平及企业管理的能力,经分析、比较后再确定。同时,供货企业应通过广告等方式,努力提高企业在市场上的知名度。

（5）征求供货信息

对已经物色的多个候选供应商,购买者应请他们提交供应建议书,尤其是对价值高、价格贵的产品,还可以要求他们写出详细的说明,对经过筛选后留下的供应商,要他们提出正式的说明。因此,供应商的营销人员应根据市场情况,写出实事求是而又别出心裁、能打动人心的产品说明,力求全面而形象地表达所推销产品的优点和特性,力争在众多的竞争者中脱颖而出。

（6）选择供应商

在收到多个供应商的有关资料后,采购者将根据资料选择比较满意的供应商。在选择供应商时,不仅要考虑其技术能力,还要考虑其能否及时供货,能否提供必要的服务。其遴选的主要条件是:交货快慢,产品质量,产品价格,企业信誉,产品品种,技术能力和生产设备,服务质量,付款结算方式,财务状况,地理位置。

根据上述条件遴选出数个供应商,企业在最后确定供应商之前,有时还要和供应商面谈,争取更优惠的条件。不少企业最后确定的供应商,不限于一个,其目的在于,一方面有多个供应商,以免受制于人;另一方面,也可以通过几个供应商的竞争,促使他们改进服务质量。当然,企业在确定的几个供应商中,必定有一个为主,其他几个为辅。比如购买者最后确定了三个供应商,便向主要供应商购买所需产品总量的60%,向另外两个供应商分别购买所需产品总量的30%和10%。

(7)选择订货程序

企业的采购中心最后选定供应商以后,采购企业首先向确定的供应商发出订货单,准确地列出拟购产品的技术质量要求、品种、规格、数量、交货日期与地点、付款方式、保险单及产品保证等。供应商保证按订货单供货。其次,选择订货方式。一般有"定期采购交货"与"一揽子合同"两种形式。生产企业为了减少库存量,实现零库存采购,往往采用"一揽子合同"的订购方式,即和某一供应商建立长期的供货关系,这个供应商允诺只要购买者需要购买,就会按原定的价格条件及时供货。这种"一揽子合同"给供求双方都带来了方便。对采购者而言,不但减少了多次购买签约的麻烦和由此增加的费用,也减轻了库存的压力——这种"一揽子合同",实际上是购买者将存货放在了供应商的库里。需要进货时,只需用计算机自动打印或电传一份订单给供应商。因此"一揽子合同"又称为"无库存采购计划"。对供应商而言,其产品有了固定的销路,减轻了竞争的压力。

(8)检查合同执行情况与绩效评价

产品购进后,采购者还会及时向使用者了解其对产品的评价,考查各个供应商的履约情况,并根据了解和考查的结果,决定今后是否继续采购某供应商的产品。为此,供应商在产品销售出去以后,要加强追踪调查和售后服务,以赢得采购者的信任,保持长久的供求关系。同时,对本次购买活动进行总结,有两个方面的内容:一方面对购买的工业品的质量要验证,看是否符合明细表和设计图纸的要求;另一方面对所付出的购买金额和差旅费等进行分析,是突破还是节余,查明原因,并对各个供应商的绩效加以评价,以决定维持、修正或中止供货关系。

其他两种类型的购买阶段相对全新购买来说比较简略,有些阶段可以省略或跳过,不同购买类型的购买阶段对比如表5-2所示:

表5-2 产业市场购买阶段

购买决策阶段	全新购买	修正重购	直接重购
认识需求	需要	可能需要	不需要
确定需求	需要	可能需要	不需要
需求说明	需要	需要	需要
寻找供应商	需要	可能需要	不需要
征求供货信息	需要	可能需要	不需要
选择供应商	需要	可能需要	不需要

（续表）

购买决策阶段	全新购买	修正重购	直接重购
选择订货程序	需要	可能需要	不需要
检查合同执行情况及绩效评价	需要	需要	需要

本章小结

1. 本章主要对产业市场的购买行为进行分析,主要分析了产业市场的特征、购买类型、购买行为的影响因素和购买决策过程。

2. 产业市场的特征具体表现在:购买者较少,购买数量大;购买者地理分布相对集中;需求的派生性;需求的波动性大;需求缺乏弹性;购买人员较为专业化等。产业市场购买类型通常可分为直接重购、修正重购和全新购买三种。

3. 生产资料采购过程的参与者包括如下采购中心的成员:使用者、影响者、决策者、采购者、信息控制者五种类型的人员。影响产业市场购买行为的因素主要有环境、组织、人际、个人四大因素。

4. 产业市场购买决策过程一般要经过八个阶段,即认识需求、确定需求、需求说明、寻求供应商、征求供货信息、选择供应商、选择订货程序、检查合同执行情况及绩效评价。

学习思考

1. 何谓组织市场? 组织市场可以分为哪些市场类型?

2. 产业市场有何特征?

3. 产业市场购买决策过程的参与者有哪些? 其各自在购买决策过程中的作用是什么?

4. 影响产业市场购买行为的因素有哪些?

5. 产业市场的主要采购类型有哪些?

6. 结合实际阐述产业市场购买行为的决策过程。

7. 分小组讨论产业市场营销与消费品市场营销的区别与联系。

案例训练　　　　　　　　东方公司的采购决策

王宏力先生是东方公司的采购员,公司的研发部门要求其从华升公司购买100个流体驱动器。近来王宏力先生与华升公司的业务代表接触频繁,华升公司已经报出了该项订单的价格和交货日期等方面的数据。这样,王宏力先生只需要走走过场,标准这一项根据由研发部门和华升公司达成的协议即可。

王宏力先生并没有急于与华升公司签订合同,而是借口华升公司的信息不全给研发部门打了个电话,事实上他只是为了确定一下这些驱动器是否如他所认为的那样,是其他几家知名公司同样可以制作的标准驱动器。从研发部门得到的信息肯定了王宏力先生的猜想,这些驱动器是标准部件,同时王宏力先生还了解到华升公司的代表在有关驱动器安装方面给予了研发部门大量技术上的帮助,因此研发部门的总监田忠亮先生觉得华升公司有权得到这笔订单。但是王宏力先生并没有从华升公司订货,而是询问了其他三家同样供应驱动器的公司,并要求他们给出购买100个的报价和交货日期。

恰在此时,东方公司的生产总监周童先生与王宏力先生就生产进度的问题进行了讨论。周童先生指出生产进度落后的原因是某些塑料原件迟迟未能交货,而王宏力先生当初订货是因为他认为该生产商的产品的质量较高。在这次讨论中,周童先生提到"这使我想起两年前我们从华升公司订货时碰到的麻烦,那次他们的交货日期大约迟了4个星期"。

在收到其他3家公司的报价单后,王宏力先生将他们与华升公司的报价单进行了比咬(见表5-3),并决定从华润公司订货。因为这样订货总额将在人民币50 000元之内,王宏力先生可以自己做主而不必请示上级,从而无须再为他的决定准备一份特殊报告。

表 5-3　几家竞争公司的报价单

公司名称	单价(人民币:元)	交货日期(从订货之日起计)
华升公司	510.00	2个月
龙华公司	495.00	3个月
华润公司	480.00	10个星期
TEC 公司	515.00	9个星期

资料来源:http://doc.mbalib.com/view/33d430f76429731c8d7512836d751f57.html。

案例思考题

1. 描述本次购买决策过程的各环节。

2. 产业市场购买决策的参与者有哪些?本次购买决策的影响者有哪些?

3. 请问通过了解本次购买决策过程,你学到了什么对组织购买者销售产品时有用的东西?

营销技能训练

实训项目:某企业选择供应商调查

实训目的:

1. 了解企业选择供应商的条件、要求及过程。

2. 了解企业评价供应商的标准。

实训操作步骤:

1. 对教学班级进行学习小组的分组(4—8人),明确组内分工。

2. 与有关企业进行联系并协调,到企业进行相关资料的收集。

3. 各学习小组以实地观察或调查问卷、网络、文献查阅等形式,收集相关信息资料。

4. 各学习小组在整理、分析信息资料的基础上,共同完成某企业选择供应商的书面分析报告,并制作成PPT。

5. 各学习小组进行PPT汇报。

第六章

市场营销调研

案例导入

宝洁公司和一次性尿布

宝洁(P&G)公司以其寻求和明确表达顾客潜在需求的优良传统,被誉为在面向市场方面做得最好的美国公司之一。其婴儿尿布的开发就是一个例子。

1956年该公司开发部主任维克·米尔斯在照看其出生不久的孙子时,深切感受到一篮篮脏尿布对家庭主妇的烦恼。洗尿布的责任了他灵感。于是,米尔斯就让手下几个最有才华的人研究开发一次性尿布。

事实上,当时美国市场上已经有好几种牌子了。但市场调研显示:多年来这种尿布只占美国市场的1%。原因首先是价格太高;其次是父母们认为这种尿布不好用,只适合在旅行或不便于正常换尿布时使用。调研结果还表明,一次性尿布的市场潜力巨大。美国和世界许多国家正处于婴儿出生高峰期。将婴儿数量乘以每日平均需换尿布次数,可以得出一个大得惊人的潜在销量。

宝洁公司产品开发人员用了一年的时间,力图研制出一种既好用又对父母有吸引力的产品。产品的最初样品是在塑料裤衩里装上一块打了褶的吸水垫子。但1958年夏天的现场试验结果,除了父母们的否定意见和婴儿身上的痱子以外,一无所获。于是又回到图纸阶段。

1959年3月,宝洁公司重新设计了它的一次性尿布,并在实验室生产了37 000个样子相似于现在的产品,拿到纽约州去做现场试验。这一次,有三分之二的试用者认为该产品胜过布尿布。行了!然而,如何降低成本和提高新产品质量?为此要进行工序革新,生产方法和设备必须从头搞起。到1961年12月,这个项目进入了能通过验收的生产工序和产品试销阶段。

公司选择地处美国最中部的城市皮奥里亚试销这个后来被定名为"帮宝适"(Pampers)的产品。发现皮奥里亚的妈妈们喜欢用"帮宝适",但不喜欢10美分一片尿布的价格。因此,价格必须降下来。降多少呢?在6个地方进行的试销进一步表明,定价为6美分一片,就能使这类新产品畅销,使其销售量达到零售商的要求。宝洁公司的几位制造工程师找到了解决办法,用来进一步降低成本,并把生产能力提高到使公司能以该价格在全国销售帮宝适尿布的水平。

帮宝适尿布终于成功推出,直至今天仍然是宝洁公司的拳头产品之一。

资料来源:经典营销案例:宝洁公司和一次性尿布,http://www.wangluoyx.com/xinwen/jingdiangushi/1303219700229.html。

案例思考:

市场调研对企业进行产品开发和市场营销活动有何作用?

第一节　市场营销信息系统

营销大师菲利普·科特勒曾说过:"要管理好一个企业,必须管理它的未来;而管理未来就是管理信息。"每一位经营者都要善于从别人"熟视无睹"的信息里找到一些"隐含的"商机,善于用市场的眼光、超前的眼光去处理信息。只有这样,才能使自己抢先一步推出新产品,从而赢得主动,取得好的经济效益。企业要在市场中求生存、谋发展,就必须掌握营销信息,进而建立快速反应的营销信息系统。

一、营销信息系统的概念

1. 信息及其功能

从认识论的角度说,信息是事物运动状态以及运动方式的表象。广义的信息由数据、文本、声音和图像四种形态组成,主要与视觉和听觉相关。信息按照内容可分为三类:消息、资料和知识。信息对人类社会有三个功能:中介功能、联结功能和放大功能。

信息的一般特征有:可扩散性,通过各种传递方式被迅速散布;可共享性,信息可转让,但转让者在让出后并未失去它;可存贮性,通过体内贮存和体外贮存两种主要方式存贮起来,体内贮存即是记忆;可扩充性,随着人类社会的不断发展和时间的延续,信息不断得以扩充;可转换性,信息可由一种形态转换成另一种形态。

2. 市场营销信息系统的内涵与特点

菲利普·科特勒曾将市场营销信息系统(marketing information system,MIS)定义为:由人、设备和程序组成,为营销决策者收集、挑选、分析、评估和分配所需要的、适时的和准确的信息。

市场营销信息除具有一般信息的特征外,在以下几方面,更具有营销信息的特殊性。① 目的性。在产出大于投入的前提下,为营销决策提供必要的、及时的和准确的信息。② 系统性。市场营销信息系统不是零星的、个别的信息汇集,而是若干具有特定内容的同质信息在一定时间和空间范围内形成的系统集合。③ 社会性。市场营销信息反映的是人类社会的市场经济活动,是营销活动中人与人之间传递的社会信息,是信息传递双方能共同理解的数据、文字和符号。

二、市场营销信息系统的构成

市场营销所需的信息一般来源于企业内部报告系统、营销情报系统和营销研究系统,再经过营销分析系统,即经过营销决策支持系统对获得的信息进行处理,使之对营销决策更为适用和有效,如图 6-1 所示。

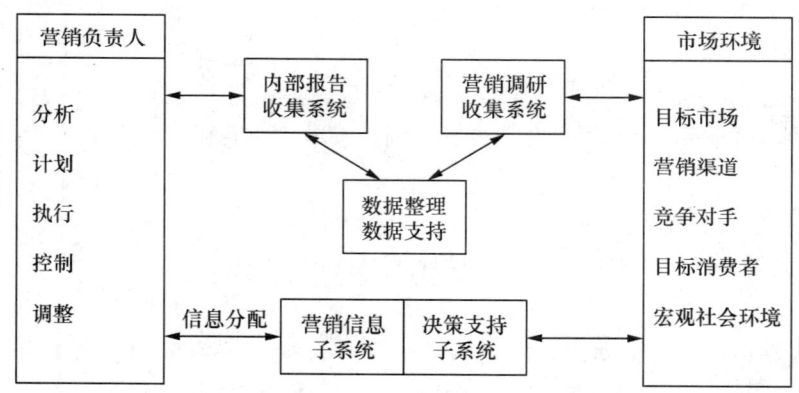

图 6-1　市场营销信息系统的流程图

1. 内部报告系统

提供企业内部信息,以内部会计系统为主,同时辅之以销售报告系统,集中反映订货、销售、存货、现金流量、应收及应付账款等数据资料。

小案例

红日药业 OA 办公系统的启用,其作用就在于报告订货、库存、销售费用、现金流量、应收款、应付款等方面的数据资料,为企业内部有关部门掌握产品输出、资金收支等服务,并使公司能够及时了解员工的工作、请示等情况,从而把分散在各部门的软件系统整合起来,使各种信息数据能共享使用,全部融为一体,发挥更高的效能。

案例思考：
我们可以从红日药业 OA 办公系统的运用中得到什么启示？

2．市场营销情报系统

市场营销情报系统指市场营销管理人员用以了解有关外部环境发展趋势的信息的各种来源与程序。该系统的任务是提供外界市场环境所发生的有关动态的信息。企业通过市场营销情报系统，可能从各种途径取得市场情报信息，如通过查阅各种商业报刊、文件、网上下载，直接与顾客、供应者、经销商交谈，与企业内部有关人员交换信息等方式；也可通过雇用专家收集有关的市场信息，向情报商购买市场信息等。系统要求采取正规的程序提高情报的质量和数量，必须训练和鼓励营销人员收集情报；鼓励中间商及合作者互通情报；购买信息机构的情报；参加各种贸易展览会等。

3．市场营销调研系统

市场营销调研系统指系统地设计、搜集、分析和报告与特定营销环境有关的资料和研究结果。其任务是：针对确定的市场营销问题收集、分析和评价有关的信息资料，并对研究结果提出正式报告，供决策者有针对性地用于解决特定问题，以减少因主观判断而可能造成的决策失误。

4．市场营销分析系统

市场营销分析系统指企业以一些先进技术分析市场营销数据和问题的营销信息子系统。这个系统由统计分析模型和市场营销模型两个部分组成，第一部分是借助各种统计方法对所输入的市场信息进行分析的统计库；第二部分是专门用于协助企业决策者选择最佳的市场营销策略的模型库。营销分析系统是由统计步骤和统计模型所构成的，主要采用一些先进的技术或技巧来分析市场营销信息，以帮助更好地进行经营决策。它包括两组工具，即统计工具库和模型库。统计工具由相关分析、因果分析、趋势分析等分析方法组成。这些方法是分析和预测未来经营状况和销售趋势的有效工具。

三、市场营销信息系统的信息需求

由于竞争的加剧，企业必须能够及时地分辨市场环境和机遇，对客户的产品和服务需求能够及时满足，因而企业的营销信息系统是一个分布式的实时系统。同时，市场营销活动是建立在对市场的了解和分析基础上的，对市场的了解需要收集、整理大量的营销信息。市场营销信息具有很强的时效性，处于不断的更新变化之中，这就要求企业营销部门必须不断地、及时地收集各种信息，以便不断掌握新情况，研究新问题，取得市场营销的主动权。通过企业营销信息系统，管理者可以建立与企业内外部的信息连接。

营销信息可以分为内部营销信息和外部营销信息。内部营销信息主要包括有关订单、装运、成本、存货、现金流程、应收账款和销售报告等各种反映企业经营现状的信息。外部营销信息主要是指市场信息，它集中反映了商品供需变化和市场的发展趋势，主要包括：

1．市场需求信息

主要由以下三个方面组成：购买力信息，反映社会购买能力，如用户的数量与收入情况、用户的构成、用户的各种分布等;购买动机信息,反映用户产生购买动机的各种原因;购买潜力信息,反映用户的各种偏好等潜在需求信息。

2. 竞争信息

市场经济的一个主要特征是竞争性,竞争信息主要反映了市场竞争状况,它对于企业制定正确的经营对策具有十分重要的意义。

3. 用户信息

用户信息包括企业用户的基本情况和潜在用户的分布情况、用户的主要特点和支付能力、信用程序等方面的评价。

4. 合作伙伴信息

企业在生产中需要购买各种原材料和零配件,并且需要一系列的销售商来将产品推向市场,在生产过程中,还可能需要其他厂商的协助生产,因此营销信息系统需要原材料与零配件供应商、合作生产企业和分销商等信息。

总之,营销信息系统需要收集和处理大量信息,以便对市场做出快速响应,不但要及时响应顾客的产品和服务需求,还需要能够根据市场变化,及时调整营销策略。

第二节　市场营销调研内容与方法

市场营销调研是一个包括认识收集信息的必要性,明确调查目的和信息需求,决定数据来源和取得数据的方法,设计调查表格和数据收集形式,设计样本,数据收集与核算,统计与分析,报告研究结果等在内的复杂过程。在此过程中,既有定量研究又有定性研究。

一、市场营销调研的含义与作用

所谓市场营销调研,是指系统地设计、收集、分析并报告与企业有关的数据和研究结果。现代市场经济条件下,各企业的营销调研部门都在扩充其研究活动和研究技术。其中,最主要的研究活动有:市场特性的确定、市场潜量的分析、市场占有率分析、销售分析与竞争。

市场营销调研是企业营销活动的出发点,其作用主要是:① 有利于制定科学的营销规划;② 有利于优化营销组合;③ 有利于开拓新的市场。

二、市场营销调研的内容

市场营销调研实质上就是取得和分析整理市场营销信息的过程。由于引起市场变化的因素很多,市场调研的内容也十分广泛。其主要内容有:

1. 市场需求的调研

从市场营销的理念来说,顾客的需求和欲望是企业营销活动的中心和出发点,因此,对市场需求的调研,应成为市场调研的主要内容之一。市场需求情况的调研包括:对现有消费者需求情况的调研(包括需求什么、需求多少、需求时间等);对现有消费者对本企业产品(包括服务)满意程度的调研;对现有消费者对本企业产品信赖程度的调研;对影响需求的各种因素变化情况的调研;对消费者的购买动机和购买行为的调研;对潜在消费者需求情况的调研(包括需求什么、需求多少和需求时间等)。

2. 产品的调研

产品(包括服务)是企业赖以生存的物质基础。一个企业要想在竞争中求得生存和发展,就必须始终如一地生产出消费者需要的产品来。产品调研的内容包括:产品设计的调研(包括产品的类型、尺寸、商标设计和外包装设计等);产品系列和产品组合的调研;产品生命周期的调研;对老产品改进的调研;对新产品开发的调研;对于如何做好销售技术服务的调研;等等。

3. 产品价格的调研

价格对产品的销售和企业的效益情况有着重要的影响,积极开展产品价格的调研,对于企业制定正确的价格策略有着重要的作用。价格调研的内容包括:市场供求情况及其变化趋势;影响价格变化的各种因素;产品需求价格弹性;替代产品价格;新产品定价策略;目标市场对本企业品牌价格水平的反应;等等。

4. 产品促销方面的调研

促销方面调研的主要内容是各种促销手段、促销政策的可行性,其中一般企业较为重视的有广告和人员推销的调研。广告的调研包括广告媒体、广告效果、广告时间和广告预算等的调研。人员推销的调研包括销售力量大小、销售人员素质、销售人员分派是否合理、销售人员报酬、有效的人员促销策略等的调研。此外还有各种营业推广活动的调研;公共关系与企业形象的调研等。

5. 销售渠道的调研

工业企业如何在指定分销商的情况下,做到与分销商密切合作、达到双赢,产品的储存和运输安排是否恰当等,对于提高销售效率、缩短交货期和降低销售费用有着重要的作用。因此,从某种角度来看,销售渠道的调研是市场调研的最重要内容。主要包括:分销商的各方面情况的调研,各种运输工具应如何安排的调研,如何在不影响销售、不脱销断档的情况下使商业环节库存更合理的调研等。

6. 竞争的调研

竞争的存在,对于企业的市场营销有着重要的影响。因此,企业在制定各种市场营销策略之前,必须认真调研市场竞争的动向。竞争的调研包括:竞争对手的数量(包括国内外)及其分布、市场营销能力;竞争产品的特性、市场占有率、覆盖率;竞争对手的优势与劣势、长处与短处;竞争对手的市场营销组合策略;竞争对手的实力、市场营销战略及其实际效果;竞争发展的趋势;等等。

以上各项内容,是从营销市场调研的一般情况来讲的,各个企业市场环境不同,所遇到的问题不同,因而所要调研的问题也或不同。各个企业应根据自己的具体情况,来确定其市场营销调研的内容,并组织力量,把调研工作做好。

三、市场营销调研的基本方法

首先,是确定调查对象的方法。调查对象的代表性直接影响调查资料的准确性。因此,根据调研的目的及人力、财力、时间情况,要适当地确定调查对象和调查样本的多少。在此基础上,确定采用普查、典型调查还是抽样调查。

其次,是选择实地调查的方法,主要有:固定样本连续调查、观察调查、实验法和询问调查。

第三节　市场营销调研程序

一、明确调研目标

市场营销调研程序的第一步是制定调研课题、明确调研目标。在制定调研课题、确定调研目的时,要有针对性地选择具有全面意义的问题进行调研,目标要明确、具体,中心要突出,主次要分明。

制定调研课题、确定调研目的,是在实际开展市场营销调研之前,把企业需要了解和决定的营销问题进行分析和提炼,从而提出有待调查的、影响企业开展营销活动的各种因素。

二、制订调研方案

制订调研方案,是制定调研课题、明确调研目标工作的细化。调研方案要具体、明确,应强调调研的目的、确定资料的来源、设计调研方法、选择调研工具、制订抽样计划、收集资料、整理资料、分析资料、撰写调研报告等内容。

1. 确定资料来源

资料的来源可以分为企业内部资料和企业外部资料。企业内部资料是指企业自身所拥有的各种信息。企业外部资料范围很广,通常有以下四种基本的调查数据:① 被调查者,② 类似情况,③ 实验,④ 间接数据。

2. 设计调研方法

调研方法是指调查人员获得调研信息的方式。常用的市场调研方法有三类:① 询问法,② 观察法,③ 实验法。

3. 选择调研工具

问卷和仪器可以作为调研工具,问卷是主要的调研工具,仪器在营销调研中很少使用。

4. 制订抽样计划

抽样计划涉及以下三方面的内容:① 抽样单位,② 抽样规模,③ 抽样程序。

5. 选择接触方法

① 邮寄调查问卷,② 电话访谈,③ 面谈访问。

三、执行调研方案

调研方案的执行阶段是调研方案落实的过程,通常包括以下步骤。

1. 收集资料

营销调研的资料收集阶段是调研工作中投入最大也最容易出错的阶段。资料收集包括间接资料收集和直接资料收集。

2. 编辑整理

编辑整理资料是为了保证调查结果准确无误。具体包括以下步骤:① 检查和筛选所收集到的资料,② 编辑,③ 编码和分类。

3．统计和分析

市场调研所使用的数据分析技术方法很多,应注意根据需要选用。详见表6-1。

表 6-1　数据分析技术

方法	含义及特点
多元回归	设计一个最适宜的估计公式,以显示一组自变量变化时,其对应的因变量的变化情况
判别分析	将目标分成两个或两个以上类别以进行分析
因子分析	企图用已发现的一组较多数量的彼此相关的变量中可以构成并说明其相互关系的少数基本因子的一种统计方法
集群分析	把要区分的目标纳入特定的维数据中,排除组与组之间的同质性的一种统计方法
联合分析	为被访问者分解不同的提供物进行偏好排列,以确定每种特征的个人推测功能和各个特征之间的重要关系
多维排列	多样化的技术,将有代表性的目标作为一点,对其特征用多维空间描述,其点之间的距离不对称的方法衡量

4．实地调研的计划

① 时间安排,② 预算安排,③ 人员安排,④ 进度安排。

四、撰写调研报告

1．撰写规则

① 简明,② 客观,③ 易懂。

2．报告格式

调研报告没有通用格式,以下仅为大多数调研报告的基本格式。

（1）标题页。

（2）内容目录。

（3）表格或图示目录。

（4）摘要。

（5）正文。包括:① 调研项目介绍,② 调研方法,③ 调研结论,④ 局限性。

（6）总结。

（7）附录。

3．数据展示

（1）注意图表与文字说明的关系。

（2）编辑图表。图表应包括以下内容:① 图表编码,② 图表的标题,③ 图表内容,④ 图表的脚注。

（3）选择适宜的图形。通常在市场调研中使用的图形包括:① 饼形图,② 条状图,③ 线状图。

小案例

数码相机营销调研方案

1. 调研目的与内容

（1）了解北京地区数码相机市场有关情况，估计消费者对数码相机不同品牌的认知度。

（2）了解消费者的购物习惯（购买时间、购买地点）和购买动机，发现潜在购买力。

（3）了解购买和拥有数码相机的主要客户群体，为网络营销经营者制定营销策划提供科学依据。

2. 调研的对象和范围

（1）朝阳门外大街电脑市场，18—50 岁个人消费者。

（2）中关村地区电子市场，18—55 岁个人消费者。

（3）电脑网吧，一些网络生活族人群。

3. 调研的方法与实施计划

（1）调研方法

① 采用网络调研法，利用搜索引擎在网上进行搜索，快速、全面地了解相关市场信息。

② 采用访问法，即拦截访问法，口头访问和书面问卷访问相结合。

（2）调研实施计划

组织成立调研项目组，组长一人，组员若干人。按调研人员的选拔条件，选择具有一定的文化素质、专业知识，严肃、认真的工作态度，举止文明、性格大方、开朗的人员，并进行培训。

4. 调研信息的整理与分析方法

（1）审核问卷：检查回收的调研问卷是否齐全，有无重复、遗漏，保证记录的一致性和统一性。

（2）分组整理：对经过审核的问卷，分别归入适当的类别，根据调研问卷中的问题，进行预先分组分类。

（3）统计分析：对于分组整理的信息，计算频数与百分比，做出所需的表格与分析图。

5. 调研日程安排和时间制限

（1）d1—d2 确定调研方案，组织调研人员。

（2）d3—d4 设计调研问卷。

（3）d5—d8 调研实施，取得数据。

（4）d9—d10 调研数据整理、分析。

（5）d11—d12 撰写调研报告。

6. 调研费用预算

调研费用预算如下：

（1）获取前期相关市场真实资料的费用，占总体调研费用预算的 10%。

（2）参与调研人员工资，占总体调研费用预算的 30%。

（3）调研执行期间执行费用（除人员工资外），占总体调研费用预算的 13%。

（4）数据整理及调研报告费用（包括请专家费用），占总体调研费用预算的 22%。

（5）调研所用相关工具费用，占总体调研费用预算的 15%。

（6）调研期间发生的其他费用（包括小礼品），占总体调研费用预算的 10%。

案例思考：

模仿上述案例，试对你所熟悉的产品进行营销调研方案的设计。

第四节　市场需求预测

一、市场需求预测的概念

科学的营销决策，不仅要以市场营销调研为出发点，而且要以市场需求预测为依据。市场需求预测是在营销调研的基础上，运用科学的理论和方法，对未来一定时期的市场需求量及影响需求的诸多因素进行分析研究，寻找市场需求发展变化的规律，为营销管理人员提供未来市场需求的预测性信息，作为营销决策的依据。

全面而正确地理解市场需求预测的定义，应把握以下几点。

第一，市场需求预测是探索市场发展规律的一种行为。

第二，市场需求预测要有充分根据，要在掌握系统、准确的信息资料的基础上进行，要在充分的市场调研的基础上进行。

第三，市场需求预测要运用科学的、先进的方法。

第四，预测过程一般要经历三个阶段：一是详尽地占有信息资料，并进行去粗取精，去伪存真的加工整理；二是运用科学方法进行加工计算和科学分析，去寻找事物发展的客观规律，并用适当方式去表述这种规律，即我们常说的建立预测模型；三是利用反映客观规律的各种模型去预测未来。

二、市场需求预测的作用

（1）市场需求预测是企业探求未来、掌握自己命运的有目的的行为。企业从事市场营销活动之前，对市场的未来发展以及市场营销行为所能引起的社会和经济后果，做出较为准确的估计和判断，对于合理制定经营决策，使经营结果符合预期目的，取得经营成功，关系极大。

（2）市场需求预测是现代企业提高应变能力的有力手段。应变能力的大小和提高，取决于信息的收集、分析和处理，取决于建立一个高效率的市场营销信息系统和市场预测系统。应变能力的基本要求就是对环境的变化能够做出迅速准确的反应，并通过采取正确的战略和策略决策，积极地适应环境和能动地改造环境。

（3）市场需求预测是提高企业经济效益的基本途径之一。市场需求制约着销售，销售是否畅通又决定着生产和营销成果的实现。因此，要想全面提高企业的经济效益，首先就要组织适销对路、价格合理、符合市场需求的产品的生产。在此基础上，生产成本和营销费用的最小化才有意义。

（4）预测是决策的基础，是决策科学化的重要前提。涉及未来的决策要做到准确无误，就必须对未来的形势发展做出科学的分析。

总之，市场需求预测是增强企业活力的积极促进因素。但是，需要注意的是，在不同的环境条件下，采用不同的预测方法，会存在一些局限性。一般来说，当市场需求相对稳定时，市场需求预测的准确性就会高一些；反之，当市场需求处于不稳定状态，市场预测的精确性将受到影响。

三、市场预测的分类

市场预测的种类很多，可以用不同的指标来划分。

1. 按照预测期划分

预测期是指预测时间的长短，按照预测期划分，市场预测可分为长期预测、中期预测和短期预测。

（1）长期预测。长期预测一般是指预测期在 5 年和 5 年以上的预测。长期预测是企业制定长远规划的科学依据。

（2）中期预测。中期预测一般是指预测期在 1 年以上、5 年以下的预测。它将为实现 5 年规划或长远规划编制的实施方案提供依据。

（3）短期预测。短期预测一般是指年度、季度或月度的预测。它是为近期安排生产、制定营销决策、解决近期市场出现的突出问题而采取的措施提供依据。

2. 按照预测范围划分

按照预测范围划分，预测可分为国际市场预测、国内市场预测和地区市场预测。

（1）国际市场预测。国际市场预测是对国际营销环境的发展趋势及国际市场潜力等做出的预测。

（2）国内市场预测。国内市场预测是对某一类产品的国内需求及市场竞争态势等的预测。

（3）地区市场预测。地区市场预测是对企业在某个地区的目标市场的预测，包括地区的市场潜力、企业产品的销售趋势等的预测。

3. 按照预测性质划分

按照预测性质划分，预测可分为定性预测和定量预测。

（1）定性预测。定性预测是对未来市场的发展趋势在性质上或程度上给出的预测。

（2）定量预测。定量预测是利用历史统计数据，建立预测模型，对未来市场的发展趋势在数量上予以估计。

四、市场需求预测的方法

市场需求预测方法主要有定性预测方法和定量预测方法。

定性预测方法就是依靠熟悉业务知识，具有丰富经验和综合分析能力的人员或专家，根据已经掌握的历史资料和直观材料，运用知识、经验和分析判断能力，对事物的未来发展趋势做出性质和程度上的判断。然后，再通过一定的形式综合各方面的判断，得出统一的预测结论。定性预测方法主要包括经验估计法和调查预测法。定性预测偏重于事物发展性质上的分析,主要凭知识、经验和人的分析能力。它是一种很实用的预测方法,也是市场预测中应用较广泛的基本方法。

定量预测方法是利用已经掌握的比较完备的历史统计数据,凭借一定的数理统计方法和数学模型,寻求有关变量之间的规律性联系,用来预计和推测市场未来发展变化趋势的一种预测方法。在历史统计数据比较完备、准确,市场发展变化的环境和条件比较稳定,产品处于生命周期的成长期或成熟期,预测对象与某些相关因素之间呈现比较明显的因果制约关系,或预测对象随时间推移呈现比较明显的趋势性变化等情况下,应用定量预测方法是比较适宜的。

当然,需要注意的是,定性预测方法一定要与定量预测方法配合使用。

小案例

美国一项定量研究发现,大量饮用某种牌子的啤酒的人,年龄为 21—35 岁,年收入为 1.8 万—2.5 万美元。它能够提示大量饮用的人和不常饮用的人之间重要的统计方面的区别。但是现在需要考察大量饮用者的态度、感觉和动机。上述调研结果并没有经过量化或者定量分析。其结论是对事物的本质、趋势及规律的性质方面的认识。它是通过与群体小组或个别人的"谈话",来分析、判断人的态度、感觉和动机,从而理解不同消费者行为的。(举个简单的例子,空气是由 O、N、Ne、Ar、Kr、Xe、Rn 组成。定性研究就是确定空气主要由 7 种成分组成。定量研究就是确定 N 占 78%,O 占 21%。)

案例思考:
定性预测方法与定量预测方法如何配合使用才能更好地反映市场状况?

本章小结

1. 企业要在市场中求生存、谋发展,就必须掌握营销信息,进而建立快速反应的营销信息系统。一个完整的具有快速反应能力的营销信息系统必须包括内部报告系统、营销情报系统、营销研究系统和营销分析系统这四个部分。

2. 营销信息的获得是需要成本的,而营销信息系统的建立更非一朝一夕所能完成。为此,企业的领导人员必须具有高瞻远瞩的远见和智慧,树立信息就是企业的生命的思想,广泛地搜集完整有效的信息,并通过营销信息系统的处理,使之成为准确可靠的信息。在这里,搜集和掌握营销信息只是企业信息化的初步阶段,最重要的是建立快速反应的营销信息系统。

3. 市场营销调研是为了发现市场营销机会;为企业制定营销决策提供依据;促使企业调整营销方案。市场营销调研的内容包括市场需求的调研、产品的调研、产品价格的调研、产品促销方面的调研、销售渠道的调研、竞争的调研。市场营销调研程序包括:制定调研课题明确调研目标、制订调研方案、执行调研方案、撰写调研报告。

4. 市场需求预测就是在市场调研的基础上,运用科学方法,对市场需求以及影响市场需求变化的因素进行分析研究,对未来的发展趋势做出估计和推测。市场需求预测方法主要有定性预测方法和定量预测方法。

学习思考

1. 简要说明市场营销信息系统的构成。
2. 依据调研的目的,市场营销调研是怎样分类的?
3. 市场营销调研通常包含哪些基本步骤?
4. 简述时间序列分析法的预测原理。

案例训练

有人说,机遇就好像野马,聪明者跃上马背,奔驰而去,愚笨者抓住马尾而被抛弃。扬州市亚太特种水泵厂厂长常庆昌属于前者。

一次,常庆昌看到两条信息:一条是据国家环保部门披露,近年来,我国境内年排放工业污水252亿吨,72%纳入河道。由于排污设施落后,全国污水处理量只占排放总量的2.1%,水污染造成每年高达3 000亿元的经济损失。另一条是据国家科技情报部门的一项调查表明,由于我国水泵落后,每年需花大量外汇从国外进口,1988年至1990年,我国共进口泵类产品68 194台,折合人民币11亿元,相当于我国222家大中型泵厂1989年的总产值。

常庆昌预感到我国泵业史上的一场革命即将来临。很快,新产品开发调研组成立。经过一年零两个月的拼搏,他们终于开发出属于自己的第一台潜式排污泵。经专家监测其使用效率高达78%,比普通国产泵高出30%左右,比国优标准高19%,比国际上使用效率最高的瑞典泵高3%,能耗比普通国产泵低1/3,价格仅为进口的1/4,使用寿命却高出5倍。

常庆昌从报上读到一则消息:大庆油田一个万人住宅区排污设备被堵塞,污水排不出而泛滥。一位女职工不顾严寒跳进污水池排除阴井堵塞物。冒着严寒,常庆昌带着伙伴们来到大庆。大庆是一个管理极严格的单位,未经公认的产品不准随便使用。为照顾厂长的面子,大庆泵站管理所所长勉强答应在不破坏任何设施的情况下,让亚太泵试用一个月,费用亚太自付。常庆昌让专人将一台7.5千瓦的潜水排污泵送到大庆,运行几个小时后水位明显下降。所长将信将疑地说,你一台7.5千瓦的泵能抵上我们两台13千瓦的?许多同志当场把工作服、煤渣、手套等杂物抛进污水池,水泵不但没发生缠绕、堵塞情况,还将杂物全部顺利吐出。大庆人服了,一下子订了30台。《机电日报》还做了专门报道。此时,上海宝钢正为使用进口泵,备用配件和维修跟不上而伤脑筋。看了《机电日报》,他们找上门来,但看着低矮的厂房、简陋的设施,他们的心凉了半截。他们提出几乎苛刻的条件:只要两台7.5千瓦的泵而且要根据钢厂需要改装,一个月交货,第一次故障前的运行必须在3个月以上。

常庆昌毫不犹豫,当场签订合同。交货期前一天两台产品运到宝钢,试用3个月,没出任何故障,再试用3个月,仍然没出任何故障。亚太泵过关了。

20世纪90年代的第二个春天,国家正式批准宝钢兴建第三期工程,宝钢把全国从事市政工程的专家请到宝钢,对亚太泵进行论证,当得到一致肯定后,宝钢宣布,第三期工程装备的 250 多台排放设施将全部采用亚太厂的新型潜水排污泵,并把它列为宝钢一、二期工程进行污水排放设施的更新换代设备。

亚太一时间成为新闻热点,新华社、中央电视台、《经济日报》、《机电日报》等数十家新闻单位纷纷采访报道。常庆昌开心地笑了。

资料来源:成功营销案例,http://ledbbs.hqew.com/thread-87090-1-1.html。

案例思考题

"亚太"是如何成功打开市场的?

营销技能训练

以 5 人组织一团队,设计一个城市居民住宅消费需求调查方案。

第七章

市场营销战略

案例导入

经过多年的苦心经营,方太厨具有限公司的吸油烟机获得了巨大的成功,该公司已经成为国内同行业中第二大吸油烟机供应商。与此同时,方太遍及全国主要城市的营销网络也已建立起来。由于经营得当,公司积累了大笔资金,而且,企业的营销人员通过多年的拼搏,积累了开拓市场的丰富经验。在实现了进入吸油烟机市场并获得前三位的份额这一营销目标之后,方太公司分析了未来吸油烟机市场的竞争态势,进一步提出公司未来的营销目标是稳步扩大市场份额,提高盈利水平,通过未来若干年的经营,使公司成为吸油烟机市场销售量最大、盈利水平最高的厂家。为了实现这一营销目标,公司提出了品牌营销的战略。公司认为单纯依靠价格战固然能够扩大市场份额,但无法提高企业的盈利能力,甚至可能在过度的价格战中两败俱伤。因此,方太决定将其品牌定位于"精品中位价"：高档的产品，中档的价格；中档的产品，低档的价格。使公司向顾客提供的产品性价比在行业中达到最优。围绕这一战略，公司在如下方面采取重大举措，确保战略得到落实：

1. 在更多的大中城市建立销售办事处。

2. 公司不仅注重产品吸油烟的效率，而且强调低噪音、低耗能、流线型设计，让消费者不仅获得产品的基本效用满足，而且获得美感和享受。

3. 坚持以比同类产品略低的价格销售，但不参与价格战。为了保证获利能力，公司通过严格质量控制、减少管理费用、集中采购等方法降低成本。

4. 在广告促销中特别强调"方太让家的感觉更好"这一主题。

5. 坚持定期向顾客询问产品使用情况。

6. 推行定期免费上门清洗服务。

7. 坚持向营销人员让利，给营销人员较高的提成比例。

8. 每隔一段时间，将销售负责人召回公司总部，研讨前一阶段的问题和下一阶段的主要措施。

9. 每年定期举办同供应商的见面会，共同商讨如何降低原材料、零部件成本。

通过这些措施，方太的品牌得到了进一步的树立，方太公司的销售额和利润收入获得了稳步增长。

资料来源：李东红，《营销战略》，首都经济贸易大学出版社，2004 年。

案例思考：
分析方太厨具的战略制定与实施。

在经济全球化、信息化、电子化趋势不断显现和买方市场普遍形成的今天，企业面临的市场环境越来越严峻，面对的竞争越来越激烈，因此，市场营销战略日益受到高层管理者和各级营销管理人员的重视。

第一节　市场营销战略概述

一、战略与企业战略

"战略"一词在我国自古就有，《左传》和《史记》中就已使用"战略"一词，在中国它起源于兵法，是一个军事术语，指将帅的智谋，后来指军事力量的运用。西方"战略"（strategy）一词源于希腊语，意为"将军的艺术"。西方的战略一词也起源于古代的战争，原指将帅本身，后来指军事指挥中的活动。现在，战略一词已经广泛应用于社会、经济、管理等各个领域，尤其在企业经营管理过程中，企业战略问题已经成为决定企业竞争成败的关键与核心。

企业战略简单来说就是指企业在经营过程中为了在同竞争对手的角逐中立于不败之地而制定的事关全局的重要谋略。企业战略制定的背景是激烈的市场竞争、环境的高度不确定性、较高的经营风险等。企业制定战略的目的主要是满足自身参与竞争和成长的需要。

一般来说,企业战略大体可以分为三个层次:企业总体战略、经营单位战略和职能战略,如图7-1 所示。企业总体战略是企业最高层次的战略;经营单位战略着眼于企业中某一具体业务单位的市场和竞争状况;职能战略主要回答某职能的相关部门如何卓有成效地开展工作的问题。

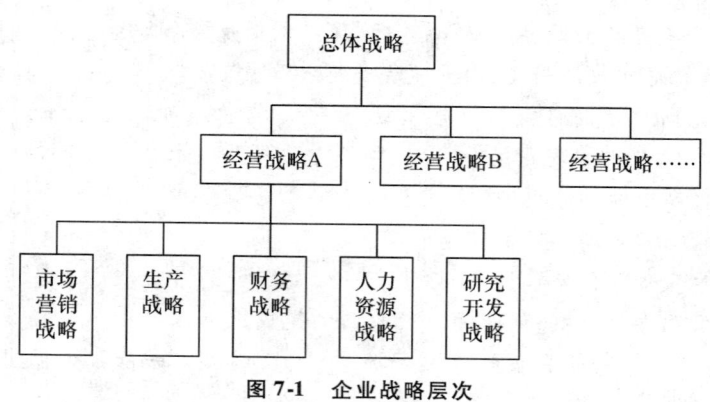

图 7-1 企业战略层次

二、市场营销战略的概念

从企业战略的层次体系上可以很清楚地看出,营销战略是企业战略的一部分,是职能战略中的一种类型。营销战略一方面服从于公司的总体战略,以实现公司的战略目标和长期目标为出发点。同时,营销战略又是企业开展营销工作的主线,指导着企业各个营销部门的各项工作。

在市场营销学领域中,对市场营销战略的定义及其本质的描述有很多种。沿用"战略"一词的概念,市场营销战略是指对市场营销的全局性的、高层次的、重大问题的筹划和指导,是指企业确定的、在未来的某个时期所希望达到的市场营销活动目标,以及为了实现这一目标而决定采取的长期的、全局的行动方案。这一定义包含两层含义。

第一,明确的战略目标。营销战略目标是企业在未来一定时期内的营销活动所要达到和实现的主要目标。战略目标必须通过一定数量指标来实现,包括营销规模指标、营销效益指标、市场销售指标、营销成长率指标等。由于营销外部环境不断变化,特别是在市场交换过程中,潜在的交换方——目标顾客最终是否愿意和企业进行交换,都不是一个企业所能控制的,企业必须依据自己所拥有的资源和目标顾客的需要来确定企业的市场营销目标和营销任务。

第二,可行的战略方案。企业不仅需要确定长期的市场营销任务和目标,而且需要在可能实现目标的诸方案中,选定对本企业来说,在一定的环境条件下相对最好的方案,也就是需要为达到预定的市场营销目标而确定一个使企业的资源能够被充分合理地利用、能使目标顾客在一定时期的需要被充分满足的行动方案。

根据上述定义,我们认为市场营销战略的本质是在动态的市场和公司环境内做出正确的营销决策,在特定的时间和限定的资源范围内,通过系统的程序获得可持续发展的生存竞争优势。

三、市场营销战略的特征

从营销职能管理工作的角度来看,营销战略同样具有全局性、长期性、方向性、应变性、竞合性、外部性等战略的一般特征。同时,相对于企业的总体战略和经营单位战略而言,营销战略还具有如下特征。

(1)从属性。一方面,可以把企业营销战略看成企业整个战略体系的有机组成部分,即企业的营销战略和企业的总体战略以及其他职能战略都从属于完整的企业战略体系。另一方面,营销战略从属于企业总体战略,即营销战略是企业为保证总体战略的实施而制定的关于营销活动的战略规划,营销战略规定的方向和内容应该与总体战略保持高度一致,并有利于总体战略的实施;营销战略的实施,应为保证企业总体战略目标的实现服务。

(2)相对独立性。营销工作是企业一项独立性非常强的职能工作,营销活动直接面对外部市场环境,具有自身的发展变化规律。在相对完备的市场经济条件下,无论企业规模大小,企业处于何种产业之中,都拥有相对独立的营销部门,都有专门人员自主地开展各项营销工作,营销部门和营销人员同样具有自身的职权。这就决定了用以指导营销工作方向性的重大决策具有自身的独立性,成为有别于公司总体战略、经营单位战略和其他职能战略的重要战略。

(3)专一性。总体战略指导公司内部的各项工作,经营单位战略指导某一经营单位内(或多个相关单位和部门)的各项工作。营销战略只是指导企业营销及相关部门与人员的营销活动,营销战略对与营销没有直接联系的工作基本不具有指导作用。

(4)融合性。营销战略指导企业的各项营销工作,但不只是营销部门的工作。营销战略同企业的总体战略、经营单位战略和其他职能战略有着千丝万缕的联系。由于企业内部各项工作之间的相互融合和制约,营销战略也同企业的其他战略相关并融合。这不仅体现在总体战略和经营单位战略对营销工作做出的重大决策中,而且体现在营销战略和其他职能战略之间的相互融合。

(5)顾客导向性。市场营销战略是以顾客为导向的战略。它从发现和分析市场的需求出发,根据市场需求做出从企业生产什么、如何生产、怎样参与竞争到如何销售以及提供何种售后服务的一系列决策。

四、市场营销战略的重要性

进入 20 世纪 80 年代之后,越来越多的企业高层管理者,特别是营销主管,不仅需要处理 4P 策略中相关的日常经营决策问题,同时需要引入最新的战略管理理论和实践方法,从战略的高度思考营销问题,并组织开展营销战略的制定与实施。市场营销战略在企业经营中的地位不断上升。在理论上,越来越多的理论工作者尝试将战略思维和管理过程引入营销过程中。现代营销理论的集大成者,美国西北大学凯洛格管理学院的科特勒教授在这一时期新版的营销学教材中也加入了大量的营销战略内容。总体来说,营销战略在企业经营中的重要性,可以表现为如下方面。

1. 保证企业市场营销活动的整体性规划和统筹的安排

市场营销战略使企业的各部门以及营销工作的各个环节都能按一个统一的目标来运

行,形成协调性的运转机制,为企业营销活动的有效性提供相应保证。

2. 提高企业对资源利用的效率

市场营销战略是从诸多可以达到既定目标的行动方案中选择一个对于企业当前情况来说最好的方案,因此,合理制定并得到正确执行的市场营销战略,能够保证企业的资源得到最有效的配置和最充分的利用。

3. 增强市场营销活动的有序性

在市场营销战略计划的规定下,企业能够主动地、有预见地、方向明确地根据营销环境的变化来调整自己的营销战术,减少盲目性,处变不惊,使企业始终能够在多变的营销环境中按既定目标稳步前进。

4. 明确企业市场营销活动的方向

营销战略是企业营销的向导,营销战略的正确导向,可以保证营销管理活动的有效性。营销战略规定了营销活动的任务和目标,以及实现任务和目标的方法和要求,为企业管理阶层对营销活动的管理提供了纲领性文件和工作依据,同时也让被管理者明白其工作的成效是怎么衡量的以及应该如何行动。

5. 企业参与市场竞争的有力武器

企业之间的竞争不仅是实力的竞争,也是智慧和谋略的较量。要想在市场竞争中取得胜利,首先必须对市场、环境和竞争等因素进行缜密的分析,从而确定正确的行动方向,让企业少走弯路,而这种智慧和谋略便体现在市场营销战略之中。

6. 市场营销战略具有导向及凝聚人心的作用

营销战略是对企业员工的一种愿景激励。市场营销战略勾勒了企业未来发展方向,暗含了达到目标后员工将能获得的回报,能使企业上下明确目标、集中力量、开阔思路、积极创新,为实现营销战略目标而努力。

五、营销战略与营销策略的关系

很多人会把营销战略和营销策略混为一谈,经典的营销著作并没有明确给出营销战略与营销策略的分界线。从理论上讲,战略主要解决全局性的重大方向性问题;策略主要解决执行和落实营销战略任务的各种战术性问题。通常,关于顾客、主要市场业务、业务的价值与效用、市场地位、营销资源等的决策被归入营销战略,而有关价格、产品、分销、促销等的决策则被归入营销策略。在实际工作与营销实践中,营销战略与营销策略是密不可分的。

在实践中,对营销战略和策略的运用是没有明显界线的,上述归入营销战略的内容,也可能转变为营销策略问题;而4P营销策略中的内容,也可能转变为战略问题。只要某一问题成为事关营销全局的重大问题,有关该问题的决策就是战略决策,而做出的选择也就构成了营销战略的重要内容。反之,如果某项决策的重要性下降为短时间、小范围内的次要决策,则为策略决策。

小链接

例如,一家企业始终坚持以比竞争对手低的价格出售产品,根据市场竞争的需要适时降低价格,则该企业做出的降价选择是战略决策的重要内容;而另一家企业选择在"五一"期间进行为期一周的降价促销活动，则显然属于营销策略的范畴。营销渠道的建设通常属于营销策略的问题，但是，如果一家企业选择在未来若干年内计划出巨资建立全国统一的分销网络体系，这时候，渠道问题自然就成为该企业的营销战略问题了。

总体来说，一项营销决策或者行动是否具有战略性，主要由以下各种因素、营销决策或行动可能引起的效果所决定。

（1）是否给企业内部资源分配带来重大变化。

（2）是否和企业的竞争位势变化密切相关。

（3）是否对企业长期营销目标的实现具有实质性的影响。

如果对上述任何一个问题能够给出肯定的回答，都足以说明其具有战略性质。

第二节　市场营销战略过程

一、战略过程的内涵

战略过程指战略实现的方式，以导致和支持战略的具体活动为研究对象，包括调查预测方案、战略方案的比较筛选、战略方案确定、战略方案实施执行、战略方案实施反馈等阶段。战略过程的三要素是战略者、战略问题、战略行动。战略过程研究有诸多主题，如战略形成过程、战略实施过程、战略决策过程、资源配置过程、管理行为模式、战略变革过程等，尽管领域宽泛、兴趣多元而观点各异，这些研究仍有一个共同点，都强调"how"，即"战略如何形成、实施与变化"的一方面或几方面。战略过程关注机制，而机制的永恒话题便是管理系统与组织实践。以决策与行动的形式表现出来的管理行为也在机制中起着重要作用。不管如何运用"过程"概念，时间总是一个重要元素，或者作为一个包括时间流的隐含逻辑，或者明确作为研究的一个特征。

二、市场营销战略的一般过程

市场营销战略是一个连续决策的过程，以确保实现营销使命与目标。其基本思想是：企业市场营销高层管理者根据企业市场营销的使命与目标，分析企业市场营销的外部环境，确定市场营销存在的外部机会与威胁；审视企业内部条件，明确企业市场营销的优势与弱点；在此基础上，制订市场营销战略的目标方案。根据不同层次战略方案的要求，管理者应该配置合适的资源和能力，实施既定的战略。在市场营销战略实施过程中，还要对市场营销战略实施的效果进行评价；同时，将实施中的各种信息及时反馈到战略管理系统中，确保对市场营销整体活动进行有效控制，并根据环境变化及时修改原有战略，或者制定新战略，如图7-2所示。市场营销战略管理过程是一个不断调整、不断发展的过程。

三、市场营销战略的制定

营销战略制定是营销战略管理过程的首要环节。营销部门需要在分析评价营销环境、自身条件和总体战略等要求的基础上，提出适合公司未来经营发展需要的营销战略方案。

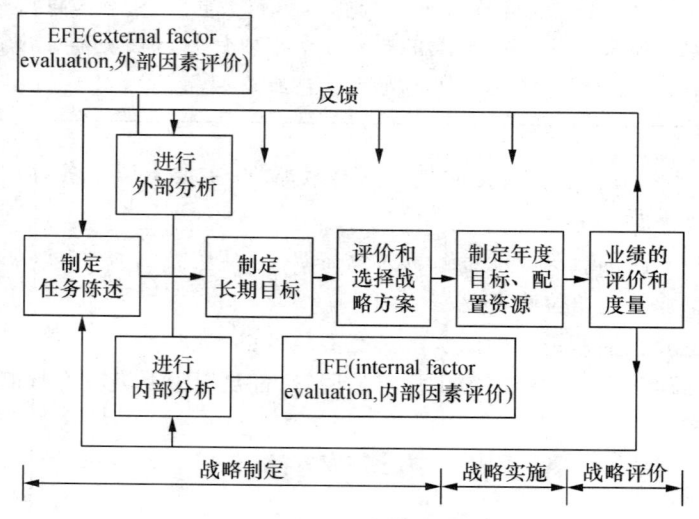

图7-2 市场营销战略的一般过程

这一阶段主要解决的问题有：

（1）分析公司外部营销环境,包括公司面临的外部经济、政治、法律、社会文化、人口、技术、自然环境、产业发展、消费者需求与偏好等因素,识别公司的外部营销机会与威胁。这一方面的内容已详细体现在本书的第三章市场营销环境分析当中。

（2）分析企业内部的营销条件,包括企业营销部门的决策权限、可以调动的人财物资源、已有的营销渠道、公司现有产品与服务的竞争力、其他职能部门对营销部门的支持程度等因素,确认公司开展营销活动的内部优势与劣势。

（3）提出为实现营销目标可供选择的营销战略方案。企业在很多情况下可以选择的战略不止一个,但由于资源的有限性,企业只能在多个不同战略之间选择最优战略,舍弃一些次优战略。在准确把握外部营销机会与威胁,明确内部优势与劣势的基础上,营销部门拟订出不同的营销战略方案,并通过对比分析,提出最理想的营销战略。

小案例

1994年前,我国市场上的电脑基本上有两种定位:一种是价格较高、性能优异的国外品牌电脑,这类电脑有良好的声誉和服务,在一些大的企业事业单位受到普遍欢迎;但是价格很高,很难被众多的中小企业和居民家庭接受。另一种是兼容机,价格低廉,但是性能一般,基本不附带服务。

市场调查显示,人们购买电脑产品时最关心的因素是价格、质量和服务,而且对国外品牌的信任度明显高于国内品牌。在这种市场环境下,联想电脑公司于1995年制定了"走大众品牌道路,让顾客买得起、用得放心"的营销战略。

案例思考:
分析联想电脑公司的营销战略。

四、市场营销战略的实施

营销战略在制定之后是否能够得到有效实施,同样也是关系到企业是否能够从营销战略中获得竞争优势的重要因素。可以说,营销战略的实施,是比营销战略的制定更为重要的工作。停留在字面上的营销战略只能是一纸空文,不具有任何意义。

营销战略的实施是实施操作的管理过程,它主要包括营销组织管理、营销计划建设和营销成本管理等内容。营销组织管理是指对企业内部涉及市场营销活动的各个职位及其结构进行管理,其实质就是使营销人员为共同的企业目标进行有效协调、合作。营销计划建设主要是将企业营销战略的相关内容,包括企业营销目标(战略焦点、产品组合、产品开发、产品舍弃、产品扩展、目标顾客群)、营销战略(产品、价格、促销、地点)、资源需求等,以计划的形式确定下来,将其明确呈现给公司各层管理者和员工。营销成本管理是指对与市场营销活动有关的各项费用支出进行管理。市场营销成本直接关系到营销企业销售的利润,因此,企业不仅要控制销售额和市场占有率,还要控制营销成本。

一般来说,营销战略实施过程中具体要做的主要工作有:

(1) 营销工作年度目标的确定。根据营销战略的要求,具体确定未来年度的营销工作计划。

(2) 营销政策与策略组合的选择。根据营销年度计划,提出未来一年实现年度工作计划的各项活动措施。

(3) 营销资源的配置。根据确定的年度目标和各项政策,对可以控制的营销资源进行分配。

(4) 各项营销活动的组织与协调,包括具体指挥、协调开展营销活动时出现的营销部门内部、营销部门与外部环境、营销部门与其他部门之间的关系。

(5) 营销战略实施效果的衡量。根据计划要求,对照实际执行结果,检查任务完成情况和任务完成的效果。

(6) 营销战略实施过程中的偏差纠正。对营销活动过程中出现的各种偏差进行矫正,确保计划顺利执行。

(7) 营销战略的调整。在内外条件发生重大变化时,适时对营销战略做出调整。

五、市场营销战略的控制

营销战略控制是指市场营销管理者采取一系列行动,使实际市场营销工作与原规划尽可能一致,在控制中通过营销战略实施的信息反馈发现偏差并进行控制,对战略不断修正。营销战略很少一成不变。随着环境的变化,产品市场和营销组合也要随之变化。此外,由于企业不断提高生产率,所以必须随时关注营销的效率。营销战略控制包括两类相辅相成的活动:一类是"战略控制",它与"做正确的事"有关,确定组织能力与目标的匹配及环境中的机会和威胁,是战略控制的核心议题;另一类是"经营控制",它与"正确地做事"有关,重在评估组织营销活动的实施效果,其假定企业的方向是对的,只是组织实现特殊目标的能力需要加强。

第三节　业务投资组合规划与发展战略

一、业务投资组合规划

企业的最高管理层规定了企业的使命和目标之后,就需要安排业务组合,这是企业战略计划过程的一个主要步骤。任何企业的资源都是有限的,各个业务单位的增长机会、经营效益也大不相同。为此,企业最高层必须首先对现有的业务投资组合(各战略经营单位)进行分析与评价,然后再思考应采取怎样的战略措施。

最著名的分类和评价方法是美国波士顿咨询集团法和通用电气公司法。

1. 波士顿咨询集团法

在 20 世纪 70 年代初,美国波士顿咨询公司在咨询实践中首创了波士顿咨询集团法(Boston Consulting Group,BCG)。它的基本原理是用市场增长率—相对市场占有率矩阵来对企业的战略业务单位加以分类和评价,如图 7-3 所示。

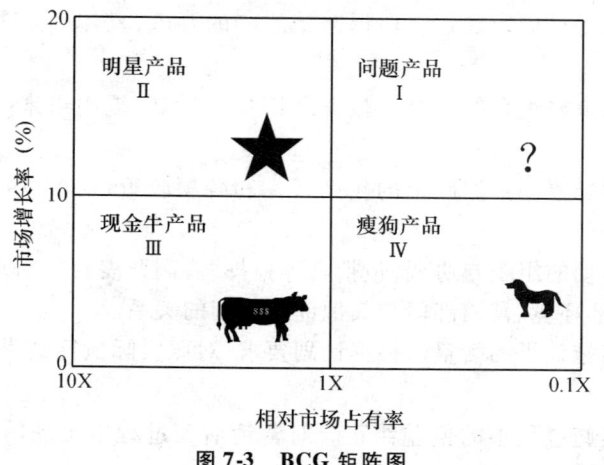

图 7-3　BCG 矩阵图

矩阵图中的纵坐标为市场增长率,表示企业各战略业务单位的年市场增长率。假设以 10% 为分界线,10% 以上为高增长率,10% 以下为低增长率。矩阵图中横坐标为相对市场占有率,表示企业各战略业务单位的市场占有率与同行业最大的竞争者(即市场上的领导者或"大头")的市场占有率之比。如果企业的战略业务单位的相对市场占有率为 0.5,这就是说,其市场占有率为同行业最大竞争者的市场占有率的 50%;如果企业的战略业务单位的相对市场占有率为 2.0,这就是说,企业的战略业务单位是市场上的"大头",其市场占有率为市场上的"二头"的市场占有率的 2 倍。

矩阵图把企业所有的战略业务单位分为四个不同的类型:问题类、明星类、现金牛类和瘦狗类。

(1) 问题类战略经营单位。这类业务单位属于高市场成长率与低相对市场占有率的组合。之所以叫做"问题类",是因为其未来发展有两种可能:第一,在市场快速成长的情况下,有可能培养成为未来的"明星类"业务单位;第二,有可能由于市场不能持续快速成长、企业自身因素和竞争因素而无法转变为"明星类"业务单位。未来究竟表现为哪一种是不确定的。

（2）明星类战略经营单位。这类战略业务单位是高市场增长率和高相对市场占有率的战略业务单位，宛若冉冉升起的璀璨耀眼的明星，具有一定的竞争优势。但是，由于市场处于快速成长阶段，在市场上的优势地位尚不稳固，需要投入大量现金，是使用现金较多的战略业务单位。

（3）现金牛类战略经营单位。属于低市场增长率与高相对市场占有率的组合，明星类的战略业务单位的市场增长率下降到10%以下就转入现金牛类。因为相对市场占有率高，所以需要投入的现金少，取得的现金收入多，如成熟的奶牛那样，吃的是草，生产的是鲜奶，能够源源不断地给企业带来生存发展所必需的现金。企业可以用这些现金来支付账单，支援需要现金的问题类、明星类和瘦狗类战略业务单位，挖掘企业新的利润源。但是，市场增长率有可能出现负增长，即走向衰退。

（4）瘦狗类战略经营单位。属于低市场增长率与低相对市场占有率的组合，盈利少或亏损，如同处于饥饿或病痛中的瘦狗一样，气息奄奄。在竞争中处于劣势，而且没有进一步发展的可能，应逐步进行淘汰。

上述四类战略业务单位在矩阵图中的位置不是固定不变的。任何产品都有其生命周期，随着时间推移，这四类战略业务单位在矩阵图中的位置会发生变化。例如，起初处于问题类的战略业务单位如果经营成功，就会转入明星类；随着市场增长率到10%以下，又会从明星类转入现金牛类；最后，到产品的衰退期，产品销售量下降，又从现金牛类转入瘦狗类。

对不同战略经营单位调整的战略有如下四种：

（1）扩展战略，即进一步加大投入力度，安排更多的企业资源。该调整战略适用于有发展前途的"问题类"业务单位，抓住市场快速成长的时机，努力提高其市场占有率；也适用于竞争较为激烈的"明星类"业务单位，以便进一步巩固其较高的市场占有率。

（2）保持战略，即保持原有的投入力度。这种战略意图在于保持业务单位已有的市场占有率，巩固现有的市场地位。对于"现金牛类"业务单位，应尽量维持其市场占有率，以保证较强的竞争优势，为企业提供可进一步发展的资金来源。

（3）收缩战略，即削弱投入力度，逐渐减少投资。适用于快要进入产品衰退期的业务单位，尽量减少投资，争取较多的资金收入，注重短期效益；也适用于竞争能力较小的"现金牛类"和部分"问题类"以及"瘦狗类"业务单位。

（4）放弃战略，即零投入，甚至将战略经营单位原有的资源清理变卖。适用于没有发展前途又没有较强盈利能力的（如"问题类"和"瘦狗类"）战略经营单位，进行清理和淘汰；有时也适用于部分市场长期发展趋势不很乐观的"现金牛类"业务单位，可以比较好地实现资产的变现，为其他业务单位的发展筹集资金。

2. 通用电气公司法（GE 矩阵）

通用电气公司法用多因素投资组合矩阵来对企业的战略业务单位加以分类和评价。BCG 矩阵仅考虑市场成长率和相对市场占有率两个因素显得过于简单。GE 矩阵综合考虑多种因素，并把这些因素归为两个方面：经营吸引力和企业经营实力。经营吸引力考虑的因素有：市场规模、市场增长率、利润率、竞争强度、技术要求、商业周期性、季节性、规模经济等。企业经营实力考虑的因素有：市场占有率、产品质量、品牌信誉、销售网络、促销能力、单位成本、研发能力、管理能力等。

在图7-4所示的多因素投资组合矩阵中，经营吸引力分为高、中、低3类，企业的经营实力分为强、中、弱3档，共9个方格，可分为以下3大区域。

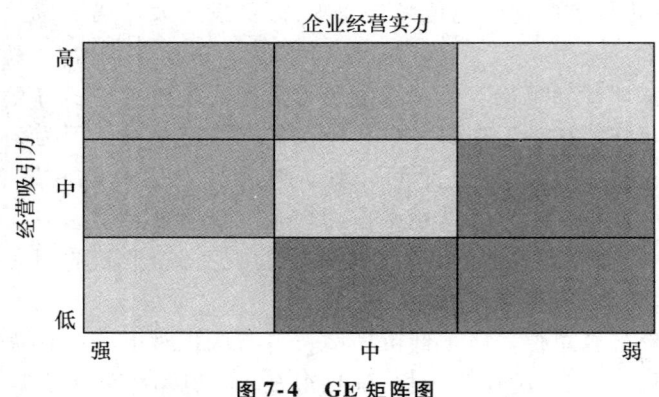

图 7-4　GE 矩阵图

第一区："绿色地带"，是指左上方的3个方格，即"高强"、"高中"和"中强"3档。这个区域的市场吸引力和业务单位的竞争能力都最为有利。对于该区域的业务单位，企业应采取"发展"战略，即增加资源投入，促进其发展。

第二区："黄色地带"，是指对角线上的3个方格，即"低强"、"中中"和"高弱"3格。这个区域的市场吸引力和业务单位的竞争能力，总体来说都是中等水平。对该区域的业务单位，企业应采取"保持"战略，即保持原投入水平和市场占有率。

第三区："红色地带"，是指右下方3个方格，即"中低"、"低弱"和"中弱"3格。这是市场吸引力和业务竞争能力都弱的区域。对于该区域的业务单位，企业应采取"缩减"或"放弃"战略，不再追加投资或断然收回投资。

二、业务发展战略

分析业务组合之后，就应对未来的业务发展方向制订战略计划，即制订企业的新业务计划或增长战略。企业发展新业务一般有三种基本方法。

1. 密集型成长战略

当企业尚未完全开发其现有产品和现有市场的潜在机会时，可以采取密集型成长战略（加强型战略）。这种战略包括以下三种方式。

（1）市场渗透战略。想方设法，更加积极主动地在现有市场上扩大市场占有率。其实现途径有：第一，促使现有顾客增加购买，包括增加购买次数、增加购买数量；第二，争取竞争者的顾客转向本企业；第三，吸引新顾客，使更多的潜在顾客、从未使用过该产品的顾客购买。

（2）产品开发战略。向现有市场提供新产品或改进的产品，满足现有市场的不同需求。比如改变产品外观、造型，或赋予其新的特色、内容；推出档次不同的产品；发展新的规格、式样等。

（3）市场开拓战略。将现有产品推向新市场。有两种方法：一种是在现有销售区域内寻找新的分市场。比如一家原以企事业单位为主要客户的电脑企业转而向家庭、个人销售电脑。另一种方法是发展新的销售区域。如从城市市场转入农村市场,由国内市场转向国际市场。

2．一体化成长战略

一体化成长战略指企业通过集团化的形式,集供应、生产、销售于一体来实现企业发展的战略。一体化成长战略有三种形式。

（1）后向一体化,即企业通过兼并或收购若干原材料供应商,拥有和控制其供应系统,实行供产一体化。

（2）前向一体化,即企业通过兼并或收购若干商业企业,拥有和控制其分销系统,实行产销一体化。

（3）水平一体化,即企业兼并或收购竞争者的同类型的企业,或者在国内外与其他同类企业合资生产经营等。

近年来,企业集团化、一体化已成为我国企业界为适应市场经济和对外开放要求的一种普遍趋势。优秀企业欲更上一层楼,应注意研究这方面的问题。

3．多元化成长战略

多元化成长战略,是指朝多个方面发展新产品和开发多个市场,从而实现企业发展的战略。多元化成长也有三种形式。

（1）同心多元化。企业对新市场、新顾客,以原有技术、特长和经验为基础,有计划地增加新的业务。

（2）水平多元化。针对现有市场和现有顾客,采用不同技术增加新的业务。这些技术与企业现有的技术能力没有多大关系。

（3）综合多元化。企业以新的业务进入新的市场,新业务与企业现有的技术、市场及业务毫无关系。

多元化增长并不意味着企业必须利用一切可乘之机大力发展新的业务;相反,企业在规划新的发展方向时必须十分慎重,并结合现有特长和优势加以考虑,好大喜功很可能导致惨败。

第四节　市场营销管理

一、市场营销管理的任务与目的

在现代市场经济条件下,企业为了实现战略计划规定的各项任务、目标,必须高度重视市场营销管理。

市场营销管理,按照菲利普·科特勒的解释,就是通过分析、计划、实施和控制,来谋求创造、建立及保持营销者与购买者之间互利的交换,以达到营销者的目标。换句话说,市场营销管理就是企业为达到自身的目标,识别、分析、选择和发掘市场营销机会,规划、执行和控制企业营销活动的管理过程。营销管理的任务,就是调整市场的需求水平、需求时间和需求特点,使需求与供给相协调,以实现互利,达到组织的目标。因此,市场营销管理的任务是刺激、创造、适应及影响消费者的需求。从此意义上说,市场营销管理的本质是需求管理。

二、市场需求管理类型

任何市场均可能存在不同的需求状况,市场营销管理的任务是通过不同的市场营销策略来解决不同的需求状况。下面是八种典型的不同需求状况及其相应的任务。

1. 负需求(negative demand)

负需求是指市场上众多顾客不喜欢某种产品或服务,即指绝大多数人对某种产品感到厌恶,甚至愿意出钱回避它的一种需求状况。

如近年来许多老年人为预防各种老年疾病不敢吃甜点心和肥肉,又如有些顾客害怕冒险而不敢乘飞机,或害怕化纤纺织品有毒物质损害身体而不敢购买化纤服装。市场营销管理的任务是分析人们为什么不喜欢这些产品,并针对目标顾客的需求重新设计产品、定价,做更积极的促销,或改变顾客对某些产品或服务的信念,诸如宣传老年人适当吃甜食可促进脑血液循环,乘坐飞机出事的概率比较小等。把负需求变为正需求,称为转换营销。

双语链接

Products with negative demand are things that you would have to pay someone to take, such as trash, damaged tires, junk automobiles, etc.

---

2. 无需求(no demand)

这是指目标市场对产品毫无兴趣或漠不关心,既无正需求也无负需求的状况。市场对下列产品无需求:① 人们一般认为无价值的废旧物资;② 人们一般认为有价值,但在特定市场无价值的东西;③ 新产品或消费者平常不熟悉的物品等。

例如,对某些陌生的新产品或新的服务项目,消费者因不了解而没有需求;非生活必需的装饰品、赏玩品等,消费者在没有见到它们以前是不会产生需求的。因此营销的任务是,设法引起消费者的兴趣,刺激需求,使无需求变为正需求,即实行刺激营销。

3. 潜在需求(latent demand)

这是指现有的产品或服务不能满足许多消费者的强烈需求,而现有产品或服务又无法使之满足的一种需求状况。

例如,老年人需要高植物蛋白、低胆固醇的保健食品,美观大方的服饰,安全、舒适、服务周到的交通工具等,但许多企业尚未重视老年市场的需求。在潜在需求情况下,市场营销管理的任务是开发市场营销,准确地衡量潜在市场需求,开发有效的产品和服务,即开发营销,将潜在需求变为现实需求。

4. 下降需求(falling demand)

这是指目标市场顾客对某些产品或服务的需求出现了下降趋势的一种需求状况。

如近年来城市居民对电风扇的需求已饱和,需求相对减少。在下降需求情况下,市场营销者要了解顾客需求下降的原因,或通过改变产品的特色,采用更有效的沟通方法再刺激需求,即创造性的再营销,或通过寻求新的目标市场,以扭转需求下降的格局。

小案例

电力公司有时很难满足用电高峰期的需求。在这种需求过旺的情况下,市场营销的任务是暂时或永久地减少需求。减少需求的目的不是破坏需求,而只是减少或转移需求。所以营销管理部门以帮助企业达到自己目标的方式来寻找办法影响需求的水平、时机和构成。

资料来源:http://www.doc88.com/p-99150899579.html。

案例思考:

电力公司的需求管理面临的问题是什么?

5. 不规则需求(irregular demand)

指市场对某些产品(服务)的需求在不同季节、不同日期,甚至一天的不同时间呈现出很大波动的状况。

许多企业常面临因季节、月份、周、日、时对产品或服务需求的变化,而造成生产能力和商品的闲置或过度使用。如在公用交通工具方面,在运输高峰时不够用,在非高峰时则闲置不用。又如在旅游旺季时旅馆紧张和短缺,在旅游淡季时,旅馆空闲。再如节假日或周末时,商店拥挤,平时商店顾客稀少。在不规则需求情况下,市场营销的任务是通过灵活的定价、促销及其他激励因素来改变需求时间模式,使物品或服务的市场供给与需求在时间上协调一致,这称为同步营销。

6. 充分需求(full demand)

这是指某种产品或服务目前的需求水平和时间等于期望的需求,这是企业最理想的一种需求状况。

但是,在动态市场上,消费者需求会不断变化,竞争日益加剧。因此,在充分需求情况下,企业营销的任务是改进产品质量及不断估计消费者的满足程度,通过降低成本来保持合理价格,并激励推销人员和经销商大力推销,千方百计维持目前需求水平,维持现时需求,这称为"维持营销"。

双语链接

Full Demand: focus more on product/service value in advertising campaigns while readjusting the pricing. Elevate market focus to investors. Create major investor PR campaign.

7. 过量需求(overfull demand)

是指市场上顾客对某些产品的需求超过了企业供应能力,产品供不应求的一种需求状况。

比如,由于人口过多或物资短缺,引起交通、能源及住房等产品供不应求。在过量需求情况下,企业营销管理的任务是减缓营销,可以通过提高价格、减少促销和服务等方式暂时或永久地降低市场需求水平,或者设法降低来自盈利较少或服务需要不大的市场的需求水平。企业最好选择那些利润较少、要求提供服务不多的目标顾客作为减缓营销的对象。减缓营销的目的不是破坏需求,而只是暂缓需求水平。

8. 有害需求(unwholesome demand)

指市场对某些有害物品或服务如烟、酒、毒品、黄色电影和书刊等的需求。此类需求,对消费者、社会公众或供应者有害无益。

对此类需求,营销管理的任务就是"反营销",宣传其危害性,劝说消费者放弃这种爱好和需求。对烟酒等商品,大幅度提高价格,以减少购买机会;对毒品、黄色书刊,则应杜绝生产经营,采取适当措施来消灭需求。

综上所述,不同的需求状况对应的不同营销任务,如图7-5所示。

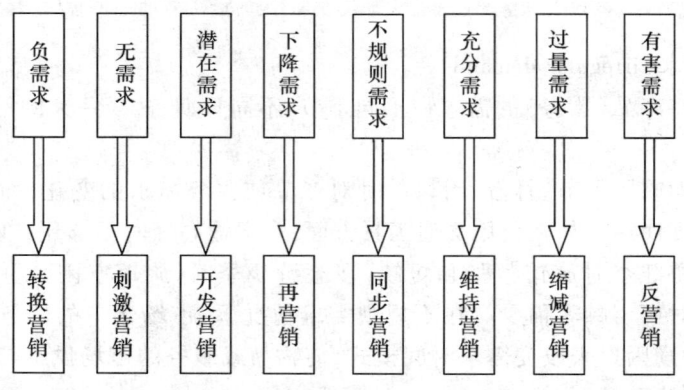

图7-5 不同的需求状况对应的不同营销任务

本章小结

1. 企业战略大体可以划分为三个层次:企业总体战略、经营单位战略和职能战略。

2. 营销战略与营销策略之间没有绝对的界线。不处于具体的企业决策环境中,很难明确区分它们各自包含的内容。只要某一问题成为事关营销全局的重大问题,有关该问题的决策就是战略决策,如果某项决策的重要性下降为短时间、小范围内的次要决策,则为策略决策。

3. 市场营销战略是一个连续决策的过程,以确保实现营销使命与目标。其基本思想是:企业市场营销高层管理者根据企业市场营销的使命与目标,分析企业市场营销的外部环境,确定市场营销存在的外部机会与威胁;审视企业内部条件,明确企业市场营销的优势与弱点;在此基础上,制订市场营销战略的目标方案。

4. 在营销战略管理过程中,业务组合是一个重要环节,业务组合的常用工具有 BCG 矩阵和 GE 矩阵。市场营销新业务的成长战略可以分为三种类型:密集型成长战略、一体化成长战略、多元化成长战略。

5. 市场营销管理的本质是需求管理。一般来说有八种典型的不同需求状况及其相应的任务:负需求——转换营销;无需求——刺激营销;潜在需求——开发营销;下降需求——再营销;不规则需求——同步营销;充分需求——维持营销;过量需求——缩减营销;有害需求——反营销。

学习思考

1. 试阐述企业战略的层次。
2. 营销战略与营销策略有何区别?
3. 简述市场营销战略的重要性。
4. 简述市场营销战略的一般过程。
5. 为什么说营销管理的实质是需求管理?
6. 典型的需求状况有哪些? 其对应的营销任务是什么?

案例训练　　　　　　　　　**戴 尔 直 销**

IT 企业中的戴尔公司以其高成长业绩为世人所称道。该公司成立于 1984 年,它与世界巨型的超霸企业微软、英特尔公司在各自的行业中都占据了超过一半的产值。戴尔公司目前已成为全球最大的计算机直销商。该企业 1999 年的收益达 270 亿美元,在全球 34 个国家设有销售办事处,销售的产品和服务遍及 170 个国家和地区,所供应的客户包括商业、工业、政府教育机构和广大个人消费者。

戴尔企业发展成功的最大奥秘就是在产品销售上坚持直销。该公司的创始人迈克尔·戴尔曾不止一次地宣称他的"黄金三原则"——即坚持直销、摒弃库存、与客户结盟。

直销又称直接商业模式(direct business model),即企业不经过中间商,而是将产品直接销售给用户。戴尔公司在十几年的发展过程中形成了一整套企业直销的销售制度与做法,即戴尔与客户有直接的联系渠道,由客户直接向戴尔发订单,在订单中详细列出产品所需的配置,然后由企业"按单生产"。戴尔在他的《戴尔直销》一书中明确指出:"在非直销模式中,有两支销售队伍,即制造商给经销商,经销商再给顾客。而在直销模式中,我们只需要一支销售队伍,他们完全面向顾客。"那么,戴尔公司是如何面向顾客的呢?

1. 将客户而不是竞争者作为企业营销的中心

戴尔公司一直坚持将客户作为企业营销的中心而不是竞争对手。戴尔对客户和竞争对手的看法是:想着顾客,而不是竞争者。戴尔公司一直坚持深入地研究顾客。他们认为,许多公司都太在意竞争对手的作为,因而更受牵制,花了太多时间在别人身后努力追赶,却没有时间往前看。企业过于坚持自己的经营方式,一味让消费者去适应会导致经营失败。戴尔坚持直销,最大的优势就是能与顾客建立直接的关系,这样,戴尔的顾客可以十分方便地找到他们所需要的机器配置,戴尔则可以按照客户的订单制造出完全符合顾客需求的定制计算机。

2. 细化市场,深入研究顾客

戴尔公司与其他企业的另一个不同是不仅要进行产品细分,还要进行顾客细分。他们认为:随着企业对每一个顾客群认识的加深,对顾客所代表的财务机会能够更加精确地衡量,从而可以更有效地分析各营运项目的资产运用,通过评估细分市场的投资回报率,制定出企业发展的绩效目标,使各项业务的全部潜能得以充分发挥。戴尔坚持认为:"分得越细,我们就越能准确预测顾客日后的需求与其需求的时机。"

3. 戴尔的直销特点

戴尔公司坚持直销是因为通过直线销售模式,顾客不仅可以直接与戴尔公司互动,买到具有很好性能价格比的电脑,更重要的是顾客可以得到戴尔公司最新技术和最完善的服务,收到很好的投资回报。因为,顾客花费同等价格可以买到更快速的机器,或只要花费稍高一点的价格,就可以买到更高速度的机器,而且,最新技术总是具有更高的可靠性、稳定性和更多的性能。要实现这一点,戴尔公司力求将服务做到最完善。公司为顾客提供全国范围的保修服务和跟踪服务,目前戴尔公司是全球少数几个能够提供现场服务的供应商之一。

戴尔公司在直销上的另一特点,就是建立电话服务网络。公司仅在中国就有94个免费电话,每个月的付费电话费用就有10万美元。在厦门,戴尔有一个CTI系统(电脑电话集成系统),它可以对打入的电话进行整理,并检查等候时间,以确保尽可能快地给顾客回答,而且公司要确保有足够的工程师来接听顾客服务电话,一般技术上的问题,公司可以在30分钟内通过电话解决;如果是硬件上的问题,一周之内保证解决;对销售的笔记本电脑,公司有国际服务承诺,顾客只要在当地拨打免费电话,就会有当地的工程师解决问题。现在,戴尔实现了这一目标的90%。

4. 利用互联网,开展网上营销

戴尔公司在1994年将直销模式发展到互联网上,而且业绩突飞猛进,再次处于业内领先地位。今天,戴尔运营着全球最大规模的互联网商务网站。该网站销售额占公司总收益的40%—50%。戴尔服务器运作的www.dell.com网址包括80个国家的站点,目前每季度有超过4 000万人浏览。客户可以评估多种配置,即时获取报价,得到技术支持,订购一个或多个系统。在21世纪,戴尔公司的网上销售重点转向亚洲,2001年的目标是增加50%,公司还打算在互联网销售产品的基础上,整合从零部件供应商到最终用户的整个供应链。

5. 抛弃传统的经营模式,实行零库存

在PC行业,最大的隐形杀手就是库存成本。有关资料披露,戴尔在全球的库存天数平均在7天以内,而康柏的库存天数为26天,中国联想集团是30天,而一般PC机厂商的库存时间是两个月。由此可见,戴尔能以比其他竞争对手快得多的速度将最新的技术提供给用户,这大大降低了库存成本,增加了企业利润。

直销与分销的一个重要区别就是库存问题。传统分销渠道代理是存储货物的渠道,厂商的库存职能是由分销商来完成或至少分销商承担了绝大部分。但在直销渠道中,不存在厂商和分销商的合作,库存则是一个不可避免的问题。戴尔坚持直销,其模式还包括"摒弃库存",那么戴尔是怎样保证实现"零库存"的呢?戴尔总裁的表述是:"以信息代替库存。"企业与供应商协调的重点就是精确迅速的信息。戴尔不断地寻求减少库存,并进一步缩短生产线与顾客家门口的时空距离。

戴尔实行的按单生产,保证企业实现了"零库存"的目标。零库存不仅意味着减少资金占用的优势,还使企业最大限度地减少了作为PC行业的巨大降价风险。直销的精髓在于速度,优势体现在库存成本。特别是计算机产品更新迅速,价格变动频繁,使得库存成本高低成为一个至关重要的因素。戴尔的"以信息代替库存"在具体做法上,是用户货款与供应货款中间的时间差——在未来的 15 天内，别人（顾客）已经帮戴尔把钱付了。而这中间的利润至少是戴尔公司自有资金的存款利率。当然，要做到这一点，要求厂商与供应商顾客之间的供应链衔接科学合理，甚至非常完美，还要有抗市场冲击和非市场因素干扰的能力。

6. 与客户结盟

"与客户结盟"是戴尔直销模式的特点之一。戴尔与客户结盟最重要的方式就是精心研究顾客的需要，与顾客进行最快速的信息交流，最大限度地满足顾客的需要，并提供尽可能多的服务。戴尔每个月要接到 40 万个寻求技术支援的电话，而顾客每周上网查询订购的次数多达 10 万次，所有这些都需要公司有完善健全的服务系统来支撑实现。而戴尔最创新的服务形式就是"贵宾网页"，共设 8 000 个迷你网站，这是戴尔公司针对每一个重要顾客的特定需求精心设计的企业个人电脑资源管理工具。顾客可以在这些网页上找到企业常规的个人电脑规格与报价，并上线订购，同时，还可以进入戴尔的技术支援资料库下载资讯，为负责管理企业电脑资源的员工省下许多宝贵的时间，该做法深受企业界欢迎。目前，戴尔电脑"贵宾网页"正以每月 1 000 个的速度在增长，这极大增加了客户对公司的忠诚度。

戴尔公司不仅与客户结盟，还注重与供应商的结盟。戴尔与众不同的一个做法是把"随订随组"的作业效率纳入到供应体系之中，这使得它比其他电脑供应商更有效率。这种做法使戴尔的直销运营模式更切合实际，因为公司更清楚地掌握实际销售量，这是戴尔能够以 7 天存货保证供应的基础。戴尔目前的计划是为供应商提供每小时更新的资料，这在其他企业是不可想象的。

戴尔与供应商在原料进货之间的连接是其成功的关键。这是因为，一是购买者与供应商之间的价值可以共享，二是无论是哪一种新产品，能否快速地流通到市场上都关系到市场份额的大小，甚至企业的生死。戴尔产品的需求量是由顾客直接确定的，如果顾客有需求，而企业没有原材料生产，直销就只能是一句空话。所以，戴尔公司强调与供货商之间的结盟，这种连接越紧密有效，对公司的反应能力越有好处。目前，戴尔主要是通过网络技术与供应商之间保持完善的沟通，而且十分有效。

最后，需要指出的是，戴尔也有其经销商，或者说也利用渠道。但戴尔的经销商主要是服务的提供者，而不是销售产品。戴尔要求与其配合的经销商只做服务和增值工作，他们希望通过更专业的队伍来补充企业在市场覆盖面和服务能力上的缺陷。因此，戴尔公司并不要求与经销商保持密切的联系，或与其结盟。

资料来源：彭彦明，戴尔直销分析，http://home. cbinews. com/space. php? do = thread&id = 4016&uid =336265。

案例思考题
1. 戴尔的营销战略的核心内容是什么？
2. 戴尔的营销战略对于企业发展的作用体现在哪些方面？
3. 你认为戴尔的营销战略成功吗。

营销技能训练

在老师的指导下,学生进行分组,然后每组选定一家企业,分析这家企业如何制定其营销战略,并如何进行营销战略实施和控制。

第八章

市场竞争战略

案例导入

三个业务员:寻找市场

在专业级的数码相机大战中,佳能、尼康、索尼这三大巨头竞争得相当激烈,如果说在索尼还没有兼并柯尼卡美能达的单反技术之前,佳能、尼康还能在暗地里形成默契的话,那么在索尼单反大举进攻之后,专业数码单反市场就已经失去了原来四平八稳的发展步伐。在三家角逐中,佳能凭借着深厚的技术底蕴依然保持着一定的领先优势,而尼康则高举专业大旗坚守阵地,索尼虽然来势汹汹,不过在家底上还难以与这两家相比,幸好最新开辟的微单相机市场风生水起,联合起来声势也不落下风。

三家角逐之外,宾得算是活得比较出彩的一股势力,宾得规模小,没有鸿篇巨制,但是在揣摩用户心理方面做得很不错,今年推出的 K-X 以及最新发布的 K-R 都是走时尚路线,算是给专业级的数码单反相机市场开了一个新的课题,不管宾得能否在这方面杀出一片新天地,都可以说是很积极的尝试。

原来的专业级数码单反相机领域,还有三星、富士、奥林巴斯这几家,奥林巴斯最近依然在推出单反新品,不过重心都向着单电相机偏移,数码单反相机并没有得力之作,富士和三星原来都有数码单反,但现在也渐渐退出了这个领域,三星转战单电相机市场,而富士则一条心耕耘家用相机市场那一亩三分地。数码单反的圈子,以后是越来越小了。

资料来源:IT168,新不如旧? 最新上市单反相机竞争力分析,http://tech.hexun.com/2010-10-12/125095530.html,编者整理。

案例思考:
单反相机市场的竞争者有哪些?

市场营销,不仅提供能满足顾客需要的产品或服务,而且,还要求比竞争对手做得更好。因此,竞争是进行营销活动的前提条件。如何制定正确的竞争战略,如何战胜竞争对手来达到企业预定的营销目标,就是营销管理的最重要的内容之一。本章将围绕竞争这个营销与营销管理的关键问题展开。

第一节 市场竞争者分析

一、识别竞争者

企业在生产经营过程中必须要弄清谁是自己的竞争者,竞争者未来的目标是什么,现行的战略是什么,优势劣势何在,可能进行的反应及其薄弱环节是什么,从而有针对性地确定自己的战略。

1. 从行业的角度识别竞争者

行业内现有企业之间的竞争是最直接、最显而易见的。这种竞争往往因为企业为争取改善自身的市场地位而引发,并通过价格、新产品开发、广告及为客户增加服务内容等手段来表现。

一般来说,竞争主要是指在市场中和同行的竞争。因为同一类产品或服务会面对相同的顾客群,为了占有市场份额,同行之间往往会争夺市场,从而形成激烈的竞争。但是,如果从行业的角度来看,行业竞争还包括提供某类彼此属于密切替代品的众多企业。

(1)生产相同产品的所有企业间的相互竞争。一是相同产品相同价位的企业间的竞争。比如,家电行业中,长虹、康佳、TCL 等,产品相同,技术含量接近,产品价格很难拉开差距,因此彼此之间互为竞争关系。二是相同产品不同价位的企业之间的竞争。不同企业只要生产相同的产品,尽管可能因为价格不同,某种程度上会减弱竞争关系,但仍然会有竞争。比如,国内一汽集团的奥迪、上海别克等高档汽车与天津的夏利、重庆的长安等虽然不在同一个价位,但彼此之间也是竞争者,因为既有消费能力又有购买意愿的消费者会在多家产品中进行选择,从而相互之间会产生一定程度的影响。

(2)生产类似产品的所有企业间的相互竞争。一是类似产品相同价位的企业间的竞争。在一个行业中,不同企业的产品虽然不完全相同,但功能和用途却比较接近,这些产品同样可以争夺顾客,对企业的市场份额形成影响,因而也可以构成竞争关系。比如,水果饮料、咖啡、茶叶等都是饮料，价格也比较接近，这几类产品的生产企业之间就是竞争关系，因为购买其中任何一种饮料的消费者增加，就会减少其他饮料的市场份额。二是类似产品不同价位的企业间的竞争。不同企业生产完全不同的产品，并不等于它们之间就不存在竞争关系。不同产品只要在某一方面相关联，就有可能相互替代，成为竞争关系。比如，豆制品、肉类、鸡蛋、鱼虾等本来不是相同产品，从表面上看，似乎不存在竞争关系。实际上它们之间可以完全替代，一种产品价格上升就会引起其他产品销量增加，因此这些产品的经营者之间也存在着竞争关系。

从行业角度来识别竞争者时，还应该根据竞争者经营产品的差别程度来考虑竞争的激烈程度。一般来看，相同点越多，竞争的激烈程度越高；相同点越少，竞争的激烈程度越低。

2. 业务范围导向与竞争者识别

面对市场，每一个企业在生存阶段，都要根据自己所面对的内外部环境来确定自己的业务范围，然后随着实力的增强不断扩大业务范围。企业在确定和扩大业务范围时都会自觉或不自觉地受到一定导向的支配。导向不同（产品导向、技术导向、需要导向、顾客导向），竞争者识别和竞争战略就会不同。

小链接

识别竞争者举例，如洗衣机生产企业，提供顾客的产品是满足顾客"清洁"的需要，因此，洗衣机的清洁功能就可以不仅限于衣服类用品，还可以包括对食品、物品的清洁。这样，任何能为消费者提供清洁食品、其他家庭用品产品的企业，都是洗衣机企业的竞争对手。

二、分析竞争者的战略和目标

企业在参与竞争的过程中要想获胜，就必须分析竞争对手的战略和目标。

1. 识别竞争者的战略

（1）营销战略。营销战略是企业为实现发展目标所做出的事关全局的重大部署。具体包括战略目标、战略任务、战略途径和战略措施。了解竞争者的战略，并根据竞争者的战略不断调整自己的战略，才能在竞争中做到"知己知彼，百战不殆"。

（2）营销管理。市场营销管理的任务就是使企业的全部业务适应市场的需求，并努力引导市场需求或创造市场需求，从负需求到过量需求，企业要分别采用不同的措施，所以企业营销管理的模式与管理的水平就成为企业生存与发展的关键，因为竞争者之间面临着相同或相近的市场，所以竞争对手如何管理营销工作，就成为了解竞争者战略的关键因素。

（3）研发战略。一般来说，规模和实力较强大的企业，都有自己的研究与开发团队，通过科学研究与新产品开发来实现技术创新，并通过知识产权来创造有利的市场竞争地位，以提高本企业的竞争实力。因此，能否及时获得竞争者的研发战略及其有关信息，就成为衡量彼此竞争能力强弱的关键，必须全面掌握。

（4）产品状况。企业之间的竞争归根到底是产品与服务的竞争，同类产品的差异、功能、规格型号、产品档次和产品的质量状况，都会影响企业的竞争力。作为竞争对手，必须要了解这些情况。此外，企业为提高产品档次和产品的质量，采取了哪些质量控制措施，品牌的知名度与美誉度如何，都是企业竞争的关键因素，必须全面了解和分析。

2. 识别竞争者的目标

企业竞争的最终目标就是追逐利润，但不同的企业对长期利润和短期利润的重视程度不同，因而对利润满意程度的看法也不同。有些企业追求利润"最大化"目标，有些企业则追求利润"满足"目标，只要实现预期的利润水平，就不再付出更多的努力。而具体的战略目标又有很多，如获利能力、市场占有率、现金流量、成本降低、技术领先、服务领先等，不同的企业有不同的侧重和目标组合。了解竞争者的战略目标及其组合，可以判断它们对不同竞争行为的反应。比如，一个以低成本领先为目标的企业，对竞争企业在制造过程中的技术突破会做出强烈反应，而对竞争企业增加广告投入则不太在意。从美国和日本的情况来看，美国企业多数愿意按照最大限度扩大短期利润的模式经营，因为当前的经营绩效决定着股东的满意度和股票的价值。日本公司则按照最大限度扩大市场占有率的模式经营，因为日本企业的贷款利率低，资金成本较小，所以对利润的要求也较低，因此在市场渗透方面，显示出更大的耐心。

竞争者的目标由多种因素确定，除上述因素外，还包括企业的规模、历史、经营管理状况和经济状况等。

3. 判定竞争者的反应模式

识别竞争者的战略和目标，进一步把握竞争者对企业行为的反应以及可能采取的行动。竞争者的反应模式主要有四种类型。

（1）从容型。从容型指对某一特定的来自市场的竞争行为并不迅速做出反应或反应不强烈的反应模式。其原因主要有两个方面：一是对顾客的忠诚度充满信心，充分相信自己的业务能力，因而确信竞争者争夺市场、争夺顾客的行为不会影响本企业产品的销售与市场开拓；二是缺乏做出反应所必须具备的能力。如果企业缺乏足够的资金，或者对市场竞争没有充分的认识，就会对市场竞争行为反应冷漠。这两种情况都会使竞争者面对市场竞争时显得从容不迫。

（2）选择型。选择型指那些对某些攻击行为做出反应，而对其他攻击行为不予理睬的反应模式。从市场行为对竞争者的威胁来看，降低产品价格的威胁最为直接。因此，竞争者通常都会对降价行为反应敏感，经常会很被动地采取行动，被迫降低本企业产品或反应物的价格，但对竞争者增加广告宣传费用的竞争行为可能不太注意。也许因为它们对广告宣传缺乏足够的认识，也可能认为广告宣传会增加经营成本从而减少利润，一般情况下，竞争者在经营理念、优势劣势、产品档次等方面还是有差异的。因此，企业面对竞争行为的反应，绝大多数会采取选择型。

（3）凶暴型。凶暴型指竞争者对向其所拥有的领域发动任何攻击都会迅速做出强烈反应的反应模式。从竞争者的角度来看，任何竞争行为都具有某种程度的挑战性。如果竞争行为是由市场挑战者做出，就会更为明显，居于市场领导地位的竞争者通常会做出非常激烈的反应。市场领导者一般不会轻易允许竞争者占据其市场，争夺其顾客，因而会对挑战者的行为做出十分凶暴的反应,并会采取多种措施进行报复。原因来自于两方面:一是要维护自己的市场地位,控制市场竞争的主动权;二是居于统治地位的企业拥有足够的实力采取凶暴的反应措施。

小案例

　　提起微波炉,几乎所有的中国人都会想到"格兰仕"这一品牌,因为在某种程度上,它是微波炉的代名词。巅峰时期曾占据全球微波炉 70% 市场份额的格兰仕,希望构筑它的微波炉"帝国之梦"。然而,任何一个想要垄断市场的企业,必定会受竞争对手的入侵和猛烈反击,格兰仕也不例外。

　　进入 21 世纪之后,当格兰仕与 LG 为争夺微波炉市场份额而短兵相接时,美的集团挟巨资挺进微波炉市场,与同城兄弟格兰仕进行 PK,当年就从格兰仕手中抢去近 10% 的市场份额。格兰仕对美的集团的挑衅岂能坐视不管,在失去部分阵地之后决定予以反击。格兰仕很快宣布:以 20 亿元杀入空调市场,直指美的心脏。美的集团虽然不是空调业的领导者,但绝对是一个重要的参与者。格兰仕在空调市场上发力,让美的集团如芒刺在背。更可怕的是,格兰仕还高调从美的集团的人才队伍中挖墙脚,更让美的集团寝食难安。格兰仕集团与美的集团为争夺市场份额开展了一连串的进攻与反击战,从后来的市场效果看,格兰仕空调尽管没有如预期那样在市场上热销,但美的微波炉的发展却严重受制,并且空调业务也受到威胁。

　　资料来源:刘军跃等,从博弈论看"格兰仕"与"美的"之争,《商业研究》,2002 年 10 月。

案例思考:
分析格兰仕集团反击策略的利与弊。

　　(4)随机型

　　随机型指并不会表露可预知反应的竞争者的反应模式。在竞争过程中,有些竞争者的反应模式并不一致,从其历史与现状的各种情况采分析,可能有时会做出反应,有时却无反应;有时反应激烈,有时则较为平静。这种竞争者的行为较难预测,因而是企业在做出竞争行为之前要重点研究的竞争者。如果企业高层管理者变化频繁,企业领导的价值观和经营理念与一般企业差异较大,企业之间并不具有明显的可比性,这些因素都会使竞争者的反应表现出很大的随机性。

三、确定竞争者与基本的竞争战略

　　企业确定竞争者并分析了竞争者的战略和目标之后,就可以明确自己的主要竞争对手,并决定自己的进攻对象,即就攻击或避开竞争者做出决策。

　　1. 确定竞争者

　　确定竞争者的方法主要有以下几种。

（1）竞争者的强弱

多数企业认为，应该把较弱的竞争者作为进攻目标，因为这样做可以节省时间和资源，不仅成功的可能性大，而且还能获得事半功倍的效果，但缺陷是获得的利润较小。而有些企业认为应该以较强的竞争者作为进攻目标，这样做可以提高自己的竞争能力，而且能获得较大的利润。

（2）竞争者与本企业相似程度的大小

多数企业主张与相似的企业展开竞争，但同时又认为应该避免摧毁相似的竞争者。因为那样做反而可能对自己更为不利，如竞争成功后要面临更为强大的竞争者。

（3）竞争者的表现良好还是具有破坏性

行业中的竞争者通常可以分为表现良好和破坏性两种类型。表现良好的竞争者能按照行业规则活动，按合理的成本定价，这样做有利于行业的稳定和健康发展。它们激励其他企业降低成本或增加产品的差异化，接受合理的市场占有率与利润水平。而具有破坏性的竞争者则不遵守行业规则，常常不顾一切地去冒险，投资于风险过高的产业，用不正当的手段扩大市场占有率，结果扰乱了行业的均衡和秩序。

根据以上分析可以看到，各行业的竞争者都有表现好坏之分，那些表现好的竞争者，试图组成一个只有好的竞争者的行业。在好的竞争者的行业内，各个竞争者都遵守行业规则，凭借自己的力量扩大市场份额，提高企业的知名度，彼此之间表现出一定的差异性，从而减少直接的冲突，有利于行业的健康发展。

2. 企业市场竞争的战略原则

企业要想在和对手的竞争中获胜，不断提升自身的实力，就应该确立市场竞争的战略原则。

（1）创新原则

创新是企业的生命。技术发展水平的加快，消费者需求及偏好的变化，企业之间竞争的加剧，都要求企业不断开发出成本低、性能好且适销对路的新产品。企业只有从市场出发，做好市场调研与预测，了解消费者的需求及偏好，努力开发研制新产品，才能掌握竞争的主动权，提升自己的核心竞争力，在市场竞争中立于不败之地。

（2）质量原则

企业追求利润最大化，而消费者追求的则是效用的最大化。高质量的产品是企业和消费者追逐的核心，因为利润最大化必须建立在高质量的基础上，而效用最大化就更需要高质量来保障。所以企业应当从自身利益和消费者利益出发，生产高质量的优质产品，赢得消费者信任，就可以不断提高自己的竞争实力。

（3）低价原则

在市场竞争中，价格也是一个很重要的因素。同类同档次产品中，谁的价格较低，谁的产品就有需求，因为价格是市场需求的调节器。企业应当在保证产品质量的前提下，提高管理水平，努力降低生产成本和营销成本，提高生产率，降低产品价格。和竞争对手相比，以较低的价格取胜。

（4）服务原则

企业应该真正把消费者当成"上帝"，能向消费者提供比竞争者更完善的售前、售中和售后服务,通过高质量的服务不断延伸产品的价值来赢得市场,从而战胜竞争对手。

3. 基本的竞争战略

市场竞争战略就是资源企业为了自身的生存和发展,为在竞争中保持或提高竞争地位而确定的企业目标及为实现这一目标所采取的各项策略的组合。参与市场竞争的不同企业,根据企业竞争领域及态势,各自的营销目标和资源条件,制定不同的竞争战略,其中基本的竞争战略有以下三种。

(1) 成本领先战略

成本领先战略是指企业生产的产品的成本低于同行业的其他企业。采用这种战略,要求企业尽一切可能扩大生产、销售及研发等各个方面的规模,以达到降低单位产品成本的目的。要使总成本最低,就要求企业有较高的相对市场占有率或其他优势。比如,能以合适的价格购买所需要的原材料,产品的设计便于制造,比较宽的产品系列便于分摊费用等,如榕兰仕微波炉的循环模式为:规模优势→成本优势→价格优势→销量优势→规模优势。这种低成本战略,使它发展成为规模最大的微波炉生产企业。

小案例

比亚迪的营销成功得益于公司的成本领先战略:① 选择进入门槛低、生产模式简单的二次充电电池行业;② 以手工组装的生产线来对亢初次投入成本高和更新换代成本高的自动化生产线,同时具备了低成本和灵活性;③ 自身具备强大的研发实力,通过在流程和材料上的改进大幅节约企业成本。

为了寻求新工艺,比亚迪和上游材料供应商共同研发,共同制订降低成本的方案。如镍镉电池需用大量的负极制造材料钴,如果选用性能较好的钴,成本非常高。比亚迪与深圳一公司合作,找出国内外钴的品质差距,制定了提高国产钴品质的办法,使国产钴达到国际品质要求,同时较国外产品成本下降40%。由于负极材料应用极广,仅此一项,比亚迪一年就可以节省数千万元。

自身强大的研发实力是比亚迪领先于其他同行的根本。公司目前拥有研发人员200余人,下设设备齐全的电池材料研究中心、电池技术研究中心和新产品开发部门。公司在欧洲、美国、日本、韩国、中国香港和上海等地设立了研发机构。靠研发节省成本,是比亚迪的一大成功实践。

资料来源:郭国庆,《市场营销学》,中国人民大学出版社,2011 年 6 月。

案例思考:
分析成本领先战略对于比亚迪竞争力的意义。

(2) 差异化战略

差异化战略是指企业通过开发别具一格的产品线或营销项目,以争取在产品或服务等方面和竞争者相比有独到之处。差异化战略不仅包括产品差异,还包括品牌、包装、款式、服务等各方面的差异。差异化战略已经成为企业竞争的主要策略,同时也是阻挡竞争对手的策略之一,因为差异化会增加顾客的忠诚度,使顾客甘愿接受较高的价格。但差异化会导致成本增加,因为它可能会需要更多的开发研究与设计、质量更好的原材料及为顾客提供更多的服务。比如,苹果公司投入更多的开发研究与设计成本,先后在竞争较成熟的 MP3 市场和手机市场生产出别具一格的 iPod 和 iPhone,受到全球消费者的青睐,且其销售价格可以比竞争对手高出许多,从而一举取得成功。苹果公司的成功,可以归功于其差异化战略的运用。当然,在某些市场,差异化战略也可能取得较低的成本,或者能取得与其他竞争者相当的成本。

小案例

随着投影机的逐步普及,投影幕有了飞速的发展,随着人们对于投影幕认识的不断加深,投影幕市场需求还在进一步扩大。但是,繁华背后也隐藏着危机,如今日益标准化的投影幕生产,使得投影银幕产品的同质化严重,没有特色,缺乏个性,没有技术,没有品牌附加值,让众多消费者无法感受到产品的差异化,同时很多厂商也只在成本、价格方面做文章,无法体现品牌内涵所在。随着中国投影幕市场的不断成熟,如何在同质化中寻找差异化成为投影幕企业最应该关心的话题。

著名的投影幕生产厂商 JK 就深谙差异化战略之道。在技术上,JK 始终坚持自主创新;在材质幕布的选料上,JK 始终坚持选用进口幕布,这点与其他同行厂商的差别是比较大的;在分销渠道上,JK 帮助经销商不断掌握产品领域内最新的知识和技术,形成对经销产品技术、功能最深刻的理解,与经销商自身在特定的地域或行业经验和关系相结合,通过专业化的服务实施差异化营销策略和体现产品创新特性,最终形成他人难以复制的竞争优势,在特定销售区域做到一枝独秀,同时经销商还必须利用技术及经验优势对下游渠道及最终用户进行全面的支持。正是在产品、服务、技术上的差异化使得 JK 在中国市场取得了突出的营销绩效。

资料来源:郭国庆,《市场营销学》,中国人民大学出版社,2011 年 6 月。

案例思考:
JK 通过产品、技术与营销差异化形成他人难以复制的竞争优势,给予你怎样的启迪?

(3)聚焦战略

聚焦战略要求企业集中全部力量为一个或少数几个特定的细分市场服务,以更好地满足目标顾客的特殊需要,从而取得局部的竞争优势,或者为顾客服务时实现了低成本,也可能同时取得了这两种优势。

小链接

竞争战略(competitive strategy),是由"竞争战略之父"迈克尔·波特于 1980 年在其所著的《竞争战略》一书中所提出来的。以波特为代表的战略理论学派认为企业在差异化和成本领先之间只能选择一个,否则就会因被"夹在中间"而在两个方面都不能建立起优势。另一个战略理论学派则认为组合战略(差异化战略和成本领先战略组合在一起的战略)是最优的,而且在很多情况下可以带来更好的绩效。二者之间的争论至今仍未有共识。

第二节　市场主导者战略

市场主导者是指在相关产品的市场上占有率最高的企业。一般说来,大多数行业都有一家企业被认为是主导者,它在价格变动、新产品开发、分销渠道的宽度和促销力量等方面处于主导地位,为同行业所公认。它是市场竞争的导向者,也是其他企业挑战、效仿或躲避的对象,如软件行业的微软公司,快餐市场的麦当劳,软饮料行业的可口可乐,零售业的沃尔玛等,不仅是美国市场上的主导者,也是世界市场上的主导者。我国的海尔、长虹、新希望等,也都是市场领导者。市场主导者的竞争地位是在竞争中自然形成的,但不是固定不变的。

市场主导者要想保住"龙头老大"的地位,应从以下战略角度考虑:扩大总需求,保护现有市场份额,扩大市场份额。

一、扩大总需求

市场主导者在市场上占有的份额最大,在市场总需求扩大时获利能力也会最强。而扩大总需求的途径则是寻找产品的新用户、开发产品的新用途,以及增加顾客的使用量。

1. 寻找产品的新用户

寻找产品的新用户是扩大市场总需求的主要手段,一般采用的方法有以下三种。

(1) 转变未使用者。说服那些未使用过本企业产品的人尝试使用本产品,把潜在的顾客转变为现实的消费者。比如,太阳锅巴一开始是孩子和女性的零食,能否也让它变成男士们的食品?企业就要研究男士什么时候需要这种零食。经过调研,发现大多数男士喝啤酒的时候需要零食,所以太阳锅巴的广告词是:"太阳锅巴,啤酒伴侣。"结果把喝啤酒的男士们吸引过来,转变未使用这种产品的男士为使用者。再如,娃哈哈钙奶具有补钙的功能,孩子、妇女和老人,都需要补钙。

(2) 发掘潜在的顾客,进入新的市场细分。"新的市场细分"指顾客以往使用本行业产品,但不使用其他细分市场的同类产品和品牌。新的市场细分,就是要把产品卖给从未使用过本企业产品的用户。比如,原来专为女性生产的洗发剂,现在又成功地推销给男士和婴幼儿使用。

(3) 增加新的销售渠道。寻找尚未使用本产品的消费者,开发新的市场销售渠道。例如,葡萄酒厂原来只有通过烟酒公司等中间商使产品最终到达消费者手中,现在为了增加销售量,有的葡萄酒厂自己开经销店,直接将产品卖给消费者,同时还和各大中城市的大饭店、旅馆挂钩,直接把葡萄酒卖给这些单位,从而扩大销售量。

2. 增加使用量

(1) 增加使用次数。企业可以努力使顾客更多地使用本企业的产品,例如,肉联厂可以宣传它生产的火腿肠,不仅可以加在面包里吃,而且可以炒菜、做汤、做沙拉、野餐,味道同样鲜美,因而早、中、晚都可以吃。再如,保健品,要求每天早晚各服一次,这样就可以增加使用次数,以此提高销售量。

（2）增加使用量。企业努力使用户在每次使用时都能增加该产品的使用量。例如,油漆公司可以给客户暗示。每次使用本企业的产品来油漆家具时,起码要涂三遍以上,油漆的次数上得愈多,则家具会愈光亮,愈美观。

（3）增加产品的新用途。企业应努力发现本企业产品的各种新用途,并且要使消费者相信它还会有更多的用途。例如,为制造降落伞而发明了尼龙,后来发现尼龙还可以做成衬衣等各种服装,再后来又发现尼龙能做成轮胎,可大大增加轮胎的强度和耐性,这就为尼龙这种产品不断增加了新的用途。

二、保护市场份额

在市场中处于主导者地位的公司在努力扩大市场总需求的同时,还应该注意保护自己现有的市场份额,从而使自己的现有业务免遭竞争者入侵。最好的防御方法就是不断创新,掌握主动权,持续增加竞争效益和顾客的让渡价值。防守战略的主要目标是减少受到攻击的可能性,或将进攻目标引到威胁较小的区域,进而设法减弱进攻的强度。

1. 巩固阵地

围绕企业目前的产品和业务来巩固自己的阵地,根据竞争者的产品、价格、渠道和促销方面可能采取的进攻战略来制定自己的防御营销战略,并在竞争者发起进攻时,坚守原有的产品和业务阵地。当然,要更为主动地坚守阵地,还要靠企业的技术创新、新产品开发和业务领域的扩展,为企业从根本上赢得竞争实力。海尔集团两用洗衣机、蓄能型电冰柜的开发,就是很好的例证。

小案例

中国的移动通信市场经历多年的改革阵痛和市场洗礼之后,逐步走向理性的竞争轨道。然而,2002 年开始,"血腥和杀气"充斥着整个移动通信市场,短兵相接的对攻战在全国各地相继上演。中国移动和中国联通为了争夺各自的地盘而展开了一场影响市场格局的战斗。中国移动和中国联通是电信市场改革中先后诞生的婴儿,但是,先天不足的中国联通无论从规模还是实力方面都难以与中国移动相抗衡。中国移动占据了中国移动通信市场 80% 以上的份额,至少是联通的三倍以上,其全球通品牌更是囊括了中国手机用户中 95% 的高端用户。中国联通不仅市场份额低,且用户主要集中在中低端,盈利能力更是比不上中国移动。所以,2002 年以前的中国移动通信市场其实还是中国移动一头独大的形势,联通无法与移动站在同一水平线上。但联通人明白,要想生存,必须自力更生,自谋出路。进入 2002 年,中国联通拿出了自己"蓄谋已久"的全新网络通信技术 CDMA,开始对移动通信市场进行大规模进攻,希望扩大市场份额并争夺中国移动的用户。面对 CDMA 技术带来的冲击,中国移动 GPRS 并没有坐以待毙,短暂观望之后,就开始应对这场市场争夺大战。这场大战至今尚未结束,现在也难以判断 CDMA 能否颠覆 GPRS 的垄断地位;但是,从市场竞争新格局的形成、市场秩序的规范、消费者需求满足与利益维护等多方面看,它都具有极大的积极意义,是一件利国利民的事情。

资料来源：

1. 李树春,决战中的较量:CDMA VS GPRS,《信息系统工程》,2002(21)。

2. 一哲,GPRS 大战 CDMA——中国联通、中国移动的市场竞争,《中国经营报》,2003 年 2 月 12 日。

案例思考：

GPRS 与 CDMA 之间的竞争给予你什么启示？

2. 以攻为守

在竞争对手还未构成严重威胁或者向本企业采取进攻行动前,抢先发起进攻来削弱或挫败竞争对手。有些企业在竞争对手的市场份额接近于某一水平而危及自己的市场地位时,向对手发起进攻;有的企业在竞争对手推出新产品或推出新产品的促销活动前,抢先发起进攻,或者向市场抢先推出自己的新产品,或者宣布新产品开发计划,或者开展大张旗鼓的促销活动,以此压倒竞争者。如美国得克萨斯仪器公司宣布,两年后投产一种随机存储器,并宣布了价格;一周后柏马公司宣布自己的同类产品价格更低;三周后,摩托罗拉公司宣布它的同类产品比前两家价格更低。又过了两周,得克萨斯仪器公司宣布,它的产品的价格是摩托罗拉公司的一半,柏马公司和摩托罗拉公司就放弃了这种芯片的生产。得克萨斯仪器公司以攻为守,逼迫对手放弃了该产品的生产。

3. 反击防御

这是市场主导者受到竞争者攻击后采取的一种反击措施。这种反击防御,关键是选择反击的时机,既可迅速反击,也可延迟反击。如果竞争对手与自己采取相同的竞争措施,对自己的市场份额构成了强大的威胁,就要正面迎击对方的进攻。比如,对手开展大幅度降价或大规模的促销等活动,市场领导者就应凭借自己的资金实力和卓越的品牌声誉,有针对性地采取降价和促销活动,有效地击败对手。如果竞争者的攻击行动并未造成本公司市场份额的明显下降,就可以采取延迟反击的策略。在进行反击之前,首先应弄清楚竞争者发动攻击的意图、战略、效果及其薄弱环节,再实施反击,这样做针对性强,获胜的可能性更大。

三、扩大市场份额

一般情况下,如果单位产品价格不降低而且经营成本不增加,企业的利润会随着市场份额的扩大而提高。对多数产品来说,市场份额的每个百分点价值往往是数千元到数亿元。在市场份额提高的同时,如何增加利润,应考虑以下几点。

1. 经营成本

很多产品在销售过程中,会遇到这样的现象:当市场份额持续增加而未超出某一限度时,企业利润会随着市场份额的扩大而提高;而当市场份额超过某一限度或者继续增加时,经营成本的增加速度就会大于利润的增加速度,企业的利润会随着市场份额的增加而降低。形成这一现象的原因,主要是用于提高市场份额的费用在增加。如果出现这种情况,企业应该把市场份额保持在该限度以内。

2．营销组合

如果企业的营销组合战略失误,如过分地降低商品价格,过高地支出公关费、广告费、渠道拓展费、销售人员和营业员的奖励费等促销费用,或承诺过多的服务项目而导致服务费用大量增加等,则市场份额的提高可能反而会造成利润的下降。

3．反垄断法规

为了防止出现市场垄断,保护自由竞争,许多国家都有关于反垄断的法律规定。如西方有些国家就规定,当某一公司的市场份额超出某一限度时,就要强制性地将其分为若干个相互竞争的小公司。如果占据市场领导者地位的公司不想被分解,就要在自己的市场份额接近于临界点时,主动加以控制。

第三节　市场挑战者战略

市场挑战者是指在行业中仅次于市场主导者的企业,因为它有能力对市场主导者和其他竞争者采取攻击行动,希望夺取市场主导者的地位。

一、确定战略目标及竞争对手

确定战略目标及竞争对手,对于市场挑战者来说,是非常关键的一步。因为绝大多数市场挑战者的目标,是增加自己的市场份额和利润,减少竞争对手的市场份额,所以战略目标与所要进攻的竞争对手关系密切。

1．攻击市场主导者

当市场主导者在其目标市场的服务效果下降从而使顾客不满,或者对某个较大的市场未能给予关注时,市场挑战者可以采用这一战略。通用公司利用福特公司车型和颜色单一的弱点,抓住市场机会,开发年轻消费者喜欢的车型和颜色,从福特公司手中夺取了市场。这一战略风险较大,但是一旦成功,获利能力也是最强的。

2．攻击规模相同的公司

对于规模相同的竞争者来说,公司应当侧重了解对手的经营状况、资金及研发实力,仔细调查竞争者是否满足了消费者的需求,是否具有产品创新的能力。如果对手在这些方面有缺陷,就可作为攻击的对象,直接发起进攻。

3．攻击规模较小的公司

有些企业规模较小,资金实力相对不足,产品知名度不高,管理难以实现科学化、规范化,以至于存在许多问题。许多实力雄厚、管理有方的大企业、外国独资企业或合资企业,一旦竞争,很快就击败了这些弱小企业。

二、市场挑战者的战略

市场挑战者选择战略时,应该遵循"密集原则",即把优势资源集中在最关键的时间和地点,以达到自己进攻的目标。

1．正面进攻

正面进攻指选择竞争对手的强项发起进攻。比如,当对手的产品市场前景看好时,自己以更好的产品、更低的价格、更大规模的广告宣传和对手的产品竞争。一般来说,降低价格是正面进攻常用的一种方法,进攻者要让顾客相信自己的产品和竞争对手的产品性能相同且价格更低,这种进攻就会成功。要使降价竞争能够持久而且不损伤自己的元气,企业必须千方百计地降低成本。决定正面进攻胜负的关键是"实力原则",也就是说,当进攻者比竞争对手拥有更加强大的实力和持久力时,才能采取这一战略。

2. 侧面进攻

侧面进攻指寻找和攻击对手的弱点。寻找对手弱点的主要方法是分析对手在各类产品和各个细分市场上的实力和绩效,选择对手实力薄弱的部分,或者绩效不佳,或者现在尚未覆盖市场而又有潜力的产品和市场作为突破口。一方面向竞争者在经营不善的地区进行主动进攻;另一方面,填补市场领导者尚未服务的市场需要。许多企业就是走"农村包围城市"的道路,避免在大都市与强大的竞争者发生正面冲突。宝丽莱的一次成像,既解决了广大消费者对证件照的急需,也解决了人体美的隐私问题。

3. 迂回进攻

迂回进攻指绕过竞争对手较为容易进入的市场发动进攻,从而扩大自己的实力。主要方法指进入新的技术领域,通过新产品来替代现有产品。高新技术产业通常采用这种迂回战略,挑战者既不模仿竞争者的产品,也不发动代价高昂的正面进攻,而是潜心研究开发新技术,当其在市场上占有一定优势时,才发动进攻,从而使竞争转移到自己占优势的领域。

4. 游击战

游击战指向竞争对手不同的地区发动不定期的、小规模的攻击。通过有选择的降价、促销行动和轰动效应等,集中优势资源,在小范围内对竞争对手进行集中进攻。

三、挑战者竞争的具体方法

1. 价格折扣

价格折扣指以较低的价格向顾客提供与市场主导者相类似的产品,通过推销,使顾客相信其产品与服务的水平和市场主导者的企业相当,让顾客充分感受到本企业的产品价格与市场领导者的产品价格之间的差异,从而促使原来市场主导者的顾客转而购买自己的产品。

2. 廉价产品

廉价产品指以极低的价格向市场供应材料、性能、功能和工艺都很一般的产品。这种策略一般只在某个细分市场内,感兴趣的顾客达到相当多的人数时,才有效果。这在本质上,还是一种差异化战略。

3. 高价产品

高价产品指推出比市场主导者的主导产品的品质更好的产品,并以较高的价格向市场提供,以此表明购买此产品的顾客的身份和地位。这种产品在设计、选材和生产过程中,要大量投入成本,一定要真正做到比主导者产品高出一筹。

4. 产品繁殖

产品繁殖指通过推出大量不同样式、规格、材料、色彩、味道的产品,加深产品线的深度,使顾客有更多的选择空间。因而,挑战者就可以将市场主导者的市场份额逐步据为己有。

5．产品革新

产品革新指通过不断推出新产品来吸引顾客,从而逐渐占据市场。通用公司就是靠产品革新战胜了福特公司。

6．改善服务

改善服务指通过多种方法向顾客提供新的或者更好的服务,以此达到扩张市场空间的目标。海尔、长虹、小天鹅等家电产品不但品质超群,而且向顾客提供优质的售后服务,在家电市场很快占据优势。

7．降低成本

降低成本指通过谋求提高生产效率的方式来降低劳动成本,通过使用现代化的设备等手段,使自己的生产成本比竞争者的更低。

8．密集广告

密集广告指挑战者通过增加广告和促销费用来达到攻击市场主导者的目的。不过,这只有在挑战者的产品或广告信息表明其具有某些竞争优势时,才可以使用。否则,大量的促销开支也难保证取得良好的效果。

第四节　市场跟随者战略

市场跟随者是指愿意维持现状而在营销中使用模仿战略的企业。这类企业并不进行产品革新,而只是模仿或改进革新者所推出的新产品。一般情况下,市场跟随者主要是谋求用某种特殊能力来参与市场竞争,有些竞争者甚至可以通过这类战略获得比本行业其他企业还要高的投资回报率。所以,市场跟随者企业是挑战者的主要目标,跟随者只有通过保持较低的成本与价格、高质量的产品与优良的服务,才能在激烈的竞争中获得成功。

一、紧密跟随者

紧密跟随者是指尽可能在各个细分市场和营销组合领域,模仿市场主导者,从不采取激进手段阻挡主导者的发展。因为他们是利用市场领导者的投资和营销组合策略去开拓市场,所以被视为依赖市场领导者而生存的寄生虫。我国温州大量的中小企业,在服装、皮鞋、丝袜等许多领域具有很强的仿造能力,这种仿造和改良虽然难以对市场主导者构成致命的威胁或取而代之,但可以节省开发费用,缩短产品推出时间,也能生存和发展。

二、距离跟随者

距离跟随者是指在基本方面模仿市场主导者,但坚持与主导者企业的产品保持一定的差异性,如在包装、广告和价格上保持差异性。如果模仿者不对主导者发起挑战,主导者一般不会介意。在钢铁,化肥、化工等同质产品行业,采用距离跟随战略比较普遍。因为不同企业的产品相同,服务相近,不易实现差异化战略,所以价格几乎成了吸引购买者唯一的手段。如果利用价格战攫取短期市场份额一般会遭到同行的报复,多数公司尽量避免采用。所以采取模仿市场主导者的战略,不失为一种明智之举。必须强调的是,模仿跟随者战略与假冒伪劣不是一个概念。

三、选择跟随者

选择跟随者是指在某些方面跟随市场主导者,在某些方面又自行其是的企业。因为市场跟随者的实力一般比较有限,在很多情况下并不是全面跟随,他们先接受市场主导者的产品、服务和营销战略,然后有选择地改进。为了避免与市场主导者正面交锋,只能选择其他市场销售产品。

第五节　市场补缺者战略

每个行业几乎都有一些小企业,它们专注于市场上被大企业忽略的某些细小部分,在这些小市场上通过专业化经营来获得最大限度的收益,也就是在大企业夹缝之中求得生存和发展。处于这种位置的企业被称为市场补缺者。如我国台湾地区就有不少照相器材产品制造商,专为世界大公司主流产品生产配套产品,如快门线、镜头盖用的连接线、脚架套等。我国台湾地区也是目前世界上最大的计算机配套产品生产地。再如我国许多街道小厂,原来生产冰箱保护器这类小产品等。这些企业对市场的补缺,可使许多大企业集中精力生产主要产品,也使这些小企业获得很好的生存空间。

作为市场补缺者,在竞争中最关键的是寻找到一个或多个安全的和有利可图的补缺基点。理想的市场补缺基点应该具有的特点是:

第一,有足够的市场需求量或购买量,从而可以获利;

第二,有成长潜力;

第三,是大的竞争者所不愿经营或者是忽视了的部分;

第四,企业具有此方面的特长,或者可以很好地掌握补缺基点所需要的技术,为顾客提供合格的产品或服务;

第五,企业可以靠建立顾客信誉保卫自己,对抗大企业攻击。

市场补缺者在市场上选择某些专业化的,难以吸引大企业的一部分市场作为目标市场,专营大企业可能忽略的或者不屑于经营的业务,为此类市场提供产品或服务。企业处于发展初期而且规模较小时,大多采取这种策略。因为补缺者市场有利可图,许多大中型公司也设立专门的业务部门或分公司,进入这一市场。

在现实经济生活中,许多盈利能力较强的中小企业,往往把自己的经营成功归结为补缺者战略的灵活运用。他们特别注意在市场、顾客、产品或营销组合等方面的专业化。例如,服装公司专门为市场利基者发展的关键是实现专业化,一般可供选择的战略主要有:① 生产规模专业化。公司只生产中小学生校服。② 顾客规模专业化。公司集中力量分别向某种规格的顾客提供销售或服务。③ 特殊顾客专业化。公司可以专门向一个或若干个大客户销售产品,许多小公司只向一家大公司提供其全部产品。④ 地理市场专业化。只向某个或某几个地点销售产品。⑤ 产品特色专业化。只生产某种产品或特点极为明显的产品。比如,专门经营粗粮饭食的饭馆,专门出租儿童玩具的公司等。⑥ 客户订单专业化。只生产顾客订购的特质产品。⑦ 服务专业化。只提供一种或几种其他公司所不具备的服务。比如,某家政服务公司专门为无暇接送孩子的家庭提供接送小孩的服务。⑧ 销售渠道专业化。公司只为某类销售渠道提供服务。

市场补缺者大多都是弱小者,面临的主要风险是当竞争者面临目标市场的消费习惯变化时,可能陷入绝境。因而,它的主要任务有三项:创造补缺市场、扩大补缺市场、保护补缺市场。企业要争取不断地创造多种补缺市场,就会避免风险,增加生存和发展的机会。

总之,企业对市场竞争战略的选择,主要是由企业自身所处的地位决定的。而这种地位在大多数情况下,是由企业自身的性质、规模、经营方式、资金状况等要素所决定的。因此企业在进行竞争战略选择时,必须从企业自身的条件和外部环境等实际情况出发。需要特别强调的是,企业同竞争者展开竞争是很有必要的,如果不在竞争中快速发展,就有可能被竞争所淘汰。但是,企业决不能因为竞争的重要,就使自己的营销活动不以顾客为中心,而是以竞争为中心,把更多的时间和精力用在追踪竞争者的行动上,而不是用在跟踪顾客的需求上,这样会本末倒置,使企业的经营陷入误区。

本章小结

1. 市场竞争是构成营销的重要基础要素,企业是因为有竞争才成为营销者的。竞争观念也是营销观念的核心组成部分。竞争就是指两个以上企业在同一市场生产提供相同或可替代产品。从营销角度对竞争分类,主要有欲望竞争、类别竞争、形式竞争和品牌竞争。欲望竞争是新的竞争观念,强调通过扩大基本市场进行竞争。因此,与传统品牌竞争相比,更符合营销观念的内涵。

2. 竞争对手是市场竞争的行为主体,能够生产提供与一个企业相同产品或服务的其他企业,就是这个企业的竞争对手。从营销管理角度对竞争对手进行分类,重要的是按占有份额进行,从大到小有市场领先者、市场挑战者、市场追随者和市场补缺者。从顾客的角度看,能够满足顾客某种需要的企业都是企业的竞争对手,这是现代营销管理中提出的新竞争观念。

3. 为了取得竞争胜利,企业需要制定有效的竞争战略。竞争战略是服从营销战略目标的。竞争战略是营销企业为了对付竞争对手和适应竞争环境变化而制定的策略及方法的总称。

4. 制定竞争战略需要遵循一定的步骤,主要步骤是:竞争环境分析,其中重要的是对竞争对手的分析;确定市场竞争战略目标,目标要求有可行性、有资源保证、有一定弹性和易于理解;确定市场竞争战略方案,根据涉及的营销组合因素进行分类,有三种不同战略方案,即总成本领先、差异竞争和目标集中;根据竞争抗衡程度分,有打进战略、渗透战略、对抗战略和保持战略;确定竞争战术、战略总结和建立反馈系统。

5. 市场领先者的竞争战略主要是保持已有的市场份额,主要奉行扩大市场总规模、防御和扩大市场份额的战略。挑战者具有进攻性,主要奉行进攻战略,进攻战略有正面进攻、侧翼进攻、包围进攻、绕道进攻和游击进攻。市场追随者需要保持现有份额并谋求一定发展,主要的竞争战略有紧紧追随、保持一定距离的追随和有选择的追随。市场补缺者都是小企业,在竞争中要能按专业化分工的原则确定发展方向,找到"理想的补缺基点"来获得发展机会。

学习思考

1. 论述对竞争者进行分析的步骤和内容。
2. 简述市场主导者可采用的防御战略。
3. 试述企业市场竞争的总体战略。
4. 如何依据销售商的数量及产品差异程度划分行业结构类型？

案例训练

资料一　市场追随者如何摆脱模仿的习惯

2005 年 9 月 25 日，上海联通宣布正式启动其女性服务品牌"就爱我"，这是中国电信行业推出的首个女性品牌。

上海联通打造的专属女性通信品牌瞄准 20—40 岁的女性，面向上海联通的所有 CDMA 和 GSM 女性协议用户。上海联通方面透露，公司的目标是在一年内吸引数十万女性加盟"就爱我"品牌力量。据了解，该品牌首期推出 10 元尝鲜派和 20 元畅享派两款资费，除了话音通信，这一品牌还整合了美容、购物、茶艺等女性感兴趣的信息业务包，争夺女性用户市场。联通原有 GSM/CDMA 协议入网的女性用户可以选择在原有资费上叠加这两款新业务。

一、习惯性追随者联通终于主动出招

在市场份额上，中国移动和中国联通当前的用户数比例是 2∶1 左右，按营销学理论的划分，移动属于市场领导者，而联通是市场追随者。

然而在营销策略上，联通仍然扮演追随者的角色，综观我国移动通信产业的发展史，联通的动作似乎总是比移动慢半拍：早期有神州行和如意通的先后问世；增值业务迅猛发展后移动顺势推出了"移动梦网"业务品牌收效显著，而联通在半年后才姗姗来迟推出了"联通在线"、"联通无限"等多个相似的业务品牌；2003 年移动推出"动感地带"迅速抢占了青少年市场，而联通直到 2005 年上半年才在全国范围内开始推广能与之抗衡的"Up 新势力"；就连暑期的价格战，每每都是移动先发力，联通被迫匆忙应战。

追随和模仿似乎成了联通的一种习惯。不过这一次，联通终于鼓起勇气率先出招了。联通的女性品牌采用市场细分战略，找到了空白的、尚未被移动开垦过的细分市场，以 20—40 岁女性为目标用户群，适用差异化、有针对性的业务和资费标准是明智的。

二、女性品牌需要有显著的、独特的诉求点吸引女性用户

女性品牌作为市场细分战略的延伸已经不是一个新鲜事物，在手机和 PC 领域，TCL 都先后推出了相应的女性手机和女性电脑，并取得了一定的成功。不过移动通信服务与消费电子类实物产品的特性存在较大的差异，适用于实物产品的营销策略不一定能被复制到服务上。TCL 女性品牌的主要卖点均是女性化的"产品外观"和"设计理念"，但服务作为一种虚拟的产品，需要更多强调的是一种用户体验和认同感、归属感。

联通的女性品牌要获得女性用户的认同和青睐，除了常规的资费优惠、业务套餐组合外,还应该有使该品牌显著区别于"动感地带"、"全球通"以及"Up 新势力"和"新时空"的诉求点。

第一,应该找到该年龄段女性普遍的关注点。尽管 20—40 岁的年龄段跨度比较大,但美容、购物等话题是她们普遍感兴趣的。第二,应充分发挥品牌的聚集力和群组效应,就像动感地带在大中学生中被广泛接受一样,女性本身就具有集群和趋同的心理特点,因此如果有增值业务或者特定的服务能够对部分女性构成足够的吸引力,那么与之相近相关的群体很可能主动加入进来。

但同时应该注意到一点,"动感地带"的成功是因为青少年用户的群内差异很小,广泛具备低收入、追求时尚、新业务尝试欲望强烈的特点,而中青年女性因地域、收入、文化水平和社会阶层的不同,群内差异非常大,很难有一种能够普遍适用的业务模式和服务组合。因此,从地域和社会阶层等纬度对女性品牌再次细分,例如可以选择沿海发达地区、消费能力较强的女性用户为突破口;或者定位在收入较高的都市白领女青年,以时尚为主要诉求,寻求该群体内的认同。

联通推广女性品牌"就爱我"所面临的困难要远大于"动感地带"和"Up 新势力",消费者接受和认同该品牌的过程也会比"女性手机"、"女性电脑"等更加漫长,但是作为联通为摆脱"追随者"的形象桎梏、挽救月新增用户数屡创新低的困境而做出的一次大胆尝试,不管成功与否,对联通来说都具有积极的战略意义和参考价值。

资料来源:新浪财经,易观国际:案例——市场追随者如何摆脱模仿的习惯,http://finance.sina.com. cn/leadership/brandmanage/20051029/14252077612.shtml,编者整理。

资料二　中国移动联通电信争 3G 用户　苹果公司成最大赢家

从 2009 年引入 iPhone 之后的表现看,中国联通 2010 年的净利润并未出现爆发式增长,如何在借力 iPhone 实现用户增长的同时,也能给自己带来实际的利润空间,同时带给消费者更多的实惠,是未来三大运营商都需要面对的挑战。

而在三大运营商争夺 iPhone 的背后,则是苹果公司赚得盆满钵满的现实。

一、运营商:缄默应对传言

有消息表示,中国移动的一份内部文件显示,移动将最早于 9 月份签约销售 iPhone,但没有明确是哪款机型,但有业内人士认为,中国移动由于制式原因,将引进简版 iPhone 4。而这种简版的 iPhone 4 将主要靠 WiFi 实现高速上网,因此业内认为符合目前中国移动正在大力建设的 WiFi。而已经和苹果合作的中国联通则将引入 iPhone 5。中国电信可能在 2011 年 10 月同时推出 iPhone 5 和简版 iPhone 4。

有数据显示,由于备受各大运营商青睐,苹果公司在中国地区确实赚得盆满钵满。日前公布的 2011 财年第三季度财报显示,苹果的 2011 财年前三个季度,中国市场的 iPhone 销量增长 5 倍,销售额达 88 亿美元,而这还不包括那些通过其他途径进入中国的苹果水货机。

二、困境:用户大涨利润下滑

来自工信部的数据显示,截至 2011 年 5 月底,全国 3G 用户总数达 7 376 万户,中国联通 3G 用户 2 209 万户,占 30%,可见在争夺用户方面,iPhone 为中国联通立下大功,但在用户增长的同时,中国联通的盈利反而同比大幅下滑。按照中国联通 4 月 26 日发布的 2011 年一季度财报显示,中国联通该季营收 490.3 亿元,同比增长 21.2%,但净利润为 1.66 亿元,同比下降 86.5%。

为此,业内人士杨群表示,除了三大运营商之间的竞争,如何与苹果公司这个巨无霸进行利润分配也是关键。

资料来源:广州日报,中国移动联通电信争 3G 用户 苹果公司成最大赢家,http://news.sina.com.cn/m/2011-08-10/095622966744.shtml,编者整理。

案例思考题

1. 中国联通作为市场追随者的事例有哪些?
2. 中国联通应如何摆脱模仿的习惯?

营销技能训练

1. 在老师的指导下,到所在城市的零售卖点进行一次市场调查,了解其具体的市场竞争战略。

2. 假若某零售商是市场追随者,想要采取一定的措施提升自己的市场地位,从而达到能与市场主导者相抗衡的位置,你认为应该进行怎样的操作,才能达到目的?

第九章

目标市场营销战略

知识目标

- 理解市场细分的概念、作用、依据和方法
- 掌握企业的目标市场概念、类型以及目标市场策略
- 掌握市场定位的概念与步骤、作用及策略

技能目标

- 能够正确选择适合的变量对相关市场进行细分
- 掌握评估细分市场的方法,准确选择企业的目标市场
- 根据企业自身特点采取相应的目标市场策略
- 能根据目标市场的特点进行鲜明定位

案例导入

看人下菜碟的诀窍

20 世纪 90 年代初期,汇源公司就开始专注于各种果蔬汁饮料市场的开发,是国内第一家大规模进入果汁饮料行业的企业。汇源果汁充分满足了人们当时对于营养健康的需求,凭借其 100% 纯果汁专业化的"大品牌"战略和令人眼花缭乱的"新产品"开发速度,成为果汁饮料市场当之无愧的引领者。

汇源果汁市场细分是围绕着市场的地理分布、人口及经济因素等广度范围展开的。目标细分市场可以直接形象地描写出来。汇源公司生产桃汁、鲜橙汁、猕猴桃汁、苹果汁、葡萄汁、木瓜汁等,并推出了多种形式的包装。由于这种"分类"方法简单、易于操作、费用低,大部分企业都可掌握且乐于采用。但只适用于市场导入期,这时候客户的需求较为

简单直接,品牌竞争往往表现得不够明显。汇源果汁此时可以通过这种广度细分取得成功。

但是随着统一、可口可乐、百事可乐、康师傅、娃哈哈等企业纷纷杀入果汁饮料市场,果汁市场进入成熟期,客户的需求也转向多元化和复杂化。此时市场竞争已经由地域及经济层次的广度覆盖向需求结构的纵深发展了,市场也从有形细分向无形细分转化。如统一"鲜橙多",选择了追求健康、美丽、个性的年轻时尚女性作为目标市场。卖点则直接指向消费者的心理需求:"统一鲜橙多,多喝多漂亮。"而"汇源"果汁饮料从市场初期的"营养、健康"诉求到现在仍然沿袭原有的功能性诉求,其包装也仍以家庭装的为主,根本没有具有明显个性特征的目标群体市场,曾经辉煌的成就面临严峻的市场挑战。

资料来源:从汇源果汁谈深度动态市场细分,http://management.mainone.com/marketing/2007-05/10078.htm。

案例思考:
上述案例给我们带来什么样的启示?

任何一个企业都会面对数以千计万计甚至更多的消费者,顾客人数多,分布广,需求差异大,因此,任何一个企业都无法满足整个市场的全部需求。营销管理实践告诉我们只有进行市场细分,选择适合的目标市场,并进行有效定位,企业才能在市场竞争中确立起自己的竞争优势。

市场细分、目标市场选择、市场定位是不可分割的一个系统,三者构成了目标市场战略的全过程。菲利普·科特勒在《营销管理》中说现代战略营销的核心可以称为 STP 营销,即细分市场(segmenting)、选择目标市场(targeting)、市场定位(pcsitioning)。

第一节　市场细分

市场细分是 1956 年由美国营销学者温德尔·R. 史密斯(Wended R. Swith)在《产品差异和市场细分——可供选择的两种市场营销战略》一文中提出的。市场细分就是企业根据自身条件和营销意图,以需求的某些特征或变量为依据,区分具有不同需求的顾客群体的过程。经过市场细分,在同类产品市场上同一细分市场的顾客具有较多的共性,不同细分市场之间的需求具有较多的差异性。市场细分理论的产生,是现代企业营销观念的一大进步,在理论和实践中都产生了极大影响。

一、市场细分理论产生的客观因素与理论依据

1. 客观因素
(1) 消费者需求的差异性
消费者需求的差异性是指消费者个人由于经济、地理、文化层次和民族习惯等方面的差异,形成了各种各样的偏好和兴趣,对商品的需求是千差万别的。消费者对商品的质地、价格、色彩、款式等的要求不同,需求动机和行为呈现多元化,并且这些需求的差异是绝对的,就像世界上不存在完全相同的两片树叶一样,市场上也没有需求完全相同的消费者。

以消费者为中心的营销活动就是建立在对人们客观差异的识别上,市场细分使企业能满足消费者的需求。

（2）消费者需求的同质性

消费者需求差异是绝对的,消费者需求的差异性为市场细分提供了可能,然而需求的差异性不是市场细分的全部依据。

在同一社会大环境、文化风俗和习惯背景下,人们会形成相对趋同的价值观、人生观和审美观,即消费者需求的同质性。正是因为消费者的需求在一定程度上相对同质,市场上绝对差异的消费者也可以按某一标准划分为同一群体,从而可以把市场划分为若干个消费群体,正是这种同质性才使市场细分变为现实。

2. 理论依据

产品属性是影响顾客购买行为的重要因素。根据顾客对不同属性的重视程度,可以分为三种偏好模式。

（1）同质偏好。如图9-1(a)所示,市场上所有的顾客有大致相同的偏好(以某食品厂生产的奶油蛋糕为例),且相对集中于中央位置,即顾客对蛋糕的甜度和奶油的需求相同。在这样的条件下,各品牌的产品特性必然比较集中,即针对顾客需求和偏好的中心。

（2）分散偏好。如图9-1(b)所示,分散型偏好表示市场上的顾客对两种属性的偏好散布在整个空间,偏好极其分散。进入该市场的第一品牌可能定位于中央位置,以最大限度地迎合数量最多的顾客。这是因为,定位于中央的品牌可将消费者的不满足感降到最低水平。进入该市场的第二个品牌可以定位于第一品牌附近,与其争夺份额。当然,也可以远离第一品牌,形成有鲜明特征的定位,吸引对第一品牌不满的顾客群。如果该市场潜力很大,会同时出现几个竞争品牌,定位于不同的空间,以体现与其他竞争品牌的差异性。

（3）集群偏好。如图9-1(c)所示,市场上出现几个群组的偏好,客观上形成了不同的细分市场。这时,进入市场的企业有三种选择:定位于中央,以尽可能赢得所有顾客群体(无差异营销);定位于最大的或某一"子市场"(集中营销);可以发展数种品牌各自定位于不同的市场部位(差异营销)。

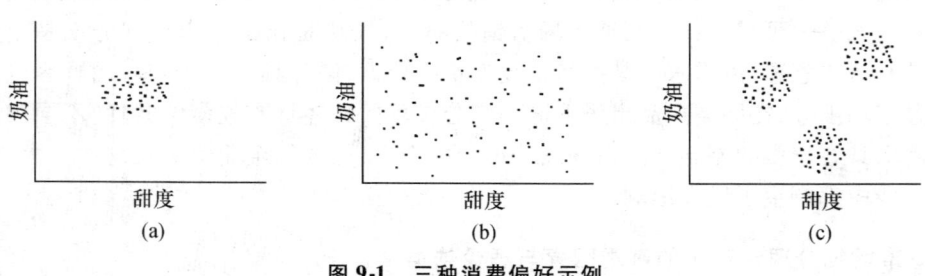

图 9-1 三种消费偏好示例

二、市场细分的作用

市场细分被西方企业誉为具有创造性的新概念,是企业是否真正树立"消费者为中心"的营销观念的根本标志,它对企业具有以下作用。

1. 有利于企业发现最佳的市场机会

市场细分有利于企业发现最好的市场机会,提高市场占有率。企业通过市场营销研究和市场细分,可以了解不同购买者群体的需要情况和目前的满足情况,满足程度较低的子市场,就可能存在着最好的市场机会。

市场细分对所有企业都至关重要,对中小企业尤为重要。与实力雄厚的大公司相比,中小企业资源能力有限,技术水平相对较低。通过市场细分,中小企业可以根据自身的经营优势,选择一些大企业无暇顾及的细分市场,集中力量满足该特定市场,在整体竞争激烈的市场条件下,在某一局部市场取得较好的经济效益,求得生存和发展。

小案例

百事可乐公司在可口可乐一统可乐天下的形势下,就通过市场细分为自己找到了绝妙的市场机会。百事可乐首创用可乐中是否含有咖啡因作为标准,硬把可乐市场一分为二,分成含有咖啡因的可乐市场和不含咖啡因的可乐市场,并通过营销成功地让消费者认同可口可乐是含有咖啡因的可乐市场的霸主,而百事可乐才是非咖啡因可乐市场的领袖。

资料来源:张秋林,《市场营销学——原理、案例、策划》,南京大学出版社,2007 年。

案例思考:
百事可乐市场的细分给我们什么启示?

2. 有利于企业有效使用资源

市场细分可以使企业用最少的经营费用取得最大的经营效益。企业通过市场细分和目标市场选择,可以根据目标市场需求变化,及时、正确地调整产品结构和市场营销组合,使产品适销对路,扩大销售,集中使用企业资源,以最少的经营费用取得最大的经营效益。

3. 有利于制定市场营销组合策略

市场营销组合是企业综合考虑产品、价格、促销形式和销售渠道等各种因素而制订的市场营销方案。就每一特定市场而言,只有一种最佳组合形式,这种最佳组合只能是市场细分的结果,市场细分对于制定营销组合策略具有重要的作用。

4. 有利于提高企业的竞争能力

企业的竞争能力受客观因素的影响而存在差别,通过有效的市场细分可以改变这种差别。市场细分以后,每一细分市场上竞争者的优势和劣势就明显地暴露出来。企业只要看准市场机会,利用竞争者的弱点,同时有效地开发本企业的资源优势,就能用较少的资源把竞争者的顾客和潜在顾客变为本企业的顾客,从而提高市场占有率、增强竞争能力。

小案例

宝洁公司通过成功运用细分市场策略占领了美国洗衣粉市场 55% 以上的份额,成为世界一流的大公司。洗涤用品(包括洗衣粉)市场是与人们生活密切相关的消费品市场,洗衣粉的主要用途当然是使衣服清洁。但是,人们对洗衣粉还有以下这些要求:比较便宜;能够漂白;使织物更加柔软;清新的气味;有泡沫或无泡沫以及多泡沫的等。虽然每一个用户都有上述的需求,但每个人的偏好却是不一样的:有的喜欢用多泡的,有的则喜欢用无泡的;有的侧重于洗衣粉的清洁力,有的则注重它的清香味。

除此之外,宝洁公司还生产8个品牌的手洗用肥皂、6个品牌的洗发剂(如中外合资生产的"潘婷"和"飘柔"等)、4个品牌的洗碗剂、4个牌子的牙膏、4个牌子的卫生巾、3个牌子的地面清洗剂以及2个牌子的除臭剂和织物柔软剂。而且,每一品牌的产品又有好几种规格和配方,如汰渍就有常规型、无香味型和增白型3种。

资料来源:张秋林,《市场营销学——原理、案例、策划》,南京大学出版社,2007年。

案例思考:
进行市场细分给宝洁公司带来了什么?

三、市场细分变量

市场细分要依据一定的细分变量来进行。不同类型的市场,影响细分的因素也有所不同,消费者市场和生产者市场的细分依据就有着明显不同。

1. 消费者市场细分变量

消费者市场的细分变量主要有地理变量、人口变量、心理变量和行为变量四类。具体因素见表9-1。

表 9-1　消费者市场细分变量

细分标准	典型因素
行为因素	利益追求、使用与购买频率、品牌或渠道忠诚度、购买时机等
地理因素	国家、地区、城市和农村、气候、人口密度等
人口因素	年龄、性别、职业、教育、收入、国籍、种族、宗教、家庭结构等
心理因素	性格、爱好、气质、生活方式、社会阶层等

(1)地理因素。指按照消费者所处的地理位置、自然环境细分市场,具体包括国家、地区、城市规模、不同地区的气候及人口密度等。处于不同地理位置和环境下的消费者,对同一类产品往往会呈现出差别较大的需求特征,对企业营销组合的反应也存在较大的差别。例如,对防暑降温、御寒保暖之类的消费品,按照不同气候带细分市场是很有意义的。地理细分对不同区域的识别和划分有意义。

地理环境中的大多数因素是一种相对静态的变量,企业营销必须研究处于同一地理位置的消费者和用户对某一类产品的需求或偏好所存在的差异,而且还必须同时依据其他因素进行市场细分。

小案例

　　香港一家公司在亚洲食品商店推销该公司生产的蚝油时,采用这样的包装装潢画:一位亚洲妇女和她的儿子坐在一条渔船上,船里装着刚打回来的大蚝,这包装很富有感召力。然而,当他们将这种东方食品调料销往北美时该包装并没有引起北美人的兴趣。因此,这家公司的蚝油都积压在仓库里。

　　后来,这家公司在旧金山一家经销商和装潢设计咨询公司的帮助下,改换了产品包装,重新设计了包装装潢:一个放有一块美国牛肉和一个大褐色蚝的盘子。这种装潢引起了美国消费者的兴趣,以前不卖蚝油的超级市场也积极要求大量进货,该产品终于在美国市场有了好的销路。

　　资料来源:倪杰,《现代市场营销学》,清华大学出版社,2009 年。

　　案例思考:
　　说明设计产品包装时应该考虑的文化差异有哪些?

　　(2) 人口因素。指各种人口统计变量,包括年龄、婚姻、职业、性别、收入、教育程度、家庭生命周期、国籍、民族、宗教、社会阶层等。人口统计变量一直是细分消费者市场的重要变量,因为人口统计变量比其他变量更容易测量。企业通常会用人口统计变量中的某一变量或某几个变量作为市场细分依据。因为不同年龄、不同受教育程度的消费者在价值观念、生活情趣、审美观念和消费方式等方面会有很大的差异,在市场细分时必须要考虑到这些差异。

　　(3) 行为因素。指按照消费者的购买行为细分市场,包括消费者的利益追求、使用者、购买频率、品牌或渠道忠诚度、购买时机等变量。比如许多商品的市场都可以按照使用者情况,如非使用者、曾经使用者、潜在使用者、初次使用者、经常使用者来细分。一般而言,财力雄厚、市场占有率较高的企业,特别注重吸引潜在购买者,企业通过营销战略,特别是广告促销策略及优惠的价格手段,把潜在消费者变为企业产品的初次消费者,进而再变为常规消费者。而一些中、小企业,特别是无力开展大规模促销活动的企业,主要注重吸引常规消费者。在常规消费者中,不同消费者对产品的使用频率也很悬殊,可以进一步细分为"大量使用户"和"少量使用户"。再如品牌忠诚者细分,所谓品牌忠诚者是指消费者对某一品牌的产品情有独钟,形成偏爱并长期购买这一品牌产品的行为。根据品牌忠诚者细分因素可以把消费者市场划分为四个群体:绝对品牌忠诚者、多种品牌忠诚者、变换型忠诚者和非忠诚者。在"绝对品牌忠诚者"占很高比重的市场上,其他品牌难以进入;在"变换型忠诚者"占比重较大的市场上,企业应努力分析消费者品牌忠诚转移的原因,以调整营销组合,加强品牌忠诚程度;而对于那些"非品牌忠诚者"占较大比重的市场企业来说,则应审查原来的品牌定位和目标市场的确立等是否准确,并且随市场环境和竞争环境的变化重新对定位加以调整。

　　(4) 心理因素。指按照消费者的心理特征细分市场。心理因素包括个性、购买动机、价值观念、生活格调、追求的利益等变量。比如,生活格调是指人们对消费、娱乐等特定习惯和方式的倾向性,追求不同生活格调的消费者对商品的爱好和需求有很大差异。越来越多的企业,尤其是服装、化妆品、家具、餐饮、旅游等行业的企业越来越重视按照人们的生活格调来细分市场。消费者的个性、价值观念等心理因素对需求也有一定的影响,企业可以把个性、爱好、兴趣和价值取向相近的消费者集合成群,有针对性地制定营销策略。

2. 生产者市场细分的依据

生产者市场的细分变量,有些与消费者市场细分的变量相同,如追求利益、使用者情况、使用程度、品牌忠诚度等因素,此外生产者市场细分还有其他的常用变量。美国的波诺玛(Bonoma)和夏皮罗(Shapiro)两位学者,提出了一个生产者市场的主要细分变量表,见表9-2。该表比较系统地列举了细分生产者市场的主要变量,并提出了企业在选择目标顾客时应考虑的主要问题,对企业细分生产者市场具有一定的参考价值。

表 9-2　生产者市场的主要细分变量

人口变量

　行业:我们应把重点放在购买这种产品的哪些行业?

　公司规模:我们应把重点放在多大规模的公司?

　地理位置:我们应该把重点放在哪些地区?

经营变量

　技术:我们应把重点放在顾客所重视的哪些技术上?

　使用者或非使用者地位:我们应把重点放在经常使用者、较少使用者、首次使用者还是从未使用者身上?

　顾客能力:我们应把重点放在需要很多服务的顾客身上,还是只需少量服务的顾客身上?

采购方法

　采购职能组织:我们应将重点放在采购组织高度集中的公司上,还是采购组织相对分散的公司上?

　权力结构:我们应侧重那些工程技术人员占主导地位的公司,还是财务人员占主导地位的公司?

　与用户的关系:我们应选择那些现在与我们有牢固关系的公司,还是追求最理想的公司?

　总的采购政策:我们应把重点放在乐于采用租赁、服务合同、系统采购的公司上,还是采用密封投标等贸易方式的公司上?

　购买标准:我们是选择追求质量的公司、重视服务的公司,还是注重价格的公司?

形势因素

　紧急:我们是否应把重点放在那些要求迅速和突击交货或提供服务的公司?

　特别用途:我们应将力量集中于本公司产品的某些用途上,还是将力量平均花在各种用途上?

　订货量:我们应侧重于大宗订货的用户,还是少量订货者?

个性特征

　购销双方的相似点:我们是否应把重点放在那些其人员及其价值观念与本公司相似的公司上?

　对待风险的态度:我们应该把重点放在敢于冒风险的用户还是不愿意冒风险的用户上?

　忠诚度:我们是否应该选择那些对本公司产品非常忠诚的用户?

　资料来源:菲利普·科特勒等,《市场营销管理》,亚洲版(上),郭国庆等译,中国人民大学出版社,1997年。

四、市场细分的基本要求

企业进行市场细分是为了更好地寻找市场机会,并制定出相应的市场营销策略,因而对市场细分后的结果有下列的要求。

1. 可衡量性

可衡量性是指表明该细分市场特征的有关数据资料必须能够加以衡量和推算。比如在电冰箱市场上,在重视产品质量的情况下,有多少人更注重价格,多少人更重视耗电量,多少人更注重外观,或兼顾几种特性。当然,将这些资料予以量化是比较复杂的过程,必须运用科学的市场调研方法。

2. 可到达性

可到达性即企业所选择的目标市场是否易于进入。细分出来的市场应是企业营销活动能够抵达的,即应是企业通过努力能够使产品进入并对顾客施加影响的市场。一方面,有关产品的信息能够通过一定媒体顺利传递给该市场中的大多数消费者;另一方面,企业在一定时期内能将产品通过一定的分销渠道运送到该市场。企业细分出来的市场不仅能使企业的现有资源得到充分利用,同时该市场的消费者需求也应得到满足。细分结果如发现企业根本不存在进入这些细分市场所应具备的条件,市场细分就失去了意义。

3. 可营利性

可营利性即所选择的细分市场有足够的需求量且有一定的发展潜力,使企业赢得长期稳定的利润。应当注意的是,需求量是相对于本企业的产品而言,并不是泛指一般的人口和购买力。

4. 可区分性

可区分性是指不同细分市场的特征可以清楚地加以区分。比如,女性化妆品市场可依据年龄层次和肌肤类型等变量加以区分。

5. 稳定性

细分市场不但要有一定的市场容量和发展潜力,而且还要有一定程度的稳定性。细分市场的各因素变化较少,企业占领市场后在相当一段时期内不需要改变自己的目标市场。目标市场选择的稳定性有利于企业集中力量开拓经营扩大销售量,增加企业盈利,减少企业的经营组合,细分市场的稳定性不仅能为企业带来短期利益,还必须有较好的发展潜力,能够为企业带来较长远的利益,特别是对于那些要花费大量投资去开发的市场。

第二节　目标市场选择

目标市场,就是企业根据市场细分的结果,采取有效的营销手段,准备以相应的产品和服务去满足的现实的或潜在的消费者群所组成的市场,是企业决定要进入的市场。

企业的活动都是围绕目标市场进行的。目标市场选择得不好,对企业的发展是很不利的,其影响甚至有可能是致命的。因此在目标市场选择时必须对细分市场进行评价。

一、评价细分市场

1. 企业目标和资源

选择目标市场时企业应要考虑自身的目标和拥有的资源。某些有吸引力的细分市场,如果与企业的长期目标不适合,也只能放弃。对一些适合企业目标的细分市场,必须考虑是否具有在该市场获得成功所需的各种营销技能和资源等条件。

2. 细分市场规模和增长率

所有的企业都希望目标市场的销售量和利润具有良好的上升趋势,因此细分市场的规模和增长率也是选择目标市场的一个重要因素。

3．细分市场的吸引力

一个细分市场如果有许多势均力敌的竞争者同时步入或参与，或一个细分市场已有很多颇具实力的竞争企业，那么该细分市场的吸引力就会下降，尤其是该细分市场已趋于饱和或萎缩时。此外这个市场如果进入障碍较低，潜在进入者多，替代品也多，购买者和供应者的议价能力强，该细分市场的吸引力也会下降。分析每个细分市场的吸引力，是企业选择目标市场时不能忽略的重要步骤。

二、选择目标市场

企业选择目标市场实际上是选择企业要为之服务的目标群体。企业在选择目标市场时，有五种可供参考的市场覆盖模式，见图9-2。

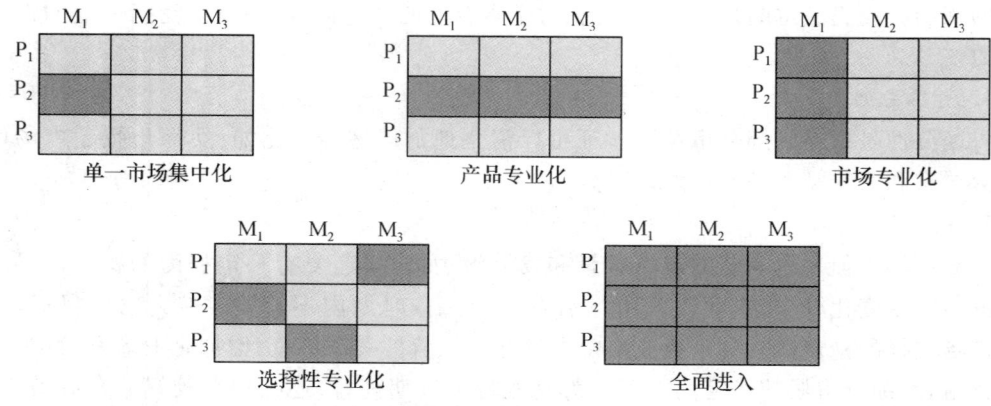

图9-2　目标市场类型

1．单一市场集中化

这是一种最简单的目标市场模式。企业选取一个细分市场，生产一种产品供应单一的顾客群，进行集中营销。选择这种目标市场类型，有利于企业集中力量取得较高的市场占有率，从而获得较高的投资回报率。但选择这种目标市场类型会让企业承担较大的风险，一旦市场有变则往往会使企业陷入困境。因此，企业必须具备以下条件：在这个细分市场获胜的必要条件；这个细分市场竞争者少有或者没有竞争者；这个细分市场可能成为促进企业产品延伸的起始点。

2．产品专业化

产品专业化是指企业专注于某一类产品的生产，并将其产品推销给各类顾客。如饮水器厂只生产一个品种，同时向家庭、机关、学校、银行、餐厅、招待所等各类用户销售。选择这种目标市场类型有利于发挥生产技术和管理水平的优势，提高产品质量，降低成本，发掘企业潜能，实现规模经济，同时分散企业风险，创建品牌。其局限性是当该领域被一种全新的技术与产品所代替时，产品销售量有大幅度下降的危险。

3．市场专业化

市场专业化是指企业专门经营满足某一顾客群体需要的各种产品。如某家电集团同时向家庭生产销售电冰箱、洗衣机、录像机和空调等。这种选择目标市场类型有利于分散经营风险，与顾客建立稳固的关系，并在顾客心目中树立良好的形象，但由于集中于某一类顾客，当这类顾客的需求下降时，企业也会遇到收益下降的风险。

4．选择性专业化

选择性专业化是企业选取若干个具有良好的盈利潜力和结构吸引力，且符合企业目标和资源的细分市场作为目标市场，其中每个细分市场与其他细分市场之间较少联系。这是企业尝试多样化经营首先选择的目标市场类型，因为这种方式可以较好地分散经营风险，即使某个细分市场盈利情况不佳，仍可在其他细分市场获得利润。但是采用选择性专业化模式对企业管理能力是一种严峻的挑战，要求企业具有较强的资源和营销实力。

5．全面进入

全面进入是指企业生产多种产品去满足各种顾客群体的需要，大型企业一般采用这种方式。例如，丰田汽车公司在全球汽车市场都采取了市场全面化的战略。企业选择这种目标市场类型需要具备强大的实力，否则将会使企业陷入危机中。

三、目标市场策略

目标市场策略主要包括：无差异性市场营销策略、差异性市场营销策略和集中性市场营销策略三种。

1．无差异性市场营销策略

指企业把整体市场看成一个大目标市场，不进行细分，用一种产品、统一的市场营销组合对待整体市场，如图9-3所示。这种战略的最大优点首先是成本的经济性：大批量的生产、销售，必然降低产品单位成本；无差异的广告宣传可以减少促销费用；不进行市场细分，相应减少了市场调研、产品研制与开发以及制定多种市场营销战略、战术方案等带来的成本开支。其次是产品的品种、规格、款式简单，有利于标准化与大规模生产。但是，无差异性营销战略对市场上绝大多数产品是不适宜的，因为消费者的需求偏好具有极其复杂的层次，某种产品或品牌受到市场普遍欢迎的情况很少。即便一时能赢得某一市场，如果竞争企业都如此模仿，就会造成市场上某个局部竞争非常激烈，而其他部分的需求却未得到满足。

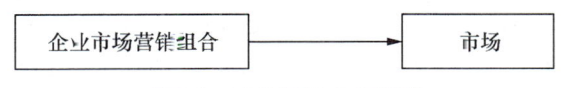

图9-3　无差异性市场营销

小案例

20世纪70年代以前，美国三大汽车公司都坚信美国人喜欢大型豪华的轿车，它们共同追求这一大的目标市场，采用无差异性市场营销战略。在70年代能源危机发生之后，需求发生了变化，消费者越来越喜欢小型、轻便、省油的小型轿车。而美国三大汽车公司都没有意识到这种变化，更没有适当地调整营销战略，致使大轿车市场竞争"白热化"，而小型轿车市场却被忽略。日本汽车公司在这种情况下乘虚而入。

资料来源：吴健安，《市场营销学》（第三版），高等教育出版社，2007年。

案例思考：

你从本案例中得到了什么启示？

2. 差异性市场营销策略

差异性市场营销是指企业决定同时为几个子市场服务,根据各个子市场的特点制定不同的市场营销组合,以适应各个子市场的需要,如图9-4所示。

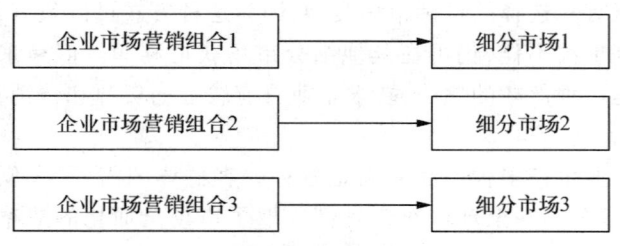

图9-4 差异性市场营销

采用差异性市场营销战略的最大优点,是有针对性地满足具有不同特征的顾客群,提高产品的竞争能力,增加消费者对企业的信任感,进而提高重复购买率,而且通过多样化的渠道和多样化的产品线进行销售,通常会使总销售额增加。但是,这种战略也会由于产品品种、销售渠道、广告宣传的扩大化与多样化,致使企业的生产成本和市场营销费用大幅度增加。

小案例

瑞蚨祥是京城百年老店,也是一家经营有道的大店。瑞蚨祥的老板孟靓侯是学徒出身,据传说,此人胆子大,点子多,有"过人心计,善于花样翻新"。孟靓侯创业初期,将瑞蚨祥的柜台分为三六九等,看人下菜碟。乡下来的顾客,只在前台交易;城里的客人,延至二柜,并待以烟茶;对达官显贵,则不惜人力本钱,派专人着长袍马褂当门让客,请到楼上,彬彬有礼,无微不至,这往往让客人不好意思空手离去。即使一无所购,也客客气气地送顾客出门,一再表示"小店货色不全,不够挑选,新货一到,请再光临"之类的客套话。这些一毛不拔的出门"财神",多半迟早还会来"送礼"。孟靓侯曾多次不无自豪地声称:"我们赚的是富人的钱,不赚穷人的钱。"

资料来源:刘仰东,瑞蚨祥的生意经,《人民政协报》,2010年7月20日。

案例思考:
瑞蚨祥的差异性营销给予你哪些启示?

3. 集中性市场营销策略

集中性市场营销是指企业集中所有力量,以一个或少数几个性质相似的子市场作为目标市场,试图在较小的子市场获得较大的市场占有率,见图9-5。实行集中性市场营销的企业,一般是资源有限的中小企业,或是初次进入新市场的大企业。

这种战略有利于企业避开竞争激烈的大市场,选择能够发挥自己技术、资源优势的小市场;可以大大节省营销费用和增加盈利;也能更好地满足特定消费者的需求,进而取得优越的市场地位。但是实行这一战略,经营者要承担的风险较大。如果目标市场的需求突然发

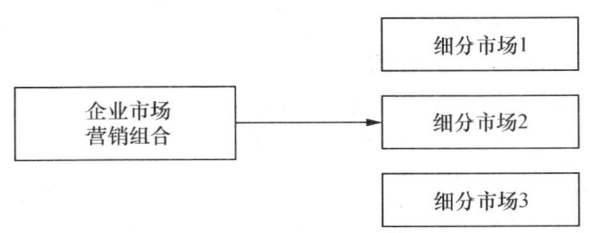

图 9-5　集中性市场营销

生变化,目标消费者的兴趣突然转移,或是市场上出现了强有力的竞争对手,企业就可能陷入困境。

四、选择目标市场战略需考虑的因素

上述三种目标市场战略各有利弊,企业在选择时需要考虑五方面的主要因素,即企业资源、产品同质性、市场同质性、产品所处的生命周期阶段、竞争对手的目标市场战略等。

1. 企业资源

如果企业资源雄厚,可以考虑实行差异性市场营销;否则,最好实行无差异市场营销或集中性市场营销。

2. 产品同质性

产品同质性指产品在性能、特点等方面的差异性的大小。对于同质产品或需求上共性较大的产品,一般宜实行无差异市场营销;反之,对于异质产品,则应实行差异性市场营销或集中性市场营销。

3. 市场同质性

如果市场上所有顾客在同一时期偏好相同,购买的数量相同,并且对营销刺激的反应相同,则可视为同质市场,宜实行无差异市场营销;反之,如果市场需求的差异较大,则为异质市场,宜采用差异性市场营销或集中性市场营销。

4. 产品所处的生命周期阶段

新产品上市往往以较单一的产品探测市场需求,产品价格和销售渠道基本上单一化,因此新产品在引入阶段可采用无差异性营销战略。产品进入成长或成熟阶段,竞争加剧、同类产品增加,再用无差异经营就难以奏效,所以改为差异性或集中性营销战略效果更好。

5. 竞争对手的目标市场战略

如果竞争对手采用无差异性营销战略,那么企业选择差异性或集中性营销战略有利于开拓市场,提高竞争能力。如果竞争者已采用差异性战略,则企业不应以无差异战略与其竞争,可以选择对等的或更深层次的细分或集中化营销战略。

第三节　市场定位

一、市场定位的概念

"定位"(positioning)一词,是由艾尔·里斯(Al Reis)和杰克·特劳特(Jack Trout)在

1972 年提出的。营销大师科特勒的定义:定位是对企业的产品和形象的策划行为,目的是使它在目标顾客的心理上占据一个独特的有价值的位置。

市场定位(marketing positioning),也称产品定位或竞争性定位。市场定位的实质是取得目标市场的竞争优势,确定产品在目标顾客心目中的适当位置并留下深刻印象,吸引更多的顾客。市场定位是市场营销战略体系中的重要组成部分,它对于树立企业或产品的鲜明特色,满足顾客的需求偏好,提高企业的市场竞争力具有重要的意义。

企业在市场定位过程中,一方面要了解竞争者产品的市场地位,另一方面要研究目标顾客对该产品各种属性的重视程度,然后选定本企业产品的特色和独特形象,从而完成产品的市场定位。

小案例

OPPO 手机一直倡导以自由、时尚和有型为主的都市定位,对于手机外观样式的设计一方面坚持制作工艺上的完美追求和以人为本的理念,另一方面更强调在造型上的国际化设计感,旨在为都市时尚族群营造出引领时尚的风范。

按照适用人群来划分市场,在学生市场上 OPPO 毫无意外地发挥出色,市场占有率超过 13%,作为业内新人级别的企业,这一成绩对于 OPPO 来说,是市场的肯定。

OPPO 时尚的设计以及优秀的音乐品质,在女性手机市场上也取得不俗成绩,市场占有率达到了 7%,表现同样优异。

凭借对手机的理解以及对市场的精确定位,OPPO 在手机行业内以后起之秀的身份赢得了较大的市场份额,这一营销绩效难能可贵。

资料来源:精准定位赢市场,慧聪网,http://info.it.hc360.com/2010/06/220949368465-2.shtml,编者整理。

案例思考:

精准定位对于企业有何意义?

二、市场定位的步骤

企业市场定位可以通过以下三个步骤实现。

1. **确认本企业潜在的竞争优势**

识别本企业潜在的竞争优势是市场定位的基础。为此企业必须首先了解竞争对手是如何定位,竞争者的优势和劣势是什么;其次进行规范的市场研究,切实了解目标市场需求特点以及这些需求被满足的程度;最后清楚本企业竞争优势及企业应该做和能够做什么。通常,企业的竞争优势可以从成本优势和产品差别化优势两方面体现。成本优势是企业能够以比竞争者低廉的价格销售相同质量的产品,或以相同的价格水平销售更高一级质量水平的产品;产品差别化优势是指产品独具特色的功能和利益与顾客需求相适应的优势,企业能向市场提供在质量、功能、品种、规格、外观等方面比竞争者更好的产品。

2. 准确选择相对竞争优势

相对竞争优势是企业与主要竞争对手相比,在经营管理、技术开发、产品开发、服务质量、销售渠道、财务能力、品牌知名度等方面所具有的可获取明显差别利益的优势,是企业能够胜过竞争者的现实和潜在能力。准确地选择相对竞争优势是一个企业各方面的实力与竞争对手的实力进行比较的过程,通过分析比较,以识别和形成企业的相对竞争优势。

3. 有效沟通企业独特的竞争优势

企业在市场营销方面的能力与独特的竞争优势,不会自动地在市场上得到充分的表现,必须通过一系列的宣传促销活动,将其准确地传达给潜在的顾客,并在顾客心目中留下深刻印象。为此企业必须制定明确的市场战略,通过广告等传播媒介让目标顾客知晓、认同、偏爱本企业的市场定位,通过保持目标顾客的了解、稳定目标顾客的态度、加深目标顾客的情感,在目标顾客心目中建立起与该市场定位相一致的企业形象。

三、市场定位战略

差别化是市场定位的根本战略,具体表现在以下四个方面。

1. 产品差别化战略

寻求产品特征是产品差别化战略经常使用的手段。企业可以根据产品的属性、利益、价格、质量、用途、款式、使用者、使用场合等因素来实现差别。如产品款式就是产品差别化的一个有效工具,对汽车、服装、房屋等产品尤为重要。日本汽车行业中流传着这样一句话:"丰田的安装,本田的外形,日产的价格,三菱的发动机。"这体现了日本四家主要汽车公司的核心专长,如"本田"的外形(款式)设计优美入时,受到消费者青睐,成为其一大优势。

小案例

最近在广州市场出现的一种名为蓝蝴蝶的保健饮料成功地打开了市场,它的成功之处就在于差异化的产品战略和营销战略。蓝蝴蝶一进入市场,就将自己定位于保健饮料,将目标消费者群体定位在25—40岁这个年龄段的女性消费者。因此,它一进入市场就抓住了两点,一是当前的市场空白,二是当前人们对饮料和保健产品的消费趋势。

在产品策略上,蓝蝴蝶通过产品差异化的策略,瞄准新的市场去避开那些饮料和保健品厂商的竞争。蓝蝴蝶一开始就从原材料入手,以野生原材料以及保持这些野生材料的原汁原味作为自己差异化进入市场的着眼点。

产品的独特个性,加上低成本高效率的广告传播(公关-平面广告+灯箱广告)和终端的推动,蓝蝴蝶在市场上很快大有起色。在终端上的成功,也使不少经销商看到了赚钱的机会,主动前来洽谈。低成本的广告策略以及差异化的产品策略,使得蓝蝴蝶新产品上市后以非常短的时间,在激烈的饮料市场中站稳脚跟。

资料来源:严志国,蓝蝴蝶:差异化竞争致胜,《机电信息》,2006年第2期。

案例思考：

蓝蝴蝶成功的经验给予你什么启示？

2. 服务差别化战略

服务差别化战略在各种市场状况下都有用武之地。服务差别化战略是向目标市场提供与竞争者不同的优质服务。企业的竞争力越能体现在顾客服务水平上，市场差别化就越容易实现。如果企业把服务要素融入产品的支撑体系，就可以在许多领域建立起其他企业的"进入障碍"。因为服务差别化战略能够提高顾客购买总价值，保持牢固的顾客关系，从而击败竞争对手。

小案例

麦当劳的创办人，美国最具传奇性的企业家克罗克认为，麦当劳不是典型的消费企业，也不是一般所谓的餐厅，它独特的快速服务，使得麦当劳兼具娱乐价值。他经常提醒他的加盟者以及经理们："麦当劳不是餐饮业，我们是娱乐业。"

麦当劳在任何一项销售主张中，都以欢乐、温暖和亲切为广告设计的主题。

1960 年，美国广播公司（NBC）的华盛顿台开播了一个新的儿童节目——"波索马戏团"，这是一个联播节目，在全国各地由不同的演员扮演同一小丑——波索，在各地进行演出。

麦当劳独具慧眼，独家赞助波索华盛顿地区的演出，因为这个节目非常吸引麦当劳的主要顾客——儿童。波索不仅成为华盛顿地区的明星级人物，同时也成为麦当劳的代言人。1963 年年初，美国电视网突然决定停播波索马戏团的节目，麦当劳决心自创小丑，这便有了现今世界各地都见得到的"麦当劳叔叔"。

麦当劳叔叔虽然是大人，却只做小孩子喜欢做的事情：溜冰、打球、游泳，他总是和孩子们站在一起，而非父亲型的人物。"麦当劳叔叔"的形象深受儿童欢迎，"麦当劳叔叔"的声势不仅在同行中无与伦比，在食品业以外，大概也只有圣诞老人可以与它竞争在儿童心目中的地位了。而打动了儿童的心，就可以让他们带动他们的父母进入麦当劳餐厅了。

麦当劳还在商店里设置了儿童乐园，在周末，麦当劳会为 100 位在这天过生日的"幸运儿童"举办生日聚会，给他们免费提供食物，有大姐姐专门带他们做游戏，餐厅里会播放专门为他们点的歌……

麦当劳通过这些手法为进餐者提供情趣和舞台，为自己塑造了一个"欢乐"的形象。

资料来源：锐思管理网，http://esoftbank.com.cn/wz/45-2759.html。

案例思考：

麦当劳的服务差别化定位对其企业形象有什么影响？

3. 人员差别化战略

人员差异化战略是通过聘用和培训比竞争者更为优秀的人员以获取差别优势。

市场竞争归根到底是人才的竞争。一个受过良好训练的员工应具有以下基本的素质和能力：① 能力。具有产品知识和技能。② 礼貌。友好对待顾客，尊重和善于体谅他人。③ 诚实。使人感到坦诚和可以信赖。④ 可靠。强烈的责任心，保证准确无误地完成工作。⑤ 反应敏锐。对顾客的要求和困难能迅速反应。⑥ 善于交流。尽力了解顾客，并将有关信息准确传达给顾客。

小案例

日本航空公司多年来一直在"北京—东京—夏威夷"这条航线上与美国最大的航空公司"联航"和韩国的"韩航"展开激烈的竞争。"联航"的规模实力与硬件设备都是超一流的，而"韩航"的价格比"联航"低30%，两者都颇有竞争力。但是，"日航"凭借训练有素的高素质的航空员工队伍，依靠整合的优良服务，贯穿入关—空中—出关全过程，赢得了各国旅客的赞美，凡乘过此航线的旅客，很难再选择其他航空公司，"日航"通过训练有素的高素质的员工提供的优质服务为自己赢得竞争优势。

资料来源：吴健安，《市场营销学》（第三版），高等教育出版社，2007年。

案例思考：
分析员工素质对于企业竞争力的影响。

4．形象差异化战略

形象差异化战略是在产品的核心部分与竞争者相同的情况下塑造不同的产品形象以获取差别优势。企业或产品想要成功地塑造形象，需要具有创造性的思维和设计，需要持续不断地利用企业所能利用的所有传播工具。将具有创意的标志融入某一文化的气氛，也是实现形象差别化的重要途径。麦当劳的金色"M"标志，与其独特的文化气氛相融合，使人无论在美国纽约、日本东京还是中国北京，只要一见到这个标志马上会联想到麦当劳舒适宽敞的店堂、优质的服务和新鲜可口的汉堡和薯条。这样的形象设计就是非常成功的。

四、市场定位的方法

市场定位作为一种竞争战略，显示了一种产品或一家企业同类似的产品或企业之间的竞争关系。定位方式不同，竞争态势也不同。企业开展市场定位的主要思维方式和常用方法有以下几种。

（1）避强定位。这是一种避开强有力的竞争对手的市场定位。优点是能够迅速地在市场上站稳脚跟，并能在消费者或用户心目中迅速树立起一种形象。由于这种定位方式市场风险较小、成功率较高，常常为多数企业所采用。

小案例

　　面对竞争环境,蓝蝴蝶充分利用产品的特性,结合人们对健康以及美的追求,一进入市场,就将自己定位于保健饮料。蓝蝴蝶从饮料的大品类中撕开一个市场空间——保健饮料,从而避开了与功能饮料的直接竞争,从竞争的角度而言,利用其野生原材料的特有保健(比如沙棘的美容、健康等)功能,创造了保健细分品类,抢先在消费者心中占位,与强大的竞争者形成区隔。

　　资料来源:严志国,蓝蝴蝶:差异化竞争致胜,《机电信息》,2006年第2期,编者整理。

　　案例思考:
　　蓝蝴蝶是如何避开强手进行定位的?

　　(2)迎头定位。这是一种与在市场上占据支配地位的,亦即最强的竞争对手"对着干"的定位方式。显然,这种定位有时会产生危险,但不少企业认为能够激励自己奋发上进,一旦成功就会取得巨大的市场优势。例如在碳酸饮料市场上,可口可乐与百事可乐之间持续不断地争斗;在摩托车市场上,本田与雅马哈对着干等。实行对抗性定位,必须知己知彼,尤其应清醒估计自己的实力,不一定试图压垮对方,只要能够平分秋色就是巨大的成功。

小案例

　　VCD产业曾经在短短几年时间里造就了大批的明星企业,步步高就是其中之一。在步步高进入这一市场时,VCD业界极红火的是"爱多"公司。该公司聘请香港功夫电影明星成龙演绎的广告,在中央电视台播出之后,成龙口中的"爱多,好功夫!"使爱多成为家喻户晓的VCD品牌。

　　但"爱多"也是一个新企业,底子并不太厚。因此,步步高一出来,就紧紧盯着"爱多",并模仿了其广告创意,聘请出道于北京成功于香港的另一功夫电影明星李连杰演绎了一段"步步高"功夫,台词是"步步高,真功夫!",并和"爱多"的广告一起在中央电视台播出。一时间,中央电视台的广告中,"功夫"不断,热闹非凡。步步高也随之一炮走红,大获成功。

　　资料来源:张秋林,《市场营销学——原理、案例、策划》,南京大学出版社,2007年。

　　案例思考:
　　上述案例中的产品定位有什么特点?

　　(3)重新定位。是指企业变更产品特色,改变目标顾客原有的印象,使目标顾客对其产品形象有一个重新的认识。市场重新定位对于企业适应市场环境、调整营销战略是必不可少的。企业产品在市场上的定位即使很恰当,在出现下列情况时也需要考虑重新定位:一是竞争者的市场定位与本企业品牌类似,侵占了本企业品牌的部分市场,使本企业品牌的市场占有率有所下降;二是消费者偏好发生变化,从喜爱本企业品牌转移到喜爱竞争对手的品牌;三是产品意外地扩大了销售范围。如专为青年人设计的某种款式的服装在中老年消费者中也流行开来,该服装就应重新定位。此外企业决策失误,使自己陷入困境时也需要重新定位。

企业在重新定位前,还需要考虑两个主要因素:一是企业将自己的品牌定位从一个子市场转移到另一个子市场时的全部费用;二是企业将自己的品牌定位在新位置上的收入有多少,而收入多少又取决于该子市场上的购买者和竞争者情况,取决于在该子市场上销售价格能定多高等。

本章小结

1. 通过本章学习,可以了解到市场细分、目标市场选择、市场定位等目标市场战略各步骤的含义及其联系,掌握市场细分的作用和依据,并能应用市场细分原理和市场定位方法,分析企业目标市场营销中存在的各种问题。

2. 市场细分,就是指按照消费者欲望与需求的差异性把一个总体市场划分成若干个具有共同特征的子市场的过程。市场细分有利于了解市场;有利于企业确定经营方向;有利于企业发现最佳的市场机会;有利于中小企业占领市场;有利于提高企业的经济效益。

3. 消费者市场细分的依据主要有:人口因素、地理因素、心理因素和行为因素。生产者市场的细分依据主要有:最终用户的要求、用户规模和用户的地理分布等。

4. 根据市场细分程序和细分依据,可将一个整体市场细分为若干个子市场。然后,对各个子市场进行价值评估,选择一个最有价值的市场作为目标市场。对最佳目标市场的选择通常有三种策略,即无差异性营销策略、差异性营销策略和选择性营销策略。在选择时必须考虑有关的影响因素。

5. 企业必须研究竞争者的定位和决定其自身的最佳定位,即在市场上树立企业和产品形象,使顾客能认识企业产品与其竞争者的差异。实际工作中,市场定位的方法大致有避强定位、迎头定位及重新定位三种。

学习思考

1. 企业为什么要进行市场细分?
2. 细分消费者市场依据哪些主要变量?
3. 企业选择目标市场应考虑哪些主要影响因素?
4. 企业进行市场定位时,必须了解清楚哪几个问题?
5. 市场定位的方法有哪些?

案例训练 　　　　　　　　　　海尔沙尘暴里寻商机

海尔集团首席执行官张瑞敏曾多次提出:中国企业要参与国际竞争,必须以速度取胜。也许这正是海尔成功的奥秘所在。在 2002 年春天的沙尘暴袭来之际,海尔再一次抓住商机,以迅雷不及掩耳之势推出新品,充分体现出以速度取胜的真谛。

1. 沙尘暴里"雪中送炭"

自 2002 年 3 月下旬以来,我国北方绝大部分地区都受到了沙尘暴或沙尘天气的影响,沙尘所到之处天空昏暗、空气混浊,居民即使紧闭门户,在粉尘飞扬的室内也很难顺畅呼吸。沙尘暴已成为北方越来越频繁的"城市灾难"。但中国著名的家电品牌海尔集团却在此次沙尘暴中独具慧眼,在灾难中发现了巨大商机。

海尔"防沙尘暴 I 代"商用空调,正值沙尘暴肆虐北方大地、人们的生活饱受沙尘之扰苦不堪言之时推出,可谓"雪中送炭",使产品的使用者在有限的空间之内,有效地将沙尘暴的危害降低到最小限度,筑起一道健康的防护墙。

据悉,在海尔"防沙尘暴 I 代"商用空调推向市场的两周时间内,仅在北京、西安、银川、太原、天津、济南等十几个城市就卖出去了 3 700 多套,部分城市甚至出现了产品供不应求、人们争购的局面。仅凭"防沙尘暴 I 代"商用空调,海尔商用空调在 2002 年 3 月份的销量便达到了 2001 年同期的 147.8%。

2. 海尔沙里淘金

当多数人都看到沙尘暴的危害时,海尔却看出了商机,根据市场的变化、人们的个性化需求,迅速推出了最受北方地区欢迎的产品——"防沙尘暴 I 代"商用空调。目前国内生产空调的企业已达 400 多家,家电企业更是多不胜数,为什么仅海尔能做到这一点呢?不难看出海尔在反应速度、市场应变能力、个性化产品开发、技术力量的转化方面所具有的强大优势实力。这大概也是海尔能发展成为知名的国际化大企业,而其他企业所难以企及的原因所在了。

据环境监测专家称,2002 年我国北方地区沙尘暴形势比较严峻,而且是频繁发生,自1999 年起,我国进入新一轮沙尘天气的频发期,这也是继 20 世纪五六十年代以来我国所遭受的最严重的沙尘暴侵袭。据悉,仅在 2001 年,我国监测网络就观测到 32 次沙尘暴现象,虽然我国已启动一系列重大环保工程来恢复沙尘暴源区和附近地区的植被和生态环境,力图从源头控制沙尘暴的爆发,但这也并不能在短期内解决我国北方地区的沙尘暴问题,据专家估计,即使国家环保措施得力,最快也要 15—20 年方能从根本上解决沙尘暴问题,在这期间沙尘暴仍将频频发生。

沙尘暴给人们带来的种种危害,使人们"谈沙色变"。它使沙尘漫天,空气中弥漫着一股土腥味,外出不便,车辆、楼窗、街道乃至整个城市都蒙上了层层灰尘。但由此也引发了一股"沙尘暴经济潮",精明的商家看出了其中蕴涵的无限商机,采取了相应的策略,从而带动了车辆洗刷、家政服务、环卫清扫、吸尘器、空调、墨镜、口罩等行业的兴旺。如海尔集团便在沙尘暴再现之际迅速开发推出了"防沙尘暴 I 代"商用空调,受到我国北方地区人们的欢迎,其销售业绩在短期内便得到了大幅度提高。

应该说有了市场需求才有相应的产品产生,既然在短期内我国北方地区无法从根本上解决沙尘暴的问题,只有采取种种防御措施,尽可能将沙尘暴给日常生活所带来的负面影响降到最低。海尔"防沙尘暴 I 代"商用空调的应运而生,给处于沙尘之中的人们带来了重新享受清新生活的希望。这种采用多层 HAF 过滤网技术、独特的除尘功能、离子集尘技术的海尔"防沙尘暴 I 代"商用空调,可以清除房间内因沙尘暴带来的灰尘、土腥味及各种细菌微粒,经过滤后的空气犹如森林一般清新,从而在人们日常生活中为抵御沙尘暴的侵袭筑起了一道道绿色的防护墙。

　　资料来源：海尔沙尘暴里寻商机，http://www.ycycy.cn/bbs/archiver/? tid-72. html。

案例思考题

　　海尔适天时应需求，及时推出"防沙尘暴Ⅰ代"商用空调，我们在击掌叫好、叹服之余，不能不深深地思索，沙尘暴里，我们应学习海尔的哪些经验呢？

营销技能训练

　　以 3—5 人为一组，了解中国移动手机市场是如何细分的，并分析各目标市场的情况及定位特色。

第十章

产品策略

▶ 知识目标

- 明确产品整体概念的内涵
- 掌握产品组合的含义及策略
- 区分产品生命周期不同阶段的特征及各个阶段的营销策略
- 理解新产品的含义及新产品开发的程序
- 了解产品包装策略

▶ 技能目标

- 能组织、实施产品组合策略
- 能区分不同产品所属的产品生命周期阶段并制定正确的营销策略
- 能根据不同情况为企业制定不同的包装策略

案例导入

几年前,随着一首"越升越高旭日升"的歌曲响遍祖国大江南北,一个新的民族品牌——"旭日升"脱颖而出并迅速崛起,凭借独创的冰茶、暖茶,勇拓市场,后来居上。在短短几年内,以超常规的速度跳跃式发展,以 70% 以上的市场份额占据了中国茶饮料市场,真正成为中国茶饮料第一品牌,旭日集团也同时跻身于"中国饮料工业十强企业"。"冰茶"被国家工商局认定为特有名称。经过几年的发展,旭日升品牌羽翼渐丰,随着旭日升冰茶、暖茶风靡市场,旭日人不断创新形成了系列产品的强大阵容,充氮保鲜的"天之情"纯茶系列,即冲即饮的"变得彩"系列,青春潜力型的"高兴就好"果味茶系列,以热饮见长的"茗香屋"系列。在神州大地只要一提"旭日升"人们自然就想到茶饮料,一提茶饮料也就必然想到"旭日升"。

中国是第一产茶大国,茶叶是国人数千年乐而不疲的杯中之物。随着现代人文环境节奏的加快,一度导致国内茶叶生产与消费趋向低迷,洋饮充斥市场,传统茶饮面临危机。旭日人肩负起神圣使命,为古老的茶文化赋予了新的高科技时代的内涵。"越是民族的,越是世界的。"旭日人隐约看到了希望,看到了潜在的巨大市场。为了创出茶饮精品,他们组成了以中国茶叶流通协会副会长、国家茶叶专家组组长于杰为首的茶饮研究专家组,同时还聘请了一批茶叶、食品、营养、医药等几十家科研机构、大专院校建立了广泛的合作关系,形成了强大的智慧阵容,开始了技术上的攻关。为了适应大众口味,他们选择了有保健功能的乌龙茶,为了适应现代生活的节奏,根据国际国内青年朋友最爱喝碳酸饮料的特点,决定以碳酸饮料为主调,加入经加工提取的乌龙茶液,统一用纯净水,创造出国际市场独一无二的充气茶饮——旭日升冰茶,具备了当代消费饮料的四大特色,即纯净水的卫生、名茶的解渴保健、果汁的美味营养、碳酸的清凉解热(充入碳酸气)。

旭日升冰茶的问世,改变了以往对茶叶慢泡细斟,反复冲饮的老习惯,消除了饮料对水源、器皿、热源等的限制,赋予茶饮以更多的营养价值和现代口味,在世界饮料史上创出了全新的饮品奇迹。与旭日升冰茶同期开发的还有旭日升暖茶,暖茶以红茶、大麦为主要原料,具有解渴、暖胃、保健、热身等功效。冬天喝暖茶,滴滴暖人心。根深才会叶茂,旭日升把根深扎在具有5000年文明的沃土上,给古老的茶饮赋予了更现代、更丰富的内涵,给中国的饮料市场带来一片辉煌。

"产品就是人品,次品就是敌人。"旭日集团每个生产车间里都悬挂着这样的大字标语。它时刻提示着每个人在瞄准茶饮料第一品牌做中国最好的员工,创中国最好的品牌,决不能从自己手中放走一个"敌人"。把产品和人品划一、把次品和敌人等同,这是旭日人崭新的质量观。旭日集团是同行业中较早通过ISO 9002国际质量体系认证的企业。产品质量有了保证,消费者自然也就满意多多。尽最大努力做一个品格高尚的人,尽最大的努力生产出最好的产品——这是旭日人不懈的追求,永恒的主题。

资料来源:王勇、任万慈,旭日升　创造茶饮新时代,http://www.emkt.com.cn/article/1/175.html,中国营销传播网,编者整理。

案例思考:
旭日集团是如何开发出茶饮系列产品的?

产品是企业营销组合中的一个重要因素。企业制定营销组合策略,首先必须决定发展什么样的产品来满足目标市场需求。产品策略直接影响和决定着其他市场营销组合因素的管理,对企业市场营销的成败关系重大。在现代市场经济条件下,每一个企业都应致力于产品质量的提高和组合结构的优化,以更好地满足市场需要,取得更好的经济效益。

第一节　产品组合策略

一、产品整体概念

产品是指能够提供给市场,用于满足人们某种欲望和需要的任何事物,包括实物、服务、场所、组织、思想、创意等。产品整体概念包含核心产品、形式产品、期望产品、延伸产品和潜在产品五个层次。

产品整体概念的五个层次如图 10-1 所示。

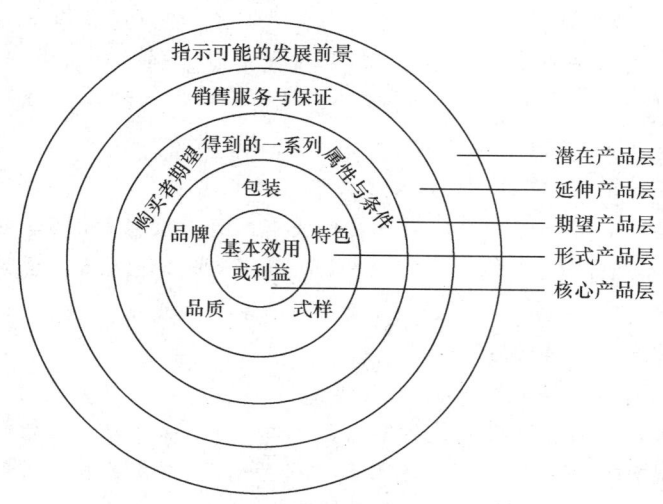

图 10-1　产品整体概念的五个层次

1. 核心产品

核心产品是指向顾客提供的产品的基本效用或利益。顾客购买某一产品,并不是为了占有或获得产品本身,而是为了获得能满足某种需要的效用或利益。比如,人们购买洗衣机不是为了获取装有某些电器零部件的物体,而是为了获得洗衣机清洗衣物的功能。

2. 形式产品

形式产品是指核心产品借以实现的形式。形式产品由五个特征构成,即品质、式样、特征、品牌及包装。即使是纯粹的服务,也具有类似的形式上的特点。产品的基本效用必须通过某些具体的形式才能实现。市场营销者应从顾客购买产品时所追求的利益出发,努力寻求利益得以实现的更加完善的外在形式以满足顾客的需要。

3. 期望产品

期望产品是指购买者在购买该产品时,期望得到的与产品密切相关的一整套属性和条件。比如,旅馆的客人期望得到清洁的床、毛巾、洗手间、相对安静的环境等。因为大多数旅馆均能满足顾客这些一般的期望,所以顾客在选择档次大致相同的旅馆时,一般不是选择哪家旅馆能提供期望产品,而是根据哪家旅馆就近和方便而定。

4. 延伸产品

延伸产品也称附加产品,是指顾客购买形式产品和期望产品时附带获得的各种利益的总和,包括产品说明书、保证、安装、维修、送货、技术培训等。美国营销学家西奥多·李维特曾经指出,新的竞争并非凭借各个公司的工厂生产什么产品,而是依靠其产品能提供何种附加利益,如包装、服务、广告、顾客咨询、融资、送货、仓储及其他具有价值的形式。

5. 潜在产品

潜在产品是指现有产品包括所有延伸产品在内的,可能发展成为未来最终产品的潜在状态的产品。潜在产品指出了现有产品的可能的演变趋势和前景,比如电视未来可能发展为网络终端机。

二、产品分类

在现代市场营销观念下,每一个产品类型都有与之相适应的市场营销组合策略。因此,要制定科学的市场营销策略,就必须对产品进行科学的分类。根据产品的不同特征可以将产品划分为不同类别。

1. 按照产品是否耐用和有形

按照产品是否耐用和有形,可将产品分为非耐用品、耐用品和服务。

(1)非耐用品。非耐用品是指在正常情况下一次或几次使用即被消费掉的有形物品,如食品、化妆品等。

(2)耐用品。耐用品是指在正常情况下能多次使用的有形物品,如彩电、汽车、住房等。

(3)服务。服务是指为出售而提供的活动或利益,如理发、旅馆、教育等。

2. 按照消费者的购买习惯

产品按用途可分为消费品和工业品两大类。而消费品按消费者的购买习惯,又可分为便利品、选购品、特殊品和非渴求物品。

(1)便利品。是指消费者通常购买频繁或在需要时即可买到,并且只花最少精力和最少时间去比较品牌、价格的消费品,如肥皂、报纸等。便利品可进一步分为常用品、冲动品和救急品。常用品是消费者经常购买的产品,如牙膏;冲动品是消费者未经过计划或搜寻而顺便购买的产品;救急品是消费者的需求十分紧迫时购买的产品。

(2)选购品。是指消费者为了买到适当的物品,在购买前往往要去许多家零售商店了解和比较商品的花色、式样、质量、价格等的消费品。例如,儿童衣料、女装、家具等都是选购品。选购品挑选性强,消费者不知道哪家的最合适,且因其耐用程度较高不需经常购买,所以消费者有必要和可能花较多的时间和精力去许多家商店挑选合适的物品。选购品可划分为同质品和异质品。同质选购品质量相似,但价格却明显不同,要选购。而对于服装、家具等异质选购品,产品特色比价格更重要。

(3)特殊品。是指消费者能识别的独特产品或名牌产品,而且习惯上愿意多花时间和精力去购买的消费品。例如,特殊品牌和造型的奢侈品、名牌男服、供收藏的特殊邮票和钱币等。消费者在购买前对要购买的特殊品的特点、品牌等均有充分认识,这一点同便利品相似;但是,消费者只愿购买特定品牌的某种商品,而不愿购买其他品牌的某种特殊品,这又与便利品不同。

(4)非渴求物品。是指消费者不知道的物品,或者虽然知道却没有兴趣购买的物品。例如刚上市的新产品、墓地、人寿保险、百科全书等。非渴求物品的性质决定了企业必须加强广告、推销工作,使消费者对这些产品有所了解,产生兴趣,千方百计地吸引潜在顾客,以扩大销售。

3. 按照产品如何进入生产过程和产品价值进入新产品的情况

产业用品(也叫工业品)按照产品如何进入生产过程和产品价值进入新产品的情况,可分为完全进入产品的产业用品、部分进入产品的产业用品和不进入产品的产业用品。

(1) 完全进入产品的产业用品。是指经过加工制造其价值完全进入新产品的产业用品。包括原料(如农产品、自然产品等)、材料和零部件等。

(2) 部分进入产品的产业用品。是指在生产过程中逐渐磨损、其价值分期分批进入新产品的资本设备。包括设施(如建筑物、土地、固定设备等)、附属设备(如可移动厂房、轻型设备、办公设备等)。

(3) 不进入产品的产业用品。是指不会在生产经营过程中变为实际产品(但其价值要计入新产品成本),维持企业经营管理所必需的产业用品。包括:① 供应品,如业务供应品(如润滑油、打字纸)、维修物品(如油漆、钉子)等;② 商业服务,如维修服务、商业咨询服务(如法律咨询、广告设计)等。

三、产品组合及其相关概念

1. 产品组合、产品线及产品项目

产品组合是指企业提供给市场的全部产品线和产品项目的组合。产品线是指产品组合中的某一产品大类,是一组密切相关的产品。产品项目是指产品线中不同品牌和细类的特定产品。

2. 产品组合的宽度、长度、深度和关联度

产品组合包括四个衡量变量:宽度、长度、深度和关联度。产品组合的宽度是指产品组合中所拥有的产品线的数目。例如,表10-1中所显示的产品组合的宽度为5。产品组合的长度是指产品组合中产品项目的总数。以产品项目总数除以产品线数目即可得到产品线的平均长度。表10-1中所显示的产品组合的长度为17,每条产品线的平均长度为 $17 \div 5 = 3.4$。产品组合的深度是指产品项目中每一品牌所含不同花色、规格、质量的产品数目的多少。例如佳洁士品牌有3种规格2种口味,则佳洁士品牌的深度是6。通过统计每一品牌的深度之和除以品牌总数,即为产品组合的平均深度。产品的关联度是指各条产品线在最终用途、生产条件、分销渠道等方面的相关程度。例如,某家用电器公司拥有冰箱、空调等多条产品线,但每条产品线都与电有关,这一产品组合具有较强的相关性。相反,实行多元化特别是非相关多元化的企业,其产品组合的相关性则可能较小或无相关性。

表 10-1 宝洁公司产品线和产品项目

	产品组合的宽度				
	洗护发剂	牙膏	沐浴露	纸尿布	纸巾
产品组合的长度	飘柔 潘婷 海飞丝 沙宣 伊卡璐	佳洁士 格利	舒肤佳 玉兰油 激爽 伊卡璐	帮宝适 露肤	媚人 粉扑 旗帜 绝顶

四、产品组合策略

企业在调整和优化产品组合时,根据不同的情况,可选择如下策略。

1. 扩大产品组合

包括拓展产品组合的宽度和增强产品组合的深度。前者是在原产品组合中增加一条或几条产品线,扩大经营范围;后者是在原有产品线内增加新的产品项目。当企业预测现有产品线的销售额和利润额在未来有可能下降时,就应考虑在现有产品组合中增加新的产品线或加强其中有发展潜力的产品线。当企业打算增加产品特色,或为更多的子市场提供产品时,则可选择在原有产品线内增加新的产品项目。

2. 缩减产品组合

当市场繁荣时,较长、较宽的产品组合会为企业带来较多的盈利机会。但当市场不景气或原料、能源供应紧张时,缩减产品反而可能使总利润上升。因为从产品组合中剔除那些获利小甚至亏损的产品线和产品项目,企业可集中力量发展获利多的产品线和产品项目。

3. 产品延伸

每一企业的产品都有其特定的市场定位。产品延伸策略者全部或部分地改变公司原有产品的市场定位,具体做法有向下延伸、向上延伸和双向延伸三种。

(1) 向下延伸。指企业原来生产高档产品,后来决定增加低档产品。企业采取这种策略的主要原因是:① 企业发现其高档产品的销售增长缓慢,因此不得不将其产品大类向下延伸。② 企业的高档产品受到激烈的竞争,必须用侵入低档产品市场的方式来反击竞争者。③ 企业当初进入高档市场是为了建立其质量形象,然后再向下延伸。④ 企业增加低档产品是为了填补空隙,不让竞争者有机可乘。

企业在采取这一策略时,可能会遇到一些风险:① 企业原来生产高档产品,后来增加低档产品,有可能使名牌产品的形象受到损害。所以,低档产品最好用新的商标,不要用原先高档产品的商标。② 企业原来生产高档产品,后来增加低档产品,有可能会激怒生产低档产品的企业,导致其向高档产品市场发起反攻。③ 企业的经销商可能不愿意经营低档产品,因为经营低档产品所得利润较少。

(2) 向上延伸。指企业原来生产低档产品,后来决定增加高档产品。主要理由是:高档产品畅销,销售增长较快,利润率高;企业估计高档产品市场上的竞争者较弱,容易击败对手;企业想使自己成为产品种类齐全的企业。

采取这一策略也要承担一定风险:① 可能引起生产高档产品的竞争者进入低档产品市场,进行反攻。② 未来的顾客可能不相信企业能生产高档产品。③ 企业的销售代理商和经销商可能没有能力经营高档产品。

(3) 双向延伸。指原定位于中档产品市场的企业掌握了市场优势以后,决定向产品大类的上下两个方向延伸,一方面增加高档产品,另一方面增加低档产品扩大市场阵地。

小案例

派克笔的产品延伸

美国派克公司是一个高端钢笔制造厂商,也是钢笔的发明者。1894 年,派克取得了钢笔的墨水输送装置专利并一度成为钢笔市场中的领导品牌。1962 年,派克公司获准成为英国皇室书写用具和墨水的独家供应商,派克钢笔成为了伊丽莎白二世的御用笔。这件事被派克广为宣传并最终使派克一举成名,身价倍增,派克金笔也成为一种高贵身份的象征。

20 世纪 70 年代后期,派克公司的许多竞争对手,包括大名鼎鼎的克罗斯公司纷纷效仿派克公司的做法,转而生产书法笔和价值高昂的高档笔。在这股浪潮的冲击下,派克制笔公司在美国的市场相继被占领,销售额大幅度下降,从 1980 年起,派克制笔公司连续 5 年亏损,到 1985 年,派克公司的亏损额已高达 500 万美元。

1982 年,派克公司新任总经理詹姆斯·彼得森上任。为了挽救派克公司,扩大市场份额,彼得森采取了紧缩开支、集中管理、大批裁员等措施。同时,彼得森还做出了一项足以使派克公司致命的错误决策:全力生产定位于 3 美元以下的中低档钢笔。此举使本就举步维艰的派克公司更是雪上加霜,原来认同派克高端定位的消费者因为派克定位的改变而纷纷弃之而去,中低端市场又毫无起色。彼得森这种破坏派克高端品牌形象和定位的错误决策的恶果很快就在市场上显现出来,派克公司高档金笔的领导品牌地位迅速被竞争对手所取代,派克笔在美国市场的占有率降至 17%,而当时派克公司主要竞争对手克罗斯公司的产品却拥有 50% 的市场份额,一跃成为美国制笔业的新霸主。

资料来源:品牌延伸的七个关键性原则,http://cn. china. cn/article/d56439,98d4ec,d1003_2454,2. html,编者整理。

案例思考:
派克笔的产品延伸为什么失败?

第二节　产品生命周期策略

一、产品生命周期阶段

产品生命周期是指产品从投入市场到被市场淘汰所经历的全部运动过程。产品生命周期特指产品的市场寿命,产品在市场上的销售情况及其获利能力会随着时间的推移而变化。产品经过研究开发、试销,然后进入市场,开始其市场生命周期。产品被淘汰,退出市场,标志着生命周期的结束。

典型的产品生命周期一般可分为四个阶段:导入期(也称引入期、介绍期)、成长期、成熟期和衰退期(如图 10-2 所示)。

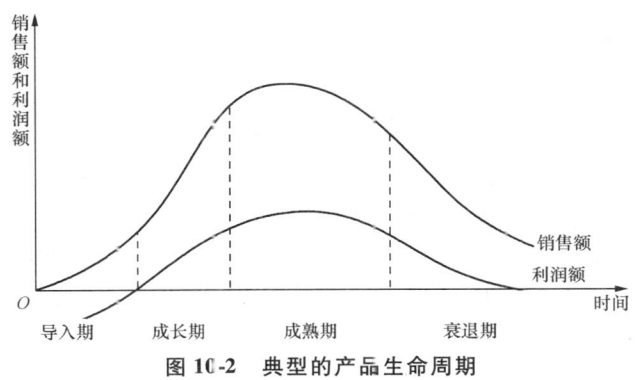

图 10-2 典型的产品生命周期

1. 导入期

新产品投入市场,便进入导入期。此时,顾客对该产品还不了解,销售量小,相应地增加了单位产品成本;尚未建立理想的营销渠道和高效率的分配模式;价格决策难以确立,高价可能限制购买,低价可能难以收回成本;广告费用和其他营销费用开支较大;产品技术、性能还不够完善;利润较少,甚至出现经营亏损,企业承担的市场风险最大。

2. 成长期

产品在导入期的销售取得成功以后,便进入成长期。这时顾客对新产品已经熟悉,销售量增长很快;大批竞争者加入,市场竞争加剧;产品已定型,技术工艺比较成熟;建立了比较理想的营销渠道;市场价格趋于下降;企业的促销费用水平基本稳定或略有提高,但占销售额的比率下降;单位生产成本迅速下降,企业利润迅速上升。

3. 成熟期

经过成长期以后,市场需求趋向饱和,潜在的顾客已经很少,销售额增长缓慢直至转而下降,标志着产品进入了成熟期。在这一阶段,竞争逐渐加剧,促销费用增加,产品售价降低,企业利润下降。

4. 衰退期

随着科学技术的发展,新产品或新的替代品出现,将使顾客的消费习惯发生改变,转向其他产品,从而使原来产品的销售额和利润额迅速下降。于是,产品进入了衰退期,直至完全退出市场(如表 10-2 所示)。

表 10-2 产品生命周期各阶段的特征

	导入期	成长期	成熟期	衰退期
销售量	低	剧增	最大	衰退
销售速度	缓慢	快速	减慢	负增长
成本	高	一般	低	回升
价格	高	回落	稳定	回升
利润	亏损	提升	最大	减少
目标顾客	创新者	早期使用者	中间多数	落伍者
竞争者	很少	增多	稳中有降	减少
营销目标	建立知名度,鼓励试用	最大限度地占有市场	保护市场,争取最大利润	压缩开支,榨取最后价值

二、产品生命周期策略

1. 导入期市场营销策略

在产品的导入期,一般可由价格、促销、地点等要素组合成各种不同的市场营销策略。若仅考察价格和促销两个因素,则至少有以下四种策略。

(1)快速撇脂策略,即采用高价格、高促销费用,以求迅速扩大销售量,取得较高的市场占有率。采取这种策略必须有一定的市场环境,如大多数潜在消费者还不了解这种新产品,已经了解这种新产品的人急于求购,并且愿意按价购买;企业面临潜在竞争者的威胁,应该迅速使消费者建立对自己产品的偏好。

(2)缓慢撇脂策略,即以高价格、低促销费用的形式进行经营,以求得更多的利润。这种策略可以在市场规模比较小,市场上大多数的消费者已熟悉该新产品,购买者愿意出高价,潜在竞争威胁不大的市场环境下使用。

(3)快速渗透策略,即以低价格、高促销费用的方式迅速打入市场,取得尽可能高的市场占有率。在市场容量很大,消费者对这种产品不熟悉,但对价格非常敏感,潜在竞争激烈,企业随着生产规模的扩大可以降低单位生产成本的情况下适合采用这种策略。

(4)缓慢渗透策略,即以低价格、低促销费用来推出新产品。这种策略适用于市场容量很大,消费者熟悉这种产品但对价格反应敏感,并且存在潜在竞争者的市场环境。

2. 成长期市场营销策略

针对成长期的特点,企业为维持其市场增长率,延长获取最大利润的时间,可以采取下面几种策略。

(1)改善产品品质。如增加新的功能,改变产品款式等。对产品进行改进,可以提高产品的竞争能力,满足顾客更广泛的需求,吸引更多的顾客。

(2)寻找新的子市场。通过市场细分,找到新的尚未满足的子市场,根据其需求组织生产,迅速进入这一新的市场。

(3)改变广告宣传的重点。把广告宣传的重心从介绍产品转到建立产品形象上来,树立产品名牌。维系老顾客,吸引新顾客,使产品形象深入顾客心中。

(4)在适当的时机,可以采取降价策略,以激发那些对价格比较敏感的消费者产生购买动机和采取购买行动。

3. 成熟期市场营销策略

对成熟期的产品,只能采取主动出击的策略,使成熟期延长,或使产品生命周期出现再循环。为此,可以采取以下三种策略。

(1)市场改良策略。这种策略不是要调整产品本身,而是发现产品的新用途或改变推销及促销的方式等,使产品销售量得以扩大。

(2)产品改良策略。这种策略是以产品自身的调整来满足顾客的不同需求,吸引有不同需求的顾客。整体产品概念的任何层次的调整都可视为产品再推出。

(3)营销组合改良策略,即通过对产品、定价、渠道、促销四个市场营销组合因素加以综合调整,刺激销售量的回升。例如,在提高产品质量、改变产品性能、增加产品规格品种的同时,通过特价、早期购买折扣、补贴运费、延期付款等方法来降价让利;拓展分销渠道,广设分销网点,调整广告媒体组合,变换广告时间和频率,增加人员推销,强化公共关系等,多管齐下,进行市场渗透,扩大企业及产品的影响,争取更多的顾客。

4. 衰退期市场营销策略

面对处于衰退期的产品,企业需要进行认真的研究分析,决定采取什么策略,在什么时间退出市场。通常有以下几种策略可供选择。

(1)继续策略。沿用过去的策略,仍按照原来的子市场,使用相同的分销渠道、定价及促销方式,直到这种产品完全退出市场为止。

(2)集中策略。把企业能力和资源集中在最有利的子市场和分销渠道上,从中获取利润。这样有利于缩短产品退出市场的时间,同时又能为企业创造更多的利润。

(3)收缩策略。大幅度降低促销水平,尽量降低促销费用,以增加目前的利润。这样可能导致产品在市场上的衰退加速,但也能从忠实于这种产品的顾客中得到利润。

(4)放弃策略。对于衰退比较迅速的产品,应该当机立断,放弃经营。可以采取完全放弃的形式,如把产品完全转移出去或立即停止生产,也可采取逐步放弃的方式,使其所占用的资源逐步转向其他产品。

第三节 新产品的开发策略

现代社会,消费者的需求不断变化,科技发展日新月异,产品生命周期相应缩短,市场竞争日趋激烈,企业产品的淘汰率与日俱增。企业为了维持自己的长期生存与发展,必须不断地推出新产品。开发新产品是企业实现可持续发展的重要保证,是企业市场营销战略的重要组成部分。

一、新产品的概念及种类

市场营销意义上的新产品含义很广,凡是同原有产品相比,具有新功能、新特色、新结构或新用途,能满足顾客某种新需求的产品即可视为新产品。新产品包括六种基本类型。

(1)全新产品,即运用新一代科技革命创造的整体更新产品。

(2)新产品线,使企业首次进入一个新市场的产品。

(3)现有产品线的增补产品。

(4)现有产品的改进或更新,对现有产品性能进行改进或注入较多的新价值。

(5)再定位,进入新的目标市场或改变原有产品市场定位而推出的新产品。

(6)成本减少,以较低成本推出同样性能的新产品。

新产品开发的实质是推出上述不同内涵与外延的新产品。对大多数企业来说,是改进现有产品而非创造全新产品。

二、新产品开发的程序

为了提高新产品开发的成功率,必须建立科学的新产品开发管理程序。新产品开发过程大致可分为八个阶段(如图 10-3 所示)。

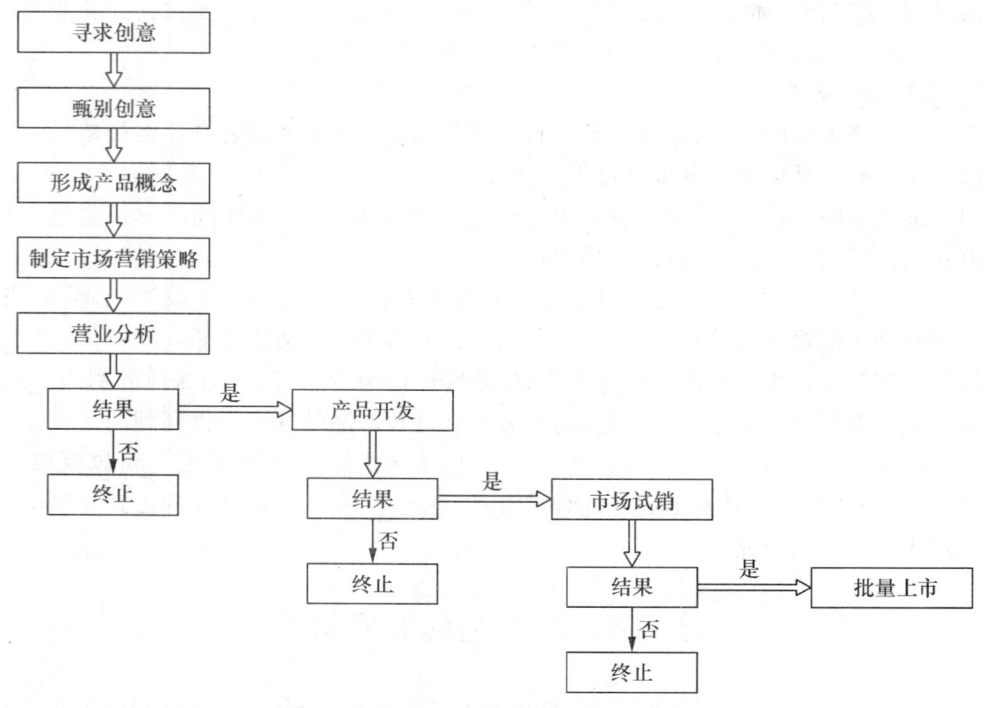

图 10-3　新产品开发的程序

1. 寻求创意

新产品开发过程是从寻求创意开始的。所谓创意,就是开发新产品的设想。虽然并不是所有的设想或创意都会变成产品,但寻求尽可能多的创意却能为开发新产品提供较多的机会。所以,现代企业都非常重视创意的开发。新产品创意的主要来源有:顾客、科学家、竞争对手、企业推销人员和经销商、企业高层管理人员、市场研究公司、广告代理商等。除了以上几种来源外,企业还可以从大学、咨询公司、同行业的团体协会、有关的创刊媒介那里寻求有用的新产品创意。一般说来,企业应当主要靠激发内部人员的热情来寻求创意。这就要建立各种激励性制度,对提出创意的职工给予奖励,而且高层主管人员应当对这种活动表现出充分的重视和关心。

2. 甄别创意

取得足够创意之后,要对这些创意加以评估,研究其可行性,并挑选出可行性较高的创意,这就是甄别创意。创意甄别的目的就是淘汰那些不可行或可行性较低的创意,使公司有限的资源集中于成功机会较大的创意上。甄别创意时,一般要考虑两个因素:一是该创意是否与企业的战略目标相适应,表现为利润目标、销售目标、销售增长目标、形象目标等几个方面;二是企业有无足够的能力开发这种创意,这些能力表现为资金能力、技术能力、人力资源、销售能力等。

3. 形成产品概念

经过甄别后保留下来的产品创意还要进一步发展成为产品概念。在这里,首先应当明确产品创意、产品概念和产品形象之间的区别。所谓产品创意,是指企业从自己的角度考虑能够向市场提供的可能产品的构想。所谓产品概念,是指企业从消费者的角度对这种创意所做的详尽的描述。而产品形象,则是消费者对某种现实产品或潜在产品所形成的特定形象。企业必须根据消费者的要求把产品创意发展为产品概念。确定最佳产品概念,进行产品和品牌的市场定位后,就应当对产品的概念进行试验。所谓产品概念试验,就是用文字、图画描述或者用实物将产品概念展示给一群目标顾客以观察他们的反应。

4. 制定市场营销策略

形成产品概念之后,需要制定市场营销策略,企业营销人员要拟定一个将新产品投放市场的初步的市场营销策略报告书。报告书由三个部分组成。

(1)描述目标市场的规模、结构、新产品在目标市场上的定位,头几年的销售额、市场占有率、利润目标等。

(2)简述新产品的计划价格、分销策略以及第一年的市场营销预算。

(3)阐述计划长期销售额和目标利润以及不同时间的市场营销组合策略。

5. 营业分析

新产品开发过程的第五个阶段是进行营业分析。在这一阶段,企业市场营销管理者要复查新产品将来的销售额、成本和利润的估计,看看它们是否符合企业的目标。如果符合,就可以进行新产品开发。

6. 产品开发

如果产品概念通过了营业分析,研究与开发部门、工程技术部门及生产部门就可以把这种产品概念转变成为产品,进入试制阶段。只有在这一阶段,以文字、图表及模型等描述的产品设计才变为实体产品。这一阶段应当搞清楚的问题是,产品概念能否变为技术上和商业上可行的产品。如果不能,就意味着产品开发所耗费的资金将全部付诸东流。

7. 市场试销

如果企业的高层管理者对某种新产品开发试验结果感到满意,就要着手用品牌名称、包装和初步市场营销方案把这种新产品装扮起来,把产品推上真正的市场舞台进行试验。其目的在于了解消费者和经销商对于经营、使用和再购买这种新产品的实际情况以及市场大小,然后再酌情采取适当对策。市场试验的规模取决于两个方面:一是投资费用和风险大小,二是市场试验费用和时间。投资费用和风险越高的新产品,试验的规模应越大一些;反之,投资费用和风险较低的新产品,试验规模就小一些。从市场试验费用和时间来讲,所需市场试验费用越多,时间越长的新产品,市场试验规模应越小一些;反之,则可大一些。不过,总的来说,市场试验费用不宜在新产品开发投资总额中占太大比例。

8. 批量上市

经过市场试销,企业高层管理者已经拥有了足够的信息资料来决定是否将这种新产品全面投放市场。如果新产品试销成功,就可以正式批量生产、全面推向市场。企业就须支付大量营销费用,而新产品投放市场的初期利润很小,甚至亏损。因此,企业应对新产品投放市场的时机、区域、目标顾客群的选择和最初的营销组合等方面做出慎重决策。

小案例

苹果公司的新产品开发

作为一家知名的 IT 公司,苹果如今已走过 30 多年的发展历程。苹果公司以创新的产品闻名世界,但同许多公司一样,苹果在产品创新过程中,也走过许多弯路。Lisa 电脑的产品开发就是苹果产品创新的一个败笔。

苹果 Lisa 电脑以乔布斯女儿的名字命名,是全球首款将图形用户界面(GUI)和鼠标结合起来的个人电脑。然而在 Lisa 电脑于 1983 年面市时,苹果没有充分考虑到消费者对电脑消费的需求和承受能力,当时售价为令人难以置信的 1 万美元。高昂的售价令不少用户退避三舍,导致其销量不佳。1989 年,苹果将数千台没有售出的 Lisa 电脑扔进了犹他州的垃圾堆。

案例思考:

苹果 Lisa 电脑开发失败的原因是什么?

三、新产品采用与扩散

1. 新产品采用过程

所谓新产品采用过程是指消费者个人由接受创新产品到成为重复购买者的各个心理阶段。迄今为止,有关采用过程的研究当首推美国著名的学者埃弗雷特·罗杰斯(Everett Rogers),他在 1962 年出版的《创新扩散》一书中,把采用过程视为创新决策过程。他认为,创新决策过程包括五个阶段,即认识阶段、说服阶段、决策阶段、实施阶段和证实阶段。这五个阶段又受到一系列变量的影响,它们不同程度地促进或延缓了创新决策过程。

(1)认识阶段

在认识阶段,消费者要受个人因素(如个人的性格特征、社会地位、经济收入、性别年龄、文化水平等)、社会因素(如文化、经济、社会、政治、科技等)和沟通行为因素的影响。他们逐步认识到创新产品,并学会使用这种产品,掌握其新的功能。研究表明,较早意识到创新的消费者同较晚意识到创新的消费者有着明显的区别,一般地,前者较后者有着较高的文化水平和社会地位,他们广泛地参与社交活动,能及时、迅速地搜集到有关新产品的信息资料。

(2)说服阶段

有时,消费者尽管认识到了创新产品并知道如何使用,但一直没有产生喜爱和占有该种产品的愿望。而一旦产生这种愿望,决策行为就进入了说服阶段。在认识阶段,消费者的心理活动尚停留在感性认识上,而在此阶段其心理活动就具有影响力了。在说服阶段,消费者常常要亲自试用新产品,以避免购买风险。不过即使如此也并不能促使消费者立即购买,除非营销人员能让消费者充分认识到新产品的特性。

(3)决策阶段

通过对产品特性的分析和认识,消费者开始决策,即决定采用还是拒绝采用该种新产品。消费者可能决定拒绝采月,此时又有两种可能:① 以后改变了态度接受了这种创新产品;② 继续拒绝采用这种产品。

消费者也许决定采用创新产品,此时也有两种可能:① 在使用之后觉得效果不错,继续使用下去;② 使用之后发现令人失望,便中断使用,可能改用别的品牌,也可能干脆不使用这类产品。

（4）实施阶段

当消费者开始使用创新产品时,就进入了实施阶段。在决策阶段,消费者只是在心里盘算究竟是使用该产品还是仅仅试用一下,并没有完全确定。到了实施阶段,消费者就考虑我怎样使用该产品以及我如何解决操作难题。这时,企业营销人员就要积极主动地向消费者进行介绍和示范,并提出自己的建议。

（5）证实阶段

人类行为的一个显著特征是,人在做出某项重要决策之后总是要寻找额外的信息,来证明自己决策的英明和果断,消费者购买决策亦不例外。

在整个创新决策过程中,证实阶段包括了决策后不和谐、后悔和不和谐减弱三种情况。消费者往往会告诉朋友们自己采用创新产品的明智之处,倘若他无法说明自己的决策是正确的,那么就可能中断采用。

2. 新产品扩散过程

所谓新产品扩散,是指新产品上市后随着时间的推移不断地被越来越多的消费者所采用的过程。也就是说,新产品上市后逐渐地扩张到其潜在市场的各个部分。扩散与采用的区别,仅仅在于看问题的角度不同。采用过程是从微观角度考察消费者个人由接受创新产品到成为重复购买者的各个心理阶段,而扩散过程则是从宏观角度分析创新产品如何在市场上传播并被市场所采用得更为广泛的问题。

第四节　包 装 策 略

产品包装是整个商品生产的一个重要组成部分。商品只有经过包装才能进入流通领域,实现其价值和使用价值。良好的包装可以保护商品在流通过程中的品质完好和数量完整,便于消费者携带和使用,还可以增加商品的价值。

一、包装及其作用

1. 包装的含义

包装是指对某一品牌商品设计并制作容器或包装物的一系列活动。包装有两个方面的含义:一是指为产品设计、制作包装物的活动过程;二是指包装物。

一般来说,产品包装应该包括商标或品牌、形状、颜色、图案和材料等要素。此外,在产品包装上还有标签。在标签上一般都印有包装内容和产品所包含的主要成分、品牌标志、产品质量登记、生产厂家、生产日期和有效期、使用方法等文字,有些标签上还印有彩色图案或实物照片,以促进销售。

2. 包装的种类

由于运输、堆存、销售、陈列、保护商品等不同要求,产品包装可分为不同种类和形式。

(1) 按产品包装的不同层次划分,可分为:

首要包装,即产品的直接包装,如牙膏皮、啤酒瓶等都属于这种包装。

次要包装,即保护首要包装的包装物,如包装一定数量牙膏的纸盒或纸板箱。

运输包装,即为了便于储运、识别某些产品的外包装。

(2) 按产品包装在流通过程中的不同作用划分,可分为:

运输包装,又称为外包装或大包装,它要求坚固耐用,主要用于保护产品品质安全和数量完整。运输包装又可分为单件运输包装和集合运输包装。

销售包装,又称小包装或内包装,是紧贴产品的按一定数量包装好的,直接进入市场与消费者见面的产品包装。其特点是在市场上陈列展销、不需要重新包装、分配、衡量,例如化妆盒、香水瓶、酒瓶、礼品盒等。这类包装从产品生产出来直至消费完毕始终起着保护、美化、宣传和体现产品个性的作用,方便消费者识别、选购、携带和使用产品。销售包装在造型结构、装潢设计和文字说明等方面,都有较高的要求,是产品包装设计的重要组成部分。

3. 包装的作用

包装对企业市场营销的作用主要表现在以下几个方面。

(1) 保护产品。良好的包装可以使产品在流通和使用过程中,以及在消费者保存产品期间不致损坏、变质、散落,保护产品的使用价值。包装保护产品的作用主要表现在两个方面:一是保护产品本身。科学合理的包装,能使产品抵抗各种外界因素的破坏,从而保护产品的性能,保证产品质量和数量的完好。二是安全(环境)保护。有些产品属于易燃、易爆、放射、污染或有毒物品,必须对它们进行包装,以防止泄露造成危害。

(2) 便于储运。不同产品其性质、形状、大小、重量、数量、规格各不相同,若不进行合理包装,则无法运输和储藏。因此,良好的包装有利于产品的储藏和运输,加速商品流转,提高商品流通的经济效益。

(3) 促进销售。精美的包装,可起到美化产品、宣传产品和促进销售的作用。包装既能提高产品的市场竞争力,又能以其新颖独特的艺术魅力吸引顾客、指导消费,成为促进消费者购买的主导因素,是产品无声的推销员。

(4) 增加利润。装潢精美、使用方便的包装能满足消费者的某种心理需求,消费者一般乐于为良好的包装带来的便利、美感、可靠性和声望而支付较高的价格购买产品。因此,良好的包装不仅可以促进销售,而且可以提高产品的附加价值,从而增加企业的利润。

二、包装设计的原则

(1) 保证安全。安全是产品包装设计最基本的设计原则之一。在包装活动过程中,包装材料的选择及包装物的制作必须适合产品的物理、化学、生物性能,以保证产品不损坏、不变质、不变形、不渗漏等。一方面,保证商品质量完好、数量完整;另一方面,保护环境安全。

(2) 便于运输、保管与陈列,方便携带和使用。在保证产品安全的前提下,应尽可能缩小包装体积,以节省包装材料和运输、储存费用。销售包装的造型结构应符合运输包装和货架陈列的要求。设计不同规格、分量的包装,适应不同消费者的需要;包装的大小、轻重要适当,方便消费者携带和使用。

（3）美观大方,富有特色。包装设计要考虑消费者的审美习惯。美观大方、独特新颖、富有个性的包装给人以美的感受,具有艺术性并富有吸引力,激发消费者的购买欲望。

（4）包装应与商品价值和质量水平相适应。一般来说,包装应与所包装商品的价值和质量水平相符。对于高档、贵重的商品应设计精美的包装,给人以名贵的感觉。低档商品采用高档优质包装会增加成本,提高价格,使人产生名不符实之感而使消费者难以接受,反而会影响销售。

（5）尊重消费者的宗教信仰和风俗习惯。社会文化环境直接影响着消费者对包装的认可程度,因此,在包装设计中,必须尊重不同国家和地区的宗教信仰和风俗习惯,包装上的文字、图案、色彩等不能和目标市场的风俗习惯、宗教信仰相抵触。应深入了解不同消费者的特性,区分不同的宗教信仰和风俗习惯,设计不同的包装,以适应目标市场的要求。

（6）符合法律规定,兼顾社会利益。包装设计作为企业市场营销活动的重要环节,在实践中必须严格依法行事。应按法律规定在包装上标明制造者或销售者的名称及地址;对食品、化妆品等与消费者身体健康密切相关的产品,必须标明生产日期和保质期等。此外,包装设计还应兼顾社会利益,努力减轻消费者负担,节约社会资源,禁止使用有害包装材料,实施绿色包装战略。

三、包装策略

良好的包装不仅要符合包装设计的要求,还必须同包装策略结合起来,才能发挥应有的作用。可供企业选择的包装策略主要有以下几种。

（1）类似包装策略。企业对其生产的各种产品都采用相同或相似的图案、色彩进行包装,便于顾客识别出本企业产品。对于忠实于本企业的顾客,类似包装无疑具有促销的作用,企业可因此而节省包装设计与制作费用,树立企业整体形象,扩大企业影响,有助于新产品的推销。但类似包装策略只适用于质量水平相近的产品,对于品种差异大、质量水平悬殊的产品则一般不宜采用。

（2）等级包装策略。企业对其生产经营的不同质量等级的产品分别设计和使用不同的包装。由于消费者的经济收入、消费习惯、文化程度、审美眼光、年龄等存在差异,对包装的需求心理也有所不同。一般来说,高收入者,文化程度较高的消费层,比较注重包装设计的制作审美、品味和个性化;而低收入消费层则更偏好经济实惠、简洁便利的包装设计。因此,企业将同一商品针对不同层次消费者的需求特点制定不同等级的包装策略,以此来争取不同层次的消费群体,从而全面扩大销售。

（3）分类包装策略。企业根据消费者购买目的的不同,对同一种产品采用不同的包装。例如,购买产品用做礼品赠送他人,可采用精致包装,以满足人们交往、礼仪之需要,借物寓情,以情达意。若是购买者自己使用,则可采用简单包装。

（4）配套包装策略。企业按消费者的消费习惯,将几种有关联的产品配套包装在一起成套供应,如系列化妆品包装。这种策略能够节约交易时间,便于消费者购买、使用和携带,同时还可扩大产品的销售。在配套产品中如加进某种新产品,可使消费者不知不觉地习惯使用新产品,有利于新产品上市和普及。但采用此策略应注意市场需求的具体特点、消费者的购买能力和产品本身关联程度的大小，切忌随意配套搭配。

（5）再使用包装策略。是指包装内的产品使用完后，包装物本身还可作其他用途使用。如各种形状的香水瓶可作装饰物，精美的食品盒也可被再利用等。这种包装策略可使消费者感到一物多用而引起其购买欲望，有利于扩大产品销售，而且包装物的重复使用也起到了对产品的广告宣传作用。但使用该策略，应注意避免因成本加大引起商品价格过高而影响产品的销售。

（6）附赠品包装策略。是指在商品包装物内附赠奖券或实物，或包装本身可以换取礼品，以吸引消费者购买的做法。这一策略对儿童和青少年以及低收入者比较有效，同时也是一种有效的营业推广方式。例如，我国出口的"芭蕾珍珠膏"，每个包装盒附赠珍珠别针一枚，顾客购至50盒可串条美丽的珍珠项链，这使珍珠膏在国际市场十分畅销。

（7）更新包装策略。改变和放弃原有的产品包装，改用新的包装。更新包装，一方面是通过改进包装使销售不佳的商品重新焕发生机，重新激起人们的购买欲；另一方面是通过改进，使商品顺应市场变化。有些产品要改进质量比较困难，但如果几年不变，总是老面孔，消费者又会感到厌倦。使用新包装，可以给消费者带来一种新鲜感，从而扩大产品销售。

本章小结

1. 产品是市场营销组合中最基本的要素。产品整体概念包含核心产品、形式产品、期望产品、延伸产品和潜在产品五个层次。产品组合是指企业提供给市场的全部产品线和产品项目的组合。产品组合有一定的宽度、长度、深度和关联性。企业在调整和优化产品组合时，应根据具体情况选择适宜的产品组合策略。

2. 产品生命周期是指产品从投入市场到被市场淘汰所经历的全部运动过程。典型的产品生命周期一般可分为四个阶段：导入期、成长期、成熟期和衰退期。企业可根据产品所处不同的生命周期阶段，制定并实施不同的市场营销策略。

3. 由于消费需求不断变化，科技不断发展，市场竞争日益激烈，企业必须高度重视新产品开发。新产品开发过程可分为八个阶段，即寻求创意、甄别创意、形成产品概念、制定市场营销策略、营业分析、产品开发、市场试销、批量上市。

4. 包装是产品生产过程在流通领域的延续。包装的作用主要表现在保护产品、便于储运、促进销售和增加利润。在实践中，可供企业选择的包装策略主要有：类似包装策略、等级包装策略、分类包装策略、配套包装策略、再使用包装策略、附赠品包装策略及更新包装策略等。

学习思考

1. 怎样从整体上来理解产品？整体产品包含几个层次？
2. 什么是产品组合？优化产品组合的策略有哪些？
3. 什么是产品生命周期？分析产品生命周期各阶段的市场特点。
4. 简述导入期和成长期的市场营销策略。
5. 什么是新产品？新产品主要有哪些类型？

6. 新产品开发要经过几个阶段?

7. 包装设计应遵循哪些原则?

案例训练　　　　　　　　　　**吉列公司的新产品开发**

　　美国吉列公司生产的蓝吉利刮胡刀片已享誉世界几十年之久,它的成功离不开吉列公司出色的产品决策。

　　1891 年,有人向吉列公司创始人吉列先生建议:集中精力去开发顾客必须反复购买的产品,是一条成功的捷径。这一观点虽然激起了吉列的兴趣和好奇心,但却一直缺少具体设想,直到 1895 年一个夏日之晨,他要刮胡子时发现其刮胡刀很钝不能使用,只有等磨刀师磨利后才能再用,为此他很生气。突然,开发一种新刮胡刀的设想浮现眼前。他想到一系列的零件和若干组装方式,总之,得有一个很薄的非常锋利的刀片……他觉得非常兴奋,因为这种产品可以实现顾客的反复购买,这正是他几年来梦寐以求的新产品。

　　在吉列先生把设想变成设计,并付诸行动的考验中,他信心十足,努力工作,期望其新产品能更加完美,但结果却经常成为朋友取笑的话柄。然而,最使他不安和气馁的是,当他去请教那些机械工具的专家和学者时,他们都认为他的新产品设想是不切实际的幻想,应当立即放弃。1901 年他的好友将吉列刮胡刀的设想告诉了麻省理工学院毕业的机械工程师尼克逊,尼克逊同意研究吉列的设想。数周后,尼克逊成为吉列的合伙人。为了筹措所必需的5 000 美元生产设备费用,1902 年公司的名称改为美国安全刮胡刀公司。

　　公司在芝加哥物色了一家代销机构,并规定其安全刮胡刀套件(一支刀架和 20 片刀片)的售价为每套 5 美元,刀片每 20 片为一包,每包 1 美元。当年 10 月,首次广告提供 30 天退款保证,在《系统》杂志上登刊,至 1903 年年底的两年期间共售出 51 万套安全刀架和 168 片刀片。

　　公司在 1906 年首次发行股票。在以后的十年中继续以每年 30 至 40 万套的销量出售安全刮胡刀,刀片的销售从 45 万包增加到 7 亿包。至 1911 年,公司的南波士顿厂雇用了1 500 个员工,三年后,由于尼克逊发明了全自动刃磨机,使其生产能力迅速增加。这些新设备与尼克逊以前发明的机器相比,大大地降低了生产成本又提高了刀片的质量。

　　原来的安全刮胡刀的专利权于 1921 年 10 月满期,吉列公司管理当局早就为此做了准备。在当年五月,使其竞争对手吃惊的是,吉列推出了两种新产品:一种按原价出售的新型改进吉列安全刮胡刀和另一种售价 1 美元的 Sliver Brownie 安全刮胡刀。1923 年公司再推出镀金刮胡刀,售价仍为 1 美元。当妇女盛行短发的时候,吉列又推出称为 Debutante 的女用安全刀,而售价仅为 79 美分。

　　到了 20 世纪 30 年代初期,安全刀片的竞争变得非常激烈,数百家公司以低价刀片充斥着整个市场,并受到公众的广泛欢迎,但却严重侵蚀了质量和价格都较高的吉列刀片的市场占有率。因此,从 1931 年年初起,公司采用了多种市场营销策略。在其所谓"社会意识型"广告中,吉列强调"刮干净与成功的关系"。其他的广告则直接针对竞争产品,提醒消费者劣质刀片的经常性刺激将导致严重的皮肤病。公司也施行了降价以争取更多消费者的策略。比如那时推出的 Probak 和 Valet 两种刀片都减价至 5 片 25 美分与 10 片 49 美分。尽管如此,1933 年的利润仍比 1932 年减少了两亿美元。

1934 年,公司又推出第一种单面安全刮胡刀和 Probak Junior 刀片,售价为 4 片 10 美分或 10 片 25 美分,至 1936 年公司推出安全刀系列以外的产品:吉列无刷刮胡膏,售价为 98 美分。

1938 年秋,公司又推出吉列薄刀片,吉列电动刮胡刀也于当年圣诞节问世。电动刮胡刀是在数年前发明的,但直至 20 世纪 30 年代后期才被接受,对公司来说,这一年的最重要发展是史攀(Joseph Spang)出任公司的总经理。在他的领导下,开始了许多新的管理政策。公司仍然保持低价策略,但十分强调产品质量,以保持产品的信誉。公司采用了本企业研究人员发展的新制造工艺,以便在制造过程中严格检查刀片的数量。在 1939—1945 年间,公司没有推出新产品,这是战争的缘故。尽管如此,公司的研究开发人员仍研制成了第一台双刃刀片分配机,从而改进了过去的包装工作。1946 年公司的经营状况很好,其年销售额约为52 000 万美元,这时,吉列的名字已享誉全世界。

第二次世界大战后,吉列公司开始实行对外兼并和内部创新以便成为世界性的多样化经营企业。经过认真分析之后,公司于 1948 年决定扩大市场。同年购进了托尼家用烫发器制造公司,1955 年兼并了在加利福尼亚生产圆珠笔和刮胡膏的梅特公司。

1960 年,公司又推出超级蓝吉利刀片,即全世界第一种涂层刀片。1964 年公司重新调整了产品组合,形成两大类产品并由两个事业部分管:吉列产品组合——负责刮胡刀产品和男用品;多样化产品组合——负责其他所有产品。吉列产品组负责人吉格勒(Vincent Ziegler)升任公司总经理后的十年,是公司销售和产品发展最迅速的十年。在他领导下的前几年,公司连续推出盒式刮胡刀组、多笔尖圆珠笔、Hot-One 刮胡膏、可调盒式刮胡刀、超级不锈钢刀片、增塑刀片、微孔笔和几种止汗剂,这些产品的市场投放都取得了成功。

虽然公司的多样化经营主要是靠内部产品开发来实现,但是,在 1967 年也购进了一家制造电动刮胡刀、家用电器和照相器材的西德公司。1971 年,公司重新调整了产品组合和管理机构。这样,公司在 20 世纪 70 年代初期开发和营销了许多新产品。1974 年以前公司一半以上的销售额来自近五年内的新产品。安全刮胡刀部在推出 Trac Ⅱ 型刮胡刀系列之后,迅速成为市场上的最畅销品,继而又推出女用 Daisy 削发刀及男用 Good News 刮胡刀。保健用品部也营销了多种新产品,如柠檬洗发精、无碱洗发精。公司于 1972 年进入个人用具市场,如开发和营销 Max 手提式烘发机。

案例思考题

1. 吉列先生构思的刮胡刀采用的是哪一种构思方法?

2. 刮胡刀上市后采用什么产品策略?

3. 举例说明吉列公司在扩大产品组合决策时,增加了产品组合中的长度、宽度、深度和关联度中的哪一种或哪几种? 为什么?

营销技能训练

1．收集几家企业的产品资料及行业的相关信息。根据产品整体概念，分析各企业产品整体概念中的核心产品、形式产品、期望产品、延伸产品和潜在产品。

2．请从不同途径收集某些产品的资料，区分这些产品分别处于产品生命周期的哪一阶段并解释原因。

第十一章

品牌策略

知识目标

- 了解品牌的含义及作用
- 理解品牌定位及其具体步骤
- 掌握品牌策略的主要类型

技能目标

- 能正确分析品牌的作用
- 能针对企业自身拥有的竞争优势对企业品牌进行准确定位
- 能根据具体情况为企业制定正确的品牌策略

案例导入

美的集团是广东美的集团有限公司的简称。1980 年时,它还只是广东省顺德县一个小镇的小作坊。"美的"创业之初,其条件并不是很好。在全国几千家电风扇厂中,论设备和技术,美的是小弟弟;论生产风扇的历史,美的是较短的。但是,美的人并不因此而裹足不前,相反他们敢于开拓,敢为人先。该公司在全国电风扇大战中,率先采用塑料外壳代替金属外壳,大大降低成本,使其在激烈的竞争中杀出一条生路。此时,美的人在市场风浪的搏击中逐渐意识到市场需求不断发生变化,电扇产品不应是公司的唯一产品。随着人们生活水平的提高,空调必将是其替代品,应该及早开发和生产自己的空调产品。空调是高科技产品,是高层次享受的象征,自己原来的形象显然过于落后,应当树立一个全新的形象。于是,1984 年公司开始全面实施它的品牌战略。首先从企业的名称"美的"入手。"美的"美在其真善美,美在巧妙。它作为企业、产品、商标"三位一体"的统一名称,用于表述产品质量优和企业形象美恰如其分,定能博得市场大众的认可。

美的决策人还充分考虑到这个名称足以涵盖各种产品、各行各业、国内国际市场。首先,它是一种"美的事业",它的形象给社会公众和消费者以亲切感、优美感、愉悦感,并使人产生无尽的联想。其次,美的集团在沟通策略上,提高了广告和促销活动的档次,突出品位高、质量高,目标是造就名牌和名流企业形象。它除了在全国主要报刊和中央电视台做广告外,还推出巩俐电视广告片,其核心是突出美的是以"创造完美"作为企业精神和经营理念的。美的人把创造美渗透到每一空间,贯穿全员行动,见诸一切媒体,同其他企业文化水乳交融。该集团的广告文化、销售文化、车间班组文化均具特色。美的 CIS 中的标准色为蓝、白二色,犹如蓝天白云。美的工业城的现代建筑群、写字间、标牌、名片、办公用具、事务用品、运输工具、包装设计、食堂餐具、洗手间等,皆是一体的蓝白相间的色调,同其生产的"美的风扇"、"美的空调"等产品色泽相谐,给人赏心悦目、清凉优雅的感觉。这样精心的设计对于消费者来说,不能不产生一种挡不住的诱惑,从而对该企业及其产品油然产生一种好感。

资料来源:美的集团的新产品策略,http://www.gditt.edu.cn/jp/scyx/al7.htm。

案例思考:

"美的"品牌名称有何特色?

第一节　品牌概述

品牌是企业重要的无形资产。在市场竞争日趋激烈的今天,品牌已成为企业生存和发展的核心要素之一。企业拥有强势品牌,就能拥有市场,获得高利润。可以说,未来市场竞争的主要形式将是品牌的竞争。品牌战略是企业重要的市场营销战略,将成为企业在市场竞争中出奇制胜的法宝。

一、品牌的含义

品牌是用以识别某个或某群销售者的产品或服务,并使之与竞争者的产品或服务相区别的商业名称及其标志,通常由文字、标记、符号、图案和颜色等要素或是它们的组合所构成。

品牌是一个集合概念,它包括品牌名称(brand name)和品牌标志(brand mark)两部分。品牌名称是品牌中可以用语言称呼的部分,也称为'品名',如海尔、TCL 等;品牌标志,也称为"品标",是品牌中易于识别与记忆,但不能用语言称呼的部分,通常由图案、符号或特殊颜色等构成,如耐克的一勾造型,小天鹅的天鹅造型,IBM 的字体和深蓝色的标准色等。

品牌实质上代表着卖者对交付给买者的产品特征、利益和服务的一贯性承诺。最佳品牌就是质量的保证。但品牌还是一个更复杂的象征。品牌的整体含义可分为六个层次,以"奔驰"品牌为例。

1. 属性

品牌代表着特定的商品属性。例如"奔驰"汽车意味着昂贵、工艺精湛、制作精良、马力强大、耐用、速度快等。公司可以采用一种或几种属性为汽车做广告。

2．利益

品牌不仅代表着一系列属性，而且还体现着某种特定的利益。顾客购买商品不是为了买属性，而是买利益。这就需要将属性转化为功能性或情感性利益。如"奔驰"汽车昂贵的属性可转化为情感性利益："这车令人羡慕，让我感觉到自己很重要并受人尊重。"工艺精湛、制作精良的属性可转化为功能性和情感性利益："一旦出事，我很安全。"耐用的属性可转化为功能性利益："多年内我不需要买一辆新车。"

3．价值

品牌也体现了生产者的某些价值。例如，"奔驰"代表着高效率、安全、声望等。品牌营销人员必须分辨出对这些价值感兴趣的消费者群体。

4．文化

品牌还代表一种文化。"奔驰"汽车代表着"组织严密、高效率、高品质"的德国文化。

5．个性

品牌也反映一定的个性。如果品牌是一个人、一种动物或一个物体的名字，那么不同的品牌会使人产生不同的品牌个性联想。"奔驰"可能会让人想到一位严谨的老板、一只凶猛的狮子或一座庄严的建筑。

6．用户

品牌暗示了购买或使用产品的消费者类型。如果我们看到一位20多岁的秘书开着一辆奔驰车就会感到很吃惊。我们更愿意看到开奔驰车的是一位成功的企业家或高级经理。

品牌最持久的含义是其价值、文化和个性。他们构成了品牌的实质。如"奔驰"代表着"高技术、杰出表现、成功"等，奔驰公司必须在其品牌策略中反映出这些价值和个性。如果奔驰公司以"奔驰"的名称推出一种新的廉价小汽车，那将是一个莫大错误，因为这将会严重削弱奔驰公司多年来苦心经营建立起来的品牌价值和个性。

二、品牌的作用

1．品牌对生产者的作用

（1）有助于产品的销售和占领市场。品牌一旦形成一定的知名度和美誉度后，企业就可利用品牌优势扩大市场，促成消费者品牌忠诚。

（2）有助于稳定产品的价格，减少价格弹性，增强对动态市场的适应性，减少未来的经营风险。

（3）有助于市场细分，进而进行市场定位。

（4）有助于新产品开发，节约新产品市场投入成本。

（5）有助于企业抵御竞争者的攻击，保持竞争优势。

2．品牌对消费者的作用

（1）有助于消费者识别产品的来源或产品制造厂家，更有效地选择和购买商品。

（2）借助品牌，消费者可以得到相应的服务便利，如更换零部件、维修服务等。

（3）品牌有利于消费者权益的保护，如选购时避免上当受骗，出现问题时便于索赔和更换等。

（4）有助于消费者避免购买风险，降低购买成本，从而更有利于消费者选购商品。

（5）好的品牌对消费者具有很强的吸引力，有利于消费者形成品牌偏好，满足消费者的精神需求。

第二节　品牌定位

品牌定位是品牌建设的基础，是品牌经营成功的前提。品牌定位在品牌经营和市场营销中有着不可估量的作用。良好的品牌定位是品牌经营成功的前提，为企业进入市场，拓展市场起到导航作用。如若不能有效地对品牌进行定位，以树立独特的消费者可认同的品牌个性与形象，必然会使产品淹没在众多产品质量、性能及服务雷同的商品中。可以说，今后的市场竞争将是品牌与品牌之间的竞争，品牌制胜将是定位的胜利。

一、品牌定位的含义

所谓品牌定位是指为企业建立一个与满足目标市场需要有关的独特品牌形象的过程，从而在消费者心目中留下深刻的印象，使消费者以此来区别其他品牌。换言之，即指为某个特定品牌确定一个适当的市场位置，使其在消费者的心中占领一个特殊的位置。

市场实践证明，任何一个品牌都不可能为全体顾客服务，细分市场并正确定位，是品牌赢得竞争的必然选择。只有品牌定位明确，个性鲜明，才会有明确的目标消费层。唯有明确的定位，消费者才会感到商品有特色，有别于同类产品，形成稳定的消费群体。唯有定位明确的品牌，才会形成一定的品味，成为某一层次消费者文化品位的象征，从而得到消费者的认可，让顾客得到情感和理性的满足感。品牌定位已是品牌差异化最有效的手段之一。

品牌定位和市场定位密切相关，因此，品牌定位的过程也就是市场定位的过程，其核心工具仍然是 STP，即细分市场（segmenting），选择目标市场（targeting）和具体定位（positioning），它们之间的关系如图 11-1 所示。

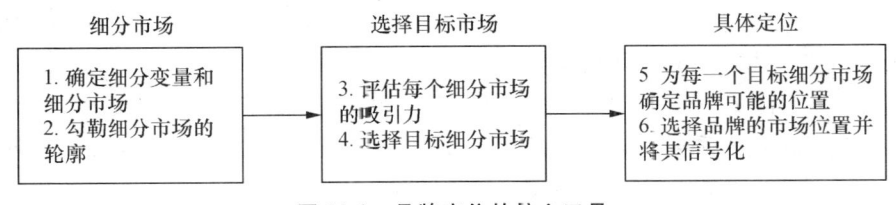

图 11-1　品牌定位的核心工具

二、品牌定位策略

1. 属性定位

根据品牌产品的某个特色来定位，使其在消费者心目中形成突出形象。例如，美国香皂第一品牌象牙的"会漂浮"的香皂；雷达表宣传它"永不磨损"的品质特色；农夫山泉则突出"农夫山泉有点甜"的产品特性。

小案例

"农夫山泉"品牌的成功

1999 年农夫山泉的广告开始出现在各类电视台,而且来势汹涌,随之市场也出现了越来越热烈的反应,再通过跟进的一系列营销大手笔,农夫山泉一举成为中国饮用水行业的后起之秀,到 2000 年便顺理成章地进入了三甲之列,实现了强势崛起。历来中国的饮用水市场上就是竞争激烈、强手如云,农夫山泉能有如此卓越的表现,堪称中国商业史上的经典。

创造差异性是突显自己产品的存在的首要的因素,没有差异点,就不会产生记忆点。农夫山泉对此做出了很高明的应对。当别的同类产品都在表现各自如何卫生、高科技、时尚的时候,农夫山泉不入俗套,独辟蹊径,只是轻轻却又着重地点到产品的口味,也仅仅是"有点甜",显得超凡脱俗,与众不同。这样就形成了非常明显的差别,使自己的产品具有了鲜明的个性。农夫山泉取自千岛湖 70 米以下的深层水,这里属国家一级水资源保护区,水质纯净,喝一口都会感到甘甜。正是这样,用"有点甜"来形容可谓恰当之极,因为它符合产品的特性;更可谓精妙之极,因为它突出了产品的优良品质。"有点甜"无疑是让人感觉美好的,"甜"意味着甜蜜、幸福、欢乐,这是中国人终身的追求,这样的中国人必定会追求感觉甜美的产品。农夫山泉狠狠地抓住这一点,它对中国人说:我,有点甜。这等于说:我,是你的追求。

资料来源:尚阳,记忆点创造法——农夫山泉品牌成功案例,中国营销传播网,http://www.emkt.com.cn/article/124/12467.html,编者修改。

案例思考:
农夫山泉的品牌定位为什么会成功?

2. 利益定位

顾客购买产品,是因为该品牌产品能满足其某些需求,带来某种利益。顾客利益定位就是将产品的某些功能特点和顾客的关注点联系起来,向顾客承诺利益点上的诉求,以突出品牌个性,获得成功定位。例如高露洁"没有蛀牙",佳洁士"坚固牙齿",吗叮林"给你胃动力"等。摩托罗拉和诺基亚都是手机市场的知名品牌,但它们强调的利益点却截然不同,摩托罗拉强调"小、薄、轻",诺基亚则宣传"无辐射、信号强"。

3. 功能定位

功能定位的实质是突出品牌产品的效用,一般表现在突出品牌产品的特别功效与良好品质上。产品功能是整体产品的核心部分,事实上,产品之所以为消费者所接受,主要是因为它具有一定的功能,能满足消费者某些方面的需求。如果产品具有与众不同的功能,那么该产品品牌即具有明显的差异优势。例如,飘柔使头发光滑柔顺,潘婷能为头发提供营养,海飞丝去屑出众。红牛(Red Bull)饮料提出"累了困了喝红牛",强调其功能是迅速补充能量,消除疲劳。

4. 使用者定位

从使用者角度去定位,把品牌产品和特定用户或一类用户群联系起来,直接表达出产品的目标消费者,试图让消费者对产品产生一种度身定造的感觉。事实上,这种定位往往与品牌产品的利益点是相关的,暗示着品牌产品能给消费者解决某个问题并带来一定的利益。以太太口服液为例,定位于已婚女士,其口号是"太太口服液,十足女人味"。这一定位既表达产品的使用者——太太,也表达了产品的功能性利益点——让太太有十足的女人味。

5. 竞争者定位

以竞争者品牌为参照,依附竞争者来定位,在消费者心目中占据明确的位置。企业可以通过这种方法和同行中的知名品牌建立一种内在联系,使自己的品牌迅速进入消费者的心智,借名牌之光使自己的品牌生辉。例如美国艾维斯汽车租赁公司强调"我们在租车业中屈居第二,但我们更努力",巧妙地与市场领导建立了联系。我国的蒙牛公司在刚启动市场时,只有区区1 300多万元的资金,名列中国乳业的第1 116位,与乳业"老大"伊利根本不可同日而语。但蒙牛却提出了"为民族争气、向伊利学习","争创内蒙乳业第二品牌"等广告口号,并将这些口号印在产品包装之上。这些广告看似是对伊利的赞赏,同时也把蒙牛和伊利放在了并驾齐驱的位置,在消费者心里留下深刻印象。

6. 档次定位

不同的品牌常被消费者在心目中分为不同的档次。档次具备了实物之外的价值,如给消费者带来自尊和优越感等。高档次品牌往往通过高价位来体现其价值。例如酒店、宾馆按星级划分为1—5个等级,五星级的宾馆其高档的品牌形象不仅涵盖了幽雅的环境、优质的服务、完备的设施,还包括进出其中的都是有一定社会地位的人士;定位于中低档次的宾馆,则针对其他的细分市场,如满足追求实惠和廉价的低收入者。又如雕牌洗衣皂"不买贵的,只选对的",作为面向普通消费者的大众品牌来定位。

7. 情感定位

运用品牌产品直接或间接地冲击消费者的情感体验而进行定位。情感是维系品牌忠诚度的纽带,情感定位是品牌诉求的重要支点。只有不断增强品牌的人性创意和审美特性,占据消费者的心智,激起消费者的联想和情感共鸣,才能引起兴趣,促进购买。比如"太太口服液"曾以"让女人更出色","滋润女人,让美丽飞扬"等诉求来满足女性精神需求,加之"太太"这一品牌本身所隐含的"高贵、典雅、迷人、温柔"的感情形象,十几年来在中国保健品市场占据着一席之地,获得国内消费者的普遍认可。

8. 文化定位

将某种文化内涵注入品牌之中形成文化上的品牌差异,称为文化定位。文化定位不仅可以大大提高品牌的品味,而且可以使品牌形象独具特色。如中国"景泰蓝"和法国"人头马",无不承载了深厚的民族文化特色;无锡的"红豆"服装品牌和绍兴的"咸亨"酒店,分别借助人们早已熟悉和热爱的王维和鲁迅的名篇挖掘出中华文化的沉淀。

小案例

红罐王老吉品牌定位战略

"怕上火,喝王老吉"这句广告语,现在恐怕地球人都知道。茅台酒、中华烟、王老吉甚至成了南方一些地区婚宴的三小件。数年间,王老吉鲸吞海量中国市场,不但使其飙红全国,而且就连"两乐"这些国际巨头,也因此惴惴不安,开始虎视眈眈,秣马厉兵。在国产饮料几乎全军覆没的情况下,王老吉却异军突起,一路高歌,创造出国内饮料市场的"红色奇迹"。

2002 年以前,从表面看,红色罐装王老吉是一个活得很不错的品牌,在广东、浙南地区销量稳定,盈利状况良好,有比较固定的消费群,红罐王老吉饮料的销售业绩连续几年维持在 1 亿多元。发展到这个规模后,加多宝的管理层发现,要把企业做大,要走向全国,就必须克服一连串的问题。而所有困扰中,最核心的问题是企业不得不面临一个现实难题——红罐王老吉当"凉茶"卖,还是当"饮料"卖?如果用"凉茶"概念来推广,加多宝公司担心其销量将受到限制,但作为"饮料"推广又没有找到合适的区隔。

2002 年年底,加多宝找到成美营销顾问公司(以下简称"成美"),初衷是想为红罐王老吉拍一条以赞助奥运会为主题的广告片,要以"体育、健康"的口号来进行宣传,以期推动销售。成美经初步研究后发现,红罐王老吉的销售问题不是通过简单的拍广告就可以解决的,红罐王老吉销售问题首要解决的是品牌定位。

经过一个多月的研究后,成美向加多宝提交了品牌定位研究报告,首先明确红罐王老吉是在"饮料"行业中竞争,竞争对手应是其他饮料。其品牌定位——"预防上火的饮料",独特的价值在于——喝红罐王老吉能预防上火,让消费者无忧地尽情享受生活:吃煎炸、香辣美食,烧烤,通宵达旦看足球……这样定位红罐王老吉是从现实格局通盘考虑。主要益处有四:其一,利于红罐王老吉走出广东、浙南。由于"上火"是一个全国普遍性的中医概念,而不再像"凉茶"那样局限于两广地区,这就为红罐王老吉走向全国彻底扫除了障碍。其二,避免红罐王老吉与国内外饮料巨头直接竞争,形成独特区隔。其三,成功地将红罐王老吉产品的劣势转化为优势。淡淡的中药味,成功转变为"预防上火"的有力支撑;3.5 元的零售价格,因为"预防上火"的功能,不再"高不可攀";"王老吉"的品牌名、悠久的历史,成为预防上火"正宗"的有力支撑。其四,利于加多宝企业与国内王老吉药业合作。

红罐王老吉成功的品牌定位和传播,给这个有 175 年历史的、带有浓厚岭南特色的产品带来了巨大的效益:2003 年红罐王老吉的销售额比去年同期增长了近 4 倍,由 2002 年的 1 亿多元猛增至 6 亿元,并以迅雷不及掩耳之势冲出广东,2004 年,尽管企业不断扩大产能,但仍供不应求,订单如雪片般纷至沓来,全年销量突破 10 亿元,以后几年持续高速增长,2009 年销量突破 170 亿元大关。

资料来源:刘昱,《经典营销案例新编》,经济管理出版社,2008 年。

案例思考:

王老吉是如何进行品牌定位的?品牌定位对其产品有什么影响?

第三节　品　牌　策　略

品牌竞争力是企业的核心竞争力。品牌策略确定了品牌的基本原则和发展方向。一个明确、清晰的品牌策略将帮助企业生产出有别于竞争者的差异化产品,制定相应的价格,在合适的渠道上分销,通过有效的宣传推广与消费者沟通。这是塑造成功品牌必不可少的途径。

一、品牌设计

一个好的名字,是一个企业、一种产品拥有的一笔永久性的精神财富。一个好的品牌名称会让人产生美好的品牌联想,并对产品销售产生直接的影响。因此,品牌名称是品牌的关键要素。品牌命名设计除合法外,一般应遵循以下几个基本原则。

1. 简洁醒目,易读易记

品牌名称不宜过长和难以诵读,而应简洁明了、易于上口。今天,我们耳熟能详的一些品牌,莫不如此,999、燕京、大宝、方太、圣象等,都非常简单好记。IBM 是全球十大品牌之一,身为世界上最大的电脑制造商和服务商,被誉为"蓝色巨人"。它曾以其全称"国际商用机器公司"(International Business Machines)作为品牌名称,这样的名称不但难记忆,而且不易读写,在传播上首先就给自己制造了障碍。于是,国际商用机器公司设计出了简单的 IBM 的字体造型,对外传播,终于造就了其高科技领域的领导者形象。

2. 新颖独特,个性鲜明

品牌命名应个性鲜明不落俗套、富有创意与时代感,与其他品牌有显著的差异性。一个新颖、独特的品牌名称能使普通产品变成极具吸引力的商品,演绎优美的意境,给人们留下深刻的印象。例如"万宝路"森林、骏马、牛仔的粗放个性;"IBM"理性、尖端、成熟的蓝色巨人的个性;"麦当劳"快乐、善良、高效的热情个性;"长虹"产业报国、志为民族昌盛的责任个性;"喜之郎"温馨、浪漫、活泼的可爱个性。

3. 构思巧妙,暗示属性

一个与众不同、充满感召力的品牌,在设计上还应该能显示产品的优点和特性,暗示产品的优良属性。

有一些品牌,人们可以从它的名字一眼就看出它是什么类型的产品,例如脑白金、五粮液、雪碧、高露洁、创可贴等。劲量用于电池,恰当地表达了产品持久强劲的特点;固特异用于轮胎,准确地展现了产品坚固(而)耐用的属性。几乎垄断着电脑操作系统平台的美国微软(Microsoft)公司,品牌命名定位于软件(software);网易(NetEasy),品牌命名定位于网络(net)平台,并且品牌命名强调了一种趋势(越来越易于使用)和所承诺的利益。

4. 内涵丰富,引发联想

品牌名称应包含与企业或产品相关的寓意,引发消费者美好的联想,使品牌形象更为丰满,进而产生对品牌的认知或偏好。例如:"红豆"是江苏红豆集团的企业名称和品牌名称。红豆(又称"相思子"或"相思豆"),英文是 the seed of love(爱的种子),象征着美好的爱情。提起它,人们就会想起唐代大诗人王维的千古名句,勾起人们的相思之情。又如福建兴业银行,体现着"兴旺百业、兴盛事业"的价值追求。同样比较成功的还有:金六福(白酒)、好利来(蛋糕)、才子(服装)等。

小案例

"金利来"的由来

"金利来"品牌名称是企业创办人曾宪梓自己设计的。早年曾宪梓先生以制造领带起家,最初品牌命名为"金狮(Gold Lion)",怎么也打不开销路。曾先生很是纳闷:我的领带质地、款式都不比那些世界级知名品牌差、价格也不高,可为什么就是卖不出去呢?一日,亲友点拨:金狮、金狮,多不吉利,又尸又失的,这种领带谁还敢带?原来,在广东话里,"狮"与"尸"谐音;普通话里,"狮"与"失"谐音。后来曾宪梓先生保留了"金"字,又把英文 Lion 改为音译"利来",遂销量猛增、销路大开,成就了今日之中国名牌:金利来。

案例思考:

"金利来"的品牌命名好在哪里?

5. 避免雷同,超越时空

品牌设计的雷同,是品牌运营的大忌。若品牌的设计与竞争者雷同,一方面容易被起诉,另一方面无法起到识别产品、提高品牌竞争力的目的。此外,好的品牌名称不仅要简洁明了、便于传播和联想、具有时代感,更要建立符合国际一体化商业趋势以及未来市场扩张的有效品牌策略,根据品牌策略来客观预设未来发展再确定品牌名称。例如,2006 年度美国《财富》杂志评出的世界 500 强公司之首是埃克森美孚(Exxon Mobil),早在多年前,美国这家石油公司为了设计出既适应世界各地风俗,又符合各个国家法律的名字和图案,邀请了多方面专家和机构,历时六年、耗资一亿美元调查了 55 个国家和地区,最后才确定了埃克森(EXXON)的命名,并且从设计出来的一万多个商标中筛选出一个,如今这个品牌通行全球,品牌价值已达上百亿美元。

二、品牌化策略

品牌化策略是指企业对其生产和经营的产品是否使用品牌的抉择,包括使用品牌、不使用品牌两种情况。使用品牌对企业和消费者有诸多好处,因而品牌化是商品市场发展的大趋势。随着经济的发展和生活水平的提高,许多原来从不使用品牌的农副产品,如大米、大豆、蔬菜、肉制品等,现在也纷纷贴上商标、冠以品牌进行销售。尽管如此,并不是所有的产品都必须使用品牌。因为品牌在带来诸多益处的同时,也必须要付出巨大的费用,包括设计费、包装费、广告费、法律保护费等。

在实践中,企业为了节约包装、广告等费用,降低成本和价格,扩大产品销售,也常实行非品牌化。这种产品叫无品牌产品。一般来说,农、牧、矿业属初级产品,如粮食、牲畜、黄砂等,无须使用品牌。技术标准较低、品种繁多的日用小商品,也可不使用品牌。如在超市里出售的无品牌产品,大多是包装简易、价格便宜的产品。

三、品牌归属策略

企业确定使用品牌后,就应考虑如何抉择品牌归属问题。对此,企业有三种可供选择的策略。

（1）制造商品牌。企业使用自己的品牌，这种品牌叫做企业品牌、生产者品牌或全国性品牌。例如，海尔、索尼、IBM、可口可乐等用的都是自己的品牌。

（2）中间商品牌。企业将其产品大批量地卖给中间商，中间商再用自己的品牌将产品转卖出去，这种品牌叫做中间商品牌或私人品牌。例如，沃尔玛、家乐福、国美、苏宁等。

中间商使用自己的品牌可以带来以下利益：① 可以更好地控制产品价格，乃至供应商；② 可以降低进货成本，降低价格，增强竞争力，提高利润。同时中间商也必须付出代价：① 中间商必须花费很多的钱来作广告，大力宣传其品牌；② 中间商必须大批量订货，因而必须将大量资金占用在商品库存上，承担巨大的存活风险。

（3）混合品牌。企业决定一部分产品使用自己的品牌，一部分产品使用中间商品牌。

从传统上看，品牌是商品制造商的标志，产品的质量特性总是由制造商决定的，所以制造商品牌一直支配着市场，绝大多数制造商都使用自己的品牌。不过，随着中间商对品牌的拥有欲望越来越强烈，中间商品牌的使用也呈明显上升趋势。在现代市场经济条件下，制造商品牌与中间商品牌之间经常展开激烈的竞争，在这种对抗中，中间商拥有许多优势：① 零售业的营业面积有限，因此，许多制造商特别是新制造商和小型制造商难以利用其品牌打入零售市场。② 虽然消费者都清楚以私人品牌出售的商品通常都是大型制造商的产品，但是，由于中间商特别注意保持其私人品牌的质量，仍能赢得消费者的信赖。③ 中间商品牌的价格通常定得比制造商品牌要低，因此能够迎合许多计较价格高低的消费者，特别是在通货膨胀时期更是如此。④ 大型零售商把自己的品牌陈列在商店醒目的地方，而且会妥善储备。

制造商品牌与中间商品牌之间的竞争，本质上是制造商与中间商之间实力的较量。一般来说，在制造商或生产者的市场信誉良好，企业实力较强、产品市场占有率较高的情况下，宜采用制造商品牌；相反，在制造商实力薄弱，而中间商实力强大且在某一市场领域中拥有良好的品牌信誉及庞大、完善的销售体系时，宜采用中间商品牌。因此进行品牌归属决策时，要结合具体情况，充分考虑制造商与中间商的实力对比，以求客观地做出决策。

四、品牌统分策略

品牌无论其归属如何，都必须考虑所有产品是统一使用一个品牌，还是分别使用不同的品牌的问题。对此问题，通常有四种可供选择的策略。

（1）个别品牌。个性品牌是指企业各种不同的产品分别使用不同的品牌。其好处主要是：① 企业的整个声誉不至于受其中某种商品的声誉的影响。例如，如果某企业的某种产品失败了，不致给这家企业的脸上抹黑（因为这种产品用自己的品牌名称）。② 某企业原来一向生产某种高档产品，后来推出较低档的产品，如果这种新产品使用自己的品牌，也不会影响这家企业的名牌产品的声誉。③ 有利于企业的新产品向多个目标市场渗透，但这种策略促销费用较高。

（2）统一品牌。统一品牌是指企业所有的产品都统一使用一个品牌名称。例如，日本东芝家用电器公司，其全部的产品均采用"Toshiba"这个品牌名称。使用统一品牌有利于企业统一产品形象，便于公众识别、记忆企业，尽快提高企业知名度，有利于新产品进入市场，同时还可节约品牌与商标的设计和广告促销费用。但缺点是某个产品的声誉不好会影响整个企业的形象。

（3）分类品牌。分类品牌是指企业对各类产品分别使用不同的品牌。这主要是因为：① 企业生产或销售许多不同类型的产品，如果都统一使用一个品牌，这些不同类型的产品就容易互相混淆。例如，美国斯维夫特公司同时生产火腿和化肥，这是两种截然不同的产品，需要使用不同的品牌名称，以免互相混淆。② 有些企业虽然生产或销售同一类型的产品，但是，为了区别不同质量水平的产品，往往也需要分别使用不同的品牌名称。例如，我国最大的现代化皮鞋生产企业森达集团将高档男鞋的品牌定为"法雷诺"，高档女鞋为"梵诗蒂娜"，都市前卫男鞋为"百思图"，都市前卫女鞋为"亚布迪"，工薪族男女鞋为"好人缘"。

（4）企业名称加个别品牌。这种策略是指企业对其不同的产品分别使用不同的品牌，而且各种产品的品牌前面还冠以企业名称。例如，美国凯洛格公司就采取这种策略，推出"凯洛格米饼"、"凯洛格葡萄干"。企业采取这种策略的好处主要是：在各种不同新产品的品牌名称前冠以企业名称，可以使新产品合法化，能够享受企业的信誉，而各种不同的新产品分别使用不同的品牌名称，又可以使各种不同的新产品具有各自的特色。

五、品牌扩展策略

品牌扩展是指企业利用其成功品牌的声誉来推出改良产品或新产品的过程。如海尔集团，在 1984—1991 年这七年的时间里只生产一种产品——"海尔"牌电冰箱，当"海尔"（Haier）成为当时中国家电产品唯一驰名商标后，海尔集团利用"海尔"的名牌效应和健全的全国性销售与服务网络，从电冰箱扩展到电冰柜、空调器、洗衣机、微波炉、彩电等 27 个门类的产品，成为国内企业实现多元化经营的成功典型。

品牌扩展有利于降低新产品的市场导入费用，可以使新产品借助成功品牌的市场信誉在节省促销费用的情况下顺利进占市场。原品牌的良好声誉和影响可以对扩展产品产生波及效应，从而有助于消费者对扩展产品产生好感，从而拉动消费。具有较高忠诚度的品牌"放大"或"复制"到新产品上，就会使消费者很快消除对新产品的排斥、生疏和疑虑心理，并在较短的时间内接受新产品。但是，品牌扩展策略是一把双刃剑。若利用已成功的品牌开发并投放市场的新产品不尽如人意，消费者不认可，也会影响该品牌的市场信誉，甚至会降低原有品牌的市场竞争力。

品牌扩展策略有五种选择：产品线扩展策略、品牌延伸策略、多品牌策略、新品牌策略和合作品牌策略。

1. **产品线扩展策略**

产品线扩展策略是指企业现有的产品线使用同一品牌，当增加该产品线的新产品时，仍沿用原有的品牌。这种新产品往往都是现有产品的局部改进，如增加新的功能、包装、式样和风格等。产品线扩展的好处有：① 扩展产品的存活率高于新产品，而通常新产品的失败率为80%—90%。② 满足不同细分市场的要求。③ 完整的产品线可以防御竞争者的袭击。

其风险在于：① 可能使品牌名称丧失其特定的意义。随着产品线的不断加长，会淡化品牌原有的个性和形象，增加消费者认识和选择的难度。② 当消费者未能在心目中区别出各种产品时，会造成同一条产品线中新老产品自相残杀的局面。

2. **品牌延伸策略**

品牌延伸策略是指一个现有的品牌名称使用到一个新类别的产品上，即品牌延伸是将现有的成功品牌,用于新产品或修正过的产品上的一种策略。品牌延伸的好处主要有:① 可以加快新产品的定位,保证新产品投资决策的快捷准确。② 有助于减少新产品的市场风险。③ 有助于强化品牌效应,增加品牌这一无形资产的经济价值。④ 能够增强核心品牌的形象,提高整体品牌组合的投资效益。

但是品牌延伸策略也存在一些弊端:① 损害原有品牌形象。② 有悖于消费心理。如把"999"扩展到啤酒,消费者就难以接受了。因为"胃泰"和"啤酒"很容易使人通过联想产生心理冲突,当消费者想起"999"胃泰这种药,喝带有"心理药味"的酒时,自然不是一种好享受。③ 容易造成品牌认知的飘忽不定。当一个名称代表两种甚至更多的有差异的产品时,会导致消费者对产品的认知模糊化。如"娃哈哈"红豆沙、"娃哈哈"八宝粥、"娃哈哈"纯净水的出现,消费者心目中的"娃哈哈 = 儿童食品"的品牌形象就出现了模糊,从而冲淡了"娃哈哈"在儿童食品领域的领导地位。此外还可能产生株连效应。

3. 多品牌策略

多品牌策略是指在相同产品类别中使用多个品牌的策略。多品牌策略对企业有强大的吸引力,主要是由于其具有单一品牌无法比拟的优势:① 零售商的商品陈列位置有限,企业的多种不同品牌只要被零售商店接受,就可占用更多的货架空间,进而压缩或挤占竞争者产品的货架面积。② 可以满足不同消费者的不同需求,提高产品市场占有率。③ 有助于在企业内部各个部门之间、产品经理之间开展竞争,激发企业内部的活力,提高效率,强化企业的竞争能力。④ 不同品牌定位于不同细分市场,其广告诉求点、利益点不同,可使企业深入到各个不同的细分市场,占领更大市场。

多品牌策略也存在诸多局限性,主要表现为品牌推广成本较高、存在自身竞争的风险。所以,在运用多品牌策略时,要注意品牌市场份额的大小及变化趋势,适时撤销市场占有率过低的品牌,以免造成自身品牌过度竞争。

小案例

宝洁公司(P&G)的多品牌策略

宝洁公司(P&G)首创了多品牌策略并获得成功。宝洁认为,单一品牌并非万全之策。因为一种品牌树立之后,容易在消费者心中形成固定印象,不利于产品的延伸,尤其是像宝洁这样横跨多种行业,拥有多种产品的企业更是这样。因而宝洁公司不断推出新品牌。该公司在中国推出的美容护肤品牌就有近十个,占了全国美容品的主要品牌的三分之一。中国消费者熟悉的"潘婷"、"飘柔"、"海飞丝"三大洗发护发品牌都是宝洁的产品,这三个品牌分别吸引三类不同需求的消费者,从而使得它在中国的洗发液市场占有率上升为第一,达50% 以上。

案例思考:
宝洁公司是怎样运用多品牌策略成功赢得市场竞争优势?

4. 新品牌策略

它是一种为新产品设计新品牌的策略。但企业在新产品类别中推出一个产品时，它可能发现原有的品牌名称不合适，或是对新产品来说有更好更合适的品牌名称，企业需要设计新品牌。例如，春兰集团以生产空调著名，当它决定开发摩托车时，采用春兰这个女性化的名称就不太合适，于是采用了新的品牌"春兰豹"。

5. 合作品牌策略

合作品牌（也称为双重品牌）是两个或更多的品牌在一个产品上联合起来，每个品牌都期望另一个品牌能强化整体的形象或购买意愿。合作品牌有多种形式：一是中间产品合作品牌，如沃尔沃汽车公司的广告说，它使用米其林轮胎。二是同一企业合作品牌，摩托罗拉公司的一款手机使用的是"摩托罗拉掌中宝"，掌中宝也是公司注册的一个商标。三是合资合作品牌，如日立的一种灯泡使用"日立"和"GE"联合品牌。

六、品牌更新策略

品牌更新策略主要涉及形象更新、定位更新、产品更新和管理更新四个方面。

1. 形象更新

形象更新，顾名思义，就是品牌不断创新形象，适应消费者心理的变化，从而在消费者心目中形成新的印象的过程。有以下几种情况。

（1）消费观念变化导致企业积极调整品牌战略，塑造新形象。如随着人们环保意识的增强，消费者已开始把无公害消费作为选择商品、选择不同品牌的标准，企业这时即可采用避实击虚的方法，重新塑造产品形象，避免涉及环保内容或采用迎头而上的策略，更新品牌形象为环保形象。

（2）档次调整。企业要开发新市场，就需要为新市场而塑造新形象，如日本小汽车在美国市场的形象，就经历了由小巧、省油、耗能低、价廉的形象到高科技概念车形象的转变，给品牌的成长注入了新的生命力。

小案例

创立于 1908 年的英国李库柏（LEE COOPER）牛仔裤是世界上著名的服装品牌之一，也是欧洲领先的牛仔裤生产商。近百年来，它的品牌形象在不断地变化：20 世纪 40 年代——自由无拘束；50 年代——叛逆；60 年代——轻松时髦；70 年代——豪放粗犷；80 年代——新浪潮下的标新立异；90 年代——返璞归真。

案例思考：

英国李库柏（LEE COOPER）牛仔裤如何通过品牌形象的修正来满足市场变化的需求？

2. 定位修正

从企业的角度，不存在一劳永逸的品牌；从时代发展的角度，要求品牌的内涵和形式不断变化。品牌从某种意义上就是从商业、经济和社会文化的角度对这种变化的认识和把握。

所以,企业在建立品牌之后,会因竞争形势而修正自己的目标市场,有时也会因时代特征、社会文化的变化而引起品牌修正定位或再定位。

小案例

万宝路:品牌定位成功转型

在全球消费者心目当中,万宝路(Marlboro)无疑是知名度最高的香烟品牌。从销售而言,全球平均每分钟就会售出100万支万宝路香烟! 无论是否吸烟,万宝路的品牌形象和魅力都会令人印象深刻、难以忘怀。

万宝路最初定位于女士香烟,虽然明确了目标顾客,设定了品牌个性,但问题在于女性对烟的嗜好远不及对服装的热情,而且都有爱美之心,担心过度抽烟会使牙变黄,面色受到影响,抽烟比男性更节制。加之一旦她们变成贤妻良母,并不鼓励自己的女儿抽烟! 莫里斯的广告词"像五月的天气一样温和"显得过于文雅,是对妇女身上原有脂粉气的附和,致使广大男性烟民对其望而却步。万宝路的命运在上述原因的作用下,也日趋黯淡。

抱着心存不甘的心情,菲利普·莫里斯公司开始考虑重塑形象。公司派专人请利奥—伯内特广告公司为万宝路做广告策划,以期打出万宝路的名气销路。"让我们忘掉那个脂粉香艳的女子香烟,重新创造一个富有男子汉气概的举世闻名的万宝路香烟!"利奥—伯内特广告公司的创始人对一筹莫展的求援者说。一个崭新大胆的改造万宝路香烟形象的计划产生了。产品品质不变,包装采用当时首创的平开式盒盖技术,并将名称的标准字(MARLBORO)尖角化,使之更富有男性的刚强,并以红色作为外盒主要色彩。

广告的重大变化是,万宝路的广告不再以妇女为主要对象,而是用硬铮铮的男子汉。在广告中强调万宝路的男子气概,以吸引所有爱好和追求这种气概的顾客。菲利普公司开始用马车夫、潜水员、农夫等做具有男子汉气概的广告男主角。但这个理想中的男子汉最后还是集中到美国牛仔这个形象上:一个目光深沉,皮肤粗糙,浑身散发着粗犷、豪气的英雄男子汉,在广告中袖管高高卷起,露出多毛的手臂,手指总是夹着一支冉冉冒烟的万宝路香烟。这种洗尽女人脂粉味的广告于1954年问世,它给万宝路带来巨大的财富。仅1954—1955年间,万宝路的销售量提高了3倍,一跃成为全美第十大香烟品牌,1968年其市场占有率上升到全美同行第二位。现在,万宝路每年在世界上销售香烟3 000亿支,用5 000架波音707飞机才能装完。世界上每抽掉四支烟,其中就有一支是万宝路。

资料来源:万宝路的重新定位,http://www.themanage.cn/201111/444392.html,中华企管网。

案例思考:
万宝路原来的定位存在什么问题? 万宝路的重新定位为何能够成功?

3. 产品更新

现代社会科学技术作为第一生产力、第一竞争要素,也是品牌竞争的实力基础。企业的品牌想要在竞争中处于不败之地,就必须保持技术创新,不断地进行产品的更新换代。比如

"汰渍"洗衣粉已推出多代新产品,其技术水平呈升高趋势,这也是众多消费者偏爱该品牌的缘故。

4．管理创新

企业与品牌是紧密结合在一起的,企业的兴盛发展必将推动品牌的成长与成熟。品牌的维系,从根本上说是企业管理的一项重要内容。管理创新是指从企业生存的核心内容来指导品牌的维系与培养,它含有多项内容,诸如与品牌有关的观念创新、技术创新、制度创新及管理过程创新等。

本章小结

1．品牌是用以识别某个或某群销售者的产品或服务,并使之与竞争者的产品或服务相区别的商业名称及其标志,通常由文字、标记、符号、图案和颜色等要素或是它们的组合所构成。品牌的整体含义包括属性、利益、价值、文化、个性、用户六个层次。品牌对生产者、消费者来说,都有重要的作用。

2．品牌定位是勾画品牌形象及其所提供价值的行为,以此使该细分市场的消费者正确认识本品牌有别于其竞争品牌的特征,在消费者心里确立独一无二的位置。品牌定位包括产品属性定位、顾客利益定位、功能定位、使用者定位、竞争者定位、档次定位、情感定位、文化定位等策略。

3．品牌策略是品牌运营的做法与技巧。品牌策略涉及品牌化、品牌归属、品牌统分、品牌扩展、品牌更新等策略。

学习思考

1．什么是品牌？品牌的含义可以分为哪几个层次？
2．品牌对企业营销有何作用？
3．什么是品牌定位？
4．品牌设计的原则是什么？
5．什么是品牌延伸？企业为什么要进行品牌延伸？
6．什么是多品牌策略？分析多品牌策略的优劣。

案例训练　　　　　　　　"海尔"品牌　优质的象征

近年来,"海尔"已成为中国人心目中的"优质"的象征,并且也在国外同类产品市场上享有很高的声誉。

"海尔"品牌是我国家电企业——海尔集团经过多年不懈的追求和奋斗创建起来的,它凝结着海尔人的智慧与勤劳。海尔集团的经营策略是:要么不干,要干就是最好的。不求产量第一,先求内在质量第一。全面实施以"用户为中心"的经营活动,一是在设计上坚持以高科技创造出高品质。二是在制造过程中,坚持"精细化,零缺陷"。三是星级服务承诺。

在市场经济中,"高质量"的内涵已远远不是仅仅符合工厂或国家规定的标准即可,而高品质必须蕴含着高科技才能在竞争中更具优势,不仅能适应市场需求,而且还要利用高科技来创造市场,引导消费。在过去的时间里,海尔以创造市场的经营理念,在开发高科技产品方面取得了巨大成功,海尔的许多高科技、高附加值系列产品,创造了享誉世界的"海尔流派"。

1993 年,当中国人自己制造的第一台智能变频式空调器在中国大地上一出现,便引起国内外行家的瞩目。有人预言,海尔空调将带动中国空调的消费潮流。1994 年,当中国第一台真正的海尔一拖二空调投入市场后,消费者采购的场面不亚于追星族渴望得到心目中偶像的签名。继中国第一台一拖二空调器成功投入市场后,1996 年,海尔空调一拖多技术的开发成功又标志着海尔进入一个崭新的时期。海尔空调器有限总公司由此成为中国第一家掌握一拖多设计、制造、生产技术的企业,同时也是中国第一个推出一拖多产品的企业。

海尔"中华英才"系列空调器的高效节能、超静运转、同型号体积最小、低压启动、超级热级、绿色环保、强力除湿、效能迭加等八大独有的特点,创造了一个又一个的高科技神话,引起了一个又一个的轰动。海尔一拖多技术从中国国际出发,集海尔智能变频技术和一拖多技术于一身,采用逻辑控制和模糊理论设计,多台室内机可同时使用,也可单独使用,随心所欲,互不干扰,充分体现人性化设计。海尔一拖多空调是中国第一个真正的一拖多空调。拥有此项高技术后,海尔根据用户需要,生产出一拖任意多的空调器,这是海尔空调的又一次质的飞跃,标志着海尔空调达到了世界先进水平。

1996 年 3 月,在意大利米兰召开的世界国际空调展上,海尔空调大出风头,被授予该届展览会居住房间最受欢迎的产品称号,唯一代表中国参展的海尔空调器有限公司展出一拖多等 11 个品种,均代表了当今世界最新技术发展趋势,各国经销商争相围观,展台前被围得水泄不通,意大利当地经销商还在自己的名片上印有海尔标志,并以此为荣。欧洲最大的经销商西波里一行三人又匆匆赶到海尔工业园,非要求追加一倍的订货合同,并兴奋地告诉大家,博览会后 60 多天的时间内,欧洲大陆的海尔空调专营店就增加了近百家,卖势相当好。

在生产过程中,"质量是永恒的主题"已成为海尔空调员工自觉遵守的规范,正是这种自觉行为才创造出海尔的"零缺陷"。几年来,没有发生一起质量事故,海尔空调产品开箱合格率始终保持在 100%,社会总返修率不超过 4%,用户投诉率为零。海尔集团的竞争理念是"海尔国际星级服务"。海尔人这样说:"世界上没有十全十美的产品,但可以有百分之百满意的服务。"这便是海尔的"星级服务"。海尔空调器有限总公司领导说得好:"名牌产品就要为消费者提供与其质量和信誉相符的星级服务,它的水准应当与国际最优服务标准一致。"

1995 年春天,青岛市有一老人买了台海尔空调,搭乘出租车回家,在上楼找人搬时,不幸被黑心的出租司机乘机将空调拉走。这件事厂家毫无责任,但海尔空调器有限总公司又免费赠送老人一台空调。海尔空调从此事发现服务上的薄弱点,有许多顾客在购买空调时,存在自己运输、搬抬等不方便的因素,因此,他们在全国率先推行了"无搬动"国际星级服务,把购物变成了真正的享受。

四川成都中科院分院聘请的美籍华人技术专家郑嘉宁先生在华工作期间,准备选购一台空调作为生日礼物送给他在四川巴县的母亲。他考察了世界各国名牌后,最终选择了海尔空调。但海尔空调在成都各大商场一时脱销,郑先生很急,便给青岛海尔空调器有限总公司发去传真并把款付清。该公司领导知道这件事后,考虑到海外游子的一片孝心,于是决定:破例空运一台海尔空调到成都。当一台海尔空调历经从空中到地上的数次辗转周折运到四川巴县后,郑嘉宁先生激动地说:"我在外几十年,什么场面都见过了,但这样的经历还是第一次。海尔不愧是中国第一名牌,我一定广泛宣传,让全美国的华人都用上我们中国人自己的名牌空调。"海尔的爱心就是这样随着一次次的真诚送给消费者,海尔的过人之处就是它要给人以一种"意外"的惊喜。

不久前,当美国优质服务科学协会在全球范围内搜集用户对海尔产品的不满意见时,最终得出的结果竟然是零。美国人不禁惊呼:海尔人的服务意识为全球服务行业树立了典范。于是,海尔集团成为亚洲第一家也是目前唯一一家获得国际星级服务顶级荣誉——"五星钻石奖"的家电企业。

案例思考题

海尔的名牌是如何创出来的?海尔的名声是如何传出去的?

营销技能训练

1. 为某一产品设计品牌名称和标志。
2. 进行一次市场调查,跟踪了解某一品牌的市场运作,分析该品牌的策略走向。

第十二章

定价策略

知识目标

- 掌握影响企业定价的因素
- 理解三种企业定价方法和定价策略
- 了解企业价格变动与价格调整策略

技能目标

- 能正确分析制定价格时应该考虑的因素
- 能熟练应用三种定价方法为企业制定价格
- 能根据具体情况熟练运用灵活的定价策略合理定价
- 能对竞争者的变价或市场环境的变化做出及时、正确的反应

案例导入

格兰仕集团有限公司是一家全球化家电专业生产企业,1995—2005 年,连续 11 年保持口国微波炉市场销售量及市场占有率第一。在微波炉上获得成功的格兰仕成了微波炉的代名词,而其津津乐道的价格竞争不仅仅使微波炉从奢侈品变成了普通消费品,使人们提前 10 年使用了微波炉,而且也让人们一提起格兰仕就想到"薄利多销"、"价格屠夫"。

格兰仕在成长的过程中经常使用价格利器,在规模达到一定的优势后,于 1996 年 8 月抢先发动价格大战,将其主流微波炉产品降价 40%,推动微波炉在国内普及。很多竞争对手判断格兰仕的降价如同长虹彩电第一次降价,是一种战术性抛库存,因而没有太多地做出反应。等到他们醒悟过来的时候,格兰仕已经迅速拉开了与竞争对手的差距,与最大竞争对手的市场份额已经从原来不到 1% 的差距拉开到 20% 多,市场占有率达到 34.5%。

1997年10月,5大机型、13个产品品种全面降价,平均降幅32.3%,市场份额上升到47.6%。1998年5月,格兰仕微波炉以"买一赠三"和抽奖等形式,进行变相降价,并逐步将市场重心转移到海外。此时,微波炉国内市场占有率61.4%,成为世界最大生产厂家之一。2000年6月,格兰仕微波炉第四次掀起大规模的价格大战,降幅仍高达40%。2000年10月,第五次大降价,高档"黑金刚"系列微波炉降幅接近40%,全年国内市场占有率高达76%,国际市场占有率突破30%,晋升中国家电出口二强之一。2001年4月,格兰仕推出300元以下微波炉,再次令淡季市场空前火爆。2002年1月,格兰仕"数码温控王"系列微波炉降价30%,使"高档中价"的高档机价位直逼其他品牌中低档产品的价格,格兰仕"封杀"整个微波炉市场,市场占有率达到70%。

总之,格兰仕的策略就是:首先,不断拉高竞争壁垒。当生产规模达到125万台时,格兰仕就把出厂价定在规模为80万台的企业的成本价以下;当规模达到300万台时,格兰仕又把出厂价调到规模为200万台的企业的成本线以下。此时,格兰仕还有利润,而规模低于这个限度的企业,多生产一台就多亏损一台。其次,降价幅度大,不降则已,一降惊人。格兰仕多次的降价幅度都在30%—40%。规模小、实力弱的微波炉生产厂商是很难抵御住这种幅度的价格攻击的。格兰仕运用"降价→销售量增加,生产规模扩大→规模经济,成本下降→进一步将价格下调"的策略,最终一方面将微波炉行业平均利润率降到低点,提高进入壁垒,摧毁行业投资者的信心;另一方面又沉重打击了现有竞争对手,从而若干年后可以实现市场垄断。

资料来源:鲍丽娜,格兰仕的降价策略,http://classroom.dufe.edu.cn/C1007/Asp/Root/Index.asp?Mode=1&Url=,编者修改。

案例思考:
格兰仕的每次降价带来什么样的效果?

产品定价是企业营销组合策略的一个重要内容,在营销组合中,价格是唯一能产生收入的因素,其他因素表现为成本。产品价格的合理与否,很大程度上决定了消费者是否接受这个产品,从而影响企业的市场占有率和盈利水平。随着营销环境的日益复杂,制定价格策略的难度越来越大,不仅要考虑成本补偿问题,还要考虑消费者接受能力和竞争状况。

第一节　影响定价的因素

价格形成和变化是商品经济中最复杂的现象之一,影响产品定价的因素很多,企业应给予充分重视和全面考虑。

一、定价目标

任何企业不能孤立地确定价格,必须按照产品总战略的要求进行。战略目标是一个公司所追求的基本志向,公司的所有活动都由它导向。它不仅能不断引导公司做出有效的定价决策,而且也一直是其他生产、促销、销售等项活动共同追求的目标。也就是说,价格目标是实现这一志向的手段之一,是实现总目标的分目标。

所谓定价目标,是指企业为了达到一定的目的所制定的价格。企业的定价目标有利润目标、市场占有率目标、应付竞争目标以及维持生存目标。

1. 当期利润最大化

有些企业希望制定一个能使当期利润最大化的价格,而不是长期业绩。最大利润目标并不必然导致高价,价格太高,会导致销售量下降,利润总额可能因此而减少。有时,高额利润是通过采用低价策略,待占领市场后再逐步提价来获得的;企业应该估计不同价格所对应的需求和成本,然后选择能产生最大现期利润的价格。

2. 市场占有率最大化

有些企业想通过定价来取得控制市场的地位,即使得市场占有率最大化。作为定价目标,市场占有率与利润的相关性很强,从长期来看,较高的市场占有率必然带来高利润。在实践中,市场占有率目标被国内外许多企业所采用,其方法是以较长时间的低价策略来保持和扩大市场占有率,增强企业竞争力,最终获得最优利润。因此,以提高市场占有率为定价目标具有长期获得较高利润的可能性。

3. 应付竞争

有些企业的产品定价是为了应付市场上的竞争而设定的。根据市场竞争状况,可以选择应对市场竞争的"领袖价格"、"稳定价格"、"适应性竞争价格"等。当然,在竞争的过程中,产品的定价也与企业的市场定位决策相关,当企业选择了目标市场和进行了市场定位之后,价格策略也就很明确了。

4. 维持生存

如果企业面临激烈竞争或产量过剩,生存比利润更重要,这时企业往往把维持生存作为主要目标。这时必须定较低的价格,进行大规模的折扣。在这种情况下,只要价格能补偿可变成本和固定成本,企业就能继续留在行业里。但是,生存只是一个短期目标,就长期来讲,企业要考虑如何获得利润。

小案例

惠普公司的定价选择

惠普公司曾成功研发了一项打印机新技术,此技术能提高打印机的性能,获得更佳的打印效果。产品试制成功后,惠普公司面临定价的选择,究竟是凭借新技术优势制定高价格入市,还是保持原价不变?

惠普公司高层这样分析:目前市场上竞争对手的同类型打印机的售价在 150 美元,如果惠普新型打印机倚仗新技术而制定高价格,例如定价到 250 美元,惠普公司可以赚到 100 美元,产品的毛利率翻倍。可是,这样的价格体系所产生的暴利的诱惑,必然会吸引大批追随者进入,这些公司面对巨大的利润空间,必然会不惜研发成本来提升性能,结局可能是一窝蜂上来打,相互杀价,最后不仅导致市场的混乱,而且直接损害惠普的优势。

基于这种考虑,惠普决定定价 185 美元,虽然每台只能多赚 35 美元,但却可以有效吓阻追随者的进入,如果有追随者愿意花费巨额成本加入竞争,惠普还准备将价格调到 160—175 美元之间,使新对手无法收回成本,盈利微乎其微,甚至可能亏损。

惠普所采用的价格战略,虽然使自己损失了更多的利润,但是却成功地实现了主要目标,那就是最大限度地扩大市场份额,把自己的竞争者阻止在新型打印机市场的门外。

资料来源:构筑强大的营销壁垒策划案,http://www.study365.cn/Article/scyx/200704/59068.html,编者整理。

案例思考:
惠普的价格战略的定价目标是什么?

二、产品成本

一般来说,某种产品的最低价格取决于成本,最高价格取决于市场需求,具体价格还受制于竞争者(见图12-1)。因为任何产品的价格必须能够补偿产品生产以及市场营销的所有支出,并补偿商品经营者为其所承担的风险支出。

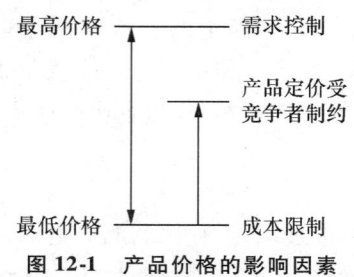

图 12-1　产品价格的影响因素

企业必须审慎地监督好成本。如果企业生产和销售的成本大于竞争者,那么企业将不得不设定较高的价格或减少利润,从而使自己处于竞争劣势。

三、市场需求

一般来说,市场需求决定了企业的最高价格。

1. 需求的价格弹性

市场需求受价格的影响,消费者通常会在产品的价格和拥有产品的利益之间做一番权衡比较。因此,企业制定价格就必须了解价格变动对市场需求的影响程度。反映这种影响程度的一个指标就是商品的需求价格弹性系数。所谓需求的价格弹性系数,是指由于价格的相对变动,而引起的需求相对变动的程度。通常可用下式表示:

$$价格弹性 = 需求量变动百分比 \div 价格变动百分比$$

如果价格发生微小变动,需求量几乎不动,称为这种商品需求价格无弹性;如果价格的微小变动使需求量变化较大或很大,称为需求有弹性。如果需求的价格弹性系数大,表明消费者对价格很敏感,降价是很好的措施,例如旅游度假等奢侈品;否则就是不敏感,需求价格无弹性,例如大米、粮油等消耗品。

2．需求的收入弹性

市场需求还受到收入变动的影响，收入弹性是指收入变化所引起的需求相对变动的程度。通常可用下式表示：

$$收入弹性 = 需求量变动百分比 \div 收入变动百分比$$

有些产品的需求收入弹性大，意味着消费者货币收入的增加导致该产品的需求量有更大幅度的增加，如娱乐、旅游、度假等享受性商品；有些产品的需求收入弹性很小，如大米、食盐等生活必需品。也有些产品的需求收入弹性是负数，即消费者收入的增加将导致该产品的需求下降，如某些低档食品、低档服装。

四、市场竞争状况

市场竞争状况是影响企业定价的不可忽视的因素，企业必须考虑比竞争对手更有利的定价策略，这样才能获胜。因此，企业的定价在一定意义上取决于市场竞争格局。按照市场竞争程度，可以分为完全竞争、垄断竞争、寡头垄断和完全垄断四种情况。

1．完全竞争

所谓完全竞争也称自由竞争，它是一种理想化了的极端情况。在完全竞争条件下，买者和卖者都大量存在，产品都是同质的，不存在质量与功能上的差异，企业自由地选择产品生产，买卖双方能充分地获得市场情报。在这种情况下，无论是买方还是卖方都不能对产品价格进行影响，只能在市场既定价格下从事生产和交易。卖主和买主都是市场价格的接受者，而不是价格的决定者。这个价格就是供需的交点。卖主无须花很多时间和精力去搞市场研究、开发、定价、宣传、促销等。但这是一种理想的市场，在现代世界各国，完全竞争的市场事实上是不存在的。

2．垄断竞争

有很多卖者和买者，但是产品在实质上不一样，或者仅仅是品牌不同，使购买者在心理上认为他们有差异，因此各个卖主对其产品有相当的垄断性，能控制产品的价格。因此，和完全竞争不同，卖主不是价格的消极接受者，而是价格的决定者。

卖主应广泛地利用心理因素，利用产品差异或者是品牌差异形成消费者偏好，控制产品价格。例如，同样的真皮运动鞋，adidas 的可以卖八百多，而没什么名气的只能卖两百多。

3．寡头竞争

市场上只有少数几个大卖主，他们生产和销售的某种产品占这种产品的总产量的绝大比重。例如移动通信市场，中国移动、联通、铁通之间的竞争就是寡头竞争。在寡头竞争条件下，各个寡头企业实际上是一种相互依存、相互影响的关系。因为任何一家寡头企业只要降低产品价格，用户就会纷纷转向这个企业，这样这家企业短期内似乎是受益的，但是其他几家寡头企业就不得不降价，这样谁也没有得到好处。所以，寡头垄断条件下，整个行业的价格比较稳定，但各个寡头企业在广告、宣传、促销等方面竞争较激烈。

4．完全垄断

它是完全竞争的反面，是指一种商品的供应完全由独家控制，形成独占市场。在完全垄断竞争情况下，交易的数量与价格由垄断者单方面决定，垄断企业主要是通过对市场供应量的调节来达到其控制市场价格的目的。即便如此，它的定价决策仍然受到来自其他方面的限制,如政府设立的"公平收益率"、潜在竞争者及替代品价格威胁等。完全垄断使企业缺乏降低成本的压力,结果使生产效率低下。在此情况下,非垄断企业定价要十分谨慎,防止垄断企业的价格报复。

第二节 企业定价方法

企业产品价格的高低受市场需求、成本费用和竞争因素的影响,企业在制定价格时要全面考虑这些因素。但是在实际工作中,企业往往只侧重某一方面。大体上,企业定价有三种导向,即成本导向、需求导向和竞争导向。

一、成本导向定价法

成本导向定价法是指以产品成本为依据来制定价格的方法。补偿成本是企业经营最起码的要求,同时此方法操作起来简单方便,所以在实际工作中得到了较为广泛的应用。它一般包括:成本加成定价法、目标利润定价法、变动成本定价法以及盈亏平衡分析定价法等。

1. 成本加成定价法

成本加成定价法是指以产品的全部成本为基础,再加上一定百分比的加成来制定产品销售价格的方法。其定价公式为:

$$单位产品价格 = 单位产品总成本 × (1 + 目标利润率)$$

对于零售企业,一般以购买价为基础进行加成。例如每台电器购买价是 20 元,在成本上加成 50% ,定价为 $20 × (1 + 50\%) = 30$ 元。

对于制造企业,一般以制造成本为基础进行加成。例如每台电器的制造成本是 16 元,在成本上加成 25% ,则对批发商或零售商的定价是 $16 × (1 + 25\%) = 20$ 元。

成本加成定价法的优点是:简单易行,成本资料可直接获得,便于核算;价格能保证补偿全部成本,并保证取得正常的利润;价格盯住成本,企业不必依据市场需求情况而经常调整价格,可简化企业定价工作。主要适用于正常生产、合理经营的企业以及供求大体平衡、成本相对稳定的产品。

但成本加成定价法缺乏对市场竞争和供求变化的适应能力,同时加成利润率确定具有主观随意性较大的缺点,不易做到科学合理。但基于其优点,很多企业即使不用这种方法定价,也会用此法制定的价格作为参考价格。

2. 目标定价法

目标定价法是指根据目标报酬率和估计出的销售量来制定价格的方法。其定价公式为:

单位产品价格 =(固定成本 + 单位产品变动成本 × 预计销售量)×(1 + 目标利润率)/预计销售量。

例如某企业生产 A 产品的固定成本为 600 元,单位变动成本为 5 元,预计产品销售量是 80 万件,目标报酬率为 20% ,则

$$单位产品价格 = (600 + 5 × 80) × (1 + 20\%)/80 = 15$$

这种方法也叫损益平衡法,也就是企业定 15 元的价格,且售出 80 万件,则此价格可实现 20% 的报酬率,赚得 20 万。

目标利润定价法的缺点在于,以估计的销售量来制定价格,殊不知价格恰恰是影响销售量的重要因素。要想实现 80 万的销售量,15 元的价格可能偏高或低。因此,目标利润定价法较适用于需求价格弹性较小的产品,以及市场份额较高或具有垄断性质的企业。

3. 盈亏平衡定价法

盈亏平衡定价法又叫收支平衡定价法,是以企业总成本和收入保持平衡来制定价格的一种方法。在销售量既定的条件下,企业产品的价格必须达到一定的水平才能做到盈亏平衡,收支相抵。反过来,在价格既定的条件下,该企业应生产销售多少水平才能保本。实施这一方法有两个基本条件:一是企业的总成本能明确地划分为固定成本和变动成本两部分;二是假定企业不存在销售困难,销量等于产量。其计算公式为:

单位产品价格 = 固定成本/预计销售量 + 单位产品变动成本

例如,某企业生产 A 产品,投放固定成本总额为 200 000 元,单位产品变动成本为 15 元,预计产品销售量为 20 000 件,则

单位产品价格 = 15 + 200 000/20 000 = 25

二、需求导向定价法

需求导向定价法,是指企业根据市场的需求强度和消费者的价值观念来确定价格的方法。其特点是灵活有效地运用价格差异,对平均成本相同的同一产品,价格随市场需求的变化而变化,不与成本因素发生直接关系。需求导向定价法主要有感受价值定价法、需求差异定价法和反向定价法三种。

1. 感受价值定价法

感受价值定价法是指根据购买者对产品的感受价值来制定价格,这一方法与现代市场定位观念相一致。采用这种方法,企业必须根据自己产品的投资额、销售量、单位产品成本和盈利来研究该商品在消费者心目中的地位,做出较为恰当的判断,进而有针对性地运用市场销售组合中的非价格因素,影响消费者对商品价值的认知,形成对企业有利的价值观念,再根据商品在消费者心目中的价值来制定价格。

采用这种定价方法,企业要充分考虑消费者的心理和商品的需求弹性。如果企业对消费者的理解价格估计过高,制定高价必然影响产品的销售量;反之,如果定价过低,又无法实现企业的经营目标。因此,企业必须通过广泛的市场调研,了解消费者的需求偏好,根据产品的性能、用途、质量、品牌、服务等要素,判断消费者对商品的理解价值。

感受价值定价法的缺点在于无法准确计算产品所提供的全部市场感受价值。

小案例

白我国上海厂家生产的收录机,在国际市场上只能按每台 37 美元的价格销售,而由日本索尼公司收购后,贴上"SONY"的品牌标识,就可以按每台 58 美元的价格销售。也就是说,在消费者的心目中,"SONY"这个品牌的价值感觉更高些,即消费者的"心理价格"高,因

而虽然产品是同样的,消费者宁愿支付更高的价格购买有更高认知价值的产品。

2. 需求差异定价法

所谓需求差异定价法,是指产品价格的确定以需求为依据,首先强调适应消费者需求的不同特性,而将成本补偿放在次要地位。这种定价方法,对同一商品在同一市场上制定两个或两个以上的价格,或使不同商品价格之间的差额大于其成本之间的差额。其好处是可以使企业定价最大限度地符合市场需求,促进商品销售,有利于企业获取最佳的经济效益。其主要定价方法有:因顾客而异、因时间而异、因地点而异、因用途而异等,具体原理见下节。

3. 反向定价法

反向定价法重点考虑消费者的需求状况。根据消费者能够接受的最终销售价格,逆向推算出中间商的批发价和生产商的出厂价。

$$批发价格 = 零售价格/(1 + 零售商毛利率)$$
$$出厂价格 = 批发价格/(1 + 批发商毛利率)$$

例如,消费者可接受的手机的价格是800元,手机零售商的经营毛利是35%,批发商的毛利是15%,则

$$批发价格 = 800/(1 + 35\%) = 592.59$$
$$出厂价格 = 592.59/(1 + 15\%) = 515.30$$

反向定价法的特点是:价格能反映市场需求情况,有利于加强与中间商的良好关系,保证中间商的正常利润,使产品迅速向市场渗透,并可根据市场供求情况及时调整,定价比较灵活。

三、竞争导向定价法

竞争导向定价法是指企业在定价时,以竞争厂商同类商品的价格为主要依据,根据企业产品的市场竞争能力,选择有利于市场竞争的定价方法。由于消费者会用竞争者类似货物的价格作为判断某产品价值的依据,而很少注意成本或需求,这种定价方法易于为消费者接受。

1. 随行就市定价法

随行就市定价法又称通行价格定价法,是指按照行业的平均现行价格水平作为本企业定价标准的一种定价方法。在寡头垄断行业中,各企业的定价一般相同。较小的企业会追随领导企业。如果市场领导者的价格改变了,它们也随之变动价格,而不是根据自己的需求变化或成本变化来变动价格。因为市场上只有少数几个大公司,彼此十分了解,购买者对市场行情也十分了解,如果各大公司的价格稍有差异,顾客就会转向价格较低的企业。

此法常用于下列情形:一是产品差异很少的行业,如钢铁、粮食等行业;二是高度竞争型的市场;三是少数实力雄厚的企业控制的市场。在这样的市场下,企业打算与同行和平共处,或难以估算成本,或如果另行定价,难以估计购买者和竞争者的反应。

2. 投标定价法

投标定价法是一种竞争性很强的定价方法。一般在大宗商品、原材料、成套设备和建筑工程项目的买卖和承包时,发表招标公告,说明采购的商品的品种、数量、规格等要求,邀请卖方在规定的期限内投标。多数卖主或承包者在同意招标人所提出的条件的前提下,对招

标项目提出报价,招标者从中择优选定,签订采购合同。

第三节　定价策略

灵活的定价策略是在具体场合定价的科学性与艺术性协调结合的体现,针对不同的商品、消费心理、销售条件、销售数量及不同的销售方式而灵活变动价格,是保证企业价格策略制定成功极为重要的条件。

一、新产品定价策略

企业生产的新产品能否打入市场,并在市场上站稳脚跟,定价策略如何选择关系很大。新产品价格的正确制定,要依据成本、竞争、需求等因素分析,还要充分考虑影响价格的其他因素,特别是心理因素。事实上,一种新产品能否被消费者所接受,必须具备两个条件:一是对新产品有潜在的购买或享用意愿;二是要有现实的购买力。这两个条件使消费者在心理上形成一定的价格反应。具体的新产品定价策略可分为以下三种。

1. 撇脂定价策略

新产品上市之初,将价格定得较高,在短期内获取厚利,尽快收回投资。这种方法就像从牛奶中撇取所含的奶油一样,取其精华,称之为"撇脂定价"法。如圆珠笔在 1945 年发明时,属于全新产品,成本 0.5 美元一支,可是发明者却利用广告宣传和消费者的求新求异心理,以 20 美元销售,仍引得人们争相购买。

撇脂定价法的优点是利用人们的求新心理,在短期内获得高额利润,收回投资,并以高价格提高产品和企业形象。其缺点是,如果新产品市场吸引力不足,加之价格较高,就不利于打开市场,并且由于高价厚利,容易招致竞争对手,会迫使价格下降,好景不长。因此,采用此策略,要注意其适用条件。

撇脂定价法必须具备三个条件:第一,新产品比市场上现有产品有显著的优点,能使消费者"一见倾心";第二,新产品的需求弹性较小,消费者对价格不敏感;第三,短期内仿制困难,竞争对手少。

小案例

苹果公司的 iPod 产品是最近几年来最成功的消费类数码产品,一经推出就获得成功,第一款 iPod 零售价高达 399 元美元,即使对于美国人来说,也是属于高价位产品,但是有很多"苹果迷"既有钱又愿意花钱,还是纷纷购买。苹果的撇脂定价取得了成功。但是苹果认为还可以"撇到更多的脂",于是不到半年又推出了一款容量更大的 iPod,当然价格也更高,定价 499 元美元,仍然卖得很好。苹果的撇脂定价大获成功。

案例思考:
iPod 的撇脂定价为什么能取得成功?

2. 渗透定价法

这是指在新产品投放市场时,价格定得尽可能低一些,其目的是获得最高销售量和最大市场占有率的一种定价方法。例如,戴尔和盖特惠公司采用市场渗透定价法,通过低成本的邮购渠道销售高质量的电脑产品。它们的销售量直线上升,而此时通过零售店销售的 IBM、康柏、苹果和其他竞争对手根本无法和它们的价格相比。沃马特、家庭仓库和其他折扣零售商也采用了市场渗透定价法。

渗透定价法的优点是:产品能迅速为市场所接受,打开销路,增加产量,使成本随生产发展而下降;低价薄利,使竞争者望而却步、减缓竞争,获得一定市场优势。其缺点是新产品一开始实行从低定价,会冲击企业已有的旧商品的销路,造成同类旧商品的市场生命周期缩短。并且,从低定价投资收回期限较长,企业若资金不足,采用这一策略是不利于企业发展的。因此,采用此策略,要注意其适用条件。

渗透定价法普遍适用于新产品没有显著特色,已有同类或相关产品,竞争激烈,产品需求弹性较大的情况。

3. 满意定价法

满意定价策略是在撇脂定价和渗透定价之间选择一种能使生产者和消费者都能接受的定价策略。由于撇脂定价策略定价较高对顾客不利,既容易引起消费者的不满和抵制,又容易引起市场竞争,具有一定的风险;渗透定价策略定价过低,虽然对消费者有利,但企业在新产品上市初期收入甚微,投资回收期长。满意定价策略居于二者之间,既可以避免撇脂定价策略因价高而具有的市场风险,又可以避免渗透定价策略因价低带来的困难,因而既有利于企业自身的利益,又有利于消费者。但这种定价方法比较保守,不适合需求复杂多变和竞争激烈的市场环境。

二、折扣定价策略

大多数企业通常都酌情调整其基本价格,以鼓励顾客及早付清货款、大量购买或增加淡季购买。这种价格调整叫做价格折扣和折让。常用的有以下几种形式。

1. 现金折扣

是对及时付清账款的购买者的一种价格折扣。例如"2/10 净 30",表示付款期是 30 天,如果在成交后 10 天内付款,给予 2% 的现金折扣。许多行业习惯采用此法以加速资金周转,减少收账费用和坏账,减少企业的利率和风险。

2. 数量折扣

是企业给那些大量购买某种产品的顾客的一种折扣,以鼓励顾客购买更多的货物。大量购买能使企业降低生产、销售等环节的成本费用。例如:顾客购买某种商品 100 单位以下,每单位 10 元;购买 100 单位以上,每单位 9 元。一般说来,顾客购买的数量越多或数额越大,折扣率就越高,目的是鼓励顾客大量购买或一次性购买多种商品。

数量折扣分为累计性数量折扣和非累计性数量折扣。累计性数量折扣是指在一定时期内累计购买超过规定数量或金额而给予的价格折扣,适用于长期交易的商品、大批量销售及需求相对稳定的商品。这一策略有利于稳定消费者,鼓励消费者成为企业的长期顾客。非累计性数量折扣是指按照每次购买产品的数量或金额确定折扣率,其目的在于吸引买主大量购买,利于企业组织大批量销售,以节约流通费用。

3. 功能折扣

也叫贸易折扣,是制造商针对中间商承担的营销功能不同,而给予的不同折扣。功能折扣的目的是对中间商在执行营销功能中所耗费的成本及所承担的风险进行补偿,以使经销商在经营中获利。一般情况下,如果中间商承担运输、促销、资金等功能,给予的折扣较大,反之则折扣较小。

4. 季节折扣

是企业鼓励顾客淡季购买的一种减让,使企业的生产和销售一年四季能保持相对稳定。如羽绒生产企业对在夏季进货的客户给予一定幅度的让利。

三、心理定价策略

心理定价策略是指利用消费者在购买决策时的一些心理特点,通过制定迎合消费者心理需求的价格来促成消费者的购买行为。根据消费者购买商品的不同心理需求,心理定价又有以下几种形式。

1. 声望定价策略

声望定价是指企业利用人们认为质量好,价格必高的心理,对消费者心目中声望比较高的产品制定比较高的价格的方法。这种定价方法,第一是提高产品的形象,以价格说明其名贵名优。消费者有崇尚名牌的心理,往往以价格判断质量,认为高的价格代表高的质量,"好货不便宜,便宜没好货",所以,对一些名牌商品的价格定得高于其他同类产品价格。第二是满足购买者的地位欲望,适应购买者的消费心理。因为消费高价位的商品是财富、身份和地位的象征。例如奔驰汽车采取的就是声望定价法。

2. 尾数定价策略

尾数定价是指将商品价格定成一个带有零头数结尾的价格。例如许多商品的价格,宁可定为 0.98 元或 0.99 元,也不定为 1 元,尾数定价使消费者产生一种商品降价的心理感受,同时,让消费者觉得定价严肃,态度认真,从而对这种价格产生信任感,给消费者以价格偏低的心理感受,从而促进销售。各国对于尾数的喜好是不同的,如美国人喜欢奇数,日本人喜欢偶数,中国人喜欢 8 和 6。

3. 整数定价策略

整数定价策略是指采用合零凑整的方法,将商品价格定成整数,不带零头数。在整数定价策略下,产品定价常以偶数,特别是"0"作为尾数。例如有的商品不定价为 99.8 元,而定为 100 元,这样更能吸引消费者的购买,原因是消费者对这样的价格并不敏感,而当价格超过了某一位数,更能使消费者感到产品的名贵,购买和使用该产品使自己的身份也提高了。

整数定价法适用于需求的价格弹性很小、价格高低不会对需求产生较大影响的商品,如名店、名牌、流行品、奢侈品、礼品、星级酒店、高级文化娱乐城等。由于其消费者都属于高收入阶层,也甘愿接受较高的价格。

4. 招徕定价法

招徕定价法是指将某几种商品的价格定得比市场同类产品低,以招徕顾客的定价策略。消费者自然对低于市场价格的商品感兴趣,但往往在那里买了便宜货后,又购买了其他正常价格的商品。尽管其特价商品的价格低于进货成本,但正常价格商品销量的增加而获得的利润足以弥补损失并产生更大的盈利。这一策略常常为综合性百货商店、超级市场甚至高档商品的专卖店所采用。如家乐福超市每天都会推出几种特价商品,以吸引顾客的注意,而绝大多数顾客在购买特价商品时,往往都会或多或少地买几件正常价格的商品。

小案例

在比利时的一间画廊里,一位美国画商正在和一位印度画家讨价还价,争辩得很激烈。其实,印度画家的每幅画底价仅在 10—100 美元之间。但当印度画家看出美国画商购画心切时,对其所看中的 3 幅画单价非要 250 美元不可。美国画商对印度画家敲竹杠的宰客行为很不满意,吹胡子瞪眼睛要求降价成交。印度画家也毫不示弱,竟将其中的一幅画用火柴点燃,烧掉了。美国画商亲眼看着自己喜爱的画被焚烧,很是惋惜,随即又问剩下的两幅画卖多少钱。印度画家仍然坚持每幅画要卖 250 元。从对方的表情中,印度画家看出美国画商还是不愿意接受这个价格。这时,印度画家气愤地点燃火柴,竟然又烧了另一幅画。至此,酷爱收藏的画商再也沉不住气了,态度和蔼多了,乞求说"请不要再烧最后一幅画了,我愿意出高价买下。"最后,竟以 800 美元的价格成交。

案例思考:

印度画家利用了美国画商什么样的心理来定价?

四、差别定价策略

差别定价策略,也叫歧视定价法,是指企业往往根据不同顾客、不同时间和场所来调整产品价格,实行差别定价,即对同一产品或劳务定出两种或多种价格,但这种差别不反映成本的变化。主要有以下几种形式。

(1) 对不同顾客群定不同的价格。例如同一商品对一般顾客按商品的全价销售,而对消费者俱乐部成员的长期顾客给予优惠价格,航空公司对于不同时间订票的顾客收取不同的价格等。

(2) 不同的型号或形式定不同的价格。例如同一成本和质量的服装,因花色和式样的差异,销售价格也不同,如当年流行色、消费者喜欢的式样等,价格就要高些。

(3) 不同的部位定不同的价格。例如剧院的前排和后排定不同的价格,演唱会的不同位置价格区别很大。

(4) 不同时间、季节定不同的价格。为了调节需求在 24 小时之内的均衡,采用不同的定价,如电影票价在同一天内因不同时点而有区别,长途电话昼夜之间定价不同,旅馆在旺季和淡季定价不同。

小案例

民航通过差别定价法,获取最大限度的利润。按照顾客划分,一般人、教师、学生、军人、团体及个人制定不同价格;按照时间划分,早班、晚班、首行、寒暑假及节假日制定不同价格;按照档次划分,特等舱、普通舱及包机价格不同;按照距离划分,单程、来回程及联程价格不同;按照出票时间,预购和限购价格不司。

案例思考:

民航利用差别定价法为什么能获得最大的销售量?

三、产品组合定价策略

系列产品是指企业生产的产品不是单一的,而是相关的一组产品,这时企业将其生产经营的产品组合在一起,制定一个成套产品的价格。例如麦当劳的套餐,又如日本的松下公司设计的五种不同的彩色立体声摄影机,从 4.6 磅的简单摄影机到带有自动定焦距、有感光控制器和两种速度的变焦镜头的 6.3 磅复杂摄影机。与单一产品销售不同,产品系列定价要考虑产品之间的关系,以使整个产品组合的利润实现最大化。该策略可以以畅销产品带动滞销产品的销售,提高每次交易的交易量,减少企业库存,增加总体销量。因为各种产品之间存在需求相互联系,同时还有成本的差异,产品之间会形成竞争,所以定价十分困难。

1. 产品大类定价

企业通常开发的是产品线,而不是单一产品。当这种系列产品存在需求和成本的内在关联性时,为了充分发挥这种内在关联性的积极效应,企业可采取产品线定价策略。

一般说来,产品线的两个终端价格比系列中的其他产品的价格更能引起消费者注意。低端价格通常是常被人们记住的,所以常常被用来作为打开销路的产品。高端价格在整个产品线中价格最高,也十分引人注目,会对需求起指导、刺激作用。这两个终端价格水平也能为消费者提供某种信息:便宜或高档,并影响整个产品系列中全部产品的价格印象,进而影响销售收入。例如松下公司设计的五种不同的彩色立体声摄影机,每一种后继机都比前一种多了新功能。松下公司详细考虑了各产品之间、顾客对产品不同特点的评价之间、与竞争者的价格之间的差异,制定了相应的价格等级。另外,他们发现,如果两种等级摄影机之间的价格差异较小,摄影者会选择质量较高级的那种,而且此时两种摄影机的成本差异小于价格差异,将提高企业的总利润;如果价格差异较大,购买者会选择较低档的那种。

与上述差异价格策略相反,统一定价是另外一种产品线定价策略。有的企业针对顾客的求廉心理,对其经营的同类商品用整齐划一的价格实行薄利多销。统一定价的商品大多是大型商场所容易忽略的日用小商品,如"两元商品"。企业通过不同商品的有赔有赚,给顾客以便宜、易于交易、好奇等刺激,吸引不少消费者。

2. 选择品定价

许多企业在提供主要产品的同时,还附带一些可供选择的产品或特征,例如饭店,顾客除了买饭菜也买酒。许多饭店食品的价格相对较低,而酒的价格相对较高。通过酒类来获得较高的利润。也有的饭店酒的价格相对较低,而食物的价格相对较高,以此为招牌来吸引爱喝酒的消费者。

3．补充产品定价

有些产品需要补充品或互补品,就是在功能上互相补充,需要配套使用的产品。互补品广泛存在于日常消费中。例如照相机和胶卷或数码储蓄卡,剃须刀和刀片,录音机和磁带,钢笔和墨水等,我们把互补品中发挥主要功效、耐用性强的产品称为基础产品,发挥辅助功效的叫附属品。

互补产品的价格相关性表现在它们之间需求的同向变动上。降低基础产品价格引起附属品的需求增加,附属品的需求增加也会使基础产品的需求增加。制造商常常对基础产品定较低的价格,占领市场,然后增加附属产品的价格使总利润增加。例如柯达公司以物美价廉的照相机吸引消费者,同时生产较其他品牌昂贵得多的柯达胶卷,相配使用效果极佳。柯达相机微利,但是在柯达胶卷的厚利下得到弥补。但是要注意两条:一个是附属品的价格不能太高,否则顾客会转向别的品牌。另一个是基础产品对附属品最好有垄断作用,例如吉列剃须刀就只能用吉列的刀片,否则,顾客可能会买别的品牌的刀片,那么剃须刀的低价就不会造成刀片需求的增加。

4．分部定价(两部收费制)

许多企业经常对使用其产品先收取一笔固定费用,称为入门费,然后再加上可变的使用费。例如游乐园一般先收门票费,然后再根据游玩的项目收费。又如手机,通常先收取一定比例的基本费,然后再按使用量收取使用费。企业制定合适的入门费和使用费可以获得最大的利润。

5．产品系列定价

企业经常以某一价格出售一组产品,这一组产品的价格低于单独购买其中每一产品的费用总和。例如麦当劳的套餐,因为顾客不可能打算购买其中所有产品,所以这一组合的价格有一定的降幅,以推进顾客的购买。在经济学上这叫纯搭售。某些情况下纯搭售可以最大限度地获取消费者剩余。

第四节　价格变动与企业对策

企业处在一个不断变化的环境中,为了生存和发展,有时需主动削价或提价,有时又需要对竞争者的变价做出适当的反应。这种调整可能是企业为达到某一经营目标而主动采取的措施,也可能是迫于经营环境的压力而被动采取行动,前者称为主动调整,后者称为被动调整。但无论是主动调整还是被动调整,其形式不外乎是降价和提价两种。

一、主动调整价格

1．企业降价

降价是企业在经营过程中经常采用的营销手段。导致企业降价的原因可能来自宏观环境的变化,也可能来自行业及企业内部条件的变化。具体来说,企业在下列情况下需考虑降价。

（1）企业生产能力过剩、产量过多，库存积压严重，市场供过于求，企业以降价来刺激市场需求。

（2）面对竞争者的"削价战"，企业不降价将会失去顾客或减少市场份额。

（3）生产成本下降，科技进步，劳动生产率不断提高，生产成本逐步下降，其市场价格也应下降。

削价最直截了当的方式是将企业产品的目录价格或标价绝对下降，但企业更多的是采用各种折扣形式来降低价格。如第三节中提到的数量折扣、现金折扣等形式。此外，变相的削价形式有：赠送样品和优惠券，实行有奖销售；给中间商提取推销奖金；允许顾客分期付款；赊销；免费或优惠送货上门、技术培训、维修咨询；提高产品质量，改进产品性能，增加产品用途。这些方式具有较强的灵活性，在市场环境变化的时候，即使取消也不会引起消费者太大的反感，同时又是一种促销策略，因此在现代经营活动中运用越来越广泛。

2. 企业提价

提价确实能够增加企业的利润率，但也会引起竞争力下降、消费者不满、经销商抱怨，甚至还会受到政府的干预和同行的指责，从而对企业产生不利的影响。虽然如此，在实际中仍然存在着较多的提价现象，其原因主要有：

（1）应付通货膨胀。物价普遍上涨，企业生产成本必然增加，为保证利润，不得不提价。

（2）应付产品成本增加的压力。为了保证利润不因成本的增加而降低，采取提价策略。

（3）产品供不应求。在需求旺盛而生产规模又不能及时扩大而出现供不应求的情况下，通过提价可以取得高额利润，为企业创造有利条件；另一方面也可以抑制需求过快增长，保持供求平衡。

（4）利用顾客心理，创造优质效应。作为一种策略，企业可以利用涨价营造名牌形象，使消费者产生价高质优的心理定势，以提高企业知名度和产品声望。对于那些革新产品、贵重商品、生产规模受到限制而难以扩大的产品，这种效应表现得尤为明显。

为了保证提价策略的顺利实现，提价时机可选择这样几种情况：① 产品在市场上处于优势地位；② 产品进入成长期；③ 季节性商品达到销售旺季；④ 竞争对手产品提价。此外，在方式选择上，企业应尽可能多采用间接提价，把提价的不利因素减到最低程度，使提价不影响销量和利润，而且能被潜在消费者普遍接受。同时，企业提价时应采取各种渠道向顾客说明提价的原因，配之以产品策略和促销策略，并帮助顾客寻找节约途径，以减少顾客不满，维护企业形象，提高消费者信心，刺激消费者的需求和购买行为。

二、顾客对调价的反应

不同市场的消费者对价格变动的反应是不同的，即使处在同一市场的消费者对价格变动的反应也可能不同。从理论上来说，可以通过需求的价格弹性来分析消费者对价格变动的反应，弹性大表明反应强烈，弹性小表明反应微弱。但在实践中，价格弹性的统计和测定非常困难。所以，研究消费者对调价的反应，通常是从分析消费者价格意识着手的。价格意识，是指消费者对商品价格高低强弱的感觉意识，直接表现为顾客对价格敏感性的强弱，包括知觉速度、清晰度、准确度和直觉内容的充实程度。它是掌握消费者态度的主要方面和重要依据，也是解释市场需求对价格变动反应的关键变量。

价格意识强弱的确定,往往以购买者商品价格回忆的准确度为指标。研究表明,价格意识和收入呈负相关关系,即收入越低,价格意识越强,价格的变化直接影响购买量;收入越高,价格意识越弱,价格的一般调整不会对需求产生较大的影响。此外,由于广告常使消费者更加注意价格的合理性,同时也给价格对比提供了方便,因而广告对消费者的价格意识也起着促进作用,使他们对价格高低更为敏感。消费者对价值不同的产品价格意识也有所不同,对于价值高或经常购买的产品的价格意识较强,例如可乐、酱油、肥皂等;而对于价值低或不经常购买的产品,即使单位价格高,购买者的价格意识也可能较弱。

根据上面介绍的基本原理,可以将消费者对价格变动的反应归纳为:

(1) 在一定范围内的价格变动是可以被消费者接受的;提价幅度超过可接受价格的上限,则会引起消费者不满,产生抵触情绪,而不愿购买企业的产品;降价幅度低于下限,会导致消费者的种种疑虑,也对实际购买行为产生抑制作用。

(2) 在产品知名度因广告而提高、收入增加、通货膨胀等条件下,消费者可接受价格的上限会提高;在消费者对产品质量有明确认识、收入减少、价格连续下跌等条件下,下限会降低。

(3) 消费者对降价的可能反应是:① 产品样式老了,将被新产品代替;② 产品有缺点,销售不畅;③ 企业财务困难,难以继续经营;④ 价格还要进一步下跌;⑤ 产品质量下降了。而消费者对提价的可能反应是:① 产品很畅销,不赶快买就买不到了;② 产品很有价值;③ 企业将高价作为一种策略,以树立名牌形象;④ 卖主想赚取更多利润;⑤ 各种商品价格都在上涨,提价很正常。

小案例

位于美国加州的一家珠宝店专门经营由印第安人手工制成的珠宝首饰。几个月前,珠宝店进了一批由珍珠质宝石和白银制成的手镯、耳环和项链。与该宝石商店以往销售的绿松石宝石不同,它的颜色更鲜艳,价格也更低。很多消费者还不了解它。对他们来说,珍珠质宝石是一种新的品种。副经理希拉十分欣赏这些造型独特、款式新颖的珠宝,她认为这个新品种将会引起顾客的兴趣,形成购买热潮。她以合理的价格购进了这批首饰,为了让顾客感觉物超所值,她在考虑进货成本和平均利润的基础上,为这些商品确定了销售价格。

一个月过去了,商品的销售情况令人失望。希拉决定尝试运用她本人熟知的几种营销策略。比如,希拉把这些珠宝装入玻璃展示箱,摆放在店铺入口醒目的地方。但是,陈列位置的变化并没有使销售情况好转。

在一周一次的见面会上,希拉向销售人员详细介绍了这批珠宝的特性,下发了书面材料,以便他们能更详尽、更准确地将信息传递给顾客。希拉要求销售人员花更多的精力来推销这个产品系列。

不幸的是,这个方法也失败了。希拉对助手说:"看来顾客是不接受珍珠质宝石。"希拉准备另外选购商品了。在去外地采购前,希拉决定减少商品库存,她向下属发出把商品半价出售的指令后就匆忙起程了。然而,降价也没有奏效。

一周后,希拉从外地回来。店主贝克尔对她说:"将那批珠宝的价格在原价基础上提高两倍再进行销售,全部卖掉了。"希拉很疑惑:"现价都卖不掉,提高两倍会卖得出去吗?"

案例思考:

将宝石提价后销售是利用了消费者怎样的心理? 为什么提价后就全部卖掉?

三、竞争者对价格变动的反应

虽然透彻地了解竞争者对价格变动的反应几乎不可能,但为了保证调价策略的成功,主动调价的企业又必须考虑竞争者的价格反应。没有估计竞争者反应的调价,往往难以成功,至少不会取得预期效果。

如果所有的竞争者行为相似,只要对一个典型竞争者做出分析就可以了。如果竞争者在规模、市场份额或政策及经营风格方面有关键性的差异,则各个竞争者将会做出不同的反应,这时,就应该对各个竞争者分别予以分析。分析的方法是尽可能地获得竞争者的决策程序及反应形式等重要情报,模仿竞争者的立场、观点、方法思考问题。最关键的问题是要弄清楚竞争者的营销目标:如果竞争者的目标是实现企业的长期最大利润,那么,本企业降价,它往往不会在价格上做出相应反应,而是在其他方面做出努力,如加强广告宣传、提高产品质量和服务水平等;如果竞争者的目标是提高市场占有率,它就可能跟随本企业的价格变动,而相应调整价格。

四、企业对竞争者调整价格的对策

在现代市场经济条件下,企业经常会面临竞争者变价的挑战。如何对竞争者的变价做出及时、正确的反应,是企业定价战略的一项重要内容。

竞争对手在实施价格调整策略之前,一般都要经过长时间的深思熟虑,仔细权衡调价的利害。一旦调价成为现实,这个过程相当迅速,并且在调价之前大多要采取保密措施,以保证发动价格竞争的突然性。企业在这种情况下,贸然跟进或无动于衷都是不对的,正确的做法是尽快对以下问题进行调查研究:

(1) 竞争者调价的目的是什么?

(2) 竞争者调价是长期的还是短期的?

(3) 竞争者调价将对本企业的市场占有率、销售量、利润、声誉等方面有何影响?

(4) 同行业的其他企业对竞争者调价行动有何反应?

(5) 企业有几种反应方案? 竞争者对企业每一个可能的反应又会有何反应?

在回答以上问题的基础上,企业还必须结合所经营的产品特性确定对策。一般说来,在同质产品市场上,如果竞争者削价,企业必须随之削价,否则大部分顾客将转向价格较低的竞争者;但是,面对竞争者的提价,本企业既可以跟进,也可以暂且观望。如果大多数企业都维持原价,最终可能迫使竞争者把价格降低,使竞争者涨价失败。

在异质产品市场上,由于每个企业的产品在质量、品牌、服务、包装、消费者偏好等方面有着明显的不同,面对竞争者的调价策略,企业有较大的选择余地。

(1) 价格不变,顺其自然,任顾客随价格变化而变化,靠顾客对产品的偏爱和忠诚度来抵御竞争者的价格进攻,待市场环境发生变化或出现某种有利时机,企业再做行动。

（2）价格不变,加强非价格竞争。比如,企业加强广告攻势,增加销售网点,强化售后服务,提高产品质量,或者在包装、功能、用途等方面对产品进行改进。

（3）部分或完全跟随竞争者的价格变动,采取较稳妥的策略,维持原来的市场格局,巩固取得的市场地位,在价格上与竞争对手一较高低。

（4）以优越于竞争者的价格跟进,并结合非价格手段进行反击。比竞争者更大幅度地削价,比竞争者小幅度地提价,强化非价格竞争,形成产品差异,利用较强的经济实力或优越的市场地位,居高临下,给竞争者以毁灭性的打击。

本章小结

1. 价格形成和变化是商品经济中最复杂的现象之一。企业制定价格应考虑到自身的定价目标、产品成本,同时还要考虑市场需求以及市场竞争状况。

2. 企业定价有三种导向:成本导向、需求导向和竞争导向。在实际工作中,企业往往侧重于其中某一方面。

3. 灵活的定价策略是定价的科学性与艺术性相结合的体现,针对不同的商品,消费心理、销售条件、销售数量及不同的销售方式而灵活变动价格,是保证企业价格策略制定成功极为重要的条件。

4. 企业处在一个不断变化的环境中。可能由于宏观环境的变化,也可能是由于行业及企业内部条件的变化,企业通常需要主动削价或提价,有时又需要对竞争者的变价做出适当的反应。

学习思考

1. 简述影响定价策略的主要因素。
2. 可供企业选择的定价目标有哪些? 它对于正确定价有什么作用?
3. 什么叫成本导向定价法? 主要有哪些方法?
4. 竞争导向定价法有哪几种做法? 各有什么特点?
5. 什么是心理定价策略? 主要有哪几种?
6. 降价或提价会对顾客产生什么样的影响?

案例训练　　　　长虹风风雨雨价格战

四川长虹电子1992年跻身中国电视五大品牌行列。在发展过程中,长虹通过多次的降价活动,成长为我国的"彩电大王",同时也成为我国家电行业的一面旗帜,将家电行业带动成为我国最具市场经济特征的行业之一。长虹今天的表现归功于长虹的几次主动降价行动。

第一次,开启自主调价之路。1988年彩电严重紧缺,抢购倒卖之风盛行,普通老百姓以高于国家牌价一倍的价格还很难买到彩电。在国家牌价的制约下,出现"百姓多花钱,厂家挣不到钱"的局面。长虹以略高于国家牌价而低于黑市的价格卖给四川省工商银行一批彩电,开始自己的自行价格调整旅程。1989年国内彩电生产厂引进了大量彩电生产线,同时国家开征彩电消费税,彩电市场顿时供大于求,厂家彩电积压严重。光上半年长虹就积压近20万台彩电,占用资金3.2亿,资金严重紧张。在请示四川省物价局后,1989年8月9日长虹进行自行降价活动,每台彩电降价350元,长虹积压彩电一销而空,同时也提升了长虹在彩电行业的地位。1989年9月,围绕1988年和1989年长虹两次价格调整,由《中国体改研究会通讯》发起,《中国电子报》积极响应的"长虹现象"大讨论在全国范围内轰轰烈烈地展开。1991年3月,国家统计局公布:长虹1990年首次荣登彩电行业销售冠军。

第二次,也是一场具有决定意义的降价行动,国产彩电开始"当家做主"。1996年,进口品牌在25英寸以上大屏幕彩电市场占有绝对优势,在北京、上海、广州的市场份额更是高达80%以上,但众多合资厂商尚未投入规模生产。1996年3月26日长虹彩电凭借"同样的技术、同样的质量",举起降价大旗,首次向洋彩电宣战。面对铺天盖地的洋彩电,长虹宣布在全国范围内降价18%,带动国产彩电夺取市场份额,由此国产彩电在国内中低端彩电市场占据了绝对主导地位。而长虹的市场占有率由1995年的22%提高到1996年的27%左右,彩电销量比上年同期增长61.96%。

第三次,1999—2001年,长虹针对传统彩电的洗牌行动,逐步向高端市场挺进。对于长虹来说,1998年是一个转折点。长虹为了遏制对手,从当年8月份起大批量购进彩管,最多时控制了国内彩管的70%以上,当年长虹计划生产彩电800万台,但实际销量只有600多万台,到1998年年末,长虹库存达到77亿元,比上年增加一倍。同时1998年郑百文问题爆发,在暴露的时候,这条渠道的销售收入占长虹总营业额的30%。由于"郑百文事件",1998年上半年长虹的销售费用由1997年同期的1.98亿上升至3.45亿,增加了74.75%,而销售收入却下降了14.2%。到1999年,长虹销售业绩同比下滑14.5%,销售成本反而上升25.5%。"囤积彩管"事件不仅使企业不得不承担起70亿元库存的压力,也使TCL、创维、康佳这三剑客对抗长虹的联盟更加坚固。其结果是,长虹从习惯先声夺人沦为在频繁的价格战中疲于应招。在这一年,长虹主业收入锐减4亿元。经过1997年和1998年由别人发起的价格战,长虹的彩电霸主地位岌岌可危。为了挽回颓势,1999年4月,长虹彩电开始降价行动。但康佳对长虹降价早有应对,降价幅度超过长虹80—300元。长虹主营利润由1998年的31.6亿元下降到1999年的15.7亿元,净资产收益率仅4.06%。

第四次,2000年,国内彩电市场销量为2000万台,而生产能力却超过了4000万台,重复建设导致的过度竞争,迫使产品同质化的企业为了生存,只有不断举起价格利刃展开肉搏。2000年伊始,国内彩电业便笼罩在全行业亏损147亿的浓重阴影中。各地彩电掀起了规模空前的降价狂潮,康佳和四川长虹分别宣布大幅度调低彩电售价,其中康佳最大降幅为20%,而长虹的降幅更高,达35%。此次彩电降价是1996年四川长虹挑起价格战以来,规模和降价幅度最大的一次。截至2000年12月中旬,长虹销售收入已突破800亿元,其中主要产品彩电的销售量已达4500万台。长虹彩电2000年度再次成为销量第一名,在行业大滑坡的情况下,市场占有率重新回升到25%。

2000年,在国产品牌全线降价的同时,进口品牌发起大规模反扑,率先在中国市场推出最先进的产品,并靠越来越接近的价格和已有的品牌优势,将29英寸以上大屏幕彩电的市场份额从15%提升到30%,在市场占有率十强中占得三席。虽然经过几次价格战,淘汰了许多彩电企业,但到 2001 年全国彩电行业还有七八十家生产企业,100 多条生产线、5 000 万台的年生产能力,而国内销售量仅有 2 000 万台,经过努力出口达到 1 000 万台,还有 2 000 万台的闲置生产能力。为了夺取被跨国公司占据的市场和进一步清理国产品牌,2001 年 4 月中旬由长虹发起的"五一战役"将这次意料中的价格战提前了半年。4 月 13 日,长虹将其十多个品种的高档彩电在全国范围内大幅度降价,而这些彩电大都是以前被人们认为高不可攀的大屏幕超屏彩电。在市场畅销的 29 英寸大屏幕"国礼精品"彩电从 4 000 元左右直接降到了 2 000 元左右,价格仅为进口品牌同档次机器的 40%—50%。

第五次,2002 年至今,开创国产彩电主导高端之路。2001 年 1 月 1 日,中国首台精密显像电视——长虹精显彩电诞生,一举打破了彩电高端核心技术一直由跨国彩电巨头垄断的局面。同年 7 月,领先世界水平的第三代 60 赫兹数字变频逐行扫描背投彩电在长虹诞生,至此,中国彩电业在高端核心技术上全面受制于人的局面已经成为历史。2002 年年初长虹研制出领先世界水平的第三代 75 赫兹数字变频逐行扫描背投彩电。在长虹产品投放市场以前,彩电高端产品一直是日韩企业的天下。出于技术、利润周期的考虑,日韩企业在背投市场上采用区别对待策略:在发达国家市场投放第三、四代背投,而在中国市场则主要投放第一、二代背投,从而用普通背投延长自己在中国市场的利润赚取时间。2002 年 4 月 29 日,长虹投影公司宣布即日起全面停止内销一、二代(即 50 赫兹及 100 赫兹)普通背投彩电的生产,将全部精力转移到第三代及第四代 60/75 赫兹逐行扫描背投彩电的生产和销售。2002 年 5 月,长虹率先强力推出精显背投,打响了国内彩电业全面进军高端市场的第一枪;之后,跨国公司才开始向国内企业转让高端背投技术,于是 TCL、创维、海信等国内彩电品牌相继推出了等离子、液晶彩电等高端产品,国内彩电企业成功地完成了由低端市场向高端市场的转型。在 2002 年中报中,低迷长达 5 年之久的长虹终于拥有了回到从前的感觉。8 月 10 日公布的中报显示,长虹彩电主营业务收入同比增长 65.38%,净利润同比增长 435.67%,在中国彩电行业中排名第一。另外,长虹精显背投彩电仅用了一年时间,就直逼东芝和索尼,无可争议地成为中国背投彩电的代言人。

2003 年 4 月 8 日,中国彩电大王长虹在捧回 2002 年全国彩电销量冠军后不到半个月时间内,又出重拳,推出"长虹背投普及风暴"活动,在高端市场全面反击跨国背投品牌。长虹精显王背投彩电价格全线下调。平均降价幅度为 25%,最高降幅达 40%。进一步巩固和增加了自己的背投市场份额。2004 年 10 月,长虹开始"虹色十月"行动,"虹色十月打造新一代数字阶级"活动在全国如火如荼地进行。但 2004 年全年亏损 36.81 亿,全年实现主营业务收入 115.39 亿元,同比下降 18.36%。

资料来源:邓丽明,《新编市场营销案例与分析》,江西高校出版社,2007 年。

案例思考题

1. 在本案例中,长虹每次价格战的目标是什么?
2. 请分析长虹每次价格战的背景环境。
3. 长虹价格战给我们什么启示?

营销技能训练

1. 在老师的指导下,到所在城市的零售卖点进行一次市场调查,了解其具体的定价策略和方法。

2. 假设某名牌产品因锖售困难要处理库存,经过研究决定采取降价的方式,为了不损害产品形象,又不让消费者明显感觉到企业在降价,有人提议用间接的降价方式,你认为应该进行怎样的操作,才能达到目的?

第十三章

分销策略

知识目标

- 掌握分销渠道的含义、职能与类型
- 掌握中间商的含义与类型
- 了解批发与零售的主要形式
- 了解影响分销渠道选择的因素
- 了解分销渠道设计和管理理论与方法

技能目标

- 能正确选择合适的分销渠道类型
- 能对分销渠道的长度和宽度进行合理制定
- 能对企业进行分销渠道设计和管理

案例导入

现实世界五彩缤纷,营销渠道的表现也是多种多样。直销模式是戴尔成功的重要武器,不经过任何代理商、经销商或终端零售商,实现了厂家和消费者之间无缝"虚拟整合"。直销模式使戴尔公司保持低成本、高效率的业务运行,保持强大而丰富的系统配置,无与伦比的性能价格比,这也使它能以富于竞争力的价格推出最新的相关技术。而联想则认为,直销在国内的环境还不成熟,它采用分销模式来销售,在全国拥有几千家分销商,并提出渠道的"大联想"计划,把厂商和经销商的关系提升为一体化的联盟关系。代理商是厂家的销售队伍,作为厂家的一部分,跟厂家的生产部门、研发部门和制造部门一样。联想把代理商纳入"联想"的销售、服务、培训和分配体系,进行统一设计、统一考虑。完善的分销体系是联想成为行业领头羊的重要原因之一。可口可乐公司利用较长和较多的分销渠道,在短时间内迅速将产品推向市场,扩大产品的市场覆盖面。且可口可乐非常重视在销售点开展促销活动,提高产品对消费者的吸引力,使消费者能够轻而易举地看到产品并产生购买欲望。沃尔玛连锁集团自 1993 年以来,一直雄居世界十大零售商排行榜之首。

分销渠道是高层管理面临的重要决策之一。公司所选择的渠道将直接影响其他所有的市场营销决策。公司的价格策略取决于对中间商的培训和鼓励。而且,公司的渠道决策是对其他公司的长期承诺。比如,汽车制造商和独立的中间商签订合同,由后者经销前者的汽车,但前者就不得将后者收购,代之以本公司的销售网点。分销系统是一项关键性的外部资源,它的建立往往需要很多年,而且不是轻易可以改变的。它的重要性不亚于其他关键性的内部资源,诸如制造部门、研究部门、工程部门、地区销售人员等。对于众多从事分销活动的独立企业以及它们为之服务的某一特定市场来说,分销系统代表着公司的承诺,同时,也代表着构成这种基本组织的一系列政策和实践活动的承诺,这些政策和实践将编织一个巨大的长期的关系网。

谁拥有渠道,谁就能使顾客在最方便的地点、时间快捷地购买到产品,谁就取得了市场竞争的主动权。有时甚至成为企业制胜的关键。

案例思考:

分销渠道对企业获取竞争优势有什么重要意义?

企业不仅要制定行之有效的产品策略、价格策略、促销策略,而且还要制定分销渠道策略,使消费者在所希望的地点得到产品。分销渠道是否畅通,是企业生死攸关的问题。近年来,随着信息技术和电子商务的蓬勃发展以及竞争越来越剧烈,分销渠道也越来越引起人们的重视。如何选择合适的分销渠道,在"适当的时间"将产品送达"适当的地点",以"适当的价格"出售给目标顾客,就成为重要的问题。

第一节 分销渠道的概述

一、分销渠道的含义与职能

1. 分销渠道的含义

市场营销渠道是指配合起来生产、分销和消费某一生产者的产品和服务的所有企业和个人,也就是说,市场营销渠道包括某种产品供产销过程中的所有相关企业和个人,如供应商、生产者,商人中间商、代理中间商、辅助商以及最终消费者或用户等。

分销渠道是指某种产品和服务在从生产者向消费者转移过程中,取得这种产品和服务的所有权或帮助所有权转移的所有企业和个人。因此分销渠道包括商人中间商和代理中间商,此外还包括处于渠道起点和终点的生产者和最终消费者或用户,但是不包括供应商、辅助商。

在分销活动中,产品在由生产领域(生产商)向消费领域(消费者)转移的过程中,存在几种物质或非物质的运动"流",渠道则表现为这些"流"的载体,组成分销渠道的各种机构是由几种类型的流程联结起来的。按照菲利普·科特勒的归纳分为"五流",即商流、物流、货币流、信息流、促销流,具体如图 13-1 所示。

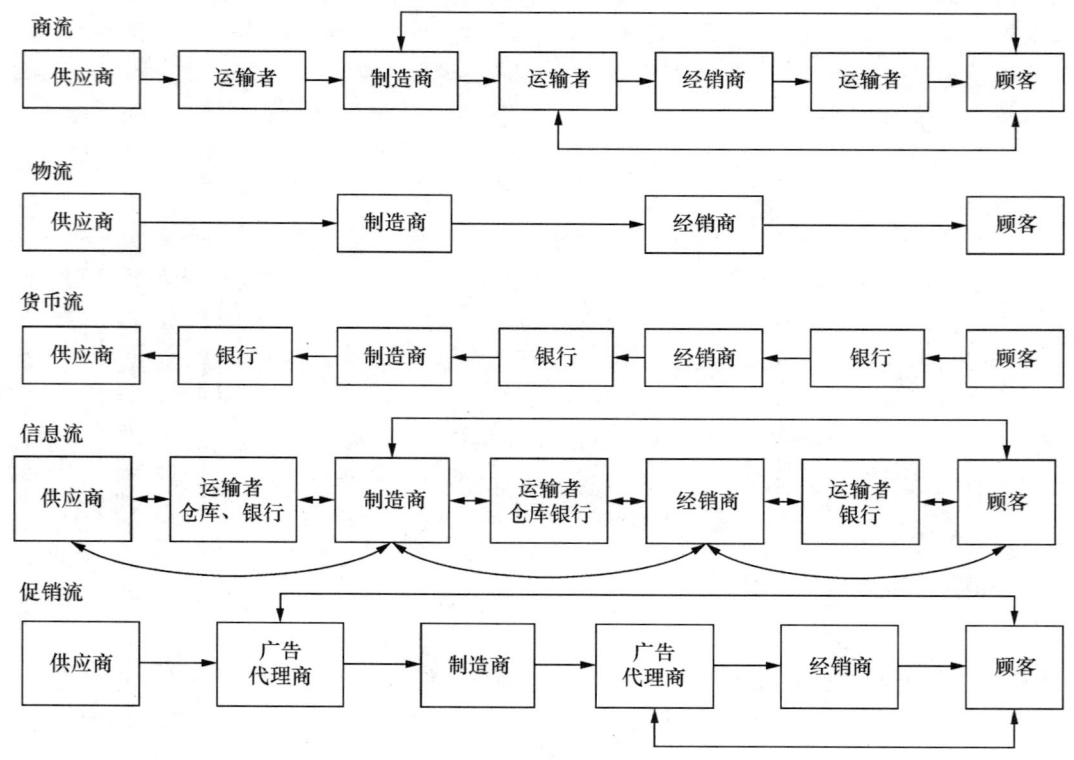

图 13-1 分销活动中的"五流"

　　商流是指产品从生产领域(生产商)向消费领域转移过程中的一系列买卖交易活动。在这一活动中,实现的是产品所有权由一个机构向另一个机构的转移。但有些中间商如果以代销的方式从事交易活动(即以代理商的身份出现在商品交易活动中),由于它们并不拥有商品的所有权,即没有实现商品所有权的转移,就不应包括在商流活动中。

　　物流是指产品从生产领域(生产商)向消费领域转移过程中的一系列产品实体运动。它包括产品实体的储存以及由一个机构向另一个机构转移的过程。同时还包括与产品相关的产品包装、流通加工等过程。物流活动使产品由生产领域向消费领域转移得到了实质的保证。

　　货币流是指产品从生产领域(生产商)向消费领域转移的交易活动中所发生的货币运动。一般是顾客通过银行或其他金融机构将货款付给中间商,中间商赚取佣金或差价后支付给生产商。一般来说,货币流同商流正好是反向运动。

　　信息流是指产品从生产领域向消费领域转移过程中所发生的一切信息收集、传递和处理活动。它既包括生产商向中间商及顾客传递产品、价格、销售方式等方面的信息,也包括中间商向顾客或生产商传递购买力、购买偏好、对产品及其销售状况的意见的信息。信息流的运动方向是双向的。

促销流是指产品从生产领域向消费领域转移过程中,生产者通过广告或其他宣传媒体向中间商及顾客进行的一切促销努力。它包括利用广告、推销或公共关系等手段向其销售对象传递有利于销售的信息的一切活动。

2.分销渠道的职能

① 研究:搜集制订计划和进行交换所必需的信息。

② 促销:进行关于所供应的物品的说服性沟通。

③ 接洽:寻找可能的购买者并与之进行沟通。

④ 配合:使所供应的物品符合购买者需要。

⑤ 谈判:为了转移所供物品的所有权,而就其价格及有关条行达成最后协议。

⑥ 物流:从事产品的运输、储存。

⑦ 融资:为补偿渠道工作的成本费用而对资金的取得与支出。

⑧ 风险承担:承担与渠道工作有关的全部风险。

二、分销渠道的类型

1.分销渠道的长度

分销渠道的长度是指其拥有的渠道层次的数目。在产品从生产者转移到消费者的过程中,任意一个对产品拥有所有权或负有推销责任的机构,就叫做一个渠道层次。

零层渠道通常叫做直接分销渠道。直接分销渠道是指产品在从生产者流向最终消费者的过程中不经过任何中间商转手的分销渠道。直接分销渠道主要用于分销工业用品,例如大型设备、专用工具及技术复杂需要提供专门服务的产品。一方面,这些工业用品要按照用户的特殊需要制造,有高度技术性,制造商需派遣专家去指导用户安装、操作和维护设备。另一方面,用户数量少,某些行业工厂往往集中在某一地区,这些工业用品单价高,用户购买量大,所以通过直接分销渠道较好。消费品中有部分也采用直接分销类型,诸如鲜活商品、面包屋等。

如图13-2所示,企业通过一个或一个以上的中间商向消费者销售产品的分销渠道称为间接分销。一层渠道含有一个营销中介机构。在消费者市场,这个中介机构通常是零售商;在产业市场,则通常是零售代理商或佣金商。二层渠道含有两个营销中介机构。在消费者市场,通常是批发商和零售商,在产业市场,则通常是销售代理商和批发商。三层渠道含有三个营销中介机构。肉类产品及包装类产品的制造商通常采用这种渠道分销其产品。在这类行业中,通常有一个专业批发商处于批发商和零售商之间,该专业批发商从批发商进货,再卖给无法从批发商进货的零售商。以此类推,渠道的级数越高,渠道就越长。

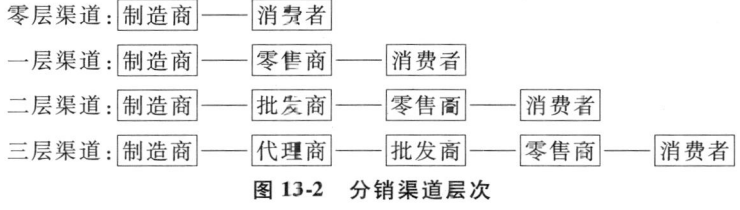

图13-2 分销渠道层次

一般而言,渠道越长,企业产品市场扩展的可能性就越大,但企业对产品销售的控制能力和信息反馈的清晰度就越差;相反,渠道越短,企业对产品销售的控制能力和信息反馈的清晰度就越好,但是市场的扩展能力则相应下降。

从企业加快实现产品价值和提高经济效益来看,一般地,减少中间商环节可以节省流通时间和流通费用。但是,不是所有不经过中间环节的直接分销都能带来最好的经济利益。因为批发商的集散作用和零售商的扩散作用往往会加快整个社会再生产的过程,大大减轻企业的销售业务和经营负担,加快资金周转,增加企业盈利。

2. 分销渠道的的宽度

分销渠道的宽度是指渠道的每个层次使用同种类型中间商数目的多少。宽的分销渠道,就是利用较多的批发商和零售商,使商品在广泛的市场上销售;窄的分销渠道,就是利用较少的批发商和零售商,使商品在有限的市场上销售。对于分销渠道宽窄的选择,主要取决于产品的类型、产量和价格,在产品类型中尤其要考虑产品的目标市场和销售成本。一般有以下三种形式可供选择。

(1)广泛分销,也称普遍性或密集性销售策略,是指制造商尽可能地通过许多适当的批发商、零售商推销其产品。采用这种销售渠道策略的重心是扩大市场覆盖面或快速进入一个新市场,使消费者随时随地买到这些商品。所以,这种策略多用于消费者经常使用的日用品的销售,如香烟、火柴、牙膏等和工业品中的通用机具等。对于生产企业来说,采用这种经销渠道策略可以使自己的产品快速进入流通领域,但是,采用这种策略往往要扩大生产者的流通费用。因为,这种策略的采用,使中间商的专一性不强,所以,它们都不愿意负担销售促进费用,例如广告、宣传费等。

(2)选择分销,是指制造商在某一地区仅仅通过少数几个精心挑选的、最合适的中间商推销其产品。这种策略相对于独家销售策略范围要大一些,但它的专一性要差些。因此,生产者和销售者之间相互承担的义务也就不甚严格。这种策略对产品的适用范围较大,一般来说,适用于任何产品。但相对而言,消费品中的选购品和特殊品最适合采取选择分销。这种经销策略通常都是先采用普遍性经销策略,经过一段时间实践,逐步淘汰效益低的渠道,再形成选择性销售渠道的策略。采用这种策略的重心是企业市场竞争地位的维护,创牌子,保声誉,淘汰不理想的中间商,提高经济效益。这种做法在新产品的试销阶段尤为适用。

(3)独家分销,是指制造商在某一地区仅选择一家中间商推销其产品,通常双方协商签订独家经销合同,规定中间商不得经营竞争者的产品,制造商则只对选定的经销商供货,这种经销渠道策略选择的优点是生产者和销售者利益相关。因此,它们从关心本身利益出发,增强了向对方负责的责任感。生产者采用这一策略可以得到中间商最大限度的支持,如价格控制、广告宣传等,其不足之处就是市场覆盖面有限,而且当生产者过分信赖中间商时,就会加大中间商的讨价还价能力。一般来说,这种策略一般适用于消费品中的高价品、特色商品等,如家用电器,这种形式有利于双方协作,以便更好地控制市场。

小案例

可口可乐的分销渠道

可口可乐公司是一个大型的跨国快速消费品公司,其营销渠道结构是一个非常复杂的结合体。概括地说,它是以间接渠道和宽渠道为主要形式,多级渠道并存的多渠道组合。

(1)间接渠道的优点是:企业可以利用其他组织机构的分销渠道和营销经验,迅速将产品推向市场,在短时间内取得良好的经济效益,减少了企业所承担的市场风险,对资金的使用有一定的安全性;企业不必设置专门机构或专门人员,可以节省人力、物力和财力,集中精力搞好生产。缺点是:企业不能直接接触用户,因此获得信息迟缓,而且企业不是独立地进行渠道管理,因而对营销缺乏足够的控制。

(2)密集型渠道结构特点:密集性分销的特点是尽可能多地使用商店销售产品或服务。密集型分销渠道能扩大产品的市场覆盖面,网点的密度高,方便消费者购买。可口可乐公司的产品出现在百货公司、连锁超市、便利店、小商店等地方,总之,在任何地方人们只要想买饮料,就能买到可口可乐的产品,这种十分密集的渠道策略,增强了可口可乐的竞争力,为可口可乐公司提供了广阔的市场覆盖面。密集型分销渠道的缺点是容易导致市场混乱,渠道管理成本较高。

案例思考:
可口可乐的分销渠道有什么优点?

第二节　中　间　商

中间商是指帮助企业将产品出售给用户的中间组织或个人,是专门从事组织产品流通的独立行业,具有法人资格,在企业与用户之间起着纽带和桥梁作用。生产越发展,产品交换越扩大,中间商的作用就越突出。

根据中间商在商品流转过程中的基本职能的差异性,可将中间商划分为几个类别,如图13-3所示。中间商按是否拥有商品所有权可以分为经销商和代理商,按其在流通中的不同作用可以划分为批发商和零售商。

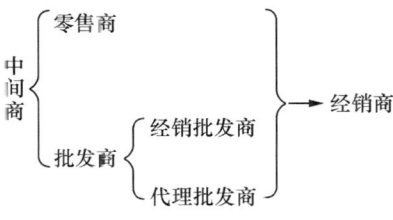

图13-3　中间商类型

一、经销商与代理商

1. 经销商与代理商的概念

经销商(merchants)是从事商品交易业务,在商品买卖过程中拥有商品所有权的中间商。

代理商(agents)是接受生产者或商品提供者委托,从事商品交易业务,但不拥有商品所有权的中间商。

2. 经销商与代理商的区别

经销的双方是一种买卖关系,代理的双方是一种委托代理关系;经销商以自己的名义从事销售,经销商的收入是买卖差价;代理商以厂家的名义从事销售,代理商的收入是佣金,一般不承担经营风险。

二、批发商与零售商

1. 批发商

批发商(whole salar)是指大批量购进,并批量售出,在产品购销过程中获取批发商利润的单位或个人。

批发商处于商品流通的起点和中间阶段,交易对象是生产企业和零售商,一方面它向生产企业收购商品,另一方面它又向零售商批销商品,并且是按批发价格经营大宗商品。其业务活动结束后,商品仍处于流通领域中,并不直接服务于最终消费者。批发商是商品流通的大动脉,是关键性的环节,它是连接生产企业和商业零售企业的枢纽,是调节商品供求的蓄水池,是沟通产需的重要桥梁,对企业改善经营管理及提高经济效益、满足市场需求、稳定市场具有重要作用。表 13-1 列出了批发商的主要功能。

表 13-1　批发商的主要功能

功能	说明
销售与促销	批量从生产者进货,故能以低价成交,有广泛业务关系
购买与编配商品	批发商有能力按照顾客需要来选择和编配产品品种,因而方便顾客
分装	将整批商品分成小批量,小批销售,满足不同规模需要
仓储	多数批发商备有仓库和存货,可减少供应商和顾客的仓储成本和风险
运输	提供快速运输,方便用户
融资	为用户提供货款上的支持,如准许赊购等;也为供应商提供财务援助,如提早订货,按时付款
承担风险	因拥有产品所有权而承担了若干风险,如商品的毁坏、丢失带来的损失
市场信息	向供应商和顾客提供竞争者行动、新产品、价格变化等方面的信息
管理服务与咨询	帮助零售商改进经营活动,向客户提供培训和技术服务

2. 零售商

零售商(retailer)是以直接面向最终消费者销售商品为主,并提供相关服务的企业或个人,零售商处于商品流通的最终阶段。其基本任务是直接为最终消费者服务,交易结束后,商品脱离流通领域,进入消费领域。

零售商一般按业态分类,根据国标 GB/T 18106-2004,零售业态总体上分为有店铺零售和无店铺零售。有店铺零售是有固定进行商品陈列和销售所需要的场所和空间,并且消费者的购买行为主要在这一场所内完成的零售业态。无店铺零售是不通过店铺销售,由厂家或商家直接将商品递送给消费者的零售业态。

（1）专用品商店

专门经营某一类商品的商店。例如服装店、体育用品商店、家具店、花店和书店均属于专用品有店。根据产品线的狭窄程度可以将专用品商店再分类:一是单一产品线商店,如服装商店;二是有限产品线商店,如男士服装店;三是超级专用品商店,如男士定制衬衫店。在这三类专用品商店中,超级专用品商店的发展最为迅速,因为它们可以利用的子市场、目标市场和产品专业化的机会将越来越多。

（2）百货商店

一般销售几条产品线的产品,尤其是服装、家具和家庭用品等,每一条产品线都作为一个独立部门由专门的采购员和营业员管理。商品种类较齐全,花色品种不如专卖店多,营业面积多在 10 000 平方米以上。大型百货店通常价格较高,服务较周到。

（3）超级市场

超级市场指规模巨大、成本低廉、薄利多销、自我服务的经营机构,全部商品开架销售,顾客自选,一般服务员不导购。主要经营各种食品、洗涤剂和家居日常用品等。提供的服务较少,价格较低,适合家庭大量购买。

（4）方便商店

设在居民区附近的小型商店,营业时间长,每周营业 7 天,销售品种范围有限、周转率高的方便产品。消费者主要利用它们作"补充"式采购,因此其营业价格要高一些。但是,它们满足了消费者一些重要的需求,人们愿意为这些方便产品付高价。

（5）超级商店、联合商店和特级商场

超级商店比传统的超级市场更大,将超市和百货店结合起来,经营商品品种较多,规模较大,实行开架售货,除了销售商品外还兼营服务,如洗衣、干洗、修鞋、支票付现、代付账单和廉价午餐等服务。一般产品线都在 3 种以上,不但有商品线,还有服务线。

联合商店是一种带专卖性质的超级商店,品种较集中,但花色较多,规模较大。产品线1—3 种,也有服务线,特别是修理与咨询。营业面积通常大于 4 000 平方米。

特级商场比联合商店还要大,综合了超级市场、折扣和仓储零售的经营方针,其花色品种超出了日常用品,包括家具、大型和小型家用器具、服装和其他许多品种。其基本销售方法是原装产品陈列,尽量减少商店人员搬运,同时向愿意自行搬运大型家用器具和家具的顾客提供折扣。

（6）折扣商店

真正的折扣商店具有下列特点:① 商店经常以低价销售产品;② 商店突出销售全国性品牌,因此价格低廉并不说明产品的质量低下;③ 商店在自助式、设备最少的基础上经营;④ 店址趋向于租金低的地区,要能吸引较远处的顾客。

（7）仓储商店

仓储商店是一种以大批量、低成本、低售价和薄利多销的方式经营的连锁式零售企业。仓储商店一般具有以下特点。

① 以工薪阶层和机关团体为主要服务对象,旨在满足一般居民的日常性消费需求,同时满足机关、企业的办公性和福利性消费需求。

② 价格低廉。从厂家直接进货,省略了中间销售环节,尽可能降低经营成本。

③ 精选正牌畅销产品。从所有产品门类中挑选最畅销的产品大类,然后再从中精选出最畅销的产品品牌。

④ 会员制。仓储式商场注意发展会员和会员服务,加强与会员之间的联谊,以会员制为基本的销售和服务方式。

⑤ 低经营成本。运用各种可能的手段降低经营成本,如仓库式货架陈设产品,选址在次商业区或居民住宅区,产品以大包装形式供货和销售,不做一般性商业广告,仓店合一。

⑥ 先进的计算机管理系统。计算机收银系统及时记录分析各店的品种销售情况,不断更新经营品种,既为商场提供现代化管现手段,也减少了雇员的人工费用支出。

小案例

耐克公司在六种不同类型的商店中销售其生产的运动鞋和运动衣:① 体育用品专卖店;② 大众体育用品商店,那里有许多不同样式的耐克产品;③ 百货商店,那里集中销售最新样式的耐克产品;④ 大型综合商场,那里仅销售折扣款式;⑤ 耐克产品零售商店,包括大城市中的耐克城,在那里有耐克公司生产的全部产品,但其重点是销售最新样式的耐克产品;⑥ 工厂的门市零售店,所销售的大部分是二手货和存货。同时,在一个城市里,耐克公司还限制销售其产品的商店的数量。例如,在佐治亚州牛顿县,它仅允许两间商店销售其所生产的产品。

耐克的运动鞋和运动衣的销售采取了选择性的分销策略,但又不是让所有愿意经销的经销商都能经营耐克的产品。这样,公司不必在众多的销售点耗费自己的精力,只需和挑选出来的中间商建立良好的工作关系,使生产者获得足够的市场覆盖面,并能降低成本。

案例思考:
耐克公司的销售渠道有什么好处?

(8) 无门市零售营销类型形式

虽然大多数物品和服务是由商店销售的,但是无门市零售却比商店零售发展得更快。下面介绍无门市零售的四种形式:直复市场营销、直接销售、自动售货和网络营销。

① 直复市场营销。直复市场营销是一种为了在任何地方都能产生可度量的反应和达成交易而使用一种或多种广告媒体的互相作用的市场营销系统。直复市场营销者利用广告介绍产品,顾客可写信或打电话订货。订购的物品一般通过邮寄交货,用信用卡付款。按所借助的工具不同,又可分为邮购、电话购物、电视购物以及网络营销。

② 直接销售。直接销售制造商生产的商品不经过任何媒介,只靠人与人之间的联系及其网络直接销售给消费者。目前比较普遍的有:上门推销,美国雅芳化妆品公司就是一个成功的例子。被称为"雅芳小姐"的营业员登门拜访,为主人当场试用美容化妆品,很受消费者

欢迎。另外一种形式是传销,消费者又是分销商,在分销中将自己的销售对象发展成下线分销商,并获取可观的利润,这样形成一个网络。传销的基础是要有高素质的分销商,否则会产生很多消极作用。目前中国不具备这一条件,因此传销方式被政府明令禁止。

③ 自动售货。使用硬币控制的机器自动售货是第二次世界大战后出现的一个主要发展领域。自动售货已经被用在相当多的产品上,如香烟、软饮料、糖果、报纸和热饮料以及地图、化妆品、书、唱片、胶卷等。售货机被广泛安置在工厂、办公室,大型零售商店、加油站、街道等地方,向顾客提供24小时售货、自我服务和无须搬运产品等便利条件。银行也广泛使用自动出纳机这种高度专业化的机器,它可以为银行提供24小时开支票、存取款和资金转账等项服务。

④ 网络营销。又称为网络购物,是以国际互联网络为基础,利用数字化的信息和网络媒体的交互性来辅助营销目标实现的一种新型的市场营销方式。2009年年底,中国网民有近四亿,位居全球第一。巨大的上网人数,带来了三大的商机。在欧美国家,90%以上的企业都建立了自己的网站;通过网络寻找自己的客户、寻找需要的产品,这已经成为了习惯。如果企业想购买些什么,特别是首次购买时,会先在网上进行初步的查找和选择,再进一步与供应者取得联系。网上巨大的消费群体特别是企业的商务习惯变化,给网络营销提供了广阔的空间。网络营销的跨时空性无疑是一枚"重型炮弹",将对整个营销产生巨大的冲击。

小链接

分销渠道研究热点

分销渠道是为生产与消费服务的,信息流、货币流、物流、商流、促销流等营销流程的变化和发展会导致分销渠道的相应改变。从目前来看,分销渠道系统有以下一些发展趋势。

(1) 大型零售商的地位正在加强。大型零售商面对市场,掌握着众多直接接触消费者的窗口,拥有第一手的市场信息,对市场风向感受灵敏。由于买方市场的形成,零售商在分销渠道体系中的竞争优势不断增强。从世界范围来看,在美国、中国香港等竞争激烈的市场,零售商对制造商已提出了咄咄逼人的挑战,如沃尔玛。

(2) 零售商业的多业态化。大型百货、超市、连锁商店、折扣店等蓬勃发展,它们规模大、进货量大,承担了部分批发商的功能。下游零售商势力增加,上游制造商又努力向下游扩展,对批发商形成压力。

(3) 传统的分销渠道向纵向联合渠道转化,渠道成员之间趋向于组成一个联合体,以增强竞争力。

(4) 电子商务的出现,信息流相对超前发展,使物流体系成为瓶颈,如何建设信息流、货币流、物流、所有权流、促销流有机结合的社会电子商务物流体系,成为研究的热点。同时,企业也在思考,在网络经济时代,如何利用互联网提供更多的顾客价值,将网络经济与传统产业成功融合在一起。

资料来源:分销渠道研究热点,中国营销传播网,http://lib.emkt.com.cn/cgi-bin/lib.cgi?type=trends&ID=52。

第三节　分销渠道的设计、选择和管理

一、影响分销渠道设计的因素

分销渠道策略是指根据顾客特性、产品性质、市场状况,企业自身条件及环境等因素分析,对产品分销渠道的长度、宽度等方面进行合理组分而制定的具体分销方案和措施。影响企业分销渠道设计的因素主要有以下几个方面。

1. 顾客特性

渠道设计深受顾客人数、地理分布、购买频率、平均购买数量以及对不同促销方式的敏感性等因素的影响。当顾客人数多,或小批量、多频率购买时,生产者倾向于利用每一层次都有许多中间商的长渠道,而购买者地理分布越集中,越倾向于选择短渠道。工业品销售中,本地用户产需联系方便,因而适合直接销售。此外,购买者对不同促销方式的敏感性也会影响渠道选择。例如,越来越多的家具零售商喜欢在产品展销会上选购,从而使得这种渠道迅速发展。

2. 产品特性

(1)产品本身的物理化学性质。如有的产品易毁或易腐,则采用直接或较短的分销渠道。有些过重或体积大的产品(如建筑材料,大型设备等),也尽可能选择最短的分销渠道。

(2)产品单价。一般说来,产品的单价越高,越应注意采用短渠道或直接渠道,否则会造成销售价格的提高;反之,则分销渠道又长又宽,以追求规模效应。

(3)产品的体积与重量。体积大而重的产品应选择短渠道,这样可以节省物流费用,如建材、大型机器设备;体积小而轻的产品可采用长渠道。

(4)产品样式。样式多变的产品应以缩短分销渠道为宜,如服装、鞋、帽等。

(5)产品的技术复杂程度。产品技术复杂、需要安装及维修服务的产品,可采用直接销售,反之,则选择间接销售。

(6)标准化程度。产品的标准化程度越高,采用中间商的可能性越高。例如,毛巾、洗衣粉等日用品等。而对于顾客定制的机器等非标准化产品,一般由产需双方直接商讨规格、质量、样式等技术条件,也不容易找到具有专业知识的中间商。

3. 中间商特性

企业必须找到愿意并且能够履行职责的中间商。一般来说,中间商处理促销、顾客联系、存储和信用方面的能力各有不同。一般要考虑如下因素。

(1)中间商提供服务的能力。

(2)中间商对生产商的态度和要求。

(3)经销商的经销费用。

(4)中间商的规模。如果大型零售商多,进货批量大,则生产者可以绕过批发商。

4. 企业特性

企业特性在渠道选择中扮演着十分重要的角色,主要体现在以下几个方面。

(1)企业实力。若企业处在生产能力强,技术水平高,人力、物力和资金充足的情况下,

可以采取长渠道来扩大销售;而人力、物力和资金有限,实力相对小的企业以选择短渠道为宜。

(2)产品组合。产品组合宽度越大,与顾客直接交易的能力越强;产品组合的深度越大,使用独家专售或选择性代理商就越有利;产品组合的关联性越强,越应使用性质相同或相似的市场营销渠道。

5.环境因素

在宏观经济形势不景气的情况下,生产者要控制销售费用,降低售价,常常要减少流通环节,使渠道变短变窄。企业选择分销渠道还必须符合国家有关政策和法令的规定。某些按国家政策严格管理的商品或计划分配的商品,企业无权自销和自行委托销售;某些商品在完成国家指令性计划任务后,企业可以按规定比例销售,如专卖商品(烟)、专控商品(控制社会集团购买力的少数商品)。另外,税收政策、价格政策、出口法规、商品检验规定等,也都影响分销途径的选择。

二、分销渠道设计

在设计营销渠道时,制造商必须在理想的渠道和实际可行的渠道之间做出抉择。新企业通常选择在一个有限的市场区域内销售,由于资本有限,通常只利用每个市场中少数几个现有的中间渠道:少数制造商的销售代理商、少数批发商、一些现有零售商。从中选定最优渠道可能不成问题,问题是如何说服一个或几个可利用的中间商销售其产品。

如果该企业获得了成功,它会扩展业务。这时,制造商还会趋向于采用现有的中间渠道,尽管这一策略可能意味着使用混合营销渠道。在较小市场中,企业可能直接向零售商销售;在较大市场中,可能通过销售商来销售。在国内某个地区,它可能授予独家特许专卖权,因为该地商人通常采取这种方式经营;在其他地区,它可能通过所有愿意经销其产品的商店销售。在一个国家,它可能利用国际销售代理商;在另一个国家,它可能与当地企业合伙销售。

因此,渠道系统经常随着市场机会和条件发生演变。但是,为使效力最优化,渠道分析和决策制定应该更有目的性。一般来讲,设计一个有效的渠道系统,必须经过以下步骤。

1.确定渠道目标与限制

如前所述,渠道设计问题的中心环节,是确定运到目标市场的最佳途径。每一个生产者都必须在顾客、产品、中间商、竞争者、企业政策和环境等所形成的限制条件下,确定其渠道目标。所谓渠道目标,是指企业预期运到的顾客服务水平以及中间商应执行的职能等。

2.明确各主要渠道交替方案

在确定了渠道的目标和限制之后,渠道设计的下一步工作就是明确各主要渠道的交替方案。交替方案主要涉及两个基本问题:一是中间商类型与数目;二是渠道成员的特定任务。

3.评估各种可能的渠道交替方案

每一个渠道交替方案都是企业产品送达最后顾客的可能路线。生产者所要解决的问题,就是从那些看起来似乎很合理但又相互排斥的交替方案中选择最能满足企业长期目标的一种。因此,企业必须对各种可能的渠道交替方案进行评估。评估标准有三个:经济性标准、控制性标准、适应性标准。

（1）经济性标准。每一个方案都有其特定的成本和销售额。首要问题是应使用自己的推销力量还是应使用制造商的销售代理商。许多制造商认为，公司推销员的销售业绩更佳，因为他们专注于推销公司的产品，在推销本公司产品方面受到过良好训练，并且由于他们的未来与公司前途有密切关系，所以比较积极肯干，成功的可能性更高。

但是，销售代理机构也完全有可能干得更好。首先，它有较大的销售代表团队，人数多；其次，他们的工作积极性也可能与公司推销员不相上下，这取决于公司的佣金；最后，代理商有广泛的社会关系和多年的市场营销经验，而公司的推销员不得不从头开始，这是一项困难的工作。

这两种方案可能导致不同的销售成本。判别一个方案好坏的标准，不应只是判断能否导致较高的销售额和较低的成本费用，而是能否取得最大利润。

（2）控制性标准。使用代理商无疑会增加控制上的问题。一个不容忽视的事实是，代理商是一个独立的企业，它所关心的是自己如何取得最大利润。它可能不愿与相邻地区同一委托人的代理商合作。它可能只注重访问那些与其推销产品有关的顾客，而忽略对委托人很重要的顾客。代理商的推销员可能无心去了解与委托人产品相关的技术细节，也很难正确认真对待委托人的促销资料。

（3）适应性标准。在评估各渠道选择方案时，还有一项需要考虑的标准，那就是生产者是否具有适应环境变化的能力，即应变力如何。每个渠道方案都会因某些固定期间的承诺而失去弹性。当某一制造商决定利用销售代理商推销产品时，可能要签订 5 年的合同。这段时间内，即使采用其他销售方式会更有效，制造商也不得任意取消销售代理商。所以，一个涉及长期承诺的渠道方案，只有在经济性和控制性方面都很优越的条件下，才能予以考虑。

三、分销渠道的管理

企业管理人员在渠道设计之后，必须对个别中间商进行选择、激励与定期评估。

1. 选择渠道成员

作为生产者，希望能有合格的、足够的中间商与自己合作，但由于生产者自身的能力显著不同，生产者的选择要受各种限制。如丰田汽车这样的公司可以轻而易举地吸引到新的经销商，或者靠在招聘条件中许诺给予独家经销、选择性分销引来大批申请人。而有些生产者则须付出很大努力才能找到足够合格的中间商。例如，某一清凉饮料的生产者好不容易在食品商店找到合适的陈列位置。

不论生产者遇到上述哪一种情况，它都须明确中间商的优劣特性。一般来讲，生产者要评估中间商经营时间的长短及其成长记录、清偿能力、合作态度、声望等。当中间商是销售代理商时，生产者还须评估其经销的其他产品大类的数量与性质、推销人员的素质与数量。当中间商打算授予某家百货公司独家分销时，生产者还需评估商店的位置、未来发展潜力以及经常光顾的顾客类型。

2. 激励渠道成员

对于被选中的渠道成员，必须不断地加以激励，使其出色完成任务。

（1）了解各个中间商的需要和欲望

中间商常常首先是作为顾客的采购代理,其次才是它的供应商的销售代理,它对顾客希望从它那里买到的任何产品都有经销的兴趣。中间商愿意把它的商品编成一个系列,或者以成套出售的方式进行交易。它们往往主要力求获取这一订单,而不是单件的商品。另外,生产者若不给中间商特别奖励,中间商不会主动为所出售的各种品牌分别进行销售记录。因此有关产品开发、定价、包装或促销计划的大量信息都被淹没在中间商的记录中了,它们有时甚至有意识地对供应商保密。因此,企业必须对所选择的中间商充分了解并采取适当的措施给予激励。

（2）选择适当的激励方式

对中间商的激励应该包含在与中间商的交易条件中,但为了便于对中间商加强控制和监督,企业常常也在交易条件之外根据中间商的表现制定一些补充的激励措施。对中间商的激励措施可以是积极的激励措施,也可以是消极的惩罚措施,在实际应用中积极的鼓励措施比较普遍。

一些行之有效的积极鼓励措施主要有:① 提供适销对路的优质产品;② 共同搞好促销,如刊登广告,引导顾客去购买,举办商品展销,培训销售人员等;③ 商品数量充足,价格合理,必要时给予适当的让利;④ 帮助中间商改进经营管理;⑤ 减少中间商风险,如允许商品销售后付款、延期付款,对不合格或残损商品予以退还,提供相应的维修、安装和适用服务等;⑥ 提供情报,将市场情报及时传递给中间商,将生产和营销的规划向中间商通报,为中间商合理安排销售计划提供依据。

消极惩罚措施包括提价、推迟交货、减少所提供的服务,甚至是终止双方的合作关系等。

3. 评估渠道成员

生产者除了选择和激励渠道成员外,还必须定期评估它们的绩效。如果某一渠道成员的绩效过分低于既定标准,则需找出主要原因,同时还应考虑可能的补救方法。如果放弃或更换中间商将会导致更坏的结果,生产者只好容忍这种令人不满的局面。为不至于出现更坏的结果,生产者应要求工作或绩欠佳的中间商在一定时期内有所改进,否则,就要取消它的资格。

（1）契约约束与销售配额

如果一开始生产者就与中间商签订了有关绩效标准与奖惩条件的契约,就可避免种种不愉快。在契约中应明确经销商的责任,如销售强度、绩效与覆盖率、平均存货水平、送货时间、次品与遗失品的处理方法、对企业促销与训练方案的合作程度、中间商必须提供的顾客服务等。

除了针对中间商绩效责任签订契约外,生产者还应定期发布销售配额,以确定目前的预期绩效。生产者可以在一定时期内列出各中间商的销售额,并依据销售额大小排出先后名次。这样可以促使后进中间商为了自己的荣誉而奋力上进。

（2）测量中间商绩效的主要方法

测量中间商的绩效,主要有两种方法可供使用。

第一,将每一中间商的销售绩效与上期的绩效进行比较,并以整个群体的升降百分比作为评价标准。对低于该群体平均水平的中间商,必须加强评估与激励措施。如果对后进中间商的环境因素加以调查,可能会发现一些可原谅因素,如当地经济衰退,这样,制造商就不应因这些因素而对经销商采取任何惩罚措施。

第二,将各中间商的绩效与该地区基于销量潜量分析所设立的配额相比较,即在销售期过后,根据中间商的实际销售额与其潜在销售额的比率,将各中间商按先后名次进行排列。这样,企业的调整和激励措施可以集中用于那些未达既定比率的中间商。

本章小结

1. 分销渠道按照拥有的渠道层次的数目,可分为直接分销渠道和间接分销渠道,长渠道和短渠道;按照渠道的每个层次使用同种类型中间商数目的多少,可分为宽渠道和窄渠道。

2. 中间商按是否拥有商品所有权可以分为经销商和代理商,按其在流通中的不同作用可以划分为批发商和零售商,批发商又分为经销批发商和代理批发商。

3. 影响企业分销渠道设计的因素主要有以下几个方面:顾客特性、产品特性、中间商特性、企业特性和环境因素等。

4. 分销渠道设计步骤为:确定渠道目标、明确渠道交替方案、评估渠道交替方案(经济性标准、控制性标准、适应性标准)。

5. 企业管理人员在渠道设计之后,必须对个别中间商进行选择、激励与定期评估。

学习思考

1. 什么是分销渠道? 分销渠道有哪些基本类型?

2. 广泛分销和独家分销有什么区别?

3. 什么是中间商? 中间商有哪些类型?

4. 经销商与代理商有什么区别?

5. 影响分销渠道设计的因素有哪些?

6. 企业应如何对分销渠道进行设计?

7. 企业应如何对分销渠道进行管理?

案例训练 　　　　　　　　　　格力空调的分销渠道

经过多年的发展,格力空调已奠定了国内空调市场的领导者地位。1997 年以来,格力空调靠独树一帜的"股份制区域销售公司"模式独行江湖,连续十年蝉联空调销售冠军宝座。后来在 2004 年,发生了格力国美事件,更是将这种模式升华到学术研究的范畴。

2004 年 2 月,成都国美为启动淡季空调市场,在相关媒体上刊发广告,把格力两款畅销空调的价格大幅度下降,格力认为国美电器在未经自己同意的情况下擅自降低了格力空调的价格,破坏了格力空调在市场中长期稳定、统一的价格体系,导致其他众多经销商的强烈不满,并有损其一线品牌的良好形象,因此要求国美立即终止低价销售行为。格力在交涉未果后,决定正式停止向国美供货,而国美各地分公司也将格力空调撤场。

　　面对国美的"封杀令",格力并没有退让。格力空调北京销售公司副总经理金杰表示:"国美不是格力的关键渠道,格力在北京有400多个专卖性质的分销点,它们才是核心。谁抛弃谁,消费者说了算。"格力电器公司总经理董明珠接受《广州日报》记者采访时表示,格力只与国美的少数分店有合作,此事对格力空调的销售几乎没有什么影响,自己的销售方式也不会为此做出改变。对一个企业来说,对任何经销商都应该是一个态度,不能因为以大欺小,格力对不同的经销商价格都是一样的。对于今后能否与国美继续合作,格力坚持厂商之间的合作必须建立在平等公正的基础上,违背这种合作原则只能一拍两散。

　　事实上,在国美、苏宁等全国性专业连锁企业势力逐渐强盛的今天,格力电器依然坚持以自身经销网点为主要销售渠道。格力是从2001年下半年才开始进入国美、苏宁等大型家电卖场的。与一些家电企业完全或很大程度地依赖家电卖场渠道不同的是,格力只是把这些卖场当成自己的普通经销网点,与其他众多经销商一视同仁,因此在对国美的供货价格上也与其他经销商一样,这是格力电器在全国的推广模式,也是保障各级经销商利益的方式。以北京地区为例,格力拥有着1 200多家经销商。2003年度格力在北京的总销售额为3亿元,而通过国美等大卖场的销售额不过10%。由于零售业市场格局的变化,格力的确已经意识到原来单纯依靠自己的经销网络已经不适应市场的发展,因此从2001年开始进入大卖场,但格力以自有营销网络作为主体的战略并没有改变。

　　格力的"股份制区域销售公司"模式的具体做法是:联合其地区内几家经销大户,由格力电器控股,合资组建联合股份销售公司,代理某区域全部的格力空调销售,即把当地原先各自分散的格力销售和服务网络集中在一起,统一价格对外供货。销售公司相当于格力电器在该省的总代理商,实行独家经销制。在各省的二级市场,格力采用的是选择性分销。在地级区域范围内,选择几家实力较强的家电经销商作为批发商(格力称为代售商),再由若干家分销商(格力称为指定经销商)作为零售终端。格力总部相当于制造商及全国性总批发商,销售公司相当于各省级市场的总代理商。格力和销售公司是资本纽带关系,都是销售公司的股东。格力以品牌等无形资产入股,其他股东以货币资产入股。它的核心理念是渠道、网络、市场和服务全部实现统一,共同做市场,共同谋发展。

　　格力对销售公司具有控制权,主要体现在:格力对各销售公司实行现款现货,不赊货;销售公司的董事长由格力方出任,格力方对各销售公司的总经理有任免权,格力公司可以通过品牌和产品控制销售公司。销售公司是该省的一级批发商,代售商相当于二级批发商。销售公司在二级市场没有中转仓,各代售商承担了中转仓的功能。代售商是名义上的批发商——因为代售商不赚取任何批发利润,只赚取2.5%的代理费和3%的运费补贴。代售商是该区域内各指定经销商的提货点,指定经销商直接打款给销售公司,销售公司为指定经销商核算有关往来账目。所有渠道政策都是由销售公司直接针对指定经销商出的,销售公司根据指定经销商的打款金额、时间和提货量兑现有关政策。

　　同时,格力销售公司注重在品牌以及服务方面的投入,而这两块的投入按照销售额的比例可以迅速在货款中扣减。品牌以及服务的投入推动了其质量水准的提升,大大增强了代理商层面投入"品牌与服务"的动力,对于格力品牌而言,更是良性推动,而这在传统代理商看来是最不愿意去冒险的投入范围。

　　这种渠道的优点在于:第一,指定经销商网络更多地掌握在销售公司手中而不是批发商手中,削弱了二级批发商对分销商网络的控制,加强了自己对分销商网络的控制;第二,与自建渠道相比,充分利用和整合经销商的资源,降低了自己的渠道成本(主要是建设中转仓的费用和仓储管理费),节省了大量资金,提高了渠道资源的使用效率;第三,消除了各个批发商之间的价格大战;第四,解决了经销商在品牌经营上的短期行为。

资料来源:格力空调:离开国美,走自己的路,http://www.jiaoyanshi.com/article-1807-1.html 等,编者修改。

案例思考题

1. 格力空调和国美电器之间的渠道冲突反映了新时期厂商和渠道商之间新型的博弈关系。你认为现在厂商和渠道商之间的力量对比如何? 二者之间的关系应当如何处理?

2. 比较一下格力、国美、海尔采用的分销渠道政策、模式、差异、优缺点。

3. 格力空调现在所采取的渠道策略正确吗? 你认为可以从哪些方面加以改进?

营销技能训练

1. 分组讨论:假如某厂商下面的几家零售商联合罢售该厂家的产品,你是该厂家的销售主管,你将怎样应对这一局面?

2. "中间商是寄生虫"和"消除中间商,价格就会降下来",这些是风行了几个世纪的对中间商的指控。假如营销中间商被合法禁止,你现在想吃一个面包,小麦如何变成一个面包并到达你的手中? 你为得到一个面包将要做些什么? 通过这两种渠道得到的面包,你认为哪一个价格高,你会选择哪一种方法得到面包,为什么?

第十四章

促销策略

知识目标

- 理解促销的本质以及促销组合的概念
- 掌握促销组合策略的影响因素
- 了解人员推销的含义和特点,掌握人员推销的步骤
- 理解销售促进的概念,掌握销售促进的方法
- 理解广告的概念和分类,掌握广告媒体的特点及其选择,掌握广告策略
- 理解公共关系的概念和特征,掌握公共关系的活动方式和公共关系促销策略

技能目标

- 能熟练运用广告促销策略
- 能熟练运用人员推销的技巧
- 能熟练运用销售促进的各种方法

案例导入

　　五粮液集团有限公司的前身是宜宾五粮液酒厂,1998年经过公司体制改造成为集团有限公司。1999年,五粮液集团和湖南新华联集团强强联合,推出了国内著名的白酒品牌——金六福。该品牌的主打产品为金六福系列和福星系列。"好日子离不开它,金六福酒",提起金六福,恐怕很多人首先联想起的就是这个脆亮的童音广告口号。依靠"开门见福"的概念符号和具有冲击力的广告口号,金六福迅速红遍大江南北。当中国足球队在2001年冲击世界杯的十强赛中胜利出线时,主教练米卢一时间成了拯救中国足球的英雄,更有很多人将米卢誉为"中国足球的大福星",米卢的人物形象和福星品牌"运气就是这

么好"的定位不谋而合。终于,金六福费尽心思请来米卢拍摄他在中国的第一个广告。广告中米卢说:"喝福星酒,运气就是这么好!"这支广告的效果可想而知。从2004年6月开始,消费者发现金六福在中央电视台以及黄金地段的户外广告已经换上了新装:"奥运福·金六福"。伴随着雅典奥运火炬来到北京,金六福借奥运东风推出了新一轮的整合营销传播。金六福通过大量的电视、路牌广告,围绕金六福一贯的"福文化"理念,使"奥运福·金六福"这一口号深入人心;同时,销售队伍的战术推广也以"奥运福·金六福"为核心,将"福文化"的理念以具体的促销手段、公关活动和消费者形成互动。

　　资料来源:叶茂中,金六福及福星酒品牌推广策划手记,http://www.cnki.com.cn/Article/CJFDTotal-DSCG200202031.htm,编者修改。

　　案例思考:
　　五粮液促销策略取得成功的原因是什么?

第一节　促销组合

一、促销和促销组合的概念

　　所谓促销(promotion)就是营销者将有关企业及产品(品牌)的信息通过各种方式传递给消费者和用户,促进其了解、信赖并购买本企业的产品,以达到扩大销售的目的。因此,促销的实质就是营销者与购买者和潜在购买者之间的信息沟通。为了有效地与购买者沟通信息,可通过广告来传递有关企业及产品的信息;可通过各种销售促进方式来增加顾客对产品的兴趣,进而促使其购买产品;可通过各种公共关系手段来改善企业在公众心目中的形象;还可派遣推销员面对面地说服顾客购买产品。这就是说,企业可采用多种方式来加强与顾客之间的信息沟通,促进产品的销售。

　　企业促销的主要方式有四种:广告、人员推销、销售促进和公共关系。这四种方式的组合与搭配称为促销组合(promotion mix)。所谓促销组合策略就是这几种促销方式的选择、运用与组合搭配的策略,即如何确定促销预算及其在各种促销方式之间的分配,如图14-1所示。

二、影响促销组合策略的因素

　　影响促销组合策略的因素主要有促销目标、市场类型与产品特点、促销策略、产品生命周期阶段等。

　　1. 促销目标

　　企业在不同时期、不同市场环境下所进行的促销活动都有特定的促销目标。促销目标不同,促销组合也随之变化。当促销目标是树立企业形象、提高产品知名度时,促销重点应在广告上,同时辅以公关宣传;当促销目标是让顾客充分了解某种产品的性能和使用方法时,印刷广告、人员推销或销售促进是最好的办法;当促销目标是近期内迅速增加销售时,则

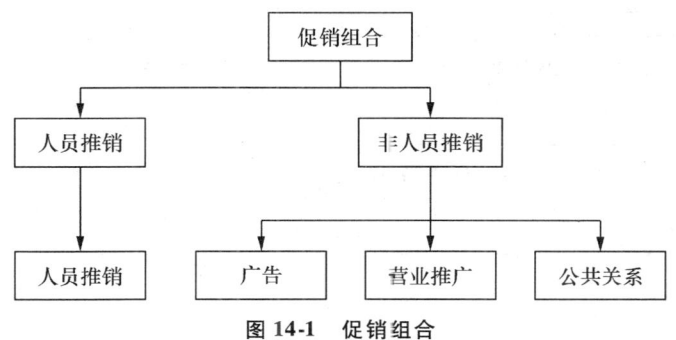

图 14-1　促销组合

销售促进最易产生立竿见影的效果。从整体上看,广告和公关宣传有广而告之的特点,在顾客购买决策过程的初始阶段成本效益最优,而人员推销和销售促进在最后阶段更具成效。

2. 市场类型与产品特点

产业市场和消费者市场在顾客数量、购买特点和分布范围上相差甚远,各种促销方式的效果不相同,促销组合也不同,如图 14-2 所示。在产业市场上更多采用人员推销,而在消费者市场上大量采用广告。因为产业市场上的顾客数量少,分布集中,购买批量大,适宜人员推销;消费者市场的顾客数量多且分散,通过广告可以用较低的相对成本起到广而告之的作用。从产品的特点看,技术复杂、单价昂贵的商品适用人员推销,如生产设备、计算机等高技术产品,通过推销人员面对面的专门介绍、操作演示、售后安装、调试等技术保障能使顾客深入了解产品,达到良好的促销作用。反之,结构简单、标准化程度较高、价格低廉的产品适合广告促销。对于中间商而非最终个人消费者,仍需以人员推销为主。

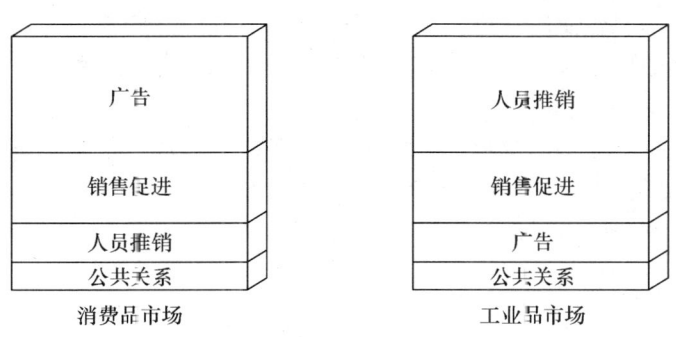

图 14-2　消费品与工业用品的促销组合

3. 促销策略

促销策略有推式策略(push-strategy)和拉式策略(pull-strategy)两种类型。推式策略强调将产品沿分销渠道向最终消费者推销,即生产企业把产品推销给批发商再向消费者推销,如图 14-3 所示。这种策略通常采用人员推销和销售促进,以中间商为促销对象。拉式策略则以最终消费者为主要促销对象,即首先靠广告公关、宣传等促销方式引起潜在顾客对该产品的注意,刺激他们产生购买欲望和行为,如图 14-4 所示。当消费者纷纷向中间商询购这一商品时,中间商自然会找到生产厂家积极进货。

4. 产品生命周期阶段

产品所处的生命周期阶段不同,其促销目标通常也有所不同,采取的促销方式自然

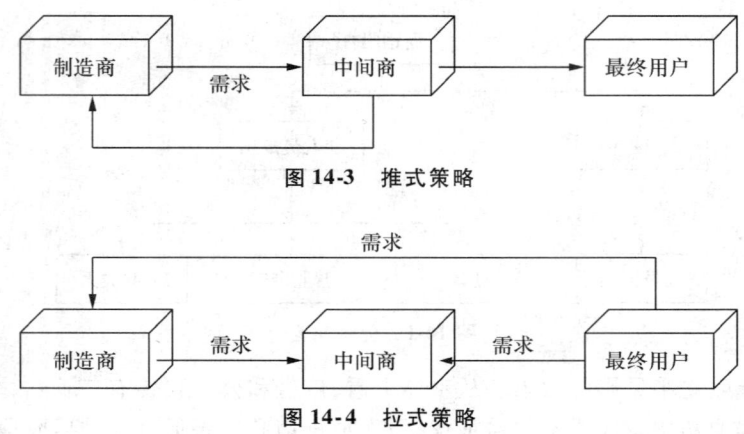

图 14-3　推式策略

图 14-4　拉式策略

不同。

（1）导入期。以广告为主，通过各种传媒大力宣传新产品的品牌、特性、功能、服务等，使消费者对刚投入市场的新产品有所了解和认识。

（2）成长期。产品已被消费者和用户认识，销售量开始迅速上升。促销以广告为主，但重点应从一般的提高产品知名度转移到提高产品的偏好度、树立产品特色与品牌形象。对原有的广告内容应重新挑选和调整。

（3）成熟期。这个时期有更多的竞争者进入市场，大多数消费者已了解产品，促销的主要目标是力图使企业的产品在竞争中处于优势。这时消费品的促销应以广告为主，广告的内容应多强调产品的价值和给消费者或用户带来的特殊利益，以保持并扩大企业产品的市场占有率。同时还应配合使用销售促进，增强对消费者或用户的吸引，以坚定其在成熟期继续购买本企业产品的信心。工业品则需要更多地使用人员推销，挖掘潜在市场，巩固老用户，争取新用户。

（4）衰退期。市场需求已饱和，可替代的新产品已在市场上批量出售，消费者的兴趣和爱好开始转移，产品销量急剧下降。这个时期应大量削减原有产品的促销费用，仅针对某些老用户保持一定份额的销售促进开支，配合少量提示性广告。

三、促销预算方法

促销预算即企业确定在活动上应花费的资金数额。它决定着组合的规模，影响着促销的效果。经常采用的促销预算方法有以下几种。

1. 量力支出法

企业在制定促销预算时，以本身的经济能力为基础，促销预算的多少取决于能够负担的促销预算的能力。量力支出法（affordable method）简单易行，量力付出，但它忽略了促销预算和销售量之间的关系，忽略了促销预算对实现销售额的作用。

2. 百分比法

百分比法（percentage-of-sales method）是一种较常用的方法，即以目前或预期销售额的一定百分比来确定促销开支。这种方法的主要优点是：它与企业的经济能力没有直接的关系，而与销售收入保持密切的关系；竞争者均按销售额的一定比例支付促销费用，可以避免促销大战;按销售额确定预算,便于计算和管理。但是这样也存在若干缺点:把销售额当成促销的原因而不是结果,从根本上颠倒了促销与销售额之间的因果关系,从而忽略了促销对销售额的主动作用,使企业失去发展机会;销售额经常变动,不利于长期的预算计划;按销售额所确定的百分比率缺乏灵活性,在不同市场或产品生命周期的不同阶段,应根据具体情况确定促销预算。

小案例

其企业在 2010 年销售收入 100 万元,以总额的 2% 作为 2011 年的促销费用,预算为 2 万元,或者以 2011 年预计销售收入 120 万元为基数,2011 年的促销预算为 2.4 万元。

3. 竞争对等法

竞争对等法(competitive-parity method)即企业在制定促销预算时,主要参照竞争者的促销水平,形成与竞争者旗鼓相当、势均力敌的局势。如果竞争者的促销预算确定为 100 万元,那么本企业也确定为 100 万元甚至更高。采用这种方法的主要优点是:经过长期实践,同行中大多数竞争对手惯用的促销预算具有一定的合理性;竞争者彼此看齐,有助于“和平共处”。该方法的不足是:竞争者的方法不一定合理;企业之间的营销目标、资源、目标市场、产品所处的生命周期阶段等各有所不同,使用相同的促销预算并非总是上策,可能带有较大的盲目性。

小链接

美国奈尔逊调查公司的派克汉通过对 40 多年的统计资料进行分析,得出结论:要确保新上市产品的销售额达到同行业平均水平,其促销预算必须相当于同行业平均水平的 1.5—2 倍。这一法则通常被称为派克汉法则(J. O. Peck-ham)。

4. 目标任务法

目标任务法(objective-task method)即企业根据营销目标制定促销目标,然后再估算为完成促销目标而必须实施的促销活动及所需要的费用开支。这是一种比较科学的方法,它可以使促销管理人员将促销预算与促销目标直接联系起来,针对性强,效果较好,但这种方法没有考虑为实现某一促销目标而支付的促销费用能否从利润中收回的问题。例如,企业的广告目标是下年度将某品牌的知名度提高 20%,这些所需要的广告费用也许会比实现该目标后对利润的贡献额超出许多。

以上几种方法各有优缺点,具体使用时应根据自身的条件和客观环境来选择。

第二节 人员推销策略

一、人员推销的含义及特点

根据美国市场营销协会定义委员会的解释,所谓人员推销(personal selling)是指企业通过派出销售人员与一个或几个以上可能成为购买者的人交谈,做口头陈述,以推销商品,促进和扩大销售。人员推销活动中,推销人员、推销对象和产品是三个基本要素,其中前二者是推销活动的主体,后者是推销活动的客体。通过推销人员与推销对象之间的接触、洽谈,将推销品推销给推销对象,从而达成交易,实现既销售商品又满足顾客需要的目的。人员推销的优点表现在四个方面。

1. 信息传递的双向性

在人员推销过程中,一方面推销人员将有关产品的特性、用途、使用方法、价格等方面的信息传递给顾客;另一方面推销人员通过观察和了解,又将顾客对产品的性能、规格、质量、价格、服务等方面的要求及时反馈给企业,为企业制定战略规划和营销策略提供依据。

2. 推销目的的双重性

一重是激发需求与市场调研相结合;另一重是推销商品与提供服务相结合。就后者而言,一方面推销人员施展各种推销技巧,目的是推销商品;另一方面推销人员与顾客直接接触,向顾客提供各种服务,是为了帮助顾客解决问题,满足顾客的需求。双重目的相互联系、相辅相成,推销人员只有做好顾客的参谋,更好地实现满足顾客需求这一目标,才有利于诱发顾客的购买欲望,促成购买。

3. 推销过程的灵活性

推销人员在推销过程中不仅可以亲自观察到顾客对推销陈述和推销方法的反应,并揣摩其购买心理变化过程,还可以有针对性地调整自己的推销方式、方法,以适应不同顾客的需要,达成交易行为。

4. 友谊、协作的长期性

推销人员与顾客直接见面、长期接触,可以促使买卖双方建立友谊,密切企业与顾客之间的关系,易于使顾客对企业的产品产生偏爱。在长期保持友谊的基础上开展推销活动,有助于建立长期的买卖协作关系,稳定地销售产品。由于人员推销对推销员的素质、费用要求较高,并且访问客户的数量受到时间和费用的限制,其运用受到一定的限制,主要用于买主数量有限、分布区域集中、购买批量大的产业市场。

双语链接

Personal selling occurs where an individual salesperson sells a product, service or solution to a client. Salespeople match the benefits of their offering to the specific needs of a client. Today, personal selling involves the development of longstanding client relationships.

二、人员推销的目标与任务

1. 人员推销的目标

人员推销的目标在不同的营销观念之下具有显著差异。传统观念认为,人员推销的目标就是追求最高销售额,商品的销售额被作为衡量推销员工作效益的唯一标准。而按照现代营销观念,人员推销的最终目标应是为企业带来最大的长期稳定的利润及有利的市场地位。

2. 人员推销的任务

人员推销的任务有以下几个方面的内容。

（1）寻找顾客开拓市场。推销人员不仅要与现有顾客保持密切联系，更主要的是深入市场，寻找、培养新顾客。

（2）传递信息，促进销售。推销人员必须向目标市场传递有关企业产品的信息，通过信息的沟通赢得用户信任与好感。

（3）热情服务、协调关系。为用户提供技术咨询、义务指导、帮助解决运输问题等。当供需双方发生误解和纠纷时，要善于协调关系，化解矛盾。

（4）收集信息，预测需求。推销人员在销售产品的同时还担负着一定的调研和情报收集分析的任务。通过捕捉市场信息、了解同类产品的市场状况，来预测市场需求动向。

（5）分配产品。当企业的某些产品因短缺而不能满足全部顾客的需要时，分析和评估各类顾客，然后向企业提出如何分配短缺产品、安排发货顺序的建议。

三、人员推销的策略

推销人员应根据不同的销售环境、推销气氛、推销对象和推销商品，审时度势，巧妙而灵活地采用不同的推销策略，吸引顾客的注意，激发顾客的购买欲望，促成交易。人员推销的策略主要有以下三种。

1. 试探性策略

试探性策略（probing strategy），即推销人员在尚未掌握顾客需求的情况下，用事先准备好的开场白对顾客进行试探，以观察顾客反应的策略，这种策略一般用于初次接触。因为销售人员在没有弄清顾客需求和真实意图的情况下，贸然推销显然会遭到拒绝。因此，要先讲一些与推销关系不太大的试探性的话，以观察对方的反应，然后根据其反应采取具体的推销措施。

2. 针对性策略

针对性策略（pertinency strategy），即推销人员已基本掌握了顾客的需求，有针对性地进行宣传，介绍商品特性和用途，劝其购买的策略，这一策略多用于洽谈过程中。如顾客求美心理强烈，销售人员就要重点宣传商品的款式、造型、色泽、美观、艺术，如顾客喜欢求实，则应突出介绍商品的牢固、耐用、实用。

3. 诱导性策略

诱导性策略（derivational strategy），即推销人员运用能刺激顾客某种需求的说服方法，诱导顾客采取购买行为的一种推销策略，这种策略要求推销人员能唤起顾客的潜在需求。推销员要先设计出鼓动性、诱惑性强的购货建议，诱发顾客产生某方面的需求，并激起顾客迫切要求实现这种需求的强烈动机，然后抓住时机向顾客介绍商品的效用，说明所推销的商品正好能满足这种需求，从而诱导顾客购买。

四、人员推销的主要步骤

在众多的推销理论中，应用最广泛的是"程序化推销"（formality sale）理论。这种理论把推销过程分成七个步骤。

1. 确定目标

人员推销的第一个步骤是研究潜在的消费者,选择极有可能成为顾客的人,即潜在顾客。这些潜在顾客可从对消费者、企业的调研以及通过亲朋好友的介绍、公共档案、电话号码簿、工商企业名录、公司档案中获得。推销人员应把重点放在那些有资财、有意愿和有能力购买产品的潜在顾客上。

小案例

有一天,日本"推销之神"原一平到一家百货公司买东西。任何人在买东西的时候,心里总会有预算,然后在这个预算之内,货比三家,寻找物美价廉的东西。忽然间,原一平听到旁边有人问女售货员:"这个多少钱?"说来真巧,问话的人要买的东西与原一平要买的东西一模一样。女售货员很有礼貌地回答:"这个要7万日元。""好,我要了,你给我包起来。"想来真气人,购买同一样东西,别人可以眼也不眨一下就买了下来,而原一平却得为了价钱而左右思量。原一平有条敏感的神经,他居然对这个人产生了极大的好奇心,决心追踪这位爽快的"有钱先生"。有钱先生继续在百货公司里悠闲地逛了一圈,他看了看手表后,打算离开。那是一只名贵的手表。"追上去。"原一平对自己说。那位先生走出百货公司门口,穿过人潮汹涌的马路,走进了一幢办公大楼。大楼的管理员殷勤地向他鞠躬。果然不错,是个大人物,原一平缓缓地吐了一口气。眼看他走进了电梯,原一平问管理员:"你好,请问刚刚走进电梯那位先生是……""你是什么人?""是这样的,刚才在百货公司我掉了东西,他好心地捡起给我却不肯告诉我大名,我想写封信向他表示感谢,所以跟着他,冒昧向你请教。""哦,原来如此,他是某某公司的总经理。""谢谢你!"看来,推销没有限制地方,只要有机会,都可以找到要找的准客户。

资料来源:原一平,你必须赢得第一,http://blog. sina. com. cn/s/blog_4db172b901000bk3. html,编者修改。

案例思考:
原一平在推销过程中是如何确定目标的?

2. 接触前的准备

与顾客接触前必须做好一定的准备,要尽可能多地了解顾客的情况,如可能的采购量、决策者是谁、采购习惯等。不了解对方底细而贸然推销,成功的机会极小。准备工作还包括推销人员的心理准备、确定介绍方法、选择接触方法(登门拜访、打电话等)、制订推销访问计划以及准备携带的物品等。

3. 接触顾客

同顾客会见之初,最重要的是引起顾客的注意,把顾客的注意力从其手头的工作吸引到自己身上,吸引到自己的产品上。由信息传播理论可知,为提高信息传播效果,就必须排除干扰,顾客手头的工作就是干扰,必须排除。为了达到排除干扰的目的,应和顾客谈论其最关心的问题,唤起顾客的兴趣,同时应给顾客一个良好的印象,注意自己的仪表、服装,懂礼貌,有教养,做到稳重而不呆板、活泼而不轻浮、谦虚而不自卑、直率而不鲁莽、敏捷而不冒失。

小案例

原一平有一次去拜访一家商店的老板。

"先生,你好!"

"你是谁呀?"

"我是明治保险公司的原一平,今天我刚到贵地,有几件事想请教你这位远近出名的老板。"

"什么? 远近出名的老板?"

"是啊,根据我调查的结果,大家都说这个问题最好请教你。"

"哦,大家都在说我啊! 真不敢当,到底是什么问题呢?"

"实不相瞒,是……"

"站着谈不方便,请进来吧!"

原一平就这样轻而易举地过了第一关,也取得了准客户的信任和好感。赞美几乎是屡试不爽的,没有人会因此而拒绝你的。原一平认为,这种以赞美对方开始访谈的方法尤其适用于商店铺面。那么,究竟要请教什么问题呢? 一般可以请教商品的优劣、市场现况、制造方法等。对于商店老板而言,有人诚恳求教,大都会热心接待,会乐意告诉你他的生意经和成长史。而这些宝贵的经验,也正是推销员需要学习的,既可以拉近彼此的关系,又可以提升自己,何乐而不为呢?

资料来源:原一平,你必须赢得第一,http://blog.sina.com.cn/s/blog_4db172b901000bk3.html,编者修改。

案例思考:
原一平在接触顾客过程中有哪些值得借鉴的地方?

4. 推销介绍

在很多情况下,这一阶段除了对产品进行实际推销介绍外,还包括产品的展示。在这一过程中,推销人员应指出产品的特点和利益,以及它们如何优于竞争者的产品,有时甚至也可以指出本产品的某些不足或可能出现的问题及如何减免或防范。在展示产品时,推销人员还应提请潜在顾客亲自演练使用展示品。在这种产品的展示和试用中,必须把重点放在推销介绍时所指出的特点上。

5. 回答异议

潜在顾客任何时候都可能提出异议或问题,这就给推销人员提供了一个机会去消除可能影响销售的那些反对意见,并进一步指出产品的其他特点,或提示公司可提供的特别服务。也就是潜在顾客所提问题可分为两类:第一类所提异议必须在成交前加以解决;第二类需要进一步沟通。

6. 成交

一旦对潜在顾客所提问题作答后,推销人员就要准备达到最重要的目标——成交,就是要使顾客同意购买自己推销的产品。在洽谈过程中,推销人员要随时给予对方以成交的机会。有些买主不需要全面的介绍,介绍过程中如果发现对方有愿意购买,应立即抓住时机,签约成交。为了促成交易,推销人员可提供一些优惠条件。

7. 追踪

商品售出后推销人员必须予以跟踪,以确保产品按时、保质、在良好状况下送达消费者手中,并确保能处于正常的使用状态。这种追踪可给顾客留下一个好印象,是保证顾客满意、培育忠诚顾客所必不可少的,因此它是推销过程的重要环节。对一些重要的顾客,推销人员要特别注意与之建立长期合作关系,帮助顾客解决问题,提供各种必要的售前售后服务,发展个人之间的友谊,实行"关系营销"。尤其是在企业与企业之间的交易,关系营销的重要性正在与日俱增。

上述推销过程逻辑性很强,在实际工作中,推销员应尽力遵循,但也不能死守教条,应灵活将一些步骤根据顾客的反应加以合并,有的步骤可以越过,但大笔生意,上述程序一般不可少。

第三节 广 告 策 略

广告(advertising)具有非常悠久的历史,它是商品经济的产物。因为在日益扩大的市场环境下,买卖双方很少直接见面,更多的是通过不同媒体传递信息。这种特殊性决定了广告业的迅速发展。

一、广告的概念

"广告"一词来源于拉丁语,有"注意"、"诱导"的意思。按汉语,顾名思义就是"广而告之"的意思。按照美国市场营销协会(AMA)的定义,广告是"由特定广告主以付费方式对于构思、产品或劳务的非人员介绍及推广"。这个定义包括的面较广,既包括营利组织(如企业)的广告,又包括非营利组织(如宗教团体、慈善机构、政府部门等)的广告。营利组织广告也叫商业广告,是传播有关企业或产品的经济信息,这类广告主要是宣传企业、产品、劳务、观念等;非营利组织广告是除营利组织广告以外的各种广告,如招聘、寻物、征婚、启事、各种公告等。在市场营销学中所讲的广告就是指营利组织广告。

所谓的广告是广告主以付费的方式,采用一定的媒体向目标市场传播企业、产品及服务信息的有说服力的信息传播活动。这一概念包含有以下几个要点:① 广告是一种信息传播,是一种非人际传播,② 广告是一种付费传播,③ 广告有明确的广告主,④ 广告对象是有选择的,⑤ 广告是说服艺术。

二、广告媒体

广告媒体是广告主与广告接收者之间的连接物质,它是广告宣传不可少的物质条件。

广告媒体并非一成不变,而是随着科学技术的发展而发展的。科技的进步必然使得广告媒体的种类越来越多。目前,主要媒体有以下几类,如图14-5所示。

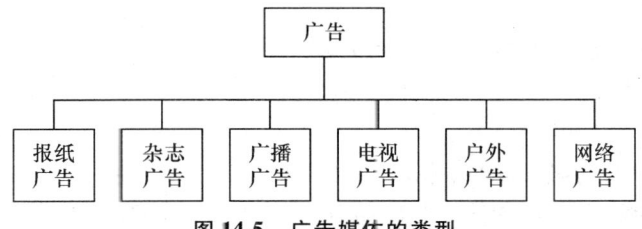

图 14-5　广告媒体的类型

1. 报纸广告媒体

报纸广告媒体有以下优点。

(1) 受众明确,即其传播的范围及对象都很明确。

(2) 传阅性好,一份报纸往往会被许多人传阅,其传播数量大大高于发行量。

(3) 可反复阅读,因而可能达成较高的记忆强度。

(4) 及时性好,因报纸的印刷周期短。

(5) 成本比较低。

但报纸广告也存在一些缺点。

(1) 寿命短,除少数个人和机构外,大多数人阅读后便会弃置不顾。

(2) 报纸表现能力差,影响到广告的感染力和吸引力。

(3) 注意力易分散,报纸的版面及内容极其众多庞杂,因而广告易被忽略。

2. 杂志广告媒体

杂志广告媒体有以下优点:

(1) 专业性强,可以把产品信息有效地传递给一个很具体的细分市场。例如法国"隶信"照相机脚架厂通过在《中国摄影家》杂志上做广告,就可将这种专业性很强的产品介绍给专业摄影家和摄影爱好者。

(2) 印刷精美,引人注意,可制成高质量的彩色广告版。

(3) 保存时间长,可反复查阅。

同样,杂志广告也存在一些缺点。

(1) 发行周期长,一般杂志都是周刊、半月刊、月刊、季刊等,广告时效性差。

(2) 专业性强的杂志接触面窄,发行量比较小。

(3) 篇幅小,广告受限制。

3. 电视广告媒体

电视广告媒体有以下优点。

(1) 形象生动逼真,感染力强,容易记忆和留下深刻印象。

(2) 电视的许多专题节目都有特定的对象,针对性强。

(3) 电视的普及率高,深入千家万户。

(4) 表现手法多样,艺术性强。

电视广告也存在以下一些缺点。

（1）播放时间短,瞬间即逝,印象不深,不能存查,需反复播放。

（2）节日间插播广告,尤其是多次插播广告,往往会引起观众的反感,影响广告的吸引力。

（3）编导制作复杂,反复播放,费用较大。

4．广播广告媒体

广播广告媒体有以下优点。

（1）广告信息传播迅速、及时、范围广。

（2）针对性较强,通过在各种专题广播节目中插播相关的广告,可很有效地把企业广告信息传达给相关的目标顾客群体。

（3）与其他媒体相比费用较低。

广播广告有以下缺点。

（1）有声无形,印象不深。

（2）转瞬即逝,难以记忆,不能存查。

（3）听者注意力不集中,效果差。

5．邮寄广告媒体

广告主将印刷的广告物直接寄给潜在的顾客、中间商或代理人。邮递广告媒体有以下优点。

（1）最具选择性,差不多可以传达给任何目标市场。

（2）广告效果容易衡量。

邮寄广告有以下缺点。

（1）传播范围较窄。

（2）受众人均覆盖成本较高。

（3）可信度较差。

6．户外广告媒体和网络媒体

户外广告通常有招贴、广告牌、交通广告以及霓虹灯广告等。户外广告经常作为辅助性推广媒体,也有助于开拓营销渠道,地点多选择在闹市、交通要道或公共场所,一般比较醒目。它的主要优点有两点。

（1）比较灵活、展露重复性强。

（2）成本低、竞争少。

其缺点是不能选择对象,创造力受到局限等。

除以上这些主要广告媒体外,随着IT业的发展、网上经济的突现,网络广告对传统广告媒体的冲击越来越大,它正在夺取传统广告媒体的市场。厂商通过电子邮件就可以把广告信息送到千家万户,电子网络正以"无形的报刊"侵蚀着"有形的报刊"。

三、广告媒体的选择

企业在选择广告媒体时,除了注意媒体本身的特点外,还要考虑顾客、产品、广告内容、预算内容等方面的因素。

1．顾客的特点

由于顾客的年龄、性别、职业、民族、购买力不同，广告的重点、选择媒体也不相同。例如，对儿童用品的广告宣传，不宜采用杂志，而应选择电视或电台做广告。

2．产品特性

各种产品的性能、特点、用途、使用范围不同，广告的重点、选择媒体也不相同。不同的媒体在展示、解释、可信度与颜色等各方面有不同的说服能力。如化妆品、家用电器等生活消费品适宜在电视上做广告或在杂志上做彩色广告，特殊性产品或需要详细说明的产品宜在报纸、杂志上做广告。

小案例

20 世纪 80 年代，宝洁首先给中国吹来广告风，当海飞丝的去头屑广告在电视上热播时，年轻人最时髦的话题就是海飞丝了。以后的很长一段时间里，只要在电视里出现宝洁产品的广告，都会产生一群时髦的追风族。宝洁取得这么高知名度是建立在高成本广告投入的基础上的。据权威的市场调查公司统计，1999 年宝洁在中国投入的广告费超过 5 亿元，占中国日化领域的 10% 左右，远比同是跨国公司的联合利华高得多，更别谈国内公司了。

资料来源：周建国，《军史商鉴》，华文出版社，2009 年，编者整理。

案例思考：
谈谈广告对于宝洁这类公司的重要性。

3．媒体的传播范围

适合在全国各地使用的产品应以全国性发行的报纸、广播、电视等作为广告媒体；属地方性销售的产品可通过地方性报刊、电台、电视台、户外广告等传播信息。

4．媒体的费用

不同的广告媒体，其费用是不同的；同一类型的广告媒体，也因登广告的时间和位置不同，有不同的收费标准。考虑媒体费用应该注意其相对费用，即考虑广告的促销效果。如果使用电视广告需支付 20 000 元，预计目标市场收视者 2 000 万人，则每千人支付的广告费是 1 元；若选用报纸作为媒体，费用 10 000 元，预计目标市场阅读者 500 万人，则每千人广告费为 2 元。相比较结果，应选用电视作为广告媒体。

四、广告策略

广告策略是企业利用广告推销产品，为取得更好的效果而采取的措施。企业为了扩大销售额，提高市场占有率，将制定各种广告策略。

1．目标市场广告策略

目标市场广告策略（target marketing advertising strategy）是指企业在市场细分的基础上，选择最有开发力的市场，并根据该市场的特点采取相应的广告策略。企业所选择的目标市场不同，所采取的广告宣传策略也就不一样，一般分为差别广告策略、无差别广告策略和集中式广告策略。如宝洁公司的洗发用品海飞丝——去头屑,飘柔——柔顺秀发,潘婷——滋润养发。

2. 系列化广告策略

系列化广告策略(serial advertising strategy)是在广告宣传中,按预定计划连续发布具有同一主题内容以及统一设计形式的广告,以不断加深广告印象,增强广告宣传效果。

小案例

海王银得菲系列广告创意

生日篇

生日蜡烛已经点燃,突然一个喷嚏,蜡烛倒是灭了,蛋糕也给糟蹋了……关键时刻,怎能感冒! ——治感冒快,海王银得菲!

剃头篇

明天有一个重大演出,发型可是塑造形象的关键。就差最后一点,发型师突然一个喷嚏,全毁了……关键时刻,怎能感冒! ——治感冒快,海王银得菲!

中奖篇

买彩票都买了快一年了,时来运转,今天终于中奖了。女友跟着激动万分,突然一个喷嚏,彩票消失在萧萧狂风中……关键时刻,怎能感冒! ——治感冒快,海王银得菲!

宝宝篇

使尽浑身解数,终于哄得宝宝入睡,突然一个惊天动地的喷嚏,惊醒了宝宝,哭声顿起……嗨,都是感冒惹的祸! 关键时刻,怎能感冒! ——治感冒快,海王银得菲!

每个关键时刻均有快治感冒的要求,但并未出现感冒患者的形象。一声"阿欠"将感冒情形交代得一清二楚,既表达了感冒药的被需求,又没有任何犯规嫌疑。每一个情节的设计、每一个细节的处理,都经过反反复复的精心安排,工夫花得不露声色才最难得。

资料来源:叶茂中,关键时刻,怎能感冒——海王银得菲广告创作纪实,http://www.guangdongdz.com/1information_channel/20068/21128236483.html,编者修改。

案例思考:

海王银得菲系列广告创意有什么特点?

3. 广告时间策略

广告时间策略(advertising time strategy)是指在广告宣传活动中,对广告发布的具体时间和频率进行合理安排,以取得最佳效果的策略。主要有:集中时间广告策略;均衡时间广告策略;季节广告策略;节假日时间广告策略。

4. 广告产品的生命周期策略

广告产品的生命周期策略(life cycle of product advertising strategy)就是依据产品的生命周期所处的不同发展阶段采取相应的广告策略,见表14-1。

表 14-1　广告与产品生命周期

引进期	信息性、引导性、开拓性广告,激发基本需求
成长期	说服性、竞争性广告,激发选择性需求
成熟期	提醒性广告,提醒购买

5. 广告促销策略

广告促销策略(sales promotion advertising strategy)是一种紧密结合市场营销而采用的广告策略。广告促销策略不仅告知消费者购买商品的益处,说服消费者购买,而且结合市场营销的其他手段,给予消费者更多的附加利益,以吸引消费者对广告的兴趣,在短期内收到广告效果。广告促销策略包括馈赠、文娱、服务、折价、公共关系等促销手段的运用。如报纸广告赠券,即在广告的一角设有回条,读者剪下,凭回条到商店购买商品可享受优待,食品、饮料、日用品的报纸广告多用此条。还有企业以出资赞助电台、电视节目,如猜谜、有奖竞赛等形式来做广告。

五、广告效果评估

在广告制作完成并正式大量播出后,必须进行效果测量,以检验其是否达到预期的效果。对广告进行评估的内容很多,就效果而言,主要有两个方面:一是沟通效果,二是销售效果。

1. 沟通效果评估

沟通效果评估的主要目的在于研究广告信息是否与目标群体达到有效沟通。通常是引用抽样的方式找一部分目标消费者或专家来进行测试。主要方法有如下几种。

(1) 记忆测验,给受测者充分的时间看广告,然后要求受测者尽其所能,以回忆的方式述说广告的内容,主要测试其对广告的理解力及记忆力。

(2) 反应测验,以直接或间接的方式检测受测者对广告的喜爱程度、想法及影响力,主要筛选广告及其优缺点。

(3) 生理测验,以生理测验仪器来衡量受测者在接受广告刺激时的生理反应,如心跳、血压、瞳孔大小等。此法的优点是以科学的方法评估反应,缺点是无法测试受测者对广告的信念、态度或意图。

(4) 销售测验,主要测验广告对消费者购买行为的影响。进行的方式是首先选定一批消费者,在被控制的情况下,让其接触公司的广告,然后选定一家或多家零售点,记录消费者对广告产品的购买情况及数量。

2. 销售效果评估

广告事后测试主要衡量广告播出后所产生的实际效果。由于影响消费者行为的因素比较多,广告播出后的实际效果是很难正确衡量的。其常用的方法有两种。

(1) 历史资料分析法。这是由研究人员根据同步或滞后的原则,利用最小平方回归法求得企业过去的销售额与企业过去的广告支出之间关系的一种测量方法。

(2) 实验设计分析法。用这种方法来测量广告对销售的影响,可选择不同地区,在其中某些地区进行比平均广告水平强 50% 的广告活动,在另一些地区进行比平均水平弱 50% 的广告活动。这样,从 150%、100%、50% 三类广告水平的地区的销售记录就可以看出广告活动对销售究竟有多大影响了。这种实验设计法已被美国等西方国家广为采用。

第四节 销售促进策略

销售促进是指除广告、人员推销和公共关系与宣传之外,企业在特定目标市场上,为迅速起到刺激需求的作用而采取的促销措施的总称。销售促进对在短时间内争取顾客扩大购买具有特殊的作用,故也称特殊推销。

一、销售促进的方法

销售促进的方法五花八门,不拘一格,企业应根据市场类型、顾客心理、销售目标、产品特点、竞争环境以及各种销售促进的费用和效率等因素进行选择。

根据销售促进活动的对象不同,销售促进方法可分为三大类。第一类是面对消费者的,有赠品、奖券、代金券、现场表演等;第二类是面对中间商的,有购货折扣、合作广告、推销奖金、降价保证、经销竞赛等;第三类是面对推销员的,有奖金、接力推销等。

1. 赠品促销

赠品促销即通过赠送样品、纪念品、试销品及各种小物品等,使部分消费者免费获得试用产品的机会,从而得到对产品的特点的体验,形成对产品的认知,同时形成口碑对产品进行口传。

2. 有奖销售

有奖销售即企业在销售某种产品时设立若干奖励并印发奖券,规定购买数量,顾客购买一定数量后可获奖券,然后由销售者按期宣布中奖号码,中奖者持券兑奖。这种推广方法,利用人们的侥幸心理,对购买者刺激较大,有利于在较大范围内迅速促成购买行为,但应注意适度奖励。

3. 展览和展销

展览和展销即通过举办展览会、展销会及其他形式的展览,进行现场表演和示范操作以招徕顾客。这种方法销售集中,说服力较强。

4. 商品陈列

商品陈列即在橱窗内或货柜前集中陈列商品,突出特色,以吸引顾客的注意力。

5. 廉价包装

廉价包装即在商品包装或招贴上注明廉价包装比一般包装减价若干。该法对于刺激短期销量非常有效。

6. 折价购货券

折价购货券销售者向购买者赠送或散发折价购货券,持券者可凭券享受价格优惠待遇。企业通常规定折价购货券的有效期、折价商品的品种和购货地点。

7. 推销竞赛

推销竞赛即企业确定推销奖励的办法,以刺激、鼓励中间商及企业推销人员努力推销商品、展开竞赛,成绩优异者给予奖励。

小案例

北京安贞华联商厦购物返券风波

2004年国庆节的黄金周还没开始,商家的节日促销战就如同"嗞嗞"冒烟的导火线,只待购物的狂潮来引爆。安贞华联在9月17日至10月14日期间推出了满200元送300元礼券的促销活动,活动的具体规则如下所示:

凡购物满200元送9月17日至10月14日面值200元的黄色购物券一张、10月15日至11月4日面值50元的粉色购物券一张、11月5日至11月25日面值50元的绿色购物券一张。"十一"期间由于商家的活动正常进行,多数消费者花掉了手里的200元返券,但是消费者在后面两个时段准备花返券时却发现了不少的问题。

10月15日,当粉色券第一天可以使用时,有媒体就报道了许多顾客"花返券难"的问题。当天有许多顾客在商场购物时发现,里面大部分商品都只收现金,用返券几乎什么都买不到。11月6日绿色返券开始使用的时候也遇到了难以花出去的问题,安贞华联负责人的解释是自从"十一"商厦进行"满200元返300券"的活动以来,销售额直线上升,返券的数额较大。许多顾客因为没有耐心或没有时间在两个月内多次往返商厦,一批"黄牛党"就利用消费者的这种心理开始在商厦门前倒卖返券。还有人印制假券与真券进行混卖,以谋求更大的利益。为了杜绝这一情况,商厦投资了近百万进行计算机系统改造。"黄牛党"眼看生意不好做,就开始到商场门前煽动消费者闹事,这样的事情近来已经发生了多起。针对这种情况,顾客和商厦各执一端,顾客认为商厦在搞欺诈,商厦则认为是黄牛党在捣乱。

资料来源:张然,北京安贞华联商厦返券追踪,http://news.sohu.com/20041108/n222878270.shtml,编者整理。

案例思考:
根据安贞华联的失败经验,谈谈如何改进销售促进的方式。

二、销售促进方案的制订

为了充分发挥销售促进的积极作用,企业在开展销售促进活动前,应先拟订好销售促进方案,然后加以实施。销售促进方案应包括以下主要内容。

1. 销售促进的对象与目标

首先要明确销售促进的对象,是中间商还是消费者,然后进一步明确目标,是稳定老主顾还是发展新用户,是鼓励继续购买还是争取试用等。

2. 销售促进的措施

由于销售促进的各种方法特点不同,同一种方法对不同对象的吸引力也有差异,销售促进的措施须经比较和选择确定。同时应注意,在一次销售促进活动中,这样的措施不宜太多,以便增强针对性。

3. 销售促进的时机、规模与时间

销售促进的时机选择是否恰当会对其实施效果产生显著影响。确定销售促进的规模应与目标顾客结合起来考虑,如目标顾客面广,可把规模扩大些;同时还应尽可能选择效率高而费用省的销售促进方法,以收到事半功倍的效果。销售促进的时间一般不宜太长,以免使顾客出现怀疑或逆反心理,失去吸引力;但也不能太短,以防失去一些本可争取到的顾客,造成遗憾。此外,销售促进方案中还应包括销售促进的范围和途径、参加者的条件、费用预算以及其他有关内容。方案实施以后,应注意对其实施效果进行评价。

三、在销售促进中必须注意的问题

销售促进在实施过程中必须和其他营销沟通工具结合在一起才能创造强有力的协同作用。例如,广告提供消费者消费某种产品的理由,销售促进工具则配合广告刺激消费者购买。销售促进与其他营销沟通工具相比有明显特征。通常其信息比较直接,容易引起消费者注意,把他们引向产品,采取让利、诱导或免费赠送的办法给顾客某些好处,产生更强烈、更快速的反应,迅速扭转销售下降的局面。但是,这种影响常常是短期的,对建立长期的品牌偏好影响不是很大,因此销售促进要与其他营销沟通工具配合起来共同实现营销沟通目标。

第五节　公共关系策略

一、公共关系的概念及特征

公共关系(public relation)也叫公众关系,简称公关,英文缩写为 PR。它包括的内容十分广泛,而从市场营销学的角度来谈公共关系只是公共关系的一小部分。所谓公共关系是指企业运用各种传播手段来协调与公众之间的关系,使企业及企业的产品在公众中树立起良好形象,增强公众对企业的支持,提高企业和产品的社会声誉,为企业创造良好的外部环境,从而有利于企业的长期发展。

公共关系的基本特征表现为:公共关系是一定社会组织和与其相关的社会公众之间的相互关系;公共关系的目标是为企业广结良缘,在社会公众中创造良好的企业形象和社会声誉;公共关系的活动以真诚合作、平等互利、共同发展为基本原则;公共关系是一种信息沟通,是创造"人和"的艺术;公共关系是一种长期活动,着手于平时努力,着眼于长久打算。

二、公共关系的活动方式

公共关系的活动方式是指以一定的公共目标和任务为核心,将若干种公共媒介与方法有机结合起来,形成一套具有特定公关职能的工作方法系统。按照公共关系的不同功能,公共关系的活动方式可分为五种。

(1) 宣传性公关,即运用报纸、杂志、广播、电视等传播媒介,采用撰写新闻稿、报告等形式,向社会各界传播企业有关信息,以有利的社会舆论创造良好的活动气氛。

(2) 征询性公关,即通过开办各种咨询业务、制定调查问卷、进行民意测验、设立热线电话等形式,努力形成效果良好的信息网络,再将获取的信息进行分析研究,为经营管理决策提供依据,为社会公众服务。

(3) 交际性公关,即通过语言、文字的沟通,为企业广结良缘,巩固传播效果,可采用宴会、座谈会、专访、电话、信函等形式。

(4) 服务性公关,即通过各种实惠性服务,以行动去获取公众的了解、信任和好评,以实现既有利于促销又有利于树立和维护企业形象与声誉的目标。

(5) 社会性公关,即通过赞助文化、教育、体育、卫生等事业,支持社区福利事业,参与国家、社区重大社会活动等形式来塑造企业的社会形象,提高企业的社会知名度和美誉度。

三、公共关系的运用原则

(1) 从社会的公共利益出发,而不是为了企业的局部利益。例如,必须坚持安全生产、文明经商、消除公害、保护环境等,在这些方面,不能只有口头宣传,而必须要有实际表现和实际效果。企业只有真正为公众做好事,才会提高社会对企业的观感。

(2) 以优良的产品和服务做基础。高质量的产品与服务是企业有信心开展公共关系的物质基础,而良好的公共关系又往往能转化为企业的产品声誉和实际销售效果,提高企业的竞争能力。

(3) 坚持与对象相适应的原则。不同对象应建立不同内容的公共关系,企业应区别不同的对象,有针对性地建立与之相适应的公共关系。

(4) 坚持信誉原则。"人无信不立,店无信不昌",信誉是企业最宝贵的无形资产,在公共关系工作中,要特别注意维护企业声誉,提高社会对企业的信任感。

四、公共关系促销策略

公共关系是企业开展商品促销活动不可缺少的手段。它对于争取社会公众的理解、信赖、支持与合作,树立良好的企业形象具有积极的作用。从公共关系的角度看,市场不仅仅意味着交换,更大程度上意味着共同获利,尤其在将顾客视为上帝的现代社会,最大限度地满足人们的需要已成为市场竞争取胜的关键。

1. 长远利益公关促销策略

公共关系的基本方针是着眼于长远利益。只有谋求长远利益,才能争得企业的生存与发展,才能展示现代企业家的公关素质特征。长远利益公关促销策略是企业追求的基本策略。

2. 塑造形象公关促销策略

企业形象是企业竞争的核心,公关的全部意义就在于美化企业形象,加深消费者的信任感、认同感,促进产品销售。利用"名人"、"明星"、"权威人士"等来宣传企业形象、产品形象、企业价值观、企业经营理念,以引导社会舆论,起到良好的社会效果。

3. 沟通化公关促销策略

促销并不是赤裸裸的金钱行动,而是多种因素综合作用的结果,其中最重要的一点就是沟通。现代公关是一种全方位的沟通,包括与消费者的沟通、与社会公众的沟通、与政府部门的沟通、与企业员工的沟通等。一个善于沟通的企业也就可能是市场营销的高手。

4. 共利化公关促销策略

经商的奥妙不在于独占利益,而在于分享利益。"有福同享"、"有利同分"是公关促销的基本策略。日本"拉链大王"吉田中雄建立了一套"善的循环"哲学。他解释到,不为别人的利益着想,就不会有自己的繁荣。企业的利润不可独吞,应以 1/3 的低价方式给消费者,1/3 给中间商,1/3 留给企业自己。

5. 协调竞争公关策略

企业不把同行当"冤家",主动向竞争对手表示友好,协调竞争关系,改善竞争环境,这是一种既竞争又合作,既做对手又做朋友的友善策略,也是一种最明智的竞争策略。这样不仅可以展示高尚的企业风格,而且还可以争取更多竞争对手的合作,避免同行的不正当竞争,这也是现代公关的新趋势。

本章小结

1. 促销是企业通过人员与非人员方式,沟通企业与消费者之间的信息,引发、刺激消费者的消费欲望和兴趣,使其产生购买行为的活动,其核心是沟通信息,目的是引发、刺激消费者产生购买行为。主要功能是传递信息,强化认知;突出特点,诱导需求;指导消费,扩大销售;滋生偏爱,稳定销售。

2. 促销组合是企业根据产品特点和营销目标对人员推销、广告、公共关系和销售促进四种方式的选择、编配和运用。

3. 人员推销是企业运用推销人员直接向顾客推销商品和劳务的活动,与非人员推销相比,既有优点也有缺点。推销人员的素质,决定了人员推销活动的成败。广告作为促销方式或手段,是一门带有浓郁商业性的综合艺术。公共关系是企业正确处理企业与社会公众的关系,树立企业良好形象,促进产品销售的活动。销售促进或营业推广是企业运用各种短期诱因鼓励消费者和中间商购买产品或服务的营销活动,其方式多种多样。

学习思考

1. 什么是促销? 说明促销的实质和方式。
2. 电视广告的优缺点有哪些?
3. 企业公关促销的原则有哪些?
4. 企业销售促进的主要方法有哪些?
5. 人员推销的主要步骤有哪些?

案例训练　　　　　　　　　M 品牌男鞋专卖店的促销

M 品牌男鞋专卖店推出了为期 7 天的"庆开业全场五折,进店就送礼,免费试穿"活动。活动前期发放了 2 万份宣传彩页,在两条主干道上悬挂了百条过街条幅。据悉,M 品牌 P 市专卖店专门为此次活动准备了 10 双试穿皮鞋和 500 套市场价为 15 元的套装鞋油。

人们的反应如下所示:

同一条街杂牌服装店老板："做品牌就是赚钱啊！看看人家,这手笔多大,肯定有厂家支持,这阵势,最少要2万吧。图什么啊,不如拿来进货。"

同一条街A品牌鞋店老板："不就是几万份宣传单、几百盒鞋油嘛。宣传单1角一份,鞋油顶多3块一盒,花不了几个钱。再说了,这宣传力度肯定有总部支持。得,我也搞,别让他把人全引过去了。"

隔壁街一药店女营业员："有这好事,咱也去看看吧。上面写了,就是不买也能落盒鞋油。反正后天要逛街,去看看吧。"

同药店另一女营业员："就是就是,人家说了五折,400元的鞋现在200元。要真是这样,我就给我家那口子买一双,让他也穿穿这高档鞋。"

一位正在逛街的中年人"什么五折啊,把价格抬高了再打折,糊弄我们消费者呢。"

活动开始了,在店门口电声乐队震耳欲聋的乐声中,在川流不息的客流中,M品牌P市专卖店创造了开业当天销售54双、预定10双、7天共销售262双鞋的销售纪录。该活动也从此被M牌河南分公司作为案例,在招商洽谈中屡屡提及。热热闹闹的开业活动过去以后,M牌皮鞋P市经销商一算账,减去4.8折的进货成本、宣传费用(总部未报销)、房租、营业员工资等费用,不但分文未赚,反而净赔5 000多元。更令人苦恼的是,试穿的皮鞋都被穿得变了形,由于店内人太多,营业员忙不过来,还丢了4双鞋。

M牌皮鞋P市经销商越想心里越不是滋味,终于忍不住向M牌皮鞋河南分公司打电话。当他向市场部提出以上问题时,却招来市场总监的训斥："做品牌就是这样的。不要看眼前的赚与赔,眼光要放长远。品牌的塑造是一个长期性、持续性的活动,我运作品牌很多年了,这种情况是很正常的。进入新市场要先打开知名度,做一点牺牲是值得的,而且我们马上就有后续活动跟上。你看,这次活动曝光率多大呀,我做鞋八年了,还从来没有见过高档皮鞋专卖店开业有那么多人的,连报社都惊动了,还连续报道了两天,我们一下子就打开局面了。做品牌不是摆地摊,要往长远看,不能太短视!"M牌皮鞋P市经销商刚放下电话,就听到一个顾客和营业员的对话:"你们的鞋不是五折吗?""对不起,先生。我们前几天开业促销活动确实是全场五折,现在活动时间已经过去了,所以恢复原价。""哦,那你们现在几折?""不好意思,先生。我们是品牌皮鞋,全国统一零售价,不打折的。""是这样,那,我再看看吧……"

资料来源:中国广告人网,http://www.cn-cn.com/Article/glfl/jyzl/List_213.shtml,编者整理。

案例思考题

1. M牌皮鞋的营销活动目的是什么?
2. 营销活动的目标达到了没? 这种现象说明什么?
3. M牌皮鞋的潜在购买者是谁? 他们到底想要什么?

营销技能训练

1. 实训目的:

掌握促销的基本知识;了解各种促销方式的适用环境和特点;掌握各种促销方式的实施

技能和方法。

2. 实训内容：

选择一家超市或商场,观摩、学习它的各种促销方式(包括广告、销售促进、人员推销、公共关系等)的综合运用情况,撰写实训报告,介绍促销的基本情况,评价该超市或商场促销组合的优点和缺点,并提出自己的建议。

第十五章

市场营销管理与实施

案例导入

2001年9月21日至2002年1月27日的每周末,宝洁公司在没有玉兰油专柜的商场内进行店内促销,目的是向消费者传递玉兰油换新包装的信息,让玉兰油时尚、专业、高档的形象深入人心,并通过促销中的买赠活动吸引更多的消费者购买。

为了最大限度地利用资源并达到最好的推广效果,公司选择了商场内人流量最大的时间段——周五(18:00—20:00)、周六(11:30—20:30)和周日(11:30—20:30)。

玉兰油属于中高档化妆品,消费对象为18—50岁的职业女性,销售区域主要是城市,本次活动就选择在华东、华南、西南地区一些经济较发达的城市进行。

　　明确的组织及职责分工,是促销活动稳定有序进行的前提。"惊喜你自己"玉兰油非专柜促销活动有着精简的组织构架与明确的职责分工。在职责分工方面体现了分工明确的原则。在活动开始之前,确定人员的构架及职责的分工是搞好活动的必要程序。另外完善的活动方式和严格的项目监控也是成功的关键。

　　本次活动选取滋养霜、营养霜、洁面乳等六种产品做促销推介,买足 98 元玉兰油产品的顾客,凭电脑小票可获赠价值 68 元的伊泰莲娜项链。活动以 POP 广告、形象促销专用台、宣传手册和促销小姐统一的黑色 OLAY 服装为形式,以玉兰油高档、时尚的形象为表现主题,有效的项目监控体系有利于保证促销的质量。本次促销活动配备了严格完善的监控体系,主要有区管及督导的日常巡店、报表体系、奖励计划。

　　通过缜密的策划准备与有力的贯彻执行,"惊喜你自己"玉兰油非专柜促销活动最终取得了令人满意的效果,玉兰油的全新形象也深植于消费者心中。

　　资料来源:栾港,马清梅,《市场营销学》,清华大学出版社,2010 年。

案例思考:

　　玉兰油的营销组织给其营销活动带来什么样的效果?

　　市场营销是一项复杂的管理活动,由企业内部不同人员相互配合、共同实现和完成。营销目标的设定以及任务的分解、落实、协调和监督,都必须依靠营销的计划、组织、执行和控制职能发挥作用。这些是营销管理的核心内容。

第一节　市场营销计划

　　在某种意义上,市场营销的任务就是研究企业如何有计划地组织整体营销活动,通过编制和执行计划,实现营销战略,达到企业的既定目标。由此可见,市场营销计划是市场营销管理的中心内容。

一、营销计划的概念

　　营销计划是指在对企业市场营销环境进行调研分析的基础上,制定企业及各业务单位的营销目标以及实现这一目标所应采取的策略、措施和步骤,并做出明确规定和详细说明。

　　根据划分角度不同,营销计划可以划分成不同的类型。

　　1. 按计划时期的长短划分,可分为长期计划、中期计划和短期计划

　　(1) 长期计划的期限一般为五年以上,主要是确定未来发展方向和奋斗目标的纲领性计划。涉及企业组织扩大、产品升级、市场转移等重大事项的概要性计划,往往由企业最高决策层做出和掌握。

　　(2) 中期计划主要是指一年到五年以内的计划,与企业的中期规划和中层管理人员的日常工作有更多的直接关系。中期计划较为稳定,受环境因素变化的影响较小,是大多数企业制订计划的重点。

　　(3) 短期计划的期限通常为一年,其内容比较详细具体,对企业一线管理人员的日常工

作有更大的影响作用。短期计划一般包括年度经营计划和各项适应性计划。一些生命周期较短的产品,例如时装,需要制订短期计划。

2. 按计划涉及的范围划分,可分为总体营销计划和专项营销计划

(1) 总体营销计划是企业针对所有营销活动所制订的综合性计划,包含的范围广、内容全面。

(2) 专项营销计划是针对某一产品或特殊问题而制订的计划,如品牌计划、渠道计划、促销计划、定价计划等。

3. 按计划的程度划分,可分为战略计划、策略计划和作业计划

(1) 战略计划是对企业将在未来市场占有的地位及采取的措施所做的策划。

(2) 策略计划是对营销活动的某一方面所做得策划。

(3) 作业计划是各项营销活动的具体执行性计划,如一项促销活动,需要对活动的目的、时间、地点、活动方式、费用预算等做策划。

二、营销计划的内容

不同企业的营销计划内容有所不同,特别是产品线计划和品牌计划。但对于营销计划本身来讲,营销计划的编制包括八个构成部分。

1. 计划概要

计划概要是对主要营销目标和措施的简短摘要,目的是使企业高级管理层迅速了解该计划的主要内容,抓住计划的要点。例如:某零售商店年度营销计划的内容概要是"本年度计划销售额为 5 000 万元,利润目标为 500 万元,比上年增加 10% ;这个目标经过改进服务、灵活定价、加强广告和促销努力,是能够实现的;为达到这个目标,今年的营销预算要达到 100 万元,占计划销售额的 2% ,比上年提高 12%"。

2. 营销状况分析

这部分主要提供与市场、产品、竞争、分销以及宏观环境因素有关的背景资料。具体内容包括市场状况、产品状况、竞争状况、分销状况和宏观环境状况。

3. 机会与威胁分析

首先,对计划期内企业营销所面临的主要机会和威胁进行分析。再对企业营销资源的优势和劣势进行系统分析。在机会与威胁、优劣势分析基础上,企业可以确定在该计划中所必须注意的主要问题。这些分析决策也将导致不同的企业目标、战略和策略的选择。

4. 拟定营销目标

拟定营销目标是企业营销计划的核心内容,在市场分析基础上对营销目标做出决策。应建立财务目标和营销目标,目标要用数量化指标表达出来,要注意目标的实际、合理,应有一定的开拓性。

5. 营销战略和策略

拟定企业将采用的营销战略和策略,包括目标市场选择和市场定位、营销组合策略等。明确企业营销的目标市场是什么市场,如何进行市场定位,确定何种市场形象;企业拟采用什么样的产品、渠道、定价和促销策略。

6. 行动方案

它是将营销战略和策略具体化为可操作的措施。企业解决了营销目标和方向以后,欲达到目的,还需要解决手段和工具的问题。行动方案是以行动的时间、空间、人员、资源、经费为要素,规定那些能导致目标实现的行动,防范那些背离和干扰目标的行动,避免计划失败。

7. 营销预算

营销预算即开列一张实质性的预计损益表。在收益的一方要说明预计的销售量及平均实现价格,预计出销售收入总额;在支出的一方说明生产成本、实体分销成本和营销费用,以及再细分的明细支出,预计支出总额。最后得出预计利润,即收入和支出的差额。企业的业务单位编制出营销预算后,送上层主管审批。经批准后,该预算就是材料采购、生产调度、劳动人事以及各项营销活动的依据。

8. 营销控制

对营销计划执行进行检查和控制,用以监督整个计划的过程。为便于监督检查,具体做法是将计划规定的营销目标和预算按月或季分别制定,营销主管每期都要审查营销各部门的业务实绩,检查是否实现了预期的营销目标。凡未完成计划的部门,应分析问题原因,并提出改进措施,争取实现预期目标,使企业营销计划的目标任务都能落实。

整个营销计划还应该包含一系列的从属计划,从属计划与企业的营销活动密切相关,它具体说明每一时期应执行和完成的营销活动。当然,企业不同,营销活动不同,从属计划的内涵也不同,主要包括市场开拓计划、产品(产品线)计划、品牌计划、定价计划、促销计划、销售渠道计划、销售技术服务计划、目标顾客调整计划、销售力量分配计划、销售费用计划和合同管理计划等。

第二节 市场营销组织

市场营销计划必须依托其职能组织才能实施和完成。市场营销组织是企业为了实现营销目标,制订和实施市场营销计划的职能部门。

一、市场营销组织的概念

市场营销组织是指企业内部涉及市场营销活动的各个职位及其结构。理解这一概念必须注意两个问题。

1. 并非所有的市场营销活动都发生在同一组织岗位

例如,在拥有很多产品线的大公司中,每个产品经理下面都有一支销售队伍,而运输则由一位生产经理集中管辖。不仅如此,有些活动甚至还发生在不同的国家或地区。但它们属于市场营销组织,因为它们都是市场营销活动。

2. 不同企业对其经营管理活动的划分也不同

例如,信贷对某个企业来说是市场营销活动,对另一个企业而言则可能是会计活动。同时,即使企业在组织结构中正式设有市场营销部门,企业的所有市场营销活动也不是全部由该部门来完成。因此,市场营销组织的范围是难以明确界定的。

有时,市场营销组织也被理解为各个市场营销职位中人员的集合。因为企业的各项活动是由人来承担的,所以,对企业而言,人的管理比组织结构的涉及更为重要。判断市场营销组织的好坏主要是指人的素质,而不单单是组织结构的设计。这就要求市场营销经理既能有效地制订市场营销计划和战略,又能使下级正确地贯彻执行这些计划和战略。

二、市场营销部门的演变

企业的市场营销部门是随着市场营销管理哲学的不断发展演变而来的。大致经历了单纯的销售部门、兼有附属职能的销售部门、独立的市场营销部门、现代市场营销部门、现代市场营销企业五个阶段。

1. 单纯的销售部门

20 世纪 30 年代以前,西方企业以生产观念作为指导思想,大部分都采用这种形式。一般说来,所有企业都是从财务、生产、销售和会计这四个基本职能部门开展的。财务部门负责资金的筹措,生产部门负责产品制造,销售部门通常由一位副总经理负责,管理销售人员,并兼管若干市场营销研究和广告宣传工作,如图 15-1 所示。

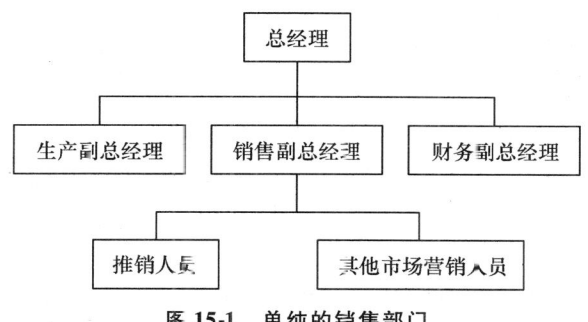

图 15-1　单纯的销售部门

2. 兼有附属职能的销售部门

这是指销售部门除了推销产品,也承担如市场调研、广告宣传和销售服务等推销附属功能。20 世纪 30 年代大萧条以后,很多企业进一步扩大规模,市场竞争趋于激烈,销售工作变得更为复杂。在推销观念的指导下,很多企业通过市场研究、广告等促销活动积极推动销售。而随着这方面的工作量的增加,便需要设立市场营销主管,负责这些具体、专门的工作,如图 15-2 所示。

3. 独立的市场营销部门

随着企业规模和业务范围的进一步扩大,原来作为附属性工作的市场营销研究、新产品开发、广告促销和为顾客服务等市场营销职能的重要性日益增强。于是,市场营销部门成为一个相对独立的职能部门,作为市场营销部门负责人的市场营销副总经理同销售副总经理一样直接受总经理的领导,销售和市场营销成为平行的职能部门,如图 15-3 所示。但在具体工作上,这两个部门是需要密切配合的。这种安排常常使用在许多工业企业中,它向企业总经理提供了一个全面各角度分析企业面临的机遇与挑战的机会。

4. 现代市场营销部门

尽管销售副总经理和市场营销副总经理需要配合默契和互相协调,但是他们之间实际

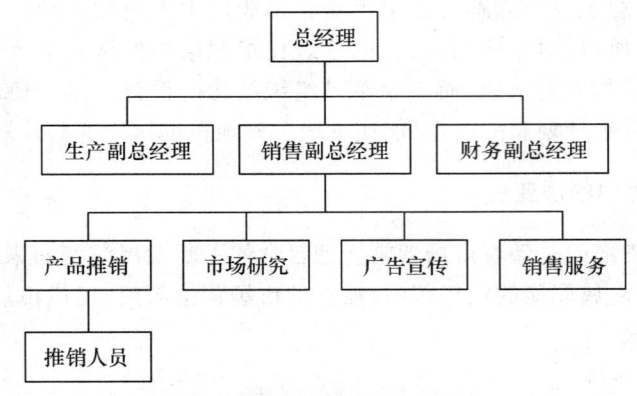

图15-2 兼有附属职能的销售部门

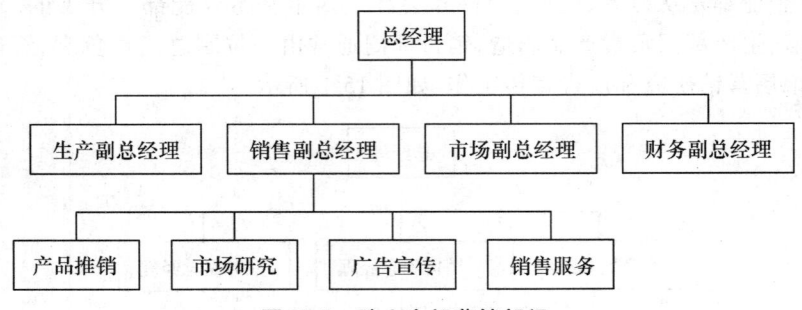

图15-3 独立市场营销部门

形成的关系往往是一种彼此敌对、互相猜疑的关系。销售副总经理趋向于短期行为,侧重于取得眼前的销售量;而市场营销副总经理则多着眼于长期效果,侧重于制订适当的产品计划和市场营销战略,以满足市场的长期需要。销售部门和市场营销部门之间矛盾冲突的解决过程,形成了现代市场营销部门的基础,即由市场营销副总经理全面负责,下辖所有市场营销职能部门和销售部门,如图15-4所示。

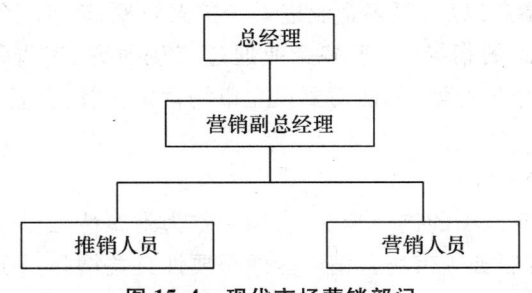

图15-4 现代市场营销部门

5. 现代市场营销企业

一个企业仅仅有了上述现代市场营销部门,还不等于是现代市场营销企业。现代市场营销企业取决于企业内部各种管理人员对待市场营销职能的态度,只有当所有的管理人员都认识到企业一切部门的工作都是"为顾客服务","市场营销"不仅是一个部门的名称而且是一个企业的经营哲学时,企业才能算是一个"以顾客为中心"的现代市场营销企业。

三、市场营销组织的类型

现代企业种类很多,但是,一般都按照整体协调和主导性原则、精简以及适当的管理宽度与层次原则和有效性原则这三个原则来建立市场营销组织。另外,企业还应该根据自己的实际情况建立相应的组织形式,但是不论采用何种形式,都必须体现"以顾客为中心"的指导思想,才能使其发挥应有的作用。大体上,市场营销组织的类型有以下几种。

1. 职能型组织

职能型组织是最古老也是最常见的市场营销组织形式。它强调市场营销的各种职能的重要性。企业的市场营销活动包括市场调研、销售计划、广告推销、新产品开发等。在职能型的营销组织中,企业设立一名营销副总经理管理营销事务,由若干名市场营销专家各执行某一方面的营销职能,他们都对营销副总经理负责,接受营销副总经理的领导,其组织结构如图 15-5 所示。

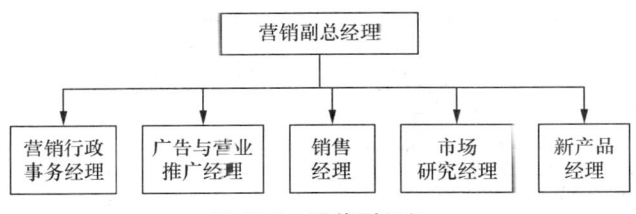

图 15-5　职能型组织

职能式组织形式的主要优点是:贯彻了专业分工的要求,有利于在人力利用上提高效率;职责分明,落实各类人员对各类工作成果的责任;集中管理、统一指挥,有利于维护领导对指挥和控制活动的权力和威信。不过随着企业产品增多,市场扩大,这种组织形式可能暴露出其效益较差的弱点,因为没有一个职能组织为具体的产品或市场负责,每个职能组织都力求与其他职能组织对等的地位,因而面临着如何进行协调的问题。

2. 地区型组织

如果一个企业的市场营销活动面向全国,那么它会按照地理区域设置其市场营销机构,如图 15-6 所示。该机构设置包括:一名负责全国销售业务的销售经理,若干名区域销售经理、地区销售经理和地方销售经理。为了使整个市场营销活动更为有效,地区型组织通常都是与其他类型的组织结合起来使用。有些公司为了支持销量较高的市场销售力量,增加了地区营销专家。

地区型组织形式的主要特点是:管理幅度与管理层次相对增加,这样便于高层管理者授权,充分调动各级营销部门的积极性;发挥该地区部门熟悉该地区情况的优势,发展特定市场。它的主要缺点是:各地区的营销部门自成体系,容易造成人力资源的浪费,地区销售经理更倾向于只考虑本地区的利益。

3. 产品或品牌型组织

生产多种产品或拥有多个品牌的企业,往往按产品或品牌建立市场营销组织。通常是在一名总产品(品牌)经理的领导下,按每类产品(品牌)分设一名经理,再按每种具体品种设一名经理,分层管理。在一个企业,如果经营的各种产品差别很大,产品的数量又很多,超过了职能型组织所能控制的范围,就适合于建立产品(品牌)管理型组织,如图 15-7 所示。

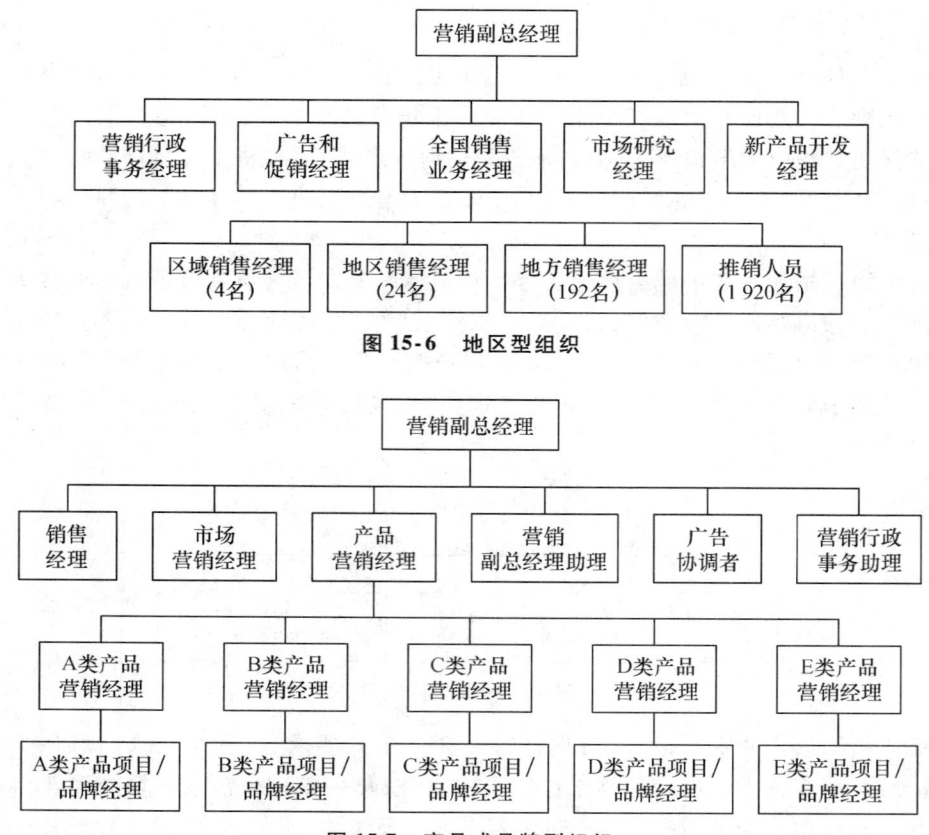

图 15-6 地区型组织

图 15-7 产品或品牌型组织

　　产品（品牌）管理型组织于 1927 年开始为美国宝洁公司采用。当时，宝洁开发的一种新肥皂情况欠佳。一位名叫纳尔·麦克埃尔罗伊的年轻人（后来升任宝洁公司总经理），受命统筹开发和推销，他取得了成功，于是公司随之增设了其他产品经理。以后有许多厂商，尤其是食品、肥皂、化妆品和化学工业企业纷纷效法。例如，美国通用食品公司就采取产品管理型组织——设有若干独立的产品线经理，分别负责粮油食品、动物食品和饮料等；在粮油产品线，又分设若干品种经理，分别负责营养食品、儿童加糖食品、家庭食品和其他食品；在营养食品产品经理之下，又管辖若干品牌经理。

　　产品（品牌）经理的作用，是制订产品（品牌）计划，监督计划实施，检查执行结果，并采取必要的调整措施，以及为自己负责的产品（品牌）制定长期的竞争战略和政策。这种组织形式的优点是：

　　（1）便于统一协调产品（品牌）经理负责的特定产品（品牌）的市场营销组合战略。

　　（2）能够及时反映特定产品（品牌）在市场上发生的问题。

（3）产品（品牌）经理各自负责自己管辖的产品（品牌），可以保证每一产品（品牌）纵然眼下不太出名，也不会被忽视。

（4）有助于培养人才——产品（品牌）管理涉及企业经营、市场营销的方方面面，是锻炼年轻管理人员的最佳场所。

这种组织形式的不足之处在于：

（1）造成了一些矛盾冲突。由于产品（品牌）经理权力有限，不得不依赖于与广告、推销、制造部门之间的合作，这些部门又可能把他们视为"低层的协调者"不予重视。

（2）产品（品牌）经理容易成为自己负责的特定产品（品牌）的专家，但是不一定熟悉其他方面如广告、促销等业务，因而可能在其他方面成为不了专家，影响其综合协调能力。

（3）建立和使用产品管理系统的成本，往往比预期的费用要高。产品管理人员的增加，导致人工成本增加；企业要继续增加促销、调研、信息系统和其他方面的专家，必然承担大量的间接管理费用。要解决这些问题，应对产品（品牌）经理的职责、同职能管理人员之间的分工与合作，做出明确、适当的安排。

4．市场型组织

许多企业把产品向不同的市场销售，例如，惠普公司的打印机，既销售给一般的消费者，也销售给企业或政府机构。当企业把各种产品向多样化的市场销售，而客户可以按照不同的购买行为或产品偏好分为不同的用户类别，从而使市场呈现不同特点时，设立市场型组织模式是比较理想的，如图15-8所示。

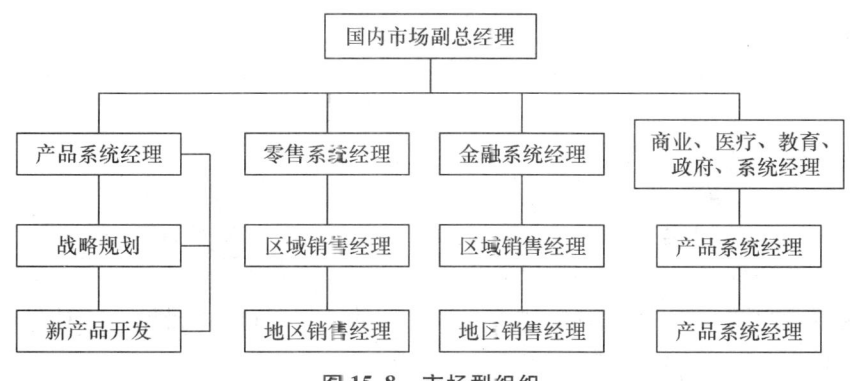

图 15-8　市场型组织

市场型组织模式的优点在于：企业可围绕特定顾客的需要开展一体化的营销活动，而不是把重点放在彼此隔开的产品或地区上，这有利于企业加强销售和市场开拓。其缺点是：存在权责不清和多头领导的矛盾，这点和产品型组织相类似。

5．矩阵型组织

这是一种把产品型管理组织与市场管理型组织相结合的矩阵组织形式，如图15-9所示。面向不同市场、生产多种产品的企业，在确定市场营销组织结构时经常面临的两难抉择，是采用产品管理型，还是市场管理型；能否吸收两种组织形式的长处，摒弃它们的不足之处。所以，有的企业采用一种既有产品（品牌）经理、又有市场经理的矩阵组织，以求解决这个难题。这种组织形式的优点是避免了产品（品牌）经理制和市场经理制各自为政的局面。但是，矩阵组织的管理费用高，容易产生内部冲突，因此又产生了新的两难抉择：一是如何组织销售力量,究竟是按每种产品组织销售队伍,还是按各个市场组织推销队伍,或者销售力量不实行专业化;二是由谁负责定价,产品(品牌)经理还是市场经理。

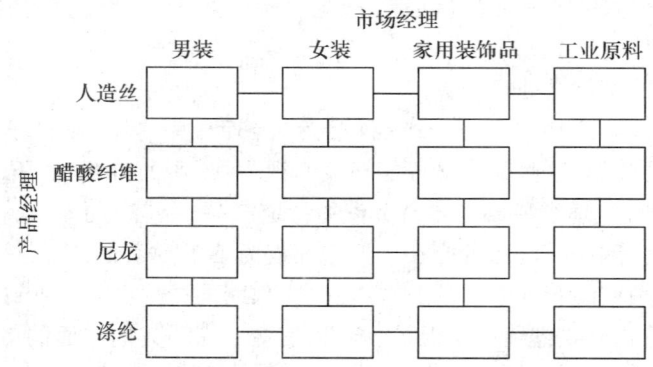

图 15-9　杜邦公司纺织纤维部的产品—市场管理矩阵

绝大多数大企业认为,只有相当重要的产品和市场,才需要同时设立产品经理和市场经理。也有的企业认为,管理费用高和潜在矛盾并不可怕,这种组织形式能够带来的效益,远远超过需要为它付出的代价。

6. 事业部制组织

当企业达到一定规模程度时,大都根据产品群实行事业部制管理,将营销职能下放到事业部。企业进行营销的形式大致有四种。

(1)企业将营销职能权力全部下放,由事业部独立完成某产品群的全部营销工作。

(2)企业有小规模营销机构,它只负责协调高层决策机构对整体市场机会的评估,给下属事业部提供参谋性咨询,代行那些没有成立营销机构的小事业部的营销职能,建立全企业的营销观念。

(3)企业设立中等规模的营销机构,它除负责一定量的广告业务,促销服务、营销研究以及营销管理工作,但主要是跨事业部的工作,并不只对某一事业部,有的还担负对销售计划提供指导和对培训推销人员提供帮助。

(4)企业设立强大的营销部门,它参与事业部的计划制订和控制活动,对事业部的营销方案行使审批权。

企业究竟在多大程度上控制营销,每个企业都根据自己的情况各有安排,主要取决于事业部的发展状况及整个企业对营销职能控制的需要程度。

事业部是一种分权组织模式,一般都是按产品或服务领域使每一事业部成为利润中心。其优点是把每类产品或服务作为一个利润中心进行管理,每个事业部经理都经历广泛的职能活动,为培养高层管理者提供了机会。缺点是各事业部之间可能出现竞争,处理不好,会损害企业整体利益;由于各事业部经理相当于一个单一产品或服务的经理,可能加大总公司的控制难度。

第三节　市场营销执行

市场营销执行是将市场营销计划转化为行动方案的过程,并保证计划的完成,以实现计划的既定目标。很多时候,企业的市场营销战略之所以不成功并不是因为战略本身有问题,而是市场营销执行过程当中发生了偏差。因此,市场营销管理者需要了解市场营销执行的过程、技能以及执行中会出现的问题。

一、市场营销执行的过程

分析市场营销环境、制定市场营销战略和市场营销计划是解决企业市场营销活动应该"做什么"和"为什么要这样做"的问题;而市场营销执行则是要解决"由谁去做"、"在什么时候做"和"怎样做"的问题。市场营销执行过程包括以下几个主要步骤。

1. 制订行动方案

为了有效地实施市场营销战略,必须制订详细的行动方案。这个方案应该明确市场营销战略实施的关键性决策和任务,并将执行这些决策和任务的责任落实到个人或小组。另外,还应包含具体的时间表,定出行动的确切时间。

2. 建立组织结构

企业的正式组织在市场营销执行过程中产生决定性的作用。组织将战略实施的任务分配给具体的部门和人员,规定明确的职权界限和信息沟通渠道,协调企业内部的各项决策和行动。具有不同战略的企业,需要建立不同的组织结构。也就是说,结构必须同企业战略相一致,必须同企业本身的特点和环境相适应。组织结构具有两大职能。首先是提供明确的分工,将全部工作分解成管理的几个部分,再将它们分配给各有关部门和人员;其次是发挥协调作用,通过正式的组织联系沟通网络,协调各部门和人员的行动。

3. 设计决策和报酬制度

为实施市场营销战略,还必须设计相应的决策和报酬制度。这些制度直接关系到战略实施的成败。就企业对管理人员工作的评估和报酬制度而言,如果以短期的经营利润为标准,则管理人员的行为必定趋于短期化,他们就不会有为实现长期战备目标而努力的积极性。

4. 开发人力资源

市场营销战略最终是由企业内部的工作人员来执行的,人力资源的开发至关重要。这涉及人员的考核、选拔、安置、培训和激励等问题。在考核、选拔管理人员时,要注意将适当的工作分配给适当的人,做到人尽其才;为了激励员工的积极性,必须建立完善的工资、福利和奖惩制度。此外,企业还必须决定行政管理人员、业务管理人员和一线人员之间的比例。许多美国企业已经削减了公司一级的行政管理人员,目的是减少管理费用和提高工作效率。

小链接

不同的战略要求具有不同性格和能力的管理者。"拓展型"战略要求具有创业和冒险精神的、有魄力的人员去完成;"维持型"战略要求管理人员具备组织和管理方面的才能;而"紧缩型"战略则需要寻找精打细算的管理者来执行。

5. 建设企业文化

企业文化主要是指企业在其所处的一定环境中,逐渐形成的共同价值标准和基本信念。这些标准和信念是通过模范人物塑造和体现,通过正式和非正式组织加以树立、强化和传播的。由于企业文化体现了集体责任感和集体荣誉感,它甚至关系到职工人生观和他们所追求的最高目标,它能够起到把全体员工团结在一起的"黏合剂"作用。因此,塑造和强化企业文化是执行企业战略的不容忽视的一环。

6. 确定管理风格

与企业文化相关联的,是企业的管理风格。有些管理者的管理风格属于集权型,他们发号施令,独揽大权,严格控制,坚持采用正式的信息沟通,不容忍非正式的组织和活动。另一种管理风格称为分权型,他们主张授权下属,协调各部门的工作,鼓励下属的主动精神和非正式的交流与沟通。这两种对立的管理风格各有利弊。不同的战略要求不同的管理风格,主要取决于企业的战略任务、组织结构、人员和环境。

企业文化和管理风格一旦形成,就具有相对稳定性和连续性,不易改变。因此,企业战略通常是顺应企业文化和管理风格的要求来制定的,企业原有的文化和风格不宜轻易改变。

为了有效地实施市场营销战略,企业的行动方案、组织结构、决策和报酬制度、人力资源、企业文化和管理风格这六大要素必须协调一致、相互配合,才能使营销战略成功执行。

二、市场营销执行技能

市场营销执行问题常常出现于企业的三个层次:一是市场营销职能层次,即基本的市场营销职能能否顺利实施,如企业怎样才能从某广告公司获得更有创意的广告;二是市场营销方案层次,即把所有的市场营销职能协调地组合在一起,构成整体行动,这一层次出现的问题常常发生在一项新产品引入一个新市场时;三是市场营销政策层次,例如,企业需要所有雇员对待所有的顾客都用最好的态度和最好的服务。为了有效地执行市场营销方案,企业的每一层次(职能、方案、政策)都必须善于运用四种技能:

1. 配置技能

配置技能是指市场营销经理在职能、政策和方案三个层次上配置时间、资金和人员的能力。

2. 调控技能

调控技能包括建立和管理一个对市场营销活动效果进行追踪的控制系统,控制有四种类型:年度计划控制、利润控制、效率控制和战略控制。

3. 组织技能

组织技能常用于发展有效工作的组织中,理解正式和非正式的市场营销组织,对于开展有效的市场营销执行活动是非常重要的。

4. 互动技能

互动技能指经理影响他人把事情办好的能力。市场营销人员不仅必须推动本企业的人员有效地执行理想的战略,还必须推动企业外的人或企业(如市场调查公司、广告公司、经销商、批发商、代理商等)来实施理想的战略,即使他们的目标与本企业的目标有所不同。

三、市场营销执行中的问题

市场营销执行是一个艰巨而复杂的过程。美国的一项研究表明,90%被调查的计划人员认为,他们制定的战略和战术之所以没有成功,是因为没有得到有效的执行。企业在实施市场营销战略和市场营销计划过程中为什么会出现问题? 正确的市场营销战略为什么不能带来出色的业绩? 原因主要有以下几个方面。

1. 计划脱离实际

企业的市场营销战略和市场营销计划通常是由上层的专业计划人员制订的,而执行则要依靠市场营销管理人员,而这两类人员之间往往缺少必要的沟通和协调,导致下列问题的出现。

(1) 企业的专业计划人员只考虑总体战略而忽视执行中的细节,结果使计划过于笼统和流于形式。

(2) 专业计划人员往往不了解计划执行过程中的具体问题,所定计划脱离实际。

(3) 专业计划人员和市场营销管理人员之间没有充分的交流与沟通,致使市场营销管理人员在执行过程中经常遇到困难,因为他们并不完全理解需要他们去执行的战略。

(4) 脱离实际的战略导致计划人员和市场营销管理人员相互对立和不信任。

现在,许多西方企业已经认识到,不能光靠专业计划人员为市场营销人员制订计划。因为市场营销人员比计划人员更了解实际,让他们参与企业的计划管理过程会更有利于市场营销执行。因此,许多西方企业削减了庞大的集中计划部门的人员。

2. 长期目标和短期目标相矛盾

市场营销战略通常着眼于企业的长期目标,涉及今后三年至五年的经营活动。但具体执行这些战略的市场营销人员通常是根据他们的短期工作绩效,如销售量、市场占有率或利润率等指标评估和奖励的。因此,市场营销人员常选择短期行为。对美国大公司的一项调查表明,这种情况非常普通。

3. 因循守旧的惰性

企业当前的经营活动往往是为了实现既定的战略目标,新的战略如果不符合企业的传统和习惯就会遭到抵制。新旧战略的差异越大,执行新战略可能遇到的阻力也就越大。要想执行与旧战略截然不同的新战略,常常需要改变企业传统的组织机构和供销关系。

4. 缺乏具体明确的执行方案

有些战略计划之所以失败,是因为计划人员没有制订明确而具体的执行方案。

实践证明,许多企业面临的困境,就是因为缺乏一个能够使企业内部各有关部门协调一致的具体实施方案。

企业的高层决策和管理人员不能有丝毫"想当然"的心理;相反,他们必须制订详尽的实施方案,规定和协调各部门的活动,编制详细周密的项目时间表,明确各部门经理应负的责任。只有这样,企业市场营销执行才有保障。

第四节　市场营销控制

所谓市场营销控制,是指市场营销经理经常检查市场营销计划的执行情况,看看计划与实际绩效是否一致,如果不一致或没有完成计划,就要找出原因所在,并采取适当措施和正确行动,以保证市场营销计划的完成。市场营销控制有四种主要类型,即年度计划控制、盈利能力控制、效率控制和战略控制。

一、年度计划控制

任何企业都要制订年度计划,然而,年度市场营销计划的执行能否取得理想的成效,还需要看控制工作进行得如何。所谓年度计划控制,是指企业在本年度内采取控制步骤,检查实际绩效与计划之间是否有偏差,并采取改进措施,以确保市场营销计划的实现与完成。许多企业每年都制订有相当周密的计划,但执行的结果却往往与之有一定的差距。事实上,计划的结果不仅取决于计划制订得是否正确,还有赖于计划执行与控制的效率如何。可见,年度计划制订并付诸执行之后,搞好控制工作也是一项极其重要的任务。

1. 年度计划控制的主要目的

(1) 促使年度计划产生连续不断的推动力。

(2) 控制的结果可以作为年终绩效评估的依据。

(3) 发现企业潜在问题并及时予以妥善解决。

(4) 高层管理人员可借此有效地监督各部门的工作。

2. 年度计划控制系统包括四个主要步骤

(1) 制定标准,即确定本年度各个季度(或月)的目标,如销售目标、利润目标等。

(2) 绩效测量,即将实际成果与预期成果相比较。

(3) 因果分析,即研究发生偏差的原因。

(4) 改正行动,即采取最佳的改正措施,努力使成果与计划相一致。

3. 年度计划控制的方法

企业经理人员可运用五种绩效工具以核对年度计划目标的实现程度,即销售分析、市场占有率分析、市场营销费用与销售额比率分析、财务分析和顾客态度追踪。

二、盈利能力控制

盈利能力控制是用来测定不同产品、不同销售区域、不同顾客群体、不同渠道以及不同订货规模盈利能力的方法。由盈利能力控制所获取的信息,有助于管理人员决定各种产品或市场营销活动是扩展、减少还是取消。

1. 市场营销成本

市场营销成本直接影响企业利润,它由如下项目构成。

(1) 直接推销费用,包括直销人员的工资、奖金、差旅费、培训费、交际费等。

(2) 品牌宣传费用,包括企业 CIS 导入费用、各类公关费用、展览会费用。

(3) 促销费用,包括广告费、产品说明书印刷费用、赠奖费用、促销人员工资等。

(4) 仓储费用,包括租金、维护费、折旧、保险、包装费、存货成本等。

(5) 运输费用,包括托运费用等,如果是自有运输工具,则要计算折旧、维护费、燃料费、牌照税、保险费、司机工资等。

(6) 其他市场营销费用,包括市场营销人员的工资、办公费用等。

营销费用和生产成本构成了企业的总成本,直接影响到企业的经济效益。其中有些与销售额直接相关,称为直接费用;有些与销售额并无直接关系,称为间接费用;有时二者很难划分。

2. 盈利能力的考察指标

取得利润是每一个企业最重要的目标之一,正因为如此,企业盈利能力历来为市场营销人员所重视,因而盈利能力控制在市场营销管理中占有十分重要的位置。在对市场营销成本进行分析之后,应该考察盈利能力指标。

（1）销售利润率

销售利润率是指利润与销售额之间的比率,表示每销售 100 元使企业获得的利润,它是评估企业获利能力的主要指标之一。

（2）资产收益率

资产收益率是指企业所创造的总利润与企业全部资产的比率。

（3）净资产收益率

净资产收益率是指税后利润与净资产所得的比率。净资产是指总资产减去负债总额后的净值。这个指标可以衡量企业偿债后的剩余资产的收益率。

（4）资产管理效率

资产管理效率可通过以下比率来分析。

资产周转率:该指标是指一个企业以资产平均总额去除产品销售收入净额而得出的全部资产周转率。该指标可以衡量企业全部投资的利用效率,资产周转率高说明投资的利用效率高。

存货周转率:该指标是指产品销售成本与产品存货平均余额之比。该指标说明某一时期内存货周转的次数,从而考核存货的流动性。存货平均余额一般取年初和年末余额的平均数。一般来说,存货周转率次数越高越好,说明存货水准较低,周转快,资金使用效率较高。

资产管理效率与获利能力密切相关。资产管理效率高,获利能力相应也较高。

三、营销效率控制

假如盈利能力分析显示出企业关于某一产品、地区或市场所得的利润很差,那么紧接着下一步便是分析效率,找出高效率的方式,使之更好地管理销售人员、广告、销售促进及分销工作。

1. 销售人员效率控制

企业进行销售人员效率控制时,各地区的销售经理要记录本地区内销售人员效率的几个主要指标,包括:

（1）每个销售人员每天平均的销售访问次数。
（2）每次会晤的平均访问时间。
（3）每次销售访问的平均收益。
（4）每次销售访问的平均成本。
（5）每百次销售访问所订购的百分比。

（6）每期间的新顾客数。

（7）每期间丧失的顾客数。

（8）销售成本对总销售额的百分比。

（9）每次销售访问的招待成本。

企业可以从以上的分析中发现一些非常重要的问题。例如，销售代表每天的访问次数是否太少，每次访问所花时间是否太多，在每百次访问中是否签订了足够的订单，是否增加了足够的新顾客并且保留住原有的顾客等。在销售人员效率评估之后，营销管理人员需要比照计划的差距促使企业对效率低下的环节加以改进。

2. 广告效率控制

企业市场营销人员应做好广告效率分析，可进行以下统计。

（1）各种媒体类型、媒体工具接触每千名购买者所花费的广告成本。

（2）顾客对每一媒体工具注意、联想和阅读的百分比。

（3）顾客对广告内容和效果的意见。

（4）接触广告前后顾客对产品态度的变化测定。

（5）受广告刺激而引起的咨询次数。

企业市场营销管理人员可以采取若干步骤来改进广告效率，包括进行更加有效的产品定位、确定广告目标、寻找较佳广告媒体以及进行广告后效果测定等。

3. 促销效率控制

为了改善促销的效率，企业还需要进行促销效率的控制。高层管理人员对每一项促销的成本和销售的影响要做好以下的统计。

（1）由于优惠而销售的百分比。

（2）每一销售额的陈列成本。

（3）赠券收回的百分比。

（4）因示范而引起咨询的次数。

企业还应观察不同销售手段所带来的不同效果和影响，并使用最有效果的促销手段。

4. 分销效率控制

分销效率是指对企业存货水准、仓库位置及运输方式进行分析和改进，以达到最佳配置并寻找最佳运输方式和途径。

小案例

面包批发商遭到了来自面包连锁店的激烈竞争，他们在面包的物流方面尤其处境不妙，面包批发商必须做多次停留，而每停留一次只送少量面包。不仅如此，卡车司机一般还要将面包送到每家商店的货架上，而连锁面包商则将面包放在连锁店的卸货平台上，然后由商店工作人员将面包陈列到货架上。这种物流方式促使美国面包商协会提出是否可以以利用更有效的面包处理程序为题而进行调查。该协会进行了一次系统工程研究，它以分钟为单位具体计算从面包被装上卡车到陈列在货架上所需要的时间。通过跟随司机送货和观察送货过程，这些管理人员提出了若干变革措施，使经济效益的获得来自更科学的作业程序。不久,他们在卡车上设置特定面包陈列架,司机只需按动电钮,面包陈列架就会在车子后部自动开卸,这种改进措施既受到进货商后的欢迎,又提高了工作效率。

案例思考:
面包批发商的分销效率是如何提高的?

效率控制的目的在于提高人员推销、广告、销售和分销等市场营销活动的效率,市场营销经理必须关注若干关键比率,这些比率表明上述市场营销职能执行的有效性,显示出应该如何采取措施以改进执行情况。

四、战略控制与市场营销审计

1. 战略控制

企业的市场营销战略,是指企业根据自己的市场营销目标,在特定的环境中,按照总体的策划过程所拟订的可能采用的一连串行动方案。但是市场营销环境变化很快,往往会使企业制定的目标、策略、方案失去作用。因此,在企业市场营销战略实施过程中必然会出现战略控制问题。战略控制是指市场营销管理者采取一系列行动,使实际市场营销工作与原规划尽可能一致,在控制中通过不断评审和信息反馈,对战略不断修正。市场营销战略的控制既重要又难以确定。因为企业战略的成功是总体的和全局性的,战略控制注重的是控制未来,是还没有发生的事件。战略控制必须根据最新的情况重新估价计划和进展,因而难度也就比较大。

2. 市场营销审计

企业在进行战略控制时,可以运用市场营销审计这一重要工具。各个企业都有财务会计审核,在一定期间客观地对审核的财务会计资料或事项进行考察、询问、检查、分析,最后根据所获得的数据按照专业标准进行判断,得出结论,并提出报告。这种财务会计的控制制度有一套标准的理论、做法。但是市场营销审计尚未建立一套规范的控制系统,有些企业往往只是在遇到危机情况时才进行,其目的是解决一些临时性的问题。目前,在国外越来越多的企业运用市场营销审计进行战略控制。

所谓市场营销审计,是对一个企业的市场营销环境、目标、战略、组织、方法、程序和业务诸方面进行综合的、系统的、独立的和定期性的审查,以便发现市场机会,寻找困难和问题所在,并提出改善营销工作的行动计划和建议,改进市场营销管理效果。市场营销审计实际上是在一定时期对企业全部市场营销业务进行总的效果评价,其主要特点是,不限于评价某一些问题,而是对全部活动进行评价。市场营销审计的基本内容包括市场营销环境审计、市场营销战略审计、市场营销组织审计、市场营销系统审计、市场营销盈利能力审计和市场营销职能审计。

本章小结

1. 营销计划是指,在对企业市场营销环境进行调研分析的基础上,制定企业及各业务单位的对营销目标以及实现这一目标所应采取的策略、措施和步骤的明确规定和详细说明。

2. 企业的市场营销部门是随着市场营销管理哲学的不断发展演变而来的。大致经历了单纯的销售部门、兼有附属职能的销售部门、独立的市场营销部门、现代市场营销部门、现代市场营销企业五个阶段。

3. 市场营销组织的类型有以下几种：职能型组织、地区型组织、产品或品牌型组织、市场型组织、矩阵型组织和事业部制组织。

4. 市场营销执行是将市场营销计划转化为行动方案的过程，并保证计划的完成，以实现计划的既定目标。有效的市场营销执行需要有四种技能：配置技能、调控技能、组织技能和互动技能。

5. 市场营销控制，是指市场营销经理经常检查市场营销计划的执行情况，看看计划与实际绩效是否一致，如果不一致或没有完成计划，就要找出原因所在，并采取适当措施和正确行动，以保证市场营销计划的完成。市场营销控制有四种主要类型，即年度计划控制、盈利能力控制、效率控制和战略控制。

学习思考

1. 营销计划应该包括哪些内容？
2. 市场营销部门的职能是怎样发展演变的？
3. 简述市场营销组织的常见类型。
4. 简述市场营销执行的过程和技能。
5. 怎样做好市场营销的控制工作？

案例训练　　TCL 家电营销网络组织与管理

从 1981 年组建以来，TCL 集团的发展，特别是彩电为代表的家电产品的营销，是与其营销网络的建设和不断完善密切相关的。可以说，营销网络的组织与控制关系着 TCL 的盛衰。TCL 有一套完善的网络营销组织体系。早在 1991 年 TCL 公司就在上海建立了第一个以销售音像设备为主的销售分公司，随后在哈尔滨、武汉、成都建立了销售分支机构。为配合彩电产品的全国市场销售，1993 年正式开始组建了 TCL 电器销售公司，成为全国最早建立和拥有自己独立营销网络的电子企业之一。销售公司成立后，按照大区—分公司—经营部—分销商的组织机构，步步为营，精耕细作，把网络一直建立到了农村的城乡结合部。TCL 把全国分为七个大区，建立了 32 家分公司，200 家经营部，400 家分销点，200 多个专营连锁店和 800 多个特约维修专营店，并拥有数千家授权经销商，直属用户服务网遍及全国。在整个中国，从南到北，从东到西，每隔 100 公里就至少有一家 TCL 公司直接投资的营销机构，因此，TCL 网络已经成为中国家电最为庞大、最为细腻的营销服务网络，最大区的人口为 2.6 亿，最小区西北为 8 000 万；分公司按省建立，独立核算；经营部位于地区及以上城市或 100 万人口以上县级地区；400 家分销点中独立核算的就占 200 多家。在巩固、完善和拓展国内市场，保持国内网络同行业领先地位的基础上，TCL 目前还正计划有步骤地开拓海外市场。

TCL 公司对营销网络的管理主要是从以下几方面展开的。

对营销人员的管理。TCL 公司强调员工要有一个共同的企业核心价值观,并且切实把"为员工创造机会"这一口号深植于网络人员的管理中;TCL 强调人性化的管理,以顺应人性的方法进行管理,注重调动人性中积极的一面。信任员工,在网络组织结构中权力下放,产品价格在一定范围内的变化完全由营销人员决定,充分让网络营销人员当家做主,确立以员工成长为中心;TCL 不仅仅依靠企业文化实现网络的目标,还在激励机制的完善上达到了精神和物质的有机结合,从而激励网络人员自发的工作激情和创造能力。TCL 激励机制主要包括教育计划、福利和奖励三部分。例如,1997 年在每股利润一元的情况下,每股现金红利分配达到了 0.80 元,使员工的工作得到了丰厚的回报。

对经销商的管理。TCL 认为在营销网络中,厂、商是一个利益共同体,一损俱损,一荣俱荣。因此,管理好经销商的关键在于只有双方具有共同的未来,才会有稳定的合作和"双赢"。因而首先加强理念上的沟通,力求经销商能够理解和接受 TCL 理念,在双方利益一致的基础上,要有共创品牌的意识,即共创品牌和品牌商号。在营销网络建立之初,针对经销商对 TCL 产品不甚了解和信心不足的状况,TCL 采取了"赎买"政策,即保证经销商经营任务指标的完成,若因 TCL 产品的销售情况不好使得经销商未完成指标,不足部分则由 TCL 公司补足。这样取得了经销商的信任,激励经销商努力开拓市场。

对营销结构的管理和调整。TCL 的家电营销网络通过多年的发展演练已逐步成熟,而为适应市场的变化,1998 年开始推行营销网络扁平化,实行"管理重心下沉",网络管理从集权走向分权,在销售公司已分解为七个大区进行管理的基础上,又将分公司由原来的销售平台转变为管理平台;"销售重心下移",销售中心下放到各基层经营部,经营部主权增加。加之实施"精耕细作"的战略,减少了网络的环节,节约了销售成本,使营销网络竞争力大大增强。同时也真正体现了"网络制胜"的优势。1998 年 TCL 还着手加强"航空港"营销平台的改造,充分发挥企业营销网络的兼容力和扩张力。所谓的"航空港营销",打个比方,就是无论哪家"飞机"泊入时都能快速加油。由于 TCL 营销网络起始于销售音响,成长于销售彩电,已成为家电行业最庞大和最细腻的网络,而在集团内与之并存的通信和信息等产品的营销队伍,又形成了一些各自独立的分散小网络。因此,TCL 希望在分公司、经营部层面开辟多元化产品的"绿色通道",整合集团综合优势,财务、仓储等服务资源共享,使多种产品能快速切入市场,为企业提供更大的生存空间和发展机遇。同时,TCL 也希望这支 7 000 人的庞大营销队伍能改变单一任务现状,增加业务范围,分担巨大的网络开支和分散经营风险。

TCL 家电营销的销售服务是网络体系中的重要一环。并成为顾客创造价值的理念,全面落实完善售后服务网络,建立售后服务基金;进一步推进"千店工程"的建设,将服务网络延伸到每一个乡镇,甚至每一户家庭。与经销商合作推出"送货上门,上门调试"的服务。提出"以速度战胜规模"的方针,产品从出厂到用户手中,最快可在五天之内实现。TCL 承诺,哪里有王牌彩电,哪里就有王牌服务;三年免修报修,终身维护,一律免收服务费;24 小时内城内服务到位,边远地区特约服务;24 小时全天候电话服务,节假日照常服务。

管理手段的现代化,是 TCL 公司家电营销网络管理的一大特点。在强化管理,改善营销网络"软件"的同时,TCL 集团也注意了对营销网络硬件条件的建设。TCL 公司建立的分布全国的营销网络提高了产品销量,在企业的市场战略中成功发挥了重要作用,但随着规模的不断扩大,营销网络的管理难度也加大了。尽管 TCL 营销网络的管理理念也逐步趋向成熟,并向更高一层迈进。但企业发展不但要有新的管理理念,同时还要有先进的管理手段作为支撑才能成功,而管理的现代化必须要求信息的电子化和电脑的网络化。由于企业的信息化建设涉及企业的核心竞争力问题,营销网络的信息化直接影响一线营销队伍的管理,关系到企业的利润和生存。因此,对于 TCL 来说,信息化的工作就不仅仅是一个上计算机或者网络建设的问题,更是一个如何从根本上提高营销管理水平、如何管理好庞大的营销渠道的经营问题。要搞好营销网络的信息化工作,用先进的技术手段为管理服务,首要工作是从企业的管理角度出发,加快营销网络的物流和资金流的运转,进行规划建设,在此过程中采用先进的 IT 技术手段。只有如此,才能更快地实现管理的信息流及工作流的电子化,加快企业的物流和资金流的流速,由此加强 TCL 的速度经济和网络的规模经济,提高 TCL 的核心竞争力。

资料来源:何志毅,TCL 家电营销网络组织与管理,http://course. shufe. edu. cn/course/marketing/allan-li/tcl. htm,编者整理。

案例思考题

1. TCL 集团是如何组织自己的家电营销网络的?
2. TCL 集团是从哪几个方面展开对营销网络的管理的?
3. TCL 集团是如何利用"速度"和"规模"来增强自己的竞争优势的?

营销技能训练

在老师的指导下,学生进行分组,然后每组选定一家企业,分析这家企业所制订的市场营销计划。

第十六章

营销理论发展

知识目标

- 掌握服务的分类及特征,了解服务营销组合的要素
- 掌握网络营销的理论基础,理解网络营销的含义、原则及特点
- 掌握诚信营销的基本概念,理解诚信营销的价值测定,了解诚信营销的形态

技能目标

- 能有效设计服务营销组合
- 能理论联系实际,分析网络营销的优势

案例导入

达芬奇需要诚信而不是眼泪

2011 年 7 月,一则重要财经新闻引起中国舆论的震荡,一个自称经营销售 100% 意大利家具的达芬奇家居被曝相当一部分产品产自东莞。这些国产货经运往意大利,再由意大利出关运回上海,随即就成了手续齐全的"国际品牌"!

达芬奇家居因涉嫌造假产品生产地和家具材质而被媒体曝光。在人们狐疑之际,达芬奇高管一开始坚称:可以用达芬奇公司和全体员工的精神信誉担保,在华销售的达芬奇家具都是从意大利进口。

在新闻发布会上,达芬奇公司高管承认与中国广东家具厂合作;但当有消费者质询人们最关心的问题即达芬奇家具原产地和家具材质等问题时,这位达芬奇高管却突然落泪,声音哽咽,并未当场做出任何肯定或否定的答复,起身匆匆离开会场。

上海市工商局通过调查,初步发现并认定达芬奇家居公司主要有三大问题:一是涉嫌虚假宣传。二是部分家具产品被判定不合格,如售价 92 800 元的卡布丽缇床头柜,号称是实木,实际上是密度板贴三聚氰胺,背后是多层面板。三是大部分家具产品标志不规范,没有标明出产地和材质。

这表明,达芬奇在中国销售的家具确实存在问题,而问题的关键是诚信。

诚信,本应是立业之本。如果达芬奇没有问题,就不应该顾左右而言他,不应该试图以眼泪来作为获得同情的公关武器。事实本身就是最好的辟谣工具,无论是消费者造谣还是行业的恶意竞争,真相可以击破一切。达芬奇是否拥有以真相攻破谣言的勇气,关键取决于它是否真的不存在欺骗和猫腻,是否有十足的底气。

此后,达芬奇家具以国产货冒充进口货事件在家具行业引发持续震动,不少品牌及卖场销售受到不同程度的牵连,一些原以"洋气"品牌为卖点的企业则纷纷撇清产地嫌疑。业界人士认为,达芬奇事件影响了国外品牌在消费者心中的形象,国产品牌应趁势做大图强,改变行业大而不强的现状。

资料来源:刘长忠,市场观察:达芬奇需要诚信而不是眼泪,http://www.chinanews.com/estate/2011/07-18/3189825.shtml,编者整理。

案例思考:
达芬奇在此次事件中的关键问题是什么?

第一节　服务营销

在世界经济领域中,服务业正以其惊人的速度逐步走向统治地位,仅以美国为例,1970年服务部门为美国提供 55% 的就业机会,而到了 1993 年,这一数字就猛增到 79%。西方国家服务部门创造的价值在国内生产总值(GDP)中所占的比重大于 50%,而且还在逐年上升,其中美国服务业的产值在 GDP 中所占的比重已高达 75% 左右。

一般而言,在经济发展过程中,初期是以农、林、渔业为主的第一产业,之后是以工业为主的第二产业,随着经济的发展,就步入以服务为主的第三产业。我们国家 20 世纪 80 年代改革开放以来,明确提出大力发展服务业。而且现在很多制造业也说自己是服务型企业,帮助客户加工他们喜欢的产品,提供保养、售后等。如戴尔电脑说,我们是根据客户的需求,帮他定制电脑;上海大众说,我们卖 POLO,根据你的喜好,帮你生产你喜欢颜色的汽车,我们是服务型企业。所以,服务的浪潮在全世界兴起,企业的竞争越来越多地进入到服务的领域内,服务营销必将成为 21 世纪市场营销的热点。

一、服务的定义和分类

1. 服务的定义

什么是服务,迄今为止尚未有一个权威性的定义能为人们所普遍接受。通常所说的产品是有形的,如汽车、电视等,而服务是无形的,如美容美发、医疗、教育、宾馆、旅游等。

　　区别于经济学界的研究,市场营销学者把服务作为一种产品来研究。1960 年,美国市场营销协会(AMA)最先给服务下定义:用于出售或者是与产品连带出售的活动、利益或满足感。这一定义在此后的很多年里一直被学者们广泛采用,但是其缺点也是显而易见的,它没有把有形产品与无形服务区分开来,因为有形产品也是用来出售并使购买者获得利益和满足的。

　　市场营销界普遍认为 AMA 在 1960 年定义的基础上进一步补充完善之后的定义比较全面,基本上抓住了服务活动的本质。他们认为:"服务是可被区分界定,主要为不可感知,却可使欲望获得满足的活动,而这种活动并不需要与其他产品或服务的出售联系在一起。生产服务时可能需要或不需要利用有形产品,而且即使需要借助某些有形协助生产服务,这些有形产品的所有权也不涉及转移的问题。"

　　2. 服务的分类

　　由于服务具有无形性特征,其内涵非常丰富,所以通过分类能够更加充分地理解和把握概念的内涵。下面着重介绍几个较为流行的服务分类方案。

　　(1) 按顾客对服务推广的参与程度分类

　　高接触性服务,指顾客在服务推广过程中参与其中全部或大部分的活动。例如电影院、美容厅、公共交通、学校等部门。

　　中接触性服务,指顾客只是部分地或在局部时间内参与其中的活动。例如银行、律师、注册会计师。

　　低接触性服务,指在服务推广中顾客与服务的提供者接触较少的服务,其间的交往主要是通过仪器设备进行的。例如电视网、网络、电话等。

　　这种分类方案表明,企业应针对顾客参与程度的不同而制定相应的战略。显然,高接触的服务会因顾客需求的多样化而对企业营销活动提出更高的要求。其缺点是过于粗略。

　　(2) 按照服务过程中的定制化程度分类

　　服务直接与消费者接触,所以服务业的定制化程度远远高于制造业。按照服务过程中的定制化程度,可以将服务分为高个性化服务和低个性化服务两类。

　　(3) 按照实体产品与服务相结合的程度分类

　　人们对服务特征的研究都是以把服务和有形产品区分开来作为出发点。然而,从现实经济活动来看,服务通常是与有形产品结合在一起进入市场的,我们很难把服务从有形产品中独立地分离出去。服务与产品之间只在于形性程度的不同,从高度无形到高度有形之间存在一个连续谱,如图 16-1 所示。

　　① 纯粹的有形产品,产品本身基本不含服务,如香皂、牙膏、盐等。

　　② 附加部分服务的有形产品,如计算机、空调、洗衣机、冰箱等,都要伴随着售后服务、送货上门、定期保养等服务,这些服务通常是为了促使顾客购买该产品。这些产品所占有的服务的比例比较少,主要还是卖产品。

　　③ 伴有产品的服务。这种是产品和服务的组合,基本上各占一半。如餐馆,提供用餐服务以及菜、米饭等有形产品。

　　④ 纯粹的服务,不附加任何有形的产品,比如家政服务、教育、心理咨询等服务者直接为顾客提供相关的服务。

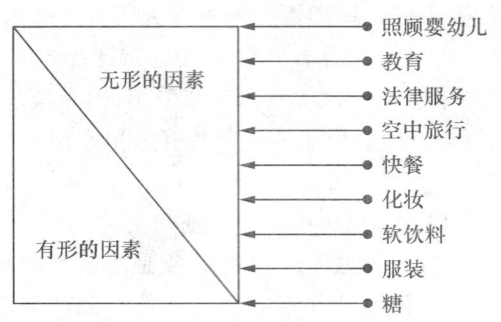

图 16-1 服务与产品——无形与有形的连续谱

从①到④,有形产品的成分逐渐减少,而服务的成分逐渐增加。

（4）按照服务的基础分类

根据服务的基础,分为以机器设备为基础的服务（如自动取款机、自动洗车和自动售货机）和以人为基础（如咨询、会计、教育、导游、理发）的服务。以机器设备为基础的服务,其质量关键取决于机器设备的质量,人并不是关键因素。而以人为基础的服务,其质量的高低则完全取决于服务提供者的水平。

依据顾客在服务现场出现必要性的大小分为:必须要求顾客亲临现场（外科手术、体检、理发）的服务和不需要顾客亲临现场（保险、储蓄、汽车维修、干洗）的服务。相比之下,前一种的服务对提供者的要求更多,不仅要考虑顾客对服务质量的要求,如手术是否成功、发型是否美观、体检是否准确等,还要考虑顾客在享受服务过程中的其他需要,如对现场环境的要求等。

二、服务的基本特征

与有形产品相比,服务具有以下共同特征。

1. 不可感知性

服务的不可感知性是服务产品区别于有形产品的第一个特征,"不可感知性"可以从两个不同的层次来理解。首先,与有形产品相比,服务的特质及组成服务的元素,很多都是无形无质,让人不能触摸或凭肉眼看见其存在。同时,服务产品不仅其特质是无形的,甚至使用服务后的利益,也很难被察觉,或是要等一段时间后,享用服务的人才能感觉到"利益"的存在。例如,汽车出现故障,车主将车子交由汽车修理服务公司处理,但车主在取回车子时,对汽车维修服务的特点及经修理后的汽车部件是否全部恢复正常,都是难以察觉并做出判断的。

2. 不可分离性

有形的工业品或消费品在从生产、流通到最终消费的过程中,往往要经过一系列的中间环节,生产与消费的过程具有一定的时间间隔。而服务产品则与之不同,它具有不可分离性的特征,即服务的生产过程与消费过程同时进行,也就是说服务人员提供服务于顾客时,也正是顾客消费服务的时刻,二者在时间上不可分离。由于服务本身不是一个具体的物品,而是一系列的活动或过程,在服务的过程中消费者和生产者必须直接发生联系,从而生产的过程也就是消费的过程。服务的这种特性表明,顾客只有而且必须加入到服务的生产过程中才能最终消费到服务。一个最简单的例子是,病人必须向医生讲明病情,医生才能做出诊断,对症下药。

3. 差异性

由于服务无法像有形产品那样容易实现标准化,服务的构成成分及其质量水平经常变化。服务行业是以人为中心的产业,服务水平的高低,要受到多种因素的影响。这主要体现在三个方面。

第一,由于服务人员的原因,如经验、心理状态,即使是同一服务人员,在为不同对象服务及在不同时间里为同一对象服务时的心理状态等也可能有很大差异,所提供的服务也可能出现不同的水准。不同素质的服务人员会产生不同的服务质量效果,全国劳动模范李素丽的售票服务不仅给人购买的方便,还使乘客感受到自尊、温暖、体贴和愉悦;相反,素质低下的售票员会给人带来烦恼、冷淡、不安全感。而同一服务人员为不同素质的顾客服务,也会产生不同的服务质量效果。

第二,顾客的差异,如知识水平、爱好等,也直接影响服务的质量和效果。比如同听一堂课,有人津津有味,有人昏昏欲睡。而不同顾客享用某种服务的经验及对服务的期望不同,从而服务的提供过程、顾客对服务的评价等都不相同,例如优秀的大学教授如果去教小学生可能效果很差。

第三,由于服务人员与顾客间相互作用的原因,在服务的不同次数的购买和消费过程中,即使是同一服务人员向同一顾客提供的服务也可能会存在差异。

4. 不可存储性

基于服务产品的不可感知形态以及服务的生产与消费同时进行,使得服务产品不可能像有形的消费品和工业品一样被贮存起来,以备未来出售;而且消费者在大多数情况下,亦不能将服务携带回家安放。当然,提供服务的各种设备可能会提前准备好,但生产出来的服务如不当时消费掉,就会造成损失,例如旅游淡季的时候宾馆的房间空闲了很多,不能储存起来等旺季了再来出售。因此,不可贮存性的特征要求服务企业必须解决由缺乏库存所引致的产品供求不平衡问题、如何制定分销策略来选择分销渠道和分销商以及如何设计生产过程和有效地弹性处理被动的服务需求等。

三、服务营销组合的要素

服务营销是依靠服务质量获得顾客的良好评价,以口碑的方式吸引顾客,维持和增进企业与顾客关系,从而达到营销服务产品目的的一种营销方式。服务营销过程是指企业在市场细分的基础上,根据个人的特定需求来安排服务营销组合,向顾客输出非有形产品或者便捷、愉悦、省时、舒适或健康等形式的附加价值或利益,以满足每一顾客的特定需求的经济活动。这一过程既涉及服务提供者的产品设计、展示、输出、传递的过程,也包括顾客接受、消费、感知和评价的过程。

服务营销组合和市场营销组合相类似,是服务企业依据其营销战略对营销过程中的构成要素进行配置和系统化管理的活动。营销专家们对市场营销组合进行修改和扩充后,将服务营销组合修改和扩充为七个要素。修正后的服务营销组合包括三项添加的要素:人员、有形展示和过程。

1. 产品（product）

服务产品所必须考虑的是提供服务的范围、服务质量和服务水准,同时还应注意的事项有品牌、保证以及售后服务等。服务产品中,这些要素的组合变化相当大,这种变化可以从一家供应数样菜色的小餐馆和一家供应各色大餐的五星级大饭店相比较之后看出来。

2. 定价（price）

在区别一项服务和另一项服务时,价格是一种识别方式,因此顾客可从一项服务获得价值观。而价格与质量间的相互关系,在许多服务价格的细部组合中,是重要的考虑对象。

3. 渠道（place）

提供服务者的所在地以及其地缘的可达性在服务营销上都是重要因素,地缘的可达性不仅是指实物上的,还包括传导和接触的其他方式。

4. 促销（promotion）

服务促销组合包括多种元素:广告、人员推销、销售促进和公共宣传。一个服务组织的促销措施,可包括其中的任何一种要素或全部涵盖,各要素之间也可有多种组合方式。营销人员可以针对不同的促销工具的优势和特点来进行有效的沟通和促销。

5. 人（people）

在服务业公司担任生产或操作性角色的人(如银行柜台工作人员),在顾客眼中其实就是服务产品的一部分,其贡献也和其他销售人员相同。例如,银行职员的工作态度、热情程度和业务精通程度在顾客眼中实际上就是银行服务产品的一部分。大多数服务公司的特色是操作人员可能担任服务表现和服务销售的双重任务。换言之,在服务业公司的服务执行者工作得如何,就像一般销售活动中销售能力如何一样重要,一个高素质的员工能够弥补物质条件不足使消费者产生的缺憾。

此外,对某些服务业而言,顾客与顾客间的关系也应重视。因为,一位顾客对一项服务产品质量的认知,很可能是受到其他顾客的影响。例如某个旅行团中的特殊成分结构,或者一家餐厅的其他食客的行为都可能影响顾客所得到的服务产品,在这种情况下,管理者应面对的问题,是在顾客与顾客间相互影响方面的质量控制。

6. 有形展示（physical evidence）

由于服务产品的无形性,人们无法触摸或凭肉眼看到,服务企业要想克服营销方面的难题,必须采用有形展示策略,使服务有形化,以影响消费者和客户对于一家服务营销公司的评价。有形展示包括的要素有:实体环境(装潢、颜色、陈设、声音)以及服务提供时所需用的装备实物(比如汽车租赁公司所需要的汽车),还有其他的实体性线索(如航空公司所使用的标示或干洗店将洗好的衣物加上"包装")。

小案例

颜色代表多项联邦快递服务:橘色代表准时送达的全球快递服务;绿色代表准时送达的陆运服务,而蓝色则代表全新的商业服务中心。三种颜色汇集处则为紫色,象征联邦快递致力于提供服务的"紫色承诺"精神。

案例思考：
联邦快递的有形展示传递着哪些信息？

7. 过程（process）

在营销过程中，服务的提供者还要明确如何提供目标顾客所需要的服务，即合理设计服务提供的过程。

服务递送过程对于服务公司很重要，例如表情愉悦、专注和关切的工作人员，可以减轻顾客必须排列等待服务的不耐烦的感觉，或者平息技术上出问题时的怨言或不满。当然工作人员的良好态度，对于所引起的问题是不可能全部补救的。整个体系的运作政策和程序方法的采用、服务供应中的器械化程度、雇用人员裁量权用在什么情况、顾客参与服务操作过程的程度、咨询与服务的流动、订约与待候制度等都是经营管理者要特别关注的事情。

小案例

麦当劳的高效服务过程

点餐：减少食品数量、提供套餐、协助顾客点菜。
收银：收银机、反映金额、高峰期启动空闲收银台。
供应：提高行动速度、饮料塑料盖、食品纸盒、饮料设备出口、半成品加热、统筹安排库存。
消费：手抓、座位小、小型餐桌、外串设计。
清洁：一次性餐具、托盘和托盘纸、员工随手清洁。

第二节　网络营销

自20世纪末至今，飞速发展的国际互联网促使网络技术应用的指数增长，互联网日益改变了人们的生产和生活。网络营销也改变了工业化社会传统的物化营销模式。互联网缩短了生产与消费之间的距离，减少了商品在流通中经历的诸多环节，消费者可以直接通过操纵鼠标在网上完成购买行为。网络与经济的结合推动了市场营销进入了崭新的阶段——网络营销阶段。

一、网络营销的概念

网络营销是以互联网络为媒体，以新的方式、方法和理念实施营销活动，更有效促成个人和组织交易活动的实现。网络营销在国外有许多翻译，如 Cyber Marketing, Internet Marketing, Network Marketing, e-Marketing 等。不同的单词词组有着不同的含义，Cyber Marketing 主要是指网络营销是在虚拟的计算机空间（Cyber，计算机虚拟空间）进行运作；Internet Marketing 是指在互联网上开展的营销活动；Network Marketing 是在网络上开展的营销活动，同时这里指网络不仅仅是互联网,还可以是一些其他类型网络,如增值网络 VAN。目前,比较习惯的用法是 e-Marketing,e 表示是电子化、信息化、网络化含义,既简洁又直观明了,而且与电子商务(e-Business)、电子虚拟市场(e-Market)等相对应。

二、网络营销的特点

与传统的营销策略和营销手段相比,网络营销具有诸多鲜明的特点。

1. 跨时空性

计算机互联网的联系范围的全球化使得从事营销活动的企业可以利用这个全球性的信息媒体和传播渠道,将企业的营销活动扩大到全球范围。同时,企业每天可以 24 小时随时随地提供营销服务。

2. 多媒体化

互联网支持多种媒体信息的传输,不仅可以让顾客真实地感受商品,而且可以充分发挥营销人员的能动性和创造性,促进交易的成功完成。

3. 交互性

通过互联网,可以向顾客展示商品目录;通过联结数据库提供有关商品信息的查询;可以和顾客进行互动式的双向沟通;可以收集市场信息;可以进行产品测试与消费者满意度的调查等。因此,互联网是企业进行产品设计、商品信息提供以及服务的最佳工具。

4. 人性化

在互联网上进行的促销是一对一的、理性的、消费者主导的、非强迫性的、循序渐进式的,是一种低成本与人性化的促销,避免了传统的强势推销的干扰。并且,企业可以通过信息提供与交互式沟通,与消费者建立一种长期的、相互信任的良好合作关系。

5. 超前性

互联网是一种功能强大的营销工具,它同时兼具渠道、促销、电子交易、互动顾客服务及市场信息分析与提供等多种功能。它所具备的一对一的营销能力,正是迎合了"定制营销"与"直复营销"的未来趋势。

6. 经济性

网络营销使交易的双方能够通过互联网进行信息交换,代替传统的面对面的交易方式,可以减少印刷和邮递成本,进行无店面销售可以免交租金、节约水电与人工等销售成本,同时还可以减少由于迂回多次交换带来的损耗,所有的谈判均可在网络上实现。

三、网络营销与传统营销的联系

网络营销作为一种全新的营销理念,具有很强的实践性,它的发展速度是前所未有的。它对传统营销策略产生深远的影响,对传统营销方式产生巨大冲击,也与传统营销相整合,推动营销理论发展。

1. 网络营销对传统营销的影响

网络营销对传统营销策略的影响表现在三个方面:① 对传统产品品牌策略的冲击。网络营销不仅会对传统的标准化产品产生冲击,而且它更能适应品牌的全球化管理。② 对定价策略的影响。相对于目前的各种媒体,互联网先进的网络浏览和服务器会使变化不定且存在差异的价格水平趋于一致,这对于执行差别化定价策略的公司来说是一个严重问题。③ 对传统营销渠道的冲击。通过互联网,生产商可与最终用户直接联系,中间商的重要性因此有所降低。④ 对传统广告障碍的消除。相对于传统媒体来说,由于网络空间具有无限扩展性,在网络上做广告可以较少地受到空间篇幅的局限,尽可能地将必要的信息一一罗列。此外,迅速提高的广告效率也为网上企业创造了便利条件。

2. 网络营销与传统营销的整合

网络营销凭借互联网特性对传统经营方式产生了巨大的冲击,但网络营销并不能完全取代传统营销,网络营销实际上是对传统营销在新的技术条件下的一种整合。

(1) 传统营销是网络营销的理论基础

网络营销与传统营销的根本差别取决于网络本身的特性和消费者需求的个性化。网络营销强化了传统市场营销理论的观念,但在有些地方也改写了工业化大规模生产时代营销理论的一些观点。

(2) 网络整合营销——两种营销理论的整合

互联网络具有很好的互动性和引导性,使顾客这个角色在整个营销过程中的地位得到提高。网络营销有个显著的特点就是把顾客整合到营销过程中来。顾客通过互联网络在企业的引导下对产品或服务进行选择或提出具体要求,企业可以根据顾客的选择和要求及时进行生产并提供服务,使得顾客跨时空得到产品和服务;另一方面,企业还可以及时了解顾客需求,并根据顾客要求及时组织生产和销售,提高企业的生产效益和营销效率。

(3) 网络关系营销——两种营销理论的融合

互联网作为最廉价的沟通渠道,它能以低廉的成本帮助企业与顾客、企业的供应尚、分销商、政府机构和社会组织等建立协作伙伴关系。

(4) 网络软营销——两种营销理论的发展

软营销理论是针对工业经济时代的以大规模生产为主要特征的"强式营销"提出的新理论,它强调企业进行市场营销活动的同时必须尊重消费者的感受和体验,让消费者能舒服地主动接收企业的营销活动。

(5) 网络直复营销——两种营销理论的创新

传统营销理论中的直复营销与网络营销相结合,产生了网络直复营销理论。根据美国直复营销协会(ADMA)为直复营销下的定义,直复营销是一种为了在任何地方都能产生可度量的反应和(或)达成交易而使用一种或多种广告媒体的相互作用的市场营销体系。网络作为一种交互式的可以双向沟通的渠道和媒体,它可以很方便为企业与顾客之间架起桥梁,顾客可以直接通过网络订货和付款,企业可以通过网络接收订单、安排生产,直接将产品送给顾客。基于互联网的直复营销将更加吻合直复营销的理念。

小链接

网 络 团 购

网络团购是近年来网络营销的新宠。团购就是团体购物,指的是认识的或者不认识的消费者联合起来,加大与商家的谈判能力,以求得最优价格的一种购物方式。根据薄利多销、量大价优的原理,商家可以给出低于零售价格的团购折扣和单独购买得不到的优质服务。网络团购改变了传统消费的游戏规则。网络团购作为一种新兴的电子商务模式,通过消费者自行组团、专业团购网站、商家组织团购等形式,提升用户与商家的议价能力,并极大程度地获得商品让利,引起消费者及业内厂商甚至是资本市场的关注。团购的商品价格更为优惠,尽管团购还不是主流消费模式,但它所具有的爆炸力已逐渐显露出来。

第三节 诚信营销

一、诚信营销概述

诚信是我国传统道德中最重要的规范之一,是社会主义市场条件下,企业在从事生产、经营、管理活动中,处理各种关系的基本准则。诚信的基本内涵包括"诚"和"信"两个方面,"诚"主要是讲诚实、诚恳;"信"主要是指讲信用、信任。诚信要求企业在市场经济的一切活动中要遵纪守法、诚实守信、诚恳待人,以信取人,对他人给予信任。国家将 2002 年定为诚信年,更体现了国家重视诚信,讲究道德水准,把诚信提到了一个新的高度。

诚信营销就是指企业将诚信原则贯彻到营销活动的各个环节中,坚持诚信理念,在整个营销过程中顾及社会、企业、消费者以及内部员工的利益,诚实守信,注重长远。诚信营销主要有两层含义,一是企业和消费者应始终坚持信息对称原则,保证营销活动的公开、公平和公正,没有欺诈等行为的发生;二是企业营销行为应遵守国家法规,符合社会道德规范,不能违背社会公德。

二、诚信营销的价值

诺贝尔经济学奖得主诺思说过:"自由市场经济制度本身并不能保证效率,一个有效率的自由市场制度,除了需要有效的产权和法律制度相配合之外,还需诚实、公正、正义等方面有良好道德的人去操作这个市场。"美国学者福山在《信任:社会美德与创造经济繁荣》一书中曾预言,21 世纪是信誉的世纪,哪个国家的信誉度最高,哪个国家就会赢得更广阔的市场。因此,企业开展诚信营销具有重大的营销价值。

1. 提高顾客满意度,培育忠诚顾客

营销目标不再局限于选择适销对路的产品,而更注重于维护消费者的利益,搞好服务,提高顾客满意度,培育忠诚的顾客,而在这个过程中,诚信起了非常重要的作用。有研究表明:一个满意的顾客会将满意的信息传递给 5—8 个顾客,而将不满意的信息传递给 11 个以上的顾客。在当前市场竞争异常激烈的情况下,消费者有更多的选择空间,随着消费者越来越理性、成熟,加上家庭收入和消费水平的不断提高,选择信誉好、讲诚信的经营者及产品必将成为一种趋势。因此,讲诚信的企业必将获得消费者的青睐,培育出一大批忠诚的顾客。

2. 创造更多利润

诚信是营销的前提和基本原则,确立诚信原则是实现营销目标的要求。事实上,企业在营销的过程中除了介绍产品的品质外,只有让每一位顾客都感受到他们的诚信,顾客才会对他们的营销与产品本身产生信赖。企业一旦用诚信吸引了这一部分消费者,他们就会间接成为企业的义务推销员,从而使产品具有了口碑效应,提高产品的美誉度,提高市场的销量。企业的诚信培养了顾客的忠诚度,忠诚的顾客会绘企业带来丰厚的利润。根据 20/80 的原则,企业 80% 的利润是靠 20% 的忠诚顾客的购买量。无数事实证明,以诚信去聚集财富,财源会越开拓越广阔,违背诚信赚钱,最终将使财源枯竭。

3.提升企业竞争力

西方将信用管理称为"最能使企业产生直接效益的管理措施"。俗话说"诚招天下客,誉从信中来"、"有诚才有信,有信才有客",可见诚信是塑造企业形象和赢得企业信誉、提升企业竞争力的基石。诚信作为企业的一笔宝贵的精神财富和价值资源,不仅能提高顾客的满意度,而且能使企业赢得长久不衰的市场认同、品牌价值和丰厚利润,使企业在竞争中立于不败之地。让诚信成为竞争力,就要让诚信无处不在。一是企业讲诚信,无论对社会、对经销商和供应商、对银行、对税务部门,还是对企业员工,都必须讲诚信;二是企业中每一位个体都要讲诚信,领导与员工间,上级与下级间,员工与员工间,都必须讲诚信,这样才能有效地提高企业的诚信形象。

三、开展诚信营销的策略

诚信是市场的黄金规则,市场经济越发达越要讲求诚信,这是市场经济的内在要求,也是文明的基石和标志。因此,企业经营者为了消费者的长远利益,也为了企业自身的生存,实施诚信营销是一种明智选择。在当前条件下,企业可以从以下几个方面进行诚信营销工作。

1.营销组合诚信

(1)产品诚信。从广义角度看,产品包括有形的实体和无形的服务,产品的质量是企业的生命,因此要求产品的性能、寿命、安全等指数都符合国家技术标准或行业标准。产品质量诚信是企业合法参与市场竞争、树立企业和产品形象的基本要求。国内一些先进企业已经通过了 ISO 9000、ISO 14000 及 SA 8000 的质量认证,有的甚至拿到了美国、德国、加拿大等国的认证,这些认证有效地保证了产品的合格性。

(2)价格诚信。价格是企业赢得市场的有效武器,也是一把双刃剑,运用得好,可以促进企业的发展,运用得不好,恒企业迅速陷入困境。在激烈的市场竞争中,不少企业利用各种虚假的优惠价、折扣价、处理价、甩卖价、出口转内销价欺骗消费者。但欺得了一时,欺不了一世。因此,企业在定价及报价中应遵循诚信原则,避免利用价格欺骗消费者。企业产品定价应公开、公平,实行透明化原则,一是一,二是二。

(3)分销诚信。产品在流转过程中,生产企业要与流通企业(经销商)建立长期良好的伙伴合作关系,这种关系的建立需要诚信来维持。只有讲诚信的企业才能赢得更多的支持者(渠道成员),才能把产品分销到全国各地,再到月户手中。然而,很多企业在分销中以自我为中心,只考虑自己利润最大化,损害渠道成员的利益,如延迟交货、撕毁供货合同等。因此,在分销中,双方或多方应追求渠道中的利润均衡,否则,就不可能达到双赢的目的。如娃哈哈在营销中总是将经销商的利益摆在非常重要的地位,每行动一步前都要考虑经销商的利润空间。在销售区域的选择上,要避免窜货现象发生,与他们形成利益共同体。

（4）促销诚信。促销是企业树立自身形象、扩大知名度的有效途径。但在实际促销中，许多企业采用了虚假的促销方式，如制作虚假广告，以欺骗手段诱导消费者购买；以回扣的方式贿赂消费者，贬低竞争对手的产品甚至侮辱对方的人格，混淆商品和服务的来源等。企业在促销过程中应尽量避免使用极端的手法，采取实事求是的态度，运用好促销组合策略。

（5）服务诚信。当今已经进入到一个服务制胜的时代，由于产品同质化现象越来越严重，服务已成为一个重要的策略。如海尔的"五星级服务"，小天鹅的"阳光工程"等，赢得了消费者的青睐，获得了市场。服务一般包括售前、售中、售后服务，在其中应该加强诚信，尤其是售后服务中的诚信，如维修、保养、上门安装等。

2. 员工诚信

诚信作为一种基本的道德要求，从古至今像一棵常青树一样存活在人间。孔子曾说，"人无忠信，不可立于世"，又说"人而无信，不知其可也"，他把"言必信，行必果"，"敬事而信"作为规范弟子言行的基本要求，把诚信视为做人立世的基点。孟子则把追求诚信视为做人的基本原则。所谓"诚者，天之道也。思诚者，人之道也。至诚而不动者，未之有也；不诚未有能动者也"，即是其证。员工是企业的主人，因此企业要使全体员工明白，诚信是做人之本，也是企业的立业之基，人不讲信誉就无法在社会上立足，企业不讲诚信就不可能发展。

员工诚信是指企业的员工，包括企业的高层管理者，都要按照诚信的要求做事，参与到企业的诚信建设中来。企业领导和全体员工都要不断牢固树立诚信的思想，并把诚信思想化为具体的行为：一是要提供诚信产品和服务，对企业不符合诚信的行为进行坚决抵制，并积极进行上报，不生产、销售劣质产品，不污染环境，不提供虚假证明等。二是对于本企业的产品、服务等都要亲自购买、亲自使用，特别是企业的管理层，要先将自己塑造成企业的忠诚客户。如联想集团的柳传志总是喜欢运用自己的联想品牌电脑。企业员工购买产品是企业员工与企业产品的高度融合，能够发挥知名度、美誉度、信誉度的互促作用。这种效果比请明星、影星做广告的效果还要好。顾客往往担心自己的意见和要求难以反映到企业高层，而企业员工本身就是企业的顾客，能够更容易地站在顾客的角度思考，保证产品不断改进，服务水平不断提高。

3. 加强营销道德建设，构建营销诚信文化

美国学者戴维·兰得斯在《国家的穷与富》一书中指出："如果经济发展给了我们什么启示的话，那就是文化乃举足轻重的因素。"无数企业兴衰成败的事实证明，不讲诚信的企业注定是短命的，而那些能够始终保持活力的"长寿"型企业，必然有着卓越的诚信企业文化。

诚实守信是传统文化的重要之一，要求人们诚善于心，言行一致。孔子曾指出"与朋友交，言则有信"、"信则人任焉"。在当代中国背景下，诚信是一种特别宝贵的资源，能够提升企业的竞争力，树立良好的企业形象，有效地吸引顾客。因此，企业在营销过程中，应该加强职业操守的修炼，忠于职守，诚信待人，诚信服务，建立一种诚信理念，构建企业营销诚信文化。然而诚信文化建设是一个系统工程，不是一朝一夕就能建成的，需要假以时日，长年累月地坚持下去，以人为本，视诚信重于泰山，对社会负责，对国家负责。在营销诚信文化建设中，要特别重视企业一把手的诚信及诚信意识的培养，树立诚信经营的观念。

本章小结

1. 服务营销

市场营销学者把服务作为一种产品来研究。服务是可被区分界定,主要为不可感知,却可使欲望获得满足的活动,而这种活动并不需要与其他产品或服务的出售联系在一起。生产服务时可能需要或不需要利用有形产品,而且即使需要借助某些有形协助生产服务,这些有形产品的所有权也不涉及转移的问题。

服务具有无形性特征,其内涵非常丰富,所以通过分类能够更加充分地理解和把握服务概念的内涵。具体包括:按顾客对服务推广的参与程度分类;按照服务过程中的定制化程度分类;按照实体产品与服务相结合的程度分类;按照服务的基础分类。

与有形产品相比,服务具有以下共同特征:不可感知性,不可分离性,差异性,不可存储性。

营销专家们将服务营销组合修改和扩充为七个要素:产品、价格、渠道、促销、人员、有形展示和过程。

2. 网络营销

网络营销是以互联网为媒体,以新的方式、方法和理念实施营销活动,更有效地促成个人和组织交易活动的实现。

目前受到较多关注的网络营销理论有:网络直复营销、网络关系营销理论、网络软营销理论、网络整合营销。

3. 诚信营销

诚信营销就是指企业将诚信原则贯彻到营销活动的各个环节中,坚持诚信理念,在整个营销过程中顾及社会、企业、消费者以及内部员工的利益,诚实守信,注重长远。

诚信营销的重要性在于:① 提高顾客满意度,培育忠诚顾客。② 创造更多利润。③ 提升企业竞争力。

学习思考

1. 试述服务特征与服务营销组合要素。
2. 分析网络营销与传统营销的异同。
3. 试述网络营销的优势。
4. 试述诚信营销的重要性。

案例训练　　　　　当当网:从"卖书郎"到"沃尔玛"

当当网(www.dangdang.com)是全球最大的综合性中文网上购物商城,于 1999 年 11 月开通,由国内著名出版机构科文公司、美国老虎基金、美国 IDG 集团、卢森堡剑桥集团、亚洲创业投资基金共同投资成立。

当当网在线销售的商品包括图书音像、美妆、家居、母婴、服装和 3C 数码等几十个大类。当当网于美国时间 2010 年 12 月 8 日在纽约证券交易所正式挂牌上市,成为中国第一家完全基于线上业务、在美国上市的 B2C 网上商城。

一、当当网的经营优势

商品种类最多：当当网经营超过百万种图书音像、美妆、家居、母婴、服装和 3C 数码等商品，是中国经营商品种类最多的网上零售店。

购物最方便：当当网参照国际先进经验独创的商品分类，智能查询、直观的网站导航和简洁的购物流程等，为消费者提供了愉悦的购物环境。

顾客最多：当当网目前无论从网站访问量还是从每日订单数量来讲，都是顾客最多的国内网上零售店。

核心管理层包括图书业、零售业、投资业和 IT 业的资深人士。

顾客覆盖中国大陆、港澳台地区及欧美、东南亚的消费者。

成立以来，当当网一直坚持文明办网的原则，杜绝盗版和假冒伪劣产品，在国内广大网民心目中树立了健康向上的品牌形象。

二、当当网的经营模式

在当当网，消费者无论是购物还是查询，都不受时间和地域的任何限制。在消费者享受"鼠标轻轻一点，精品尽在眼前"的背后，是当当网耗时 11 年修建的"水泥支持"——庞大的物流体系，位于北京、上海、广州、成都、武汉、郑州等六个城市的十大物流中心，全国库房面积达到 18 万平方米，成为国内库房面积最大的电子商务企业，提供货到付款服务的城市超过 750 个，并为联营商户开通 COD 服务。

当当网也推动了银行网上支付服务、邮政、速递等服务行业的迅速发展。以图书为例，在为消费者服务的同时，当当网还帮助出版社提高了单本书的销量，并有效地延长了出版物的寿命。

1. 当当网的全品模式策略

目前，当当网已经与诸多出版社建立了诸如"直销"的关系。出版社发行的图书可以直接进入当当网的库房，在当当网上进行发售，省去了中间分销环节，节约了成本。当当网与诸多的图书、音像供应商都有着非常良好的合作关系。当当与全国99%的出版社都有联系，尤其与不少出版社有着良好的合作。当当网的全品模式能够为顾客提供极为丰富的产品，具有多品种带来的规模效益，能够满足顾客的全部需求，避免顾客的流失。

2. 当当网的"低价跟随"策略

当当网于 2004 年引入"智能比价系统"，该系统通过电子搜索，当发现有其他网站的同类商品价格低于当当网售价时，将自动调低售价。调整后的价格将比对方价格低10%。当时，其主要竞争对手卓越网高层对当当网的此举很不屑。然而，在卓越接下来对当当市场数据的监控中，"智能比价系统"开通后不到一周，当当网的日销量实现翻番，在线结算的网上消费者高达数千人。当当网的比价无疑击中了卓越的痛处。卓越走的是"小而精"的俱乐部模式，商品种类远少于当当网。而当当网的比价无疑是一种彻底的跟随策略，以价格的优势拉低卓越的利润空间。

3. 当当网的优质服务策略

（1）优质的信息服务

与卓越网相比，当当网在 IT 系统方面略有优势，为了保持优势，当当每年要投入巨资维护和升级 IT 系统。用于搭建 SCM（供应链管理）与 ERP 两套管理系统,重在实现多品种商品的有效陈列,这种陈列强调产品的信息量。

当当网根据每个顾客不同的偏好和兴趣,自动向他们推荐相关商品。当当网在针对 2 641 名顾客的随机调查发现,有超过 87% 的顾客认为网站个性化商品推荐中的商品确实是自己想买的,同时他们还希望以后能定期收到类似的推荐。当当首先是对目标读者进行市场细分,找出不同的读者(群)的需求特点,不但用年龄、性别、文化程度等传统的因素进行市场细分,而且更加重视利用计算机软件综合多种因素对目标读者进行立体化、动态的市场细分。然后,就是针对不同的细分市场设计不同的服务方式。最后是组织相关的人员与技术实现个性化的服务。

（2）优质的配送服务

当当网侧重于自建物流体系。虽然当当在初期依靠专业快递公司进行配送,与民营快递公司合作。当当目前在全国 66 个城市与 100 多家民营快递公司结盟,这些快递公司都有专门的送货员骑着自行车(或电动车)送货上门。而且,当当于 2003 年起陆续扩建了其位于北京、上海和广州等六个城市的十大物流中心,正在逐步形成自营为主、外包为辅的物流配送体系。当当网的物流配送系统能够提供更方便、更快捷的服务。

（3）更好的"体验"

有人花钱与巴菲特共进午餐,也有人被选中与当当网总裁李国庆同享晚宴。这名幸运的顾客来回的机票都被当当网"报了",住宿的费用也由当当网负责,李国庆的目的则是"近距离倾听顾客声音,进一步完善平台服务和优化顾客体验"。

现在进入当当网的首页,右侧可以链接到"当当榜"与"在线读书"等频道。"读书频道"的推出,突破了当当网"只有货架"的历史。现在顾客在买书之前,可以来到这里免费阅读,在用户体验上,这种方式不仅能够使顾客体会到与实体书店相同的"阅读快乐",也能有"更好的选择"。而"社区"和"论坛"等功能则加速了当当网在社区化电子商务方面的布局,也为进一步增强用户黏性和忠诚度奠定了基础。

事实上,为确保用户体验性,当当网在供应链管理、平台前端应用、个性化服务、价格和货品质量控制、物流配送速度、顾客关系管理等方面都做了很多改进。李国庆说:"用户买百货的频次显然比买图书要高,所以回头客很重要,售中售后服务是顾客体验很重要的一部分,体验好了,顾客才会再来。"

在全国 800 个城市推出上门退货、上门退款的服务后,当当网又推出了"假一赔五"和先行赔付制度。"低价和货品质量的保证是当当网品牌价值的核心,过去十一年,当当一直严格对供应商进行资质审核,坚决与假冒伪劣死磕,可以说,我们的打假经验是零。不仅是假货,我们连 A 货、水货和山寨商品都不卖",李国庆说,"这是我们的本钱"。

（4）当当网对本土客户的了解

当当网一直认为自己的竞争优势源自对本土顾客的了解。来自传统百货的高级人才为当当网带来了丰富的行业经验,这些熟悉百货业采购的人才,极大地促进了当当网百货和其他网站甚至是传统百货渠道的竞争。

三、当当网的商品选择策略

当当网充分利用长尾理论,不断增大所经营商品的广度和深度,利用推荐商品和畅销商品的低折扣和低价格优势吸引多种顾客的"眼球",增加点击率,获得顾客的关注来完成第一步的商品定购。

同时,当当网在每个商品的介绍页面,都可以看到"排行榜"和"购买了该商品的顾客还购买了其他商品"等起着购买参照群体意见作用的推荐条目,如果顾客点击被推荐的商品,还会看到更多的推荐。这种推荐手段配合丰富多彩的商品选择,访问者不断从一个商品页面跳转到另一个商品页面,浏览更多商品的同时,销售机会也得到了增加。

通过丰富的商品种类和低价优势吸引来的"眼球"会在当当网"推荐"条目的指引下关注更多的商品,给当当网带来更多的点击量,就有可能给当当带来更多的销售量。当当的这种商品选择策略有利于顾客对不同商品的浏览关注和进行不同种类商品的交叉购买。

四、当当网的促销与市场推广

1. 当当网的专题促销策略

当当网以某个特定热点事件或产品为中心,通过对热点事件或者产品信息的集合来吸引访问者,引起访问者的共鸣。当当网常用的专题有尾货出清、畅销榜、儿童天地、特价、礼品中心等。当当网也针对当前的一些热点事件制作专题来吸引顾客,比如在"蜘蛛侠 III"热映时,当当就及时建立了"蜘蛛侠"专题,网页中有"蜘蛛侠"相关的书籍、VCD,DVD 等产品数十种。

2. 当当网的推荐促销策略

当当网在首页展示大量商品,比较醒目的是销售排行榜、特价商品等板块,然后顾客进入这些板块之后,又会有其他的推荐链接来推荐其他的商品,以吸引顾客的"眼球"。

用户在当当网注册后,首先会被问几个基本问题,比如:感兴趣的商品品类、在这些品类中已经拥有的和感兴趣的分别是哪些等。通过了解用户的喜好,不断更新用户浏览和购买习惯记录并储存在庞大的数据库中,配合人口统计学信息,运用数据挖掘技术,当当网基本掌握了用户的消费习惯,如用户喜欢哪些商品和购买的频率是多少等。每个用户的账户内都有一个以用户名命名的商店,里面就是当当网针对每个用户进行的商品推荐。如果用户对推荐的商品不满,可以提交更多自己喜欢和不喜欢的商品,让当当网改进推荐的准确性。

3. 当当网的单品促销策略

当当网的单品促销主要是针对 MP3、手机、数码等商品,因为这些商品需要详细的介绍和对比,比较消耗页面空间。

4. 当当网的邮件推广方式

当当网平均每周发送百万封以上的邮件,因为邮箱的反垃圾系统、购买的邮件地址失效和用户自行屏蔽等原因,成功到达用户信箱的比例不到 50%。收到邮件的用户中,只有 1% 点击其中的链接,其他用户则直接删除了邮件。1% 的点击用户中,转化率达到了 20%。虽然电子邮件推广从发送到最终点击的响应比例小于 0.5%,但只要成功接收邮件,就能给用户留下一定的印象。电子邮件推广每周带来的会话数超过 5 万,转化率远高于网站平均水平,并且成本非常低,就投入产出比例来说,仍然是非常有效的推广方式。

5. 当当网的搜索引擎推广方式

现在中国最大的两个搜索引擎是 Google 和百度。因为卓越的母公司亚马逊是 Google 的核心合作伙伴,Google 对卓越页面的收录更为重视,所以 Google 收录的卓越页面数量是百度的 11 倍。当当网被百度收录的页面数量是卓越的 2.6 倍,由于二者经营的商品种类和数量大致相同,证明当当针对百度搜索进行了网页优化。当当网拥有足够的技术能力独立进行搜索引擎优化,不需要增加额外支出,尤其是优化当当网搜索结果欠佳的 Google 的免费搜索结果,对增加新用户和流量都是投入产出比例最优的选择。

搜索引擎收录了指向每个网站的外部链接,称为反向链接,其数量是对网站的合作伙伴、联盟和广告链接等推广数量的大致估算。由于百度在中国搜索市场的份额是 Google 的两倍,这里只使用百度的数据作为对比。从结果中可以看到,当当网的反向链接数量是卓越的 1.68 倍。根据对网站联盟抽样调查的结果,当当网的联盟数量是卓越的 2 倍。在网站联盟推广方式中,联盟网站进行具体的推广活动,当当网进行沟通、协调性质的工作和给予必要的技术支持,联盟数量的多少与企业的运营成本无关。联盟越多,被网民点击的几率和次数也越大,大大小小的联盟可以达到类似商品选择中长尾理论的效果。

6. 当当网的公共关系管理和博客策略

当当网能够充分利用媒体的力量,提高自己的曝光率,以吸引消费者的"眼球"。当当网经常联系媒体刊登一些例如"当当即将上市"、"领导视察当当"的消息。

当当网拥有丰富的商品和多种商业合作的方式,在众多缺乏流量和用户的博客站点拥有用户资源。按照网站联盟的佣金方式合作,博客站点可以得到高于广告的收入,当当网也能综合运用联盟和搜索的推广方式,达到双赢的效果。具体操作方式可以有两种。

(1) 商品推荐。博客作者可以写一些书评、影评或商品推荐的文章,在文章下方提供"到当当网购买该商品"的链接。

(2) 博客的内容多数是涉及事件和内心描述,比较容易引起读者共鸣。可以在文中包含产品字段,比如数码相机和手机等(类似电影中使用某一品牌的手机、汽车),并在该字段上设置转向当当网的链接,读者阅读过程中可随时点击链接到当当网购买相关产品。

五、多元化转型:首页"变脸"

成立初期,当当网主要以销售图书、CD,VCD 和在线游戏为主。而如今单看当当网的首页,似乎已经很难想起它专业网上书城的本来面目。

改版后的当当给予了百货品类更大的权重,在首页最显眼的部分,已基本布满了个人护理、3C 数码、服装等商品的展示,而原先的主角图书看上去已不是那么显眼。"我在国外生活过 11 年,中国制造了那么多好的消费品,我们在美国享受到了,在国内却没有享受到。为什么? 因为我们的百货商店加价率极高。所以,过去 3 年,我们使劲地充实百货、百货、百货! 当当要做中国的网上沃尔玛。"当当网联合总裁俞渝说。

尽管根据公开数据,当当网 2009 年在百货业务的增速已远超图书交易,达到了 180%,但用户们似乎对于当当从"卖书郎"向"沃尔玛"的战略转变并不买账,十年积累,"买书到当当"已经成为很多老顾客的习惯模式。为了逐步捏转消费者在消费心理和消费习惯上的这种思维定式,当当网开展了"图百混搭"战略:让新客户买图书、老客户买百货、新客户买百货、老客户买图书,当当网首席运营官黄若说:"在未来的拓展上,我们还有四分之三的可能。"

资料来源:互联网周刊,当当网:从"卖书郎"到"沃尔玛",http://tech. 163. com/10/1120/13/6LUI6C6P0009387E. html;当当简介,http://static. dangdang. com/topic/2227/176801. shtml,编者整理。

案例思考题

1. 网络营销与传统营销有什么区别？

2. 网络营销有哪些优势？

3. 结合案例，试分析：如果你是一家有自主品牌的、现今专注于某一行业的电子商务企业，你认为你的企业未来的发展之路是坚持专业化还是最终走向多元化？给出你的理由。

营销技能训练

1. 在老师的指导下，对某个网站的网络营销进行一次市场调查，了解其具体的策略和方法。

2. 假若某企业以服务营销成效而著称，市场上出现其不诚信的言论。你认为应该进行怎样的操作，才能消除这种信息对其信誉的影响？

参 考 文 献

一、书籍及文章

[1]〔美〕约翰·A.奎尔奇.营销管理与战略案例(亚太版).大连:东北财经大学出版社,2000年.

[2]〔美〕菲利普·科特勒、加里·阿姆斯特朗.营销学导论.俞利军译(中文1版).北京:华夏出版社,1996年.

[3]〔美〕菲律普·科特勒.营销管理(第13版).上海:上海人民出版社,2009年.

[4]〔美〕乔尔·埃文斯、巴里·伯曼,《市场营销教程》(第1版).北京:华夏出版社,2001年.

[5]〔美〕杰克·特劳特、史蒂夫·瑞维金.新定位.李正栓、贾纪芳译.北京:中国财政经济出版社,2002年.

[6]〔美〕艾·里斯、杰克·特劳特.定位.王恩冕、于少蔚译.北京:口国财政经济出版社,2002年.

[7]〔美〕戴维·阿克、库马·乔治·戴.营销调研(第7版).魏立原译.北京:中国财政经济出版社,2004年.

[8]〔美〕托马斯·C.金尼尔、詹姆斯·R.泰勒.市场调研:一种应用方法(第5版).罗汉、蔡小月、丁浩等译.上海:上海人民出版社,2005年.

[9]〔英〕大卫·乔布尔.市场营销学(原理与实践)(第3版).北京:机械工业出版社,2003年.

[10]〔英〕罗斯玛丽·菲普斯.营销客户管理.北京:经济管理出版社,2005年.

[11]〔美〕约翰·A.昆奇等.市场营销管理.北京:北京大学出版社.2000年.

[12]〔美〕彼得·德鲁克.管理实践.上海:上海译文出版社.1999年.

[13]〔美〕迈克尔.竞争优势.北京:华夏出版社,2001年.

[14]陈启杰.市场调查与预测(第2版).上海:上海财经大学出版社,2006年.

[15]胡祖光、王俊豪、吕筱萍.市场调查与预测.北京:中国发展出版社,2006年.

[16]吴健安.市场营销学.北京:高等教育出版社,2000年.

[17]万志坚.市场营销学.重庆:重庆大学出版社,2009年.

[18]郑宽明、谢立仁.市场营销学.西安:西北大学出版社,2006年.

[19]周修亭、孙恒有.市场营销学.郑州:郑州大学出版社,2009年.

[20]纪宝成.市场营销学教程(第4版).北京:中国人民大学出版社,2008年.

[21]晁钢令.市场营销学(第3版).上海:上海财经出版社,2009年.

[22]郭国庆.市场营销学通论(第3版).北京:中国人民大学出版社,2007年.

[23]吴健安等.市场营销学学习指南与练习(第3版).北京:高等教育出版社,2007年.

[24]倪杰.现代市场营销学.北京:清华大学出版社,2009年.

[25]戴贤远.市场营销原理.北京:北京大学出版社,2006年.

[26]黄金火.市场营销学.上海:上海财经大学出版社,2006年.

[27]万后芬等.市场营销教程.北京:高等教育出版社,2007年.

[28] 吴宪和.市场营销学.上海:上海财经大学出版社,2002 年.

[29] 朱立编.市场营销经典案例.北京:高等教育出版社.2004 年.

[30] 宋小敏.市场营销案例实例与评析.武汉:武汉工业大学出版社,1992 年.

[31] 陈斌. 当当网上书店营销策略研究. 厦门:厦门大学,2008 年.

[32] 方妙英.苹果橘子营销学.北京:化学工业出版社,2009 年.

[33] 杨明刚.市场营销 100 个案与点析(第 2 版).上海:华东理工大学出版社,2004 年.

[34] 王建国.1P 理论:网状经济时代的全新商业模式.北京:北京大学出版社,2007 年.

[35] 吴晓云.工商管理市场营销案例精选.天津:天津大学出版社,2001 年.

[36] 卢泰宏.营销在中国.广州:广州出版社,2001 年.

[37] 鹏程.宝洁营销.北京:经济科学出版社,2001 年.

[38] 陈小力,肯德基及时处理苏丹红事件,经济日报,2005 年 3 月 29 日。

[39] Philip Kotler. *Marketing Management*:*Analysis*, *Planning*, *Implementation*, *and Control*. 9th Edition. Prentice-Hall, 1997.

[40] Roger Bennett. International marketing-strategy, planning, market entry & implementation. Kogan Page, 1995.

[41] Warren J Keegan. *Global Marketing Management*. Prentice Hall, 1995.

[42] 唐左.21 世纪营销趋势管窥.中国中小企业,2003 年第 8 期.

[43] 董泽华.跨文化营销的挑战与对策.黑龙江对外经贸,2003 年第 7 期.

[44] 牟俊生等.以合作营销营造竞争优势.中外管理,2003 年第 6 期.

[45] 郭国庆.营销方式新进展:从 CRM 到交叉销售.管理评论,2003 年第 2 期.

[46] 蒋军,深度营销模式导入得失谈,销售与市场,2003 年第 1 期.

[47] 卢泰宏等.近 20 年世界营销变迁与中国营销转型:共性与个性.市场营销导刊,2002 年第 5 期.

[48] 李海洋等.市场细分—服务行业新战略.政策与管理,2002 年第 7 期.

[49] 甘碧群.关系营销:传统营销理论的新发展.商业经济与管理,2002 年第 9 期.

二、网站

[1] http://www.cnbm.net.cn/article/ar254441815.html

[2] 慧聪报刊资讯网 http://www.media.sinobnet.com/

[3] 企业文化网 http://www.7158.com.cn/

[4] 中国营销传播网:http://www.emkt.com.cn/

[5] 中国市场营销网:http://www.ecm.com.cn/

[6] 现代营销:http://www.xdyx.com.cn/

[7] 中国经营报:http://www.cb.com.cn/

[8]《商业时代》杂志社:http://www.ectime.com.cn/

[9] 中国管理传播网:http://manage.org.cn/

[10] 行销网:http://www.xingxiao.com/

[11] 网上新观察:http://www.marketingman.net/

[12] 营销人网:http://www.yingxiaoren.net/

[13] 中国营销在线:http://www.2332.net/

[14] 中国网络营销网:http://www.dowww.com/

[15] 数字化营销科研网:http://www.21emarket.net/

三、报纸期刊类

［1］销售与市场

［2］中国营销导刊

［3］市场与营销

［4］现代营销

［5］成功营销、

［6］管理世界

［7］商界

［8］经理人

［9］新营销

［10］哈佛商业评论

［11］中国经营报

［12］经济研究

［13］经济问题探索

［14］外国经济与管理

［15］改革经济论坛

［16］企业管理

［17］管理现代化

［18］经济与管理研究

［19］企业家

［20］经营与管理

［21］经济理论与经济管理

教师反馈及教辅申请表

  北京大学出版社以"教材优先、学术为本、创建一流"为目标，主要为广大高等院校师生服务。为更有针对性地为广大教师服务，提升教学质量，在您确认将本书作为指定教材后，请您填好以下表格并经系主任签字盖章后寄回，我们将免费向您提供相应教辅资料。

书号/书名/作者			
您的姓名			
校/院/系			
您所讲授的课程名称			
每学期学生人数	_____ 人 _____年级	学时	
您准备何时用此书授课			
您的联系地址			
邮政编码		联系电话（必填）	
E-mail（必填）		QQ	
您对本书的建议：		系主任签字 盖章	

我们的联系方式：

北京大学出版社经济与管理图书事业部

北京市海淀区成府路 205 号，100871

联　系　人：　徐　冰

电　　　话：　010-62767312 / 62757146

传　　　真：　010-62556201

电子邮件：　em@pup.cn　　xubingjn@yahoo.com.cn

网　　　址：　http://www.pup.cn

微　　　博：　北大出版社经管图书，http://weibo.com/pupem